Tuntenhausen

Tuntenhausen

Vom Herrenhof zum Wallfahrtsdorf
Geschichtliche Grundlagen seiner Dorfentwicklung

Herausgegeben von Ferdinand Kramer
in Verbindung mit dem
Institut für Bayerische Geschichte
der Ludwig-Maximilians-Universität und der
Flurbereinigungsdirektion München

Unter Mitarbeit von
Klaus Aringer, Christoph Bachmann, Gertrud Diepolder, Thomas Grasberger, Birgit Gruber-Groh, Gunter Hack, Irmtraut Heitmeier, Susanne Herleth, Maria Hildebrandt, Gerhard Immler, Stephan M. Janker, Sabine Kammermeier, Margret Meggle, Gert Mösinger, Sabine Rehm, Wolfgang Stäbler, Bea Thurn und Taxis

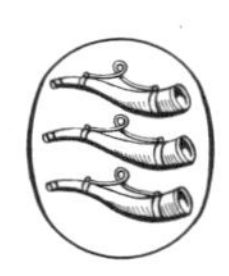

Anton H. Konrad Verlag

Titelbild
Tuntenhausen. Dorf und Wallfahrtskirche von Westen.
Votivbild eines ungenannten Votanten, Öl/Lwd., nach 1900, anonym, an der Westwand der Wallfahrtskirche beim Turmeingang

Vorderes Vorsatzblatt
Das 1802 säkularisierte Augustinerchorherren-Kloster Beyharting im einstigen kurbayerischen Landgericht Aibling: hierher war die Pfarrei Tuntenhausen mit ihrer bedeutenden Wallfahrt inkorporiert. Beyhartinger Chorherren waren die Tuntenhausener Seelsorger. Miniatur aus dem Beyhartinger Nekrolog aus dem Jahre 1670. Ansicht Beyhartings von Westen, im Hintergrund links oben Tuntenhausen (Bayerische Staatsbibliothek Clm 1053)

Hinteres Vorsatzblatt
Flurkarte von Tuntenhausen, in den Hauptfarben auf den Besitz der fünf Höfe des hohen Mittelalters verweisend. Vgl. Text Seite 92 oben.
Zeichnung von Dr. Gertrud Diepolder auf der Basis der Flurkarte des Bayerischen Landesvermessungsamtes

Druck MZ-Verlagsdruckerei GmbH, Memmingen
Buchbinder Conzella Verlagsbuchbinderei Urban Meister, Pfarrkirchen
ISBN 3 87437 308 8

Inhalt

Geleitwort

Das Bayerische Dorferneuerungsprogramm ist ein wichtiger Schwerpunkt der bayerischen Agrar- und Landespolitik. Vorrangiges Ziel dieses Programms ist es, den Landwirten, Bürgern und Gemeinden im ländlichen Raum organisatorische, finanzielle und vor allem auch planerische Hilfen für die Bewältigung der Gegenwarts- und Zukunftsaufgaben in den Dörfern zu geben.

Die durch die Dorferneuerung initiierte Erarbeitung eines tragfähigen Leitbildes für die künftige dörfliche Entwicklung setzt eine intensive Kenntnis der in vielfacher Wechselwirkung stehenden wirtschaftlichen, ökologischen, sozialen und kulturellen Erfordernisse im Dorf voraus. Dabei gilt es, Rücksicht zu nehmen auf die geschichtliche Vergangenheit, die historischen Bezüge, auf überkommenes Brauchtum und bewährte Traditionen entsprechend der Einsicht: »Nur wer die Vergangenheit kennt, versteht die Gegenwart und kann für die Zukunft planen.«

Es ist sehr zu begrüßen, daß das Institut für Bayerische Geschichte an der Ludwig-Maximilians-Universität München erstmals im Zusammenhang mit einer Dorferneuerung die vielfältigen Bereiche möglicher Forschungen zur Dorfgeschichte beispielhaft aufgezeigt und durch fundierte Quellenangaben den interessierten Bürgern zugänglich gemacht hat. Damit wurde auch ein wichtiges Beispiel für alle anderen bayerischen Gemeinden gesetzt.

Wir sind sicher, daß dieses Buch dazu beitragen kann, den Bürgern Tuntenhausens und vieler anderer bayerischer Dörfer und Dorferneuerungsgemeinden den hohen Wert bäuerlich geprägter Geschichte, Kultur und Tradition bewußt zu machen und sie zur Beschäftigung mit der Vergangenheit ihres eigenen Dorfes anzuregen. Die Kenntnis der dörflichen Geschichte und Eigenart war, ist und bleibt die Wurzel jeder intakten Dorfgemeinschaft und bildet erst die Grundlage für eine dauerhafte Bindung der Dorfbewohner an ihren heimatlichen Lebensraum.

Hans Maurer
Staatsminister

Josef Miller
Staatssekretär

Geleitwort

Kein Dorf, kein Lebensraum gleicht dem anderen. Die unterschiedlichen landschaftlichen, geschichtlichen und kulturellen Gegebenheiten prägen die Siedlungs- und Wirtschaftsformen, die Baugestalt der Häuser und Hofanlagen, die innere Struktur des Dorfes, aber auch die Flurformen, die Wechselwirkung von Kultur- und Naturlandschaft. Das heutige Dorf, die bebaute und bewirtschaftete Umwelt, ist das Ergebnis einer jahrhundertelangen Entwicklung mit all den Veränderungen, die herrschaftlich, ökonomisch, sozial und politisch bedingt waren. Auch in der Zukunft wird das Dorf einem steten Wandel unterworfen sein.
Vor allem aber ist das Dorf Lebensraum des Menschen, Ort des gemeinschaftlichen Zusammenlebens. Auf den Menschen muß deshalb die Dorferneuerung bezogen sein, will man die Zukunft des Dorfes sichern. Es gilt daher nicht nur die Lebens-, Wohn- und Arbeitsverhältnisse im Dorf und damit das Erscheinungsbild des Dorfes zu verbessern, sondern ein Heimatbewußtsein zu schaffen, damit sich der Bürger mit dem Dorf als Ganzes identifizieren kann. Das schließt ein, daß er sich am kulturellen Leben, wie es im Brauchtum, in der Tracht und Volksmusik, im Laienspiel und im Vereinsgeschehen zum Ausdruck kommt, aktiv und prägend beteiligt. Tradition ist – richtig verstanden – immer Wandel. Überliefertes ist deshalb immer wieder mit neuen Sinngehalten zu erfüllen. Dies trifft nicht nur für das kulturelle Leben in seiner Weiterentwicklung zu, sondern auch für die Umnutzung historischen Baubestandes, der einen Ortskern kennzeichnet und unverwechselbar prägt. Eine überzeugende und zukunftsweisende Dorferneuerung muß sich deshalb an den historischen Grundlagen und der kulturellen und sozialen Entwicklung des Dorfes orientieren, damit neben den materiellen auch die immateriellen Werte im Rahmen der Planungen und Maßnahmen Berücksichtigung finden. Die vorliegende Veröffentlichung über Tuntenhausen ist ein nachahmenswertes Beispiel sowohl für die Erfassung der geschichtlichen Gegebenheiten wie auch der heimatpflegenden Zielsetzungen, Überkommenes in die Gegenwart einzubringen und in der Zukunft wirksam werden zu lassen.

RUDOLF HANAUER
Landtagspräsident a.D.
1. Vorsitzender des Bayer. Landesvereins für Heimatpflege

Grußwort

Die Gemeinde Tuntenhausen unternimmt erfreulicherweise nicht nur den Versuch, die Dorferneuerung anzupacken, sondern sie nutzt gleichzeitig die Gelegenheit, die Vergangenheit des Dorfes in ein neues Licht zu rücken. Sie hat deshalb die vorliegende Forschungsarbeit beim Institut für Bayerische Geschichte in Auftrag gegeben, die sich zum einen mit der grundlegenden Geschichte eines oberbayerischen Dorfes befaßt und zum anderen historische Begleitgedanken zur Dorferneuerung Tuntenhausens enthält.
Herausgekommen ist bei diesem Rückgriff auf die Geschichte der Gemeinde – gewollt oder ungewollt, das sei dahingestellt – eine überaus gelungene Art von Heimatbuch, das als hervorragendes historisches Nachschlagewerk zu betrachten ist. Es vermittelt nicht nur Kunst- und Kirchengeschichtlern sondern auch Landschafts- und Heimatkundlern fundierte Unterlagen über die Entwicklung Tuntenhausens.

Das Buch zur Historie Tuntenhausens dürfte nicht zuletzt bei den Bürgern der Gemeinde das Geschichtsbewußtsein und vor allem die Identifikation mit dem eigenen Dorf fördern. So ergibt sich auch der direkte Bezug zur Dorferneuerung, deren Ziel ja die Schaffung von mehr Lebensqualität ist. Die Ortskerne sollen wieder an Attraktivität gewinnen, optische Verschlechterungen an den Randzonen nach Möglichkeit beseitigt, Ort und Umland als Einheit betrachtet werden. Die Dorferneuerung will generell zur Versöhnung der bebauten Umwelt mit der Natur beitragen.
Dabei müssen von den Verantwortlichen Lösungen im Zusammenwirken mit dem einzelnen Bürger gesucht werden. Die Mitwirkungsbereitschaft der Bevölkerung ist nämlich bei jeder Dorferneuerung ganz entscheidend.
Ein gelungenes Beispiel aus der Nachbarschaft, die Gemeinde Vagen, mag den Tuntenhausenern als Ansporn dienen. Die Arbeit der Dorferneuerer dort hat mittlerweile längst internationale Anerkennung gefunden. Ein ähnlich gutes Ergebnis möchte ich den hoffentlich ebenso fruchtbaren Bemühungen der engagierten Tuntenhausener Bürger wünschen. Ein noch liebenswerteres Gemeinwesen kann der Lohn dieser gemeinsamen Anstrengungen sein.

Dr. Max Gimple
Landrat des Landkreises Rosenheim

Grußwort

Wer die Geschichte nicht kennt, kann für die Gegenwart nichts tun und das Notwendige für die Zukunft nicht erkunden. Diese Aussage stammt von unserem verstorbenen Ministerpräsidenten Franz Josef Strauß. Umso mehr muß uns der Wert der vorliegenden geschichtlichen Aufzeichnungen ins Bewußtsein kommen. Auch mir waren anfangs der Umfang und die gebotenen Möglichkeiten nicht in dem nun vorliegenden Ausmaß bewußt. Das Werk, das die Familien und deren Anwesen geschichtlich aufzeigt, hat gerade am Anfang der Dorferneuerung für den Ort Tuntenhausen eine herausragende Bedeutung. Damit wurden nämlich die richtigen Akzente gesetzt. Wenn der Mensch und die Familien am Anfang eines Vorhabens stehen, kann am ehesten das gesteckte Ziel erreicht werden, ein Dorf aus dem Wissen um seine Vergangenheit entsprechend den Erfordernissen der Zukunft zu gestalten.
Dieser Geschichtsband soll uns bei den anstehenden Planungen immer wieder an die Verantwortung gegenüber unseren Nachkommen erinnern. Eine Gemeinde wird nicht nur reicher, wenn sie materielle Werte mit verschiedenen Einrichtungen geschaffen hat. Es ist auf Dauer sicher viel mehr wert, wenn man seine Geschichte kennt und diese den Nachkommen nahelegt zur Bewahrung und Erinnerung. Möge der wahre Wert und Sinn der Dorferneuerung ausreichend erkannt werden.
Es ist mir ein besonderes Anliegen, daß dieses Vorhaben die Menschen zusammenführt und sich somit auf das Dorfleben fördernd auswirkt. Ich hoffe, daß der Wert einer gut nachbarschaftlichen menschlichen Gesellschaft stets erkannt und ständig verbessert wird.
Mein Dank und der Dank der Gemeinde gilt der Raiffeisenbank Mangfalltal e.G., der Kreissparkasse Bad Aibling, der Fa. Eder-Landtechnik und der Fa. Schmid-Tiefbau, sowie vor allem auch dem Bayerischen Staatsministerium für Ernährung, Landwirtschaft und Forsten, die durch großzügige Geldspenden bzw. die Bereitstellung von Fördermitteln aus dem Bayerischen Dorferneuerungsprogramm dieses Buch ermöglicht haben. Der Flurbereinigungsdirektion München danke ich für die gute organisatorische Unterstützung.

Mit herzlichen Wünschen in steter Verbundenheit mit Tuntenhausen
Josef Haas
Bürgermeister

Vorwort

Tuntenhausen ist dem bayerischen Politiker immer noch ein Begriff, noch mehr dem Historiker, der von den großen Bauernwallfahrten der Weimarer Zeit weiß und ihren Nachhall in den ersten Nachkriegsjahren noch erlebt hat. Doch ist auch ein Wallfahrtsort, und mag er noch so zahlreiche Pilger anziehen, ein Ort wie andere auch; die Probleme, die seine Bewohner bedrängen, sind so sehr verschieden nicht von den allgemeinen, und die Mittel, mit denen ihnen begegnet werden soll, sind die alltäglichen, die man überall zu kennen meint. Kennt man sie wirklich? Vielleicht gibt die Geschichte eine Antwort, vielleicht läßt sich aus grauen Anfängen und dem bewegten Gang durch die Jahrhunderte etwas von dem Wesen und der Bestimmung eines schlichten und doch nicht gewöhnlichen Dorfes erahnen? Das Institut für Bayerische Geschichte hat sich mit Freuden der Aufgabe angenommen, gerade die Geschichte Tuntenhausens zu erforschen – sie soll, das ist die Absicht dieser Studie, ein Muster bilden für die Erforschung des bayerischen Dorfes und seiner Probleme.

Prof. Dr. Andreas Kraus

Zu diesem Buch

Das vorliegende Buch wurde im Rahmen der Dorferneuerung Tuntenhausen angeregt, ohne daß die Autoren bei der Erarbeitung den Zielen der Dorferneuerung verpflichtet gewesen wären. Beispielhaft sollte die Geschichte eines oberbayerischen Dorfes in ihren wesentlichen Etappen erforscht werden.
Der Herausgeber und die Autoren haben sich bemüht, Institutionen, die bei der Erarbeitung einer Dorfgeschichte helfen können, und andere Hilfsmittel bekannt zu machen. An der Geschichte Interessierte in Tuntenhausen und anderen Dörfern in Oberbayern mögen damit einen ersten Zugang zur eigenen Erforschung der Geschichte ihres Dorfes erhalten. Dem gleichen Zweck dienen die Verzeichnisse der Quellen. Die Wiedergabe einer Quelle in den meisten Beiträgen soll die jeweilige Zeit »sprechen« lassen und zur Beschäftigung mit weiteren Quellen animieren.
Die behandelten Themen sind ein Gerüst zur Geschichte eines Dorfes. Zahlreiche andere Themen zur Geschichte eines Dorfes verdienten weitere Aufmerksamkeit. Das vorliegende Buch wurde in erster Linie aus den Beständen der staatlichen Archive erarbeitet. Es bleibt den Einwohnern Tuntenhausens – wie denen vieler anderer oberbayerischer Dörfer – viel Quellenmaterial, das einer Auswertung harrt: vor allem das Archiv der Gemeinde und das Archiv der Pfarrei, aber auch die vielen privaten »Archive«, all die Briefe, Aufzeichnungen, Baupläne, Protokollbücher der Vereine, Fotos und vieles andere mehr. Insofern sollte das Buch für die Bürger von Tuntenhausen ein neuer Anfang für die Beschäftigung mit der Geschichte ihres Dorfes sein.
Prof. Andreas Kraus, Prof. Pankraz Fried und Hans Roth (Bayerischer Landesverein für Heimatpflege) haben das Manuskript durchgesehen, einen Teil davon auch Dr. Erwin Riedenauer. Claudia Wöllert hat emsig die Schreibarbeiten geleistet. Josef Attenberger von der Flurbereinigungsdirektion München hat viele organisatorische Probleme geklärt. Allen, besonders auch den Mitautoren, möchte ich herzlich danken!

FERDINAND KRAMER

Grundlinien der Geschichte oberbayerischer Dörfer am Beispiel Tuntenhausen

Ferdinand Kramer

Die Geschichte der Dörfer findet in den vergangenen Jahren ein bisher nicht gekanntes Interesse. Dorf- und Ortsgeschichten werden immer umfangreicher erarbeitet und immer aufwendiger publiziert.[1] Das Interesse an der Geschichte der Dörfer hat vielerlei Ursachen. Die Gemeinden erhoffen sich eine verstärkte Identifizierung der Bürger mit ihrem Ort. Die Dorfbewohner werden sich der Radikalität der Veränderungen seit der Vätergeneration bewußt und fragen nach den eigenen Wurzeln von Familie, Haus und Hof. Nicht zuletzt ist das Dorf im Zuge der ökologischen Bewegung und der Forderung nach überschaubaren Lebensumständen in Mode gekommen.
Die ersten Dorfgeschichtsschreiber waren meist die Pfarrer und Lehrer. Die Beschäftigung mit der Dorfgeschichte half den Pfarrern ihren Arbeitsbereich kennenzulernen. Dorfgeschichte wurde für sie zudem ein pädagogisches Hilfsmittel. Pfarrer und Lehrer waren oft auch die einzigen, die ausreichende Kenntnis, Zeit und Muse für eine Beschäftigung mit einer Dorfgeschichte hatten.[2] Heute leisten die Kreisheimatpfleger einen wichtigen Beitrag zur Aufbereitung der Geschichte der Dörfer.
Eine wissenschaftliche Beschäftigung mit der Geschichte einzelner Dörfer ist bis heute immer noch die Ausnahme.[3] Das liegt nicht zuletzt daran, daß ein Dorf seine Geschichte nur sehr schwer preisgibt. Dorfgeschichtsschreibung ist mühselige Kleinarbeit. Freilich haben sozial-, wirtschafts-, kirchen-, rechts- und verfassungsgeschichtliche Fragestellungen in der Geschichtsschreibung allgemein und besonders innerhalb der Landesgeschichte den Kenntnisstand über die Rahmenbedingungen dörflichen Lebens erheblich erweitert.[4] Auch die Volkskunde leistet einen wichtigen Beitrag zur Erweiterung des Wissens um die Geschichte dörflichen Lebens.[5]
Nur selten haben Menschen, die im Dorf aufgewachsen sind und dort leben, die Geschichte ihres Dorfes geschrieben. Beschäftigt haben sie sich freilich schon mit der Geschichte ihres Lebensraumes. Es handelte sich dabei meistens um das Sammeln von Bildern und Gegenständen oder die Aneinanderreihung von Ereignissen. Das Bild von der Geschichte der Dörfer und des Lebens der Dorfbewohner ist deshalb bis heute geprägt von der Sicht und den Werten derer, die dörfliche Belange von außen sehen oder verwalten.[6]
Darin ist ein Grund zu sehen, warum die Dorfgeschichtsschreibung oft von einer die Vergangenheit verfälschenden »Dorfromantik« geprägt ist.[7] In kaum einer Dorfgeschichte sind etwa Konflikte im Dorf wirklich aufgear-

beitet. Sie waren Dorfalltag und konnten aufgrund der engen Verknüpfung von privatem und öffentlichem Leben im Dorf die Menschen besonders stark belasten. Das vorliegende Buch soll mithelfen, einer »Dorfromantik«-Legende vorzubeugen. Es soll die Menschen auf dem Dorf ermuntern, sich mit der Geschichte ihres Lebensraumes in allen seinen Aspekten zu beschäftigen.
Oberbayerische Dörfer treten, wie Tuntenhausen, meist erst im hohen Mittelalter in das Licht der schriftlich überlieferten Geschichte.[8] Doch zu dem Zeitpunkt können viele dieser Dörfer bereits auf eine mehrhundertjährige Geschichte zurückschauen, lange vor den Städten waren sie der ursprüngliche Wohn- und Lebensraum der Menschen in Oberbayern.
Vorgeschichtliche Funde zeugen von einer sehr frühen, aber dünnen und meist unkonstanten Besiedlung in Oberbayern. Erst Kelten und Römer[9] bauten in den Jahrhunderten vor und nach Christus ein relativ breites Siedlungsnetz auf. Eine keltische Anlage und Staßenzüge der Römer sind auch in der weiteren Umgebung Tuntenhausens dafür ein Zeugnis.
Als bajuwarische und andere Siedler sich ab dem 5. Jahrhundert in Oberbayern niederließen, mieden sie die alten Siedlungen. Sie wählten aber oft deren Nachbarschaft und nutzten die vorhandene Infrastruktur, vor allem das urbar gemachte Bauernland. Waren Siedlungsvorläufer nicht vorhanden, dann gewann die Standortwahl für die Anlage eines Hofes für die Siedler noch größere Bedeutung. Mittelschwere Böden für Acker- und Wiesenland waren genauso vonnöten wie ein Wasservorkommen und etwas Wald, der als Viehweide und Holzreservoir genutzt werden konnte. Tuntenhausen ist ein geradezu typisches Beispiel für einen solchen Standort.[10]

Der Leiter einer neuen Ansiedlung dürfte eine Person von niederem Adel oder ein »Freier«, jedenfalls aber eine exponierte Persönlichkeit – in Tuntenhausen ein Mann namens Tunto – gewesen sein. Ob Tunto aus dem benachbarten Aibling, aus Grafing, Aßling oder Beyharting oder letztlich völlig fremd in der Gegend war, darüber lohnt es sich kaum zu spekulieren. Auszuschließen ist es freilich nicht, daß Tunto aus einem der genannten Orte kam, denn die Dörfer, deren Name mit »-ing« endet, bestanden wohl schon, als die anderen Orte mit »-hausen« ihren Anfang nahmen[11]. Tunten»hausen« gilt wie die meisten anderen Orte mit einem solchen Namensbestandteil als sogenannte Ausbausiedlung, die notwendig wurde, als der Lebensraum um die älteren Dörfer die Existenz von mehr Bewohnern nicht mehr sichern konnte. Tunto hat, wie schon die Standortwahl zeigt, seinen »Aussiedlerhof« nicht planlos angelegt. Um den Hof gruppierte er Wirtschaftsland, das dann mit dem Wachsen vom Hof zum Dorf Stück für Stück erweitert wurde.[12]
Es dauerte Jahrhunderte, bis aus einem Hof und dem Familienverband des »Gründers« ein kleines Dorf erwachsen war. Der große Hof wurde im hohen Mittelalter geteilt und aus den beiden Höfen verselbständigten sich weitere kleinere Anwesen. Bereits vor dem Jahr 1000 gesellte sich zu den

Bauernhäusern eine Kirche. Ein Besucher im 12. Jahrhundert fand in Tuntenhausen eine Kirche, das Pfarrwidum, zwei Höfe und ein kleineres Anwesen vor. Circa 400 Jahre später, um 1500, zählen wir sieben bäuerliche Anwesen in Tuntenhausen. Zu dem Zeitpunkt können wir uns kaum mehr als 40 Einwohner in Tuntenhausen vorstellen.

Das Dorf, das aus der Siedlung des Tunto erwachsen war, lag im Herrschaftsbereich der Kaiser des Heiligen Römischen Reiches und im zugehörigen Herzogtum Bayern. Doch von den Häuptern in Reich und Herzogtum dürften die Tuntenhausener wenig gespürt haben. Für die Dorfbewohner war wichtiger, wer der Obereigentümer bzw. Grundherr über ihre Anwesen und über die Kirche wurde. Häufig wurden im hohen Mittelalter einzelne Anwesen und oft auch ganze Dörfer von adeligen Herren an Klöster geschenkt. Für Tuntenhausen gewann so das Kloster Tegernsee große Bedeutung.

Viele oberbayerische Dörfer bekamen nach den Ungarnkriegen im zehnten Jahrhundert neue Herren über ihre Anwesen. Die Herrschaft der Klöster verfiel häufig, weil viele von ihnen zerstört waren. Nach der Wiedereinrichtung bemühten sie sich um ihre alten Besitzungen oft vergeblich. Das Kloster Tegernsee, das in Ostermünchen ein kleines Verwaltungszentrum, ein sogenanntes Urbarsamt unterhielt, konnte in Tuntenhausen die Besitzrechte über einen großen Hof wahren. Dieser Hof kam um die Mitte des 13. Jahrhunderts in den Besitz des Herzogs und von dem über mehrere Stationen zu den Brettschleipfern, die im 14. und 15. Jahrhundert eine dominante Position in Tuntenhausen hatten. Die Brettschleipfer waren eines der zahlreichen Dienstmannengeschlechter, die im hohen Mittelalter im Gefolge hoher Adeliger emporgekommen waren und dann in vielen oberbayerischen Dörfern selbständig Herrschaftsrechte ausüben konnten. Die Brettschleipfer unterhielten einen Adelssitz in Tuntenhausen, außerdem waren sie Herren über eine Schmiede und die Taferne im Dorf. Weitere Klöster und kirchliche Einrichtungen konnten neu Besitz in Tuntenhausen erwerben, so das Kloster Beyharting, das Kloster Rott und das Domkapitel in Freising. Die sieben Anwesen in Tuntenhausen um das Jahr 1500 hatten fünf verschiedene Herren. Die mittelalterlichen Herrschaftsverhältnisse in den meisten oberbayerischen Dörfern waren geprägt von einem Nebeneinander von kirchlichem, klösterlichem, kleinadeligem und herzoglichem Besitz. Ab dem 13. Jahrhundert konnten die Wittelsbacher als Herzöge von Bayern vermehrten Einfluß auf viele Dörfer gewinnen.[13] Die Dörfer wurden einem herzoglichen Landgerichtsbezirk zugeteilt, Tuntenhausen gehörte zum Landgericht Schwaben.

Eine Woge von gesteigerter geistig-kirchlicher Frömmigkeit erfaßte auch die Menschen in Tuntenhausen, als zum Ausgang des Mittelalters die Wallfahrt entstand. In zahlreichen bayerischen Dörfern wurden zu der Zeit neue Kirchen errichtet oder alte erweitert und erneuert.[14] Allenthalben entstanden Wallfahrten, ein Ausdruck für den Glauben an die Unmittelbarkeit zwischen Mensch und Gott. Die später berühmte Wallfahrt nach Tuntenhausen wurde rasch ein wichtiger und dann über Jahrhunderte konstanter Impulsgeber für das Dorf. Die Wallfahrer brachten Wohlstand in das Dorf, sie bewahrten die Tuntenhausener weitgehend vor ökonomischen Krisen. Immer wenn die Bedrängnis der Menschen des Umlandes groß war, strömten sie umso zahlreicher nach Tuntenhausen. Wirtschaftskrisen betrafen also das Dorf Tuntenhausen stets weniger als andere Orte. Die wirtschaftliche Existenzsicherung war für die meisten oberbayerischen Dorfbewohner schwieriger als für die Tuntenhausener. Zwar konnte die dominierende Landwirtschaft in der Regel den Nahrungsbedarf und andere materielle Grundbedürfnisse decken, doch Unwetter, Feuer, Viehseuchen oder durchziehende Soldaten konnten die Dorfbewohner schnell und unvorhergesehen in wirtschaftliche Probleme, die oft recht unmittelbar zu Hunger und Tod führten, stürzen.[15]

Zu Ende des 15. Jahrhunderts erlebten die Menschen in Tuntenhausen eine beachtliche Zunahme der Zahl der Anwesen in ihrer Nachbarschaft. Aus größeren Höfen wurden kleine, sogenannte Sölden, herausgetrennt. Die Söldenbildung ist ein Phänomen, das in den meisten oberbayerischen Dörfern ab dem 14. und 15. Jahrhundert zu beobachten ist.[16] Die Sölden wurden notwendig, um einer wachsenden Bevölkerung eine Existenz zu sichern. Dies gelang bei der geringen Grundausstattung der Sölden häufig nur durch die zusätzliche Arbeit in einem Handwerk. In Tuntenhausen hat sich im 16. Jahrhundert ein Schneider etabliert, nach dem Schmied und dem Wirt der dritte Gewerbetreibende im Ort. Im 17. Jahrhundert kamen noch ein Bäcker und mehrere Läden hinzu. Durch die Schäden, die der Dreißigjährige Krieg und seine Folgen in vielen Dörfern Oberbayerns, freilich von Ort zu Ort sehr verschieden, anrichtete, wurde der Prozeß der Söldenbildung etwa ein halbes Jahrhundert lang gebremst. Nach 1648 konnten viele Menschen zunächst in öd stehenden Anwesen angesiedelt werden.
In Tuntenhausen wurde die Söldenbildung schon im 16. Jahrhundert durch das Kloster Beyharting gefördert. Beyharting wurde im Laufe der folgenden Jahrhunderte zur wichtigsten Herrschaft über Tuntenhausen. Über mehr und mehr Anwesen wurde das Kloster Grundherr, auch die Betreuung der Wallfahrt war den Mönchen anheimgestellt. Beyharting versuchte seine dominierende Stellung in Tuntenhausen immer weiter auszudehnen. Bis zum Ende des 18. Jahrhunderts konnte das Kloster die Grundherrschaft über alle Anwesen in Tuntenhausen erwerben. Für Belange der niederen Gerichtsbarkeit sollte das Dorf aus der herzoglichen Landgerichtsverwaltung entlassen und der des Klosters zugeteilt werden. Die Verwaltung des bayerischen Herzogs gab diesem Ansinnen des Klosters zunächst nicht nach. Erst 1696 konnte Beyharting für einen Betrag von 1500 Gulden Tuntenhausen in seinen Niedergerichtsbezirk einverleiben. Den Versuch eines dominierenden Grundherrn, seine Herrschaftsrechte über einen Ort immer weiter auszubauen, finden wir in vielen oberbayerischen Dörfern seit dem hohen Mittelalter. Besonders erfolgreich waren dabei alteingesessene

Adelsfamilien, Klöster und später auch der sogenannte Beamtenadel, dessen Wirtschaftskraft die dazu nötigen Mittel bereitstellte. Konnte zu schon vorhandenen Rechten auch noch das der niederen Gerichtsbarkeit erworben werden, dann waren die Menschen auf dem Dorf, in ihrem Lebensraum, beinahe gänzlich an den jeweiligen Herren gebunden. Den Herrschaftsbereich eines solchen Herren nannte man Hofmark oder Sitz. Nur bei Verbrechen der hohen Gerichtsbarkeit hatte weiter die herzogliche bzw. kurfürstliche Verwaltung Zugriff auf die Untertanen.[17] Über die Hofmarks- oder oft auch über die Patronatsherren der Dorfkirchen kamen zahlreiche kulturelle Impulse in die Ortschaften. Mancherorts wurden Landschlösser gebaut; Kirchen wurden barockisiert. Das dörfliche Handwerk wurde gefördert, erste Dorfschulen wurden betrieben.[18]
Herr und Untertan waren sich gegenseitig verpflichtet. Der eine zu Abgaben und Scharwerksleistungen (Rat und Hilfe), der andere zur Gewährleistung von Recht, Ordnung und Fürsorge (Schutz und Schirm). Die größeren und mittleren Bauern, die Wirte und Handwerker eines Dorfes treten in Oberbayern als selbstbewußte Untertanen in Erscheinung. Sie scheuten keineswegs den Weg vor die Gerichte des Kurfürsten, um ihre Herren zu verklagen, wenn es um die Wahrung ihrer tradierten Rechte und Ansprüche ging. Die kurfürstliche Gerichtsbarkeit scheint den Bauern oft recht wohl gesonnen gewesen zu sein und hat nicht selten gegen die adeligen und klösterlichen Herren entschieden.[19] Die Söldenbesitzer waren, soweit sie nicht ein Handwerk betrieben, weitgehend von den größeren Bauern abhängig. Sie arbeiteten als Tagelöhner auf den großen Höfen, oft verdienten sie auch mit der Weberei ein Zubrot. Zur unteren Schicht der Dorfbewohner gehörten die Dienstboten, die einen erheblichen Anteil der Dorfbevölkerung stellten.[20]
Die Dorfbewohner, die Teilhaber am »Dorfrecht« waren, unterhielten eine bäuerliche Wirtschaftsgemeinschaft, die einer Genossenschaft ähnlich organisiert war. Die »Gmain«, wie sie geheißen wurde, regelte dorfinterne Angelegenheiten, soweit sie die dörfliche Infrastruktur und die bäuerliche Wirtschaft betrafen. Sie vertrat die Interessen des Dorfes gegenüber dem Pfarrer, gegenüber den Grund- und Niedergerichtsherren und gegenüber den Nachbardörfern.[21] Immer wenn die Beyhartinger Mönche Besitzstandsverzeichnisse in Tuntenhausen anfertigten, waren zwei Tuntenhausener Bauern dabei, die darauf achteten, daß die Rechte der Bauern und der »Gmain« gewahrt blieben.

In der zweiten Hälfte des 18. Jahrhunderts kündigte sich auch bei den Dorfbewohnern der Anbruch einer neuen Zeit an. Zunächst war dies für die Dorfbewohner im kirchlich-religiösen Leben am unmittelbarsten zu spüren. Der Kurfürst verbot Wallfahrten und Bittgänge. Zwar wurde Tuntenhausen zusammen mit Andechs und Altötting von dem Verbot ausgenommen, doch die Beschränkung barocker kirchlicher Bräuche generell betraf auch Tuntenhausen. Um die Jahrhundertwende kam es schließlich zu mas-

siven Umwälzungen. 1803 wurde das Kloster Beyharting aufgelöst. Tuntenhausen verlor seinen »Herrn«. Die Tuntenhausener wurden Untertanen im 1806 entstandenen Königreich Bayern. Auch für sie wurde jetzt die staatliche Verwaltung umfassend und direkt zuständig. Mit der Bildung einer Gemeinde wurde dem Dorf eine streng kontrollierte Selbstverwaltung ermöglicht, die an die jahrhundertealte Tradition der »Gmain« anknüpfte.[22] Nach der Auflösung der Klöster, die die Seelsorge in zahlreichen Dörfern gewährleistet hatten, bemühten sich viele oberbayerische Dörfer um die Erhaltung oder die Errichtung einer eigenen Pfarrei mit einem Priester am Ort. Die allgemeine Schulpflicht führte zu mehr Bildung in den Dörfern: Religion, Lesen, Schreiben, Rechnen und praktische Dinge wie Obstanbau wurden vermittelt. Die Veränderungen waren weitreichend und langwierig und betrafen alle Menschen im Ort.
Der größte Teil des Gemeindelandes wurde ab 1803 unter den Bauern aufgeteilt. Ab dem Jahr 1848 war es gesetzlich möglich, sich aus der Grundherrschaft loszukaufen. Es dauerte Jahrzehnte, bis die Bauern das Geld aufbrachten. Oft brauchte der Prozeß der Ablösung bis zum Ende des 19. Jahrhunderts, bisweilen gar bis ins Jahr 1919. Die finanzielle Ablösung des Anwesens zum bäuerlichen Eigentum war im 19. Jahrhundert oft beschwerlich und führte manchen oberbayerischen Bauern und Söldner auf die Gant. Krisen in der Landwirtschaft trugen dazu besonders bei[23], auch die Unerfahrenheit der Bauern und Söldner im Umgang mit Grundeigentum.[24] Besser waren langfristig die Entwicklungsmöglichkeiten für Handwerker. Mit der Einführung der Gewerbefreiheit war für unternehmerische Initiative Raum geschaffen. Das ländliche Handwerk erlebte ab dem letzten Drittel des 19. Jahrhunderts einen Aufschwung.
Die ersten Darlehenskassen und Raiffeisengenossenschaften sorgten für die finanziellen Voraussetzungen für eine wirtschaftliche Konsolidierung und einen Aufschwung auf vielen Dörfern. Die Jahrzehnte der Jahrhundertwende waren eine Zeit, während der die Dörfer erstarkten, wie eine Vielzahl von Initiativen, etwa die Gründung neuer Gewerbe und auch die Gründung der ersten Vereine zeigen. Feuerwehren, Schützen-, Veteranen-, Burschen- und Gesangvereine standen am Anfang der Vereinsgründungswelle auf den Dörfern. Jetzt besser ausgebildete Lehrer und immer schon die Pfarrer waren und wurden zudem wichtige Kulturträger im Dorf.

Zur vorwiegend politisch-sozialen Modernisierung in der ersten Hälfte des 19. Jahrhunderts kam eine materiell-technische Modernisierung auf den Dörfern. Durch das benachbarte Ostermünchen wurde die Eisenbahn gebaut. Viele Bauernhäuser und Stallungen wurden neu errichtet, renoviert und erweitert. Nach und nach verschwanden die Holzhäuser und die Strohdächer aus dem Ortsbild. Dorfstraßen wurden befestigt, Schulhäuser gebaut und erweitert.
Die wirtschaftliche Existenzsicherung wurde für die rasch wachsende Bevölkerung seit Mitte des 19. Jahrhunderts im Dorf selbst immer schwieri-

ger, ja unmöglich. Für viele junge Menschen bot das Dorf keine ausreichende wirtschaftliche Basis, sie wanderten in die Städte ab. Die Stadt und das städtisch-bürgerliche Leben wurden für viele Dorfbewohner vorbildhaft.[25]
Der Erste Weltkrieg und der Tod vieler junger Männer löste in zahlreichen Dörfern eine Art Schockzustand aus. Kaum eine Familie hatte nicht einen nächsten Verwandten zu beklagen. Diejenigen, die zurückkehrten, sahen ihren Freundes- und Bekanntenkreis dezimiert. Die Wiederbelebung von Veteranenvereinen und die Errichtung von Kriegerdenkmälern waren äußere Zeichen des Versuches, den Schock zu verarbeiten. Natürlich leisteten Religion und Kirche den Hauptanteil der Trauerarbeit. Doch auch auf den Dörfern war die traditionelle Rolle der Kirche jetzt nicht mehr gänzlich unangefochten. In Tuntenhausen kam es besonders zwischen dem zunächst nicht an die Kirche gebundenen Burschenverein und den Pfarrherren immer wieder zu Reibereien. Die auch durch die überregional bedeutende Wallfahrt bedingten hohen Ansprüche an Religiosität und Kirchlichkeit der Dorfbewohner erschienen gerade den jungen Leuten der 20er und 30er Jahre als zu bedrückend. In vielen Dörfern wurde ein scharfer Generationenkonflikt ausgetragen, der sich häufig mit dem zwischen Tradition und Modernisierung überschnitt. Die Konfliktregelung gelang dennoch weitgehend dorfintern, auch als die Folgen der Weltwirtschaftskrise die Dörfer nicht verschont ließen.
Der Aufstieg und die Machtübernahme der Nationalsozialisten sollte die politischen Strukturen vieler Dörfer ändern. Die Parteimitglieder in den Dörfern fanden Rückhalt bei den Kreisleitungen der NSDAP. Dieser Rückhalt und die von der Partei zur Verfügung gestellten Sanktionsmechanismen ermöglichten es den Nationalsozialisten, wesentlichen politischen Einfluß im Dorf zu gewinnen. Die Möglichkeiten, die die Parteimitgliedschaft bot, wurden häufig auch genutzt, um sehr persönliche Streitereien und alte Gegensätze auszutragen. Die Bürgermeister wurden in der Regel Parteimitglied oder sie wurden durch ein solches ersetzt, wie es in Tuntenhausen der Fall war. Nicht selten entschloß sich auch ein Bürgermeister zum Parteieintritt, um die Übernahme des Amtes durch einen allzu Parteihörigen zu verhindern. Die Motive sind äußerst vielschichtig. Resistenz und Widerstand gegen die Nationalsozialisten fand in den oberbayerischen Dörfern in vielen Pfarrhäusern und bei den kirchentreuen und wertekonservativen Dorfbewohnern eine Stütze. Tuntenhausen ist dafür ein besonders markantes Beispiel.[26]
Die Kriegsjahre waren geprägt vom Mangel an Arbeitskräften, nachdem nach und nach große Teile der männlichen Bevölkerung zur Reichswehr eingezogen worden waren. Ersetzt wurden sie teilweise durch Fremdarbeiter und Kriegsgefangene, die zur Arbeit auf den Höfen gezwungen waren. Das Vereinsleben wurde nur sehr eingeschränkt fortgeführt oder ganz eingestellt. Bald trafen die ersten Leichen Gefallener im Dorf ein, in den späteren Kriegsjahren nur noch die Todesnachricht. Es blieb kaum eine Familie, die

nicht den Verlust eines Angehörigen betrauerte. In den letzten Kriegsjahren entstanden in der Nachbarschaft zahlreicher oberbayerischer Dörfer KZ-Außenlager, deren meist jüdische Häftlinge für große Rüstungsprojekte oft unter todbringenden Umständen arbeiten mußten.[27]
Die Kapitulation und der Einmarsch amerikanischer und französischer Truppen hatten für die Dorfbewohner unterschiedliche Auswirkungen. Mancherorts rächten sich die Kriegsgefangenen für schlechte Behandlung oder sie mißbrauchten in selteneren Fällen ihre Rolle als Sieger. Daß vor allem die amerikanischen Besatzungsbehörden um einen korrekten Umgang mit den Menschen bemüht waren, zeigt sich auch am Beispiel Tuntenhausen.
Die Dörfer hatten den Zweiten Weltkrieg relativ gut überstanden. Anders als in den Städten waren Frauen und Kinder vom Krieg doch meist unbehelligt geblieben. Gesundheitsbedrohenden Hunger litt man selten. Häuser und andere Gebäude waren unzerstört. Man beklagte Gefallene und hoffte auf die Rückkehr des Sohnes, Bruders oder Mannes aus der Gefangenschaft, man mußte Flüchtlinge und Vertriebene, mancherorts auch die Überlebenden von KZ-Außenlagern aufnehmen und dennoch war das Dorf vom Chaos verschont geblieben. Es machte den Heimkehrern die Reintegration leicht und ermöglichte die Aufnahme vieler Vertriebener und Flüchtlinge. Die Bedingungen für einen Neubeginn waren auf dem Dorf relativ gut. Die bäuerliche Landwirtschaft war eine wichtige Stütze. Sie garantierte die Lebensmittelversorgung, sie hatte Wohnraumreserven, die schon in den letzten Kriegsjahren bei den Landverschickungen für die städtische Bevölkerung genutzt wurden, und ihre stabilen Familienstrukturen erleichterten die Integration derer, die über Jahre vom Dorf weg waren. Eine Neubelebung der Dörfer wurde mancherorts gar als »Heilmittel« zur Abkehr vom Nationalsozialismus in Deutschland gesehen.[28]

Die Jahre nach dem Zweiten Weltkrieg waren für die Dörfer eine »große Zeit«. Nicht daß sie konfliktfrei gewesen wären, Streitereien und Spannungen gehörten allezeit zu dem, was das Leben auf dem Dorf schwer erträglich machen konnte. Die Entnazifizierung und ein starkes Bevölkerungswachstum, bedingt durch den Zuzug der Flüchtlinge und Vertriebenen, sorgte für zahlreichen Konfliktstoff. Dennoch gelang es den Dörfern, jetzt wieder mit weitreichender kommunaler Autonomie die Probleme, besonders das der Integration der Flüchtlinge, zu bewältigen.[29] Die Dorfbewohner halfen Verwandten und Bekannten in der Stadt und vielen anderen Menschen mit Nahrungsmitteln. Der Tuntenhausener Bäckermeister Demmel sträubte sich öffentlich gegen eine verordnete Brotpreiserhöhung. Die Vereine, Musikgruppen und das Dorftheater lebten wieder auf. Die wirtschaftlichen Engpässe beschränkten die Mobilität der Dorfbewohner erheblich, sie waren gezwungen, ihr eigenes kulturelles Angebot zu schaffen. Ab den fünfziger Jahren kam dazu ein wachsender wirtschaftlicher Optimismus, der sich bald in der Technisierung vieler Lebensbereiche äußerte. Die dörfli-

che Infrastruktur wurde verbessert. Durch Neubauten von Wohnhäusern wuchsen die Dörfer und sprengten die alten Siedlungsgrenzen.
Die Aufbruchstimmung der 50er und 60er Jahre veränderte entscheidend die Sozialstruktur der Dörfer.[30] Die letzten Dienstboten, die über Jahrhunderte einen erheblichen Teil der Dorfbewohner gestellt hatten, suchten andere Beschäftigungsmöglichkeiten. In den landwirtschaftlichen Betrieben wurden sie durch Maschinen weitgehend ersetzt. Die großen Bauern verloren ihre dominante Stellung im Dorf.[31] Mehr und mehr war auch die dörfliche Sozialstruktur von Arbeitern, Angestellten und Beamten geprägt, die vom Dorf in naheliegende zentrale Orte pendelten. Erstmals besuchten in größerem Maße Dorfkinder höhere Schulen.
Die Dörfer erlebten größere Eingriffe in die sie umgebende Landschaft. Vor allem die Flurbereinigung, Bachbegradigungen, Gewässerverrohrungen und der Ausbau des Straßennetzes, die in den 50er, 60er und 70er Jahren in den oberbayerischen Dörfern forciert wurden, änderten das Bild der Landschaft. Die Folgen der Flurbereinigung, die in den 50er und 60er Jahren vor allem nach land- und betriebswirtschaftlichen Kriterien durchgeführt wurde, zeitigten in den 70er und 80er Jahren oft Probleme. Ortsnahes Land war jetzt großflächig im Besitz der Landwirte, was eine Ortsentwicklung nach den Bedürfnissen neuer und sehr rasch wachsender Bevölkerungsschichten (Arbeiter und Angestellte) und die Erweiterung ortsansässiger oder die Ansiedlung neuer Gewerbe bisweilen erschwerte oder gar verhinderte.

Durch staatliche Beratung und Zuschüsse geförderte Maßnahmen haben in den 60er Jahren Stück für Stück die kommunale Selbstverwaltung auf den Dörfern verändert und ausgehöhlt. Die sogenannte Gebiets- und Funktionalreform war die logische, von den Dorfbewohnern ungeliebte Konsequenz daraus. Damit wurde die Desintegration der Dörfer, die durch die Notwendigkeit des Pendelns einiger Dorfbewohner begonnen hatte, zusätzlich beschleunigt. Durch Kindergarten und Schule wurden Kinder und Jugendliche früh aus dem Sozialisationsbereich des eigenen Dorfes herausgeführt. Der Verlust der eigenen politischen Gemeinde, der eigenen Mandatsträger und Autoritäten nahm vielen Dörfern wichtige Instanzen, die Konflikten vorbeugten oder solche lösten. Verloren gingen damit dörfliche Autoritäten, die Ziele setzten, die Anerkennung aussprachen und tadelten und damit letztlich eine entscheidende Integrationsfunktion im Dorf hatten. Gerade als man »mehr Demokratie wagen« wollte, verloren die Dorfbewohner an Unmittelbarkeit demokratischer Mitwirkung in ihrem Lebensbereich. Auch auf den Dörfern lernten immer weniger Menschen Politik von der Seite der Mitverantwortlichen kennen.
Die Desintegration der Dörfer wurde vor allem in den 70er und 80er Jahren durch die Aufgabe vieler lokaler Versorgungseinrichtungen beschleunigt. Über Jahrhunderte und bis in die 60er Jahre des 20. Jahrhunderts hatten sich die Dörfer bemüht, die Einrichtungen zu schaffen und zu erhalten, die die Grundbedürfnisse der Menschen auf dem Dorf decken konnten. Der Verlust

von Schule, Läden, Handwerken, der eigenen Gemeinde, von Bahn und Post, einhergehend mit dem Abzug des letzten eigenen Pfarrers und Lehrers brach diese Entwicklung in vielen Dörfern in wenigen Jahren ab. Abgebrochen oder umfunktioniert wurden oft auch die entsprechenden Gebäude. Es folgte die Aufgabe zahlreicher landwirtschaftlicher Betriebe. Die bäuerliche Bevölkerung wurde zur Minderheit auf dem Dorf[32], die – ohnehin betroffen von der Krise der Landwirtschaft – mancherorts durch das Unverständnis fremder Zugezogener neue Belastungen auf sich nehmen mußte.
Tuntenhausen wurde in vielerlei Beziehung ein Ausnahmefall, es wurde zum Zentralort einer Großgemeinde und die ortsansässigen Gewerbe entwickelten sich so, daß beinahe alle Dorfbewohner einen Arbeitsplatz am Ort fanden. Zwar änderte der wirtschaftliche Erfolg der aus dem Ort gewachsenen Gewerbebetriebe das äußere Erscheinungsbild des Dorfes einschneidend, doch mehr als viele andere oberbayerische Ortschaften blieb Tuntenhausen ein »lebendes Dorf«, nicht nur Wohnort, sondern auch Arbeitsstätte für die Menschen: keine romantische »dörfliche Idylle«, die es ohnehin nur für den außenstehenden Betrachter gab, aber ein Dorf mit einer weitgehend intakten dörflichen Infrastruktur.

[1] Beispiele aus jüngerer Zeit: G. Raab, H. Raab, Schmiechen und Unterbergen. Geschichte zweier Orte im Landkreis Aichach-Friedberg, 2 Bde., Augsburg 1988; J. Lauchs, Baierbrunn. Eine Chronik, Baierbrunn 1988; A. Reichold O.S.B., Haus- und Familiengeschichte des Dorfes Großenhag/Scheyern, Scheyern 1987.

[2] G. Franz, Dorfgeschichten, in: Zeitschrift für Agrargeschichte und Agrarsoziologie 21 (1973), S. 107-109.

[3] U. Plank, Dorfforschung im deutschen Reich und in der Bundesrepublik Deutschland, in: Zeitschrift für Agrargeschichte und Agrarsoziologie 22 (1974), S. 146-178.

[4] Historischer Atlas von Bayern, Teil Altbayern, hg. v. der Kommission für Bayerische Landesgeschichte bei der Bayerischen Akademie der Wissenschaften, München 1950 ff.; A. Sandberger, P. Fried, Ländliche Bevölkerung und Grundherrschaft, in: M. Spindler (Hg.), Handbuch der bayerischen Geschichte, Bd. 2, 2. Auflage hg. v. A. Kraus, München 1988, S. 736-744; A. Sandberger, P. Fried, Die landwirtschaftliche Betriebs- und Agrarverfassung, in: M. Spindler (Hg.), Handbuch der bayerischen Geschichte, Bd. 2, 2. Auflage hg. v. A. Kraus, München 1988, S. 744-753; A. Sandberger, Die Landwirtschaft, in: M. Spindler (Hg.), Handbuch der bayerischen Geschichte, Bd. 4,2, verb. Nachdruck München 1979, S. 732-748; P. Fried, Sozialentwicklung im Bauerntum und Landvolk, in: M. Spindler (Hg.), Handbuch der bayerischen Geschichte, Bd. 4,2, verb. Nachdruck München 1979, S. 749-780; K. S. Bader, Dorfgenossenschaft und Dorfgemeinde, Köln 1962; F. Lütge, Die Bayerische Grundherrschaft. Untersuchungen über die Agrarverfassung Altbayerns im 16. und 18. Jahrhundert, Stuttgart 1949; E. Schremmer, Die Wirtschaft Bayerns. Vom hohen Mittelalter bis zum Beginn der Industrialisierung. Bergbau, Gewerbe, Handel, München 1970; R. v. Dülmen (Hg.), Kultur der einfachen Leute, München 1983; H. Hörger, Kirche, Dorfreligion und bäuerliche Gesellschaft. Strukturanalysen zur gesellschaftsgebundenen Religiosität ländlicher Unterschichten des 17. bis 19. Jahrhunderts, aufgezeigt an bayerischen Beispielen, 2 Bde., München 1978-1983; A. Sandberger, Altbayerische Studien zur Geschichte von Siedlung, Recht und Landwirtschaft, hg. v. P. Fried u. E. Riedenauer, München 1985.

[5] E. Harvolk (Hg.), Wege der Volkskunde in Bayern. Ein Handbuch (Beiträge zur Volkstumsforschung XXIII) München-Würzburg 1987.

[6] Vgl. K. S. Bader, Dorf und Dorfgemeinde im Zeitalter von Naturrecht und Aufklärung, in: ders., Ausgewählte Schriften zur Rechts- und Landesgeschichte, Bd. 2, Sigmaringen 1984, S. 69-104.

[7] Vgl. die Werke von W.-H. Riehl, Naturgeschichte des deutschen Volkes als Grundlage einer deutschen Sozialpolitik, 4 Bde. 1851-1869; ders., Geschichten aus alter Zeit, 2 Bde., 1863 bis 1864.

[8] Die frühesten schriftlichen Quellen für die oberbayerischen Dörfer stammen von den Bistümern Freising und Salzburg, und von den frühen bayerischen Klöstern, vgl. L. Holzfurtner, Gründung und Gründungsüberlieferung. Quellenkritische Studien zur Gründungsgeschichte der Bayerischen Klöster der Agilolfingerzeit und ihrer hochmittelalterlichen Überlieferung (Münchner Historische Studien, Abt. Bayerische Geschichte XI) Kallmünz 1984.

[9] H.-J. Kellner, Die Römer in Bayern, München 1971.

[10] H. Dannheimer, H. Dopsch (Hgg.), Die Bajuwaren. Von Severin bis Tassilo 488-788, Korneuburg 1988; vgl. G. Diepolder, Aschheim im frühen Mittelalter, Teil 2; Ortsgeschichtliche, siedlungs- und flurgenetische Beobachtungen im Raum Aschheim (Münchner Beiträge zur Vor- und Frühgeschichte 32) München 1988.

[11] Nicht alle »-ing-« und »-hausen« -orte gehören der ältesten Siedlungsperiode an. Man kann also nicht automatisch vom Ortsnamen auf das Alter des Dorfes schließen!

[12] G. Diepolder, Aschheim im frühen Mittelalter, Teil 2, Ortsgeschichtliche, siedlungs- und flurgenetische Beobachtungen im Raum Aschheim, München 1988, S. 217.

[13] S. M. Janker, Auf der Suche nach dem »historischen Ort«. Ein Beitrag zur Besitzgeschichte von Walleshausen, in: W. Brandmüller (Hg.), Walleshausen. Das kleine Polling, Weißenhorn 1985, S. 38.

[14] M. Petzet (Hg.), Denkmäler in Bayern, Bd. 1,2 Oberbayern, bearbeitet von W. Neu und V. Liedke, München 1986, passim.

[15] R. Beck, Naturale Ökonomie. Unterfinning: Bäuerliche Wirtschaft in einem oberbayerischen Dorf des frühen 18. Jahrhunderts, München 1986, S. 202-203; R. Schlögl, Bauern, Krieg und Staat. Oberbayerische Bauernwirtschaft und frühmoderner Staat im 17. Jahrhundert (Veröffentlichungen des Max-Planck-Institutes für Geschichte 89) Göttingen 1988, S. 354-368.

[16] P. Fried, Historisch-statistische Beiträge zur Geschichte des Kleinbauerntums (Söldnertums) im westlichen Oberbayern (Mitteilungen der geografischen Gesellschaft München 51) 1966, S. 5-39.

[17] G. Diepolder, Das Volk in Kurbayern zur Zeit des Kurfürsten Max Emanuel. Beobachtungen zur Demographie, in: H. Glaser (Hg.), Kurfürst Max Emanuel. Bayern und Europa um 1700, Bd. 1, München 1976, S. 387-405.

[18] Vgl. F. Seiler, Die Deutschordenshofmark Weil in der Kommende Blumenthal. Studien zur Geschichte des Deutschen Ordens im Altreich (Materialien zur Geschichte des Bayerischen Schwaben 13) Augsburg 1989, passim.

[19] S. Kellner, Die Hofmarken Jettenbach und Aschau in der frühen Neuzeit. Studien zur Beziehung zwischen Herrschaft und Untertanen in Altbayern am Beispiel eines adeligen Herrschaftsbereiches (Studien zur Bayerischen Verfassungs- und Sozialgeschichte 10) München 1986, S. 183-184.

[20] G. Hanke, Zur Sozialstruktur der ländlichen Siedlungen Altbayerns im 17. und 18. Jahrhundert, in: Gesellschaft und Herrschaft. Forschungen zu sozial- und landesgeschichtlichen Problemen vornehmlich in Bayern, Festgabe für K. Bosl, München 1969, S. 219-269.

[21] P. Fried, Die ländliche Gemeinde in Südbayern (Altbayern), in: Die ländliche Gemeinde, hg. v. Arbeitsgemeinschaft der Alpenländer, Bozen 1988, S. 15-30.

[22] J. A. Weiss, Die Integration der Gemeinden in den modernen bayerischen Staat. Zur Entstehung der Kommunalen Selbstverwaltung in Bayern (1799-1818) (Studien zur Bayerischen Verfassungs- und Sozialgeschichte XI) München 1986, S. 78-85.

[23] W. Pledl, Land und Leute an der oberen Rott. Studien zum verfassungsmäßigen, wirtschaftlichen und sozialen Wandel des oberen Rottales im Königreich Bayern, München 1987, bes. S. 165-210.

[24] P. Fried, Die Bauernbefreiung in Bayern. Ergebnisse und Probleme, in: E. Weis (Hg.), Reformen im rheinbündischen Deutschland, München 1984, S. 123-129.

[25] I. Weber-Kellermann, Landleben im 19. Jahrhundert, 2. Aufl. München 1988, S. 414-416; N. Göttler, Die Sozialgeschichte des Bezirkes Dachau 1870 bis 1920. Ein Beispiel struktureller Wandlungsprozesse des ländlichen Raumes (MBM 149) München 1988, passim.

[26] Z. Zofka, Dorfeliten und NSDAP. Fallbeispiele der Gleichschaltung, in: M. Broszat, E. Fröhlich, A. Grossmann (Hgg.), Bayern in der NS-Zeit, Bd. 4, München 1981, S. 382-433.

[27] E. Raim, »Unternehmen Ringeltaube«. Dachaus Außenlagerkomplex Kaufering (Dachauer Hefte 5), S. 193-213.

[28] Rudolf Ritter (=Wilhelm Hoegner), Lehren der Weimarer Republik (Schweizer Monatshefte) April 1945, S. 3; vgl. P. J. Kock, Bayerns Weg in die Bundesrepublik (Studien zur Zeitgeschichte 22) 2. Aufl. München 1988, S. 22-23.

[29] P. Erker, Revolution des Dorfes? Ländliche Bevölkerung zwischen Flüchtlingszustrom und landwirtschaftlichem Strukturwandel, in: M. Broszat, K. D. Henke, H. Woller (Hg.), Von Stalingrad zur Währungsreform. Zur Sozialgeschichte des Umbruchs in Deutschland, München 1989, S. 367-425.

[30] P. Fried, Die Sozialentwicklung in Bauerntum und Landvolk, in: M. Spindler (Hg.), Handbuch der bayerischen Geschichte, Bd. 4,2, verb. Nachdruck München 1979, S. 751-780.

[31] Vgl. H. Haushofer, Bäuerliche Führungsschichten in Bayern im 19.-20. Jahrhundert, in: P. Fried/W. Zorn (Hgg.), Aus der Bayerischen Agrargeschichte 1525-1978. Gesammelte Beiträge zur Bayerischen Agrargeschichte von Heinz Haushofer, München 1986, S. 39-48.

[32] D. Stutzer, Geschichte des Bauernstandes in Bayern, München 1988, S. 286-358.

1 *Tuntenhausen. Ortskern und Ausdehnung vom Jahre 1812 bis 1988. Entwurf Th. Grasberger. Die einzelnen Phasen der früheren Dorfentwicklung bis 1812 beschreibt Gertrud Diepolder (vgl. S. 101).*

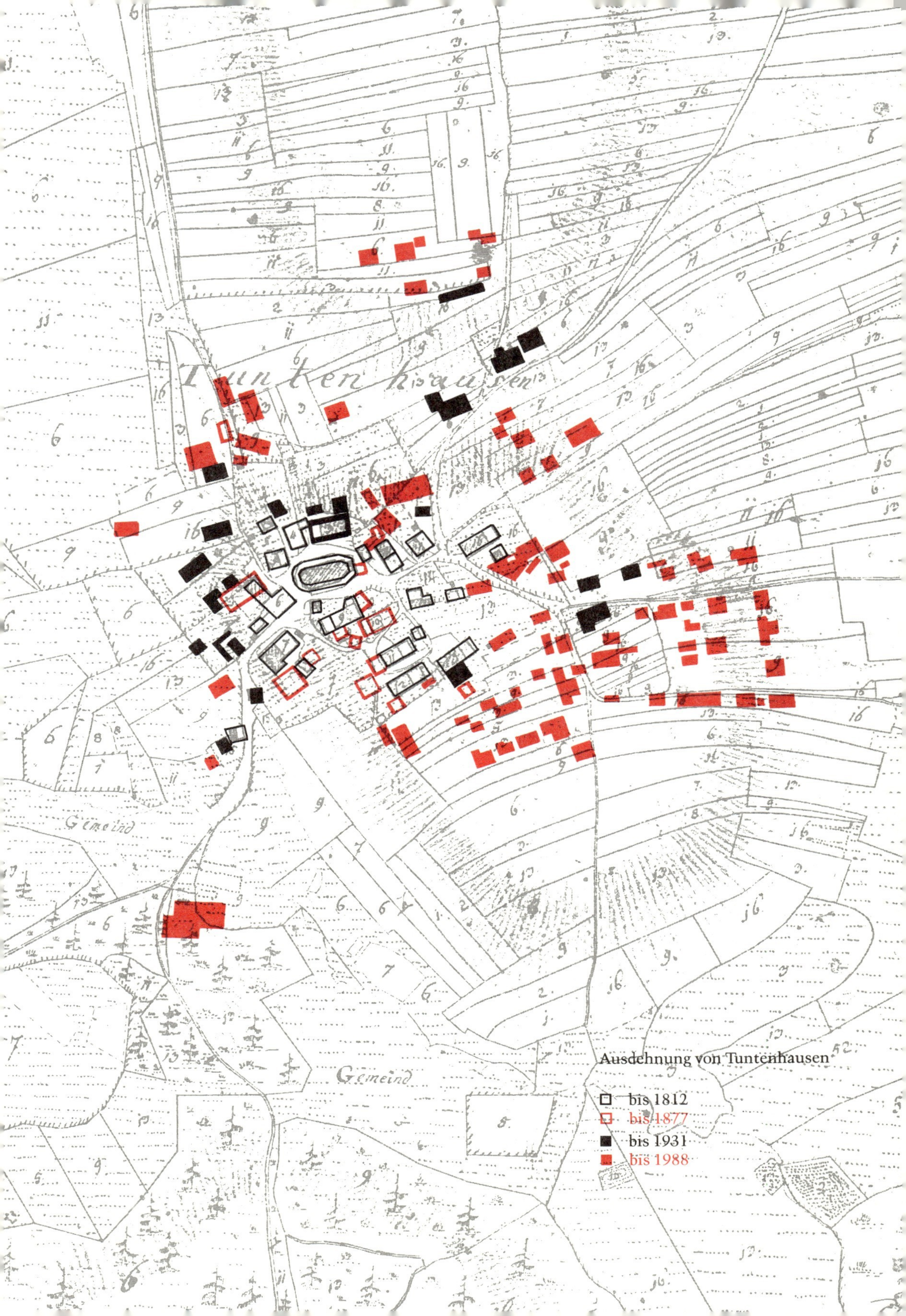
Tuntenhausen
Gemeind
Gemeind
Ausdehnung von Tuntenhausen
bis 1812
bis 1877
bis 1931
bis 1988

2 »*Gegend zwischen Beyharting, Ostermünchen, Rosenheim und Aibling*«. *Zeichnung von Carl Heuber, Eleve revidiert von ›Hauptmann und Ingenieur géographe‹ Herdegen. München, Bayerisches Hauptstaatsarchiv. Plansammlung 1288*

Landschaft im Wandel

Thomas Grasberger

Institutionen, die helfen können
- Gemeindeverwaltung
- Untere Naturschutzbehörde im Landratsamt (Rosenheim, Wittelsbacherstr. 53, 8200 Rosenheim)
- Vermessungsamt (Rosenheim, Münchner Str. 23, 8200 Rosenheim)
- Bund Naturschutz in Bayern e.V., Kreisgruppe (Rosenheim, Steinböckstr. 7, 8200 Rosenheim)
- Bayerisches Landesvermessungsamt, Alexandrastr. 4, 8 München 22
- Bayerisches Hauptstaatsarchiv (Plansammlung), Schönfeldstr. 5, 8 München 22.

Hilfsmittel und Nachschlagewerke
- Apian, Philipp: Bairische Landtafeln, Ingolstadt 1568, Faksimile-Ausgabe hg. v. Bayerischen Landesvermessungsamt, München 1989
- Hazzi, Joseph von: Statistische Aufschlüsse über das (...) Herzogtum Bayern, 4 Bde., Nürnberg 1801 bis 1808
- Urkatasteraufnahme aus dem Jahr 1812 beim Landesvermessungsamt
- Bavaria. Landes- und Volkskunde des Königreichs Bayern, bearbeitet von einem Kreise bayerischer Gelehrter, Bd. 1, München 1860
- Historischer Atlas von Bayern, Teil Altbayern, hg. v. der Kommission für Bayerische Landesgeschichte bei der Bayerischen Akademie der Wissenschaften, München 1950ff
- Volkert, Wilhelm: Topographische Nachschlagewerke für Bayern (Mitteilungen für Archivpflege in Bayern, Sonderheft 7) Kallmünz 1971

Zwischen der Traun und dem Mangfallknie führte vor Jahrtausenden der Inn-Chiemsee-Gletscher seine Eis- und Geröllmassen aus den Alpentälern nach Norden. Als vor etwa 10.000 Jahren die letzte Eiszeit endete, das Klima sich erwärmte und das Eis sich zurückzog, blieb im Stammbecken des Gletschers in der Gegend um Rosenheim ein langgestreckter See mit einer Nord-Süd-Ausdehnung von fast 50 Kilometern zurück. Darüber hinaus waren kleinere Zweigbecken entstanden, deren bedeutendste die neun Mulden von Mangfall, Glonn, Moosach, Attel, Rettenbach, Ebrach, Laimbach, Murn und Simssee sind. In das ehemalige Seebecken haben der Inn und seine Nebenflüsse scharf geränderte Täler in die ursprünglich ebene Fläche gesägt. Dabei entstanden mehrere Terrassen, auf deren fruchtbaren Böden früh die Besiedelung einsetzte. In den Becken blieben überall kleine Seen und Moore zurück und der Lauf der Flüsse richtete sich zum Inn hin. Die Glonn etwa bahnte sich erst mit dem Eisrückzug ihren Weg nach Süden zur Mangfall hin; vorher ist sie über das Tuntenhausener Moos zur Attel hin abgeflossen. In dieser Zeit bildeten sich die typischen Merkmale dieser Landschaft heraus.[1] Zahlreiche Hügelrücken mit elliptischem Grundriß,

sogenannte Drumlins, liegen, gegeneinander versetzt, mit der Längsachse in der ehemaligen Eisstromrichtung. Charakteristisch ist der Wechsel von nassen Mulden, Talzügen und den flachgewölbten Hügeln.[2]
Inmitten dieses Moränenlandes des würmeiszeitlichen Inngletschers liegt ungefähr acht Kilometer westlich des Inns und sieben Kilometer nördlich der Mangfall bei Bad Aibling, etwa auf halber Strecke der Achse Rosenheim-Grafing das Dorf Tuntenhausen. Hier zeichnet das sanfte Hügelland mit seinen Feldern und Wiesen, den zahlreichen Waldflächen und Torfmooren das Bild einer typisch bäuerlichen Voralpenlandschaft in Oberbayern.[3] Im Westen von Tuntenhausen liegt ein Zweigbecken des Inngletschers, in dem ein Schmelzwassersee tonige Sedimente absetzte. Hier entstanden Hoch- und Niedermoore mit reichen Torfvorkommen. Vor allem in der See-Filzen westlich des Lechnergrabens und in der Moos-Filzen bei Sindlhausen wird hier bis heute Handtorfstich betrieben. Diese spärlich besiedelte Gegend, nur einzelne »Moorgütler« und wenige Wochenendhäuser finden sich, ist geprägt von Grünland sowie Kiefern-, Birken-, Fichten- und Erlengehölzen. Im Norden erhebt sich der bewaldete Fuchsberg und nördlich der Moosach liegt die Weichinger-Filzen, wo sich die nassen Reste der ehemaligen Seenlandschaft erhalten haben.[4] Nordöstlich von Tuntenhausen in Richtung Ostermünchen und im Osten auf Tattenhausen zu herrschen Ackerland, Grünflächen und Rinderweiden vor.
Auf den Hügelkuppen liegen vereinzelte Weiler, ansonsten ist auch dieses Gebiet, wie die ganze Gegend, nur dünn besiedelt. Eine Ausnahme stellt Ostermünchen dar, das sich in jüngster Zeit vergleichsweise stark ausdehnte.[5] Im Südosten von Tuntenhausen liegt ein weiteres Hochmoorgebiet, die sogenannte See-Filzen. Dabei handelt es sich um eines der größten, heute noch, naturnahen Zweigbeckenmoore des Inngletschers. Als Grundwasserspeicher und als Lebensraum für Pflanzen und Tiere ist die Landschaft um die See-Filzen, die Hilpertinger-, Schmidhauser-, Thanner- und Ellmooser-Filzen von großer Bedeutung. Der Handtorfstich, der früher intensiv zur Anwendung kam, wird heute nur noch vereinzelt betrieben.[6]
Von Tuntenhausen in Richtung Süden schließlich gelangt man durch das Schmidhauser Holz nach Schmidhausen und an das Tal der Glonn, die von Beyharting kommend nach Süden zur Mangfall hin fließt. Ein Blick auf die Landkarten früherer Jahrzehnte und Jahrhunderte verrät, daß diese Landschaft um Tuntenhausen von schwerwiegenden Eingriffen verschont geblieben ist. Die Eigenart seiner ländlichen Struktur und Erscheinung konnte sich die Gegend weitgehend erhalten.[7] Die Landwirtschaft dominierte in den 1980er Jahren mit über 200 Betrieben im Gemeindegebiet. Dabei lag die durchschnittliche Betriebsgröße über dem Landesdurchschnitt. Die Viehwirtschaft wurde sehr intensiv betrieben. Freilich hat sich dabei im Laufe der Zeit einiges verändert. Im 19. Jahrhundert bis über die Mitte des 20. Jahrhunderts war das Landschaftsbild geprägt von einer ökologisch wertvollen Vielfalt kleiner Flureinheiten. Erst nach dem Zweiten Weltkrieg ging man mit der Zielsetzung einer wirkungsvolleren Bewirt-

schaftung und einer gesteigerten Nahrungsmittelproduktion daran, diese Vielfalt zu »bereinigen«, indem man die kleinen Flächen zusammenlegte. 1953 wurde für Tuntenhausen diese Arrondierung angeordnet, bis 1961 waren insgesamt 748 Hektar flurbereinigt. Die negativen Auswirkungen, die diese Eingriffe für die Natur und das Landschaftsbild auch hier hatten, wurden erst später erkannt. Eine weitere, allerdings kleinere, flurbereinigende Maßnahme Ende der 1980er Jahre stand bereits unter einer veränderten Zielsetzung, nämlich die Landschaft zu erhalten.
Bei sehr unterschiedlicher Bodenqualität im Tuntenhausener Raum wurde die landwirtschaftliche Nutzung seit den 1960er Jahren erheblich intensiviert, was zu einer erhöhten Belastung der Böden und des Grund- und Trinkwassers mit Nitrat und Atrazin führte. In den 1980er Jahren war der in den 1960er Jahren teilweise sehr intensive Getreideanbau zugunsten der Grünlandwirtschaft wieder etwas rückläufig.
Eine Veränderung der Landschaft stellen auch die Kultivierungsmaßnahmen zur Entwässerung in den Moorgebieten dar, die bis in die 1960er Jahre hinein betrieben wurden und stellenweise ein Absinken des Grundwasserspiegels zur Folge hatten.
Das Verkehrsnetz um Tuntenhausen hat sich seit dem 19. Jahrhundert nicht wesentlich verändert, auch wenn die Straßen und Wege den Erfordernissen des Autoverkehrs angepaßt wurden. Die wichtigsten Ortsverbindungen, etwa nach Beyharting, Ostermünchen oder Richtung Schmidhausen lassen sich auch schon auf der ältesten Flurkarte des Jahres 1812 finden. 1876 wurde die Eisenbahnlinie Rosenheim-München fertiggestellt, die durch das Gebiet zwischen Tuntenhausen und Ostermünchen verläuft. In neuerer Zeit wurde mit einer Ortsumgehung von Tuntenhausen im Jahre 1959 die Staatsstraße 2358 zwischen Ostermünchen und Beyharting ausgebaut. Anfang der 1960er Jahre erfolgte ein Ausbau der nach Osten verlaufenden Hilpertinger Straße. Insgesamt umfaßt das Gemeindegebiet heute rund 200 Kilometer Gemeindestraßen. Von großen, überregionalen Verkehrsprojekten ist die Landschaft um Tuntenhausen bisher verschont geblieben. Die große Weltpolitik hat sich in dieser idyllischen Gegend in Form einer Nato-Raketenstation nordöstlich von Ostermünchen in Erinnerung gerufen.
Das Dorf selbst hat sich seit dem 19. Jahrhundert nur sehr langsam entwikkelt. In der zweiten Hälfte des 19. und der ersten Hälfte des 20. Jahrhunderts hat es sich nicht wesentlich vergrößert, allenfalls einzelne Gebäude sind in den Jahrzehnten dazugekommen. Erst nach 1945 erfolgte eine etwas größere Ausdehnung. Die örtlichen Gegebenheiten brachten es mit sich, daß die Gewerbebauten sich in Richtung Nordwesten ansiedelten, die Wohnsiedlung hingegen nach Südosten expandierte.[8] Das mit 1,7 % relativ geringe durchschnittliche Bevölkerungswachstum zwischen 1970 und 1987 zeigt die mäßige Dorfentwicklung in Tuntenhausen, das heute rund 350 Einwohner hat. Als geographischer Mittelpunkt des neuen Gemeindegebietes blieb Tuntenhausen nach der sogenannten Gebietsreform von 1978 der Sitz einer selbständigen Gemeinde.

Quellen

Bayerisches Hauptstaatsarchiv (BayHStA)
- Plansammlung Nr. 1288, 1293

Bayerisches Landesvermessungsamt
- Urkatasteraufnahme Tuntenhausen (1812)

Vermessungsamt Rosenheim
- Flurkarten der Jahre 1812, 1877, 1931, 1969, 1988

Landratsamt Rosenheim
- Biotopkartierung des Raumes Rosenheim von 1974
- Beschreibung, Bewertung und Empfindlichkeit der landschaftsökologischen Einheiten für das Gebiet des Inn-Chiemsee-Hügellandes von 1978 (Landschaftsrahmenplanung)

[1] Vgl. E. Kraus, E. Ebers, Die Landschaft um Rosenheim, Rosenheim 1965, passim.

[2] S. Gerndt, Unsere bayerische Landschaft. Ein Naturführer, 3. Aufl. München 1976, S. 118 ff.

[3] Rosenheim und Bad Aibling, Kompass-Wanderkarte Nr. 181, Maßstab 1:50000, 1988.

[4] Bayerisches Staatsministerium für Landesentwicklung und Umweltfragen (Hg.), Beschreibung, Bewertung und Empfindlichkeiten der landschaftsökologischen Einheiten (Landschaftsrahmenplanung), Landschaftsökologische Einheit 03803035, Aßlinger Zweigbecken, 1978.

[5] Ebd., Landschaftsökologische Einheit 03803033, Drumlinfeld von Ostermünchen, 1978.

[6] Ebd., Landschaftsökologische Einheit 03803034, Seefilze, 1978.

[7] BayHStA Plansammlung, Nr. 1288, 1293.

[8] Zur Dorfentwicklung siehe die Karten des Landesvermessungsamtes und des Vermessungsamtes Rosenheim von 1812, 1877, 1931, 1969, 1988.

Vor- und Frühgeschichte: archäologische Befunde

Gert Mösinger

Institutionen, die helfen können
- Kreisheimatpfleger
- Bayerisches Landesamt für Denkmalpflege, Abt. Vor- und Frühgeschichte, Pfisterstr. 1/2, 8000 München 1
- Prähistorische Staatssammlung – Museum für Vor- und Frühgeschichte, Lerchenfeldstr. 2, 8000 München 22

Hilfsmittel und Nachschlagewerke
- Römisch-Germanisches Zentralmuseum Mainz (Hg.), Führer zu vor- und frühgeschichtlichen Denkmälern, 50 Bde., 1964-1982
- Spindler, Max (Hg.): Bayerischer Geschichtsatlas, München 1969
- Kellner, Hans-Jörg: Die Römer in Bayern, 4. Aufl. München 1978
- Dannheimer, Hermann, Dopsch Heinz (Hgg.): Die Bajuwaren. Von Severin bis Tassilo 488-788. Ausstellungskatalog, Kornneuburg 1988
- Historischer Atlas von Bayern, Teil Altbayern, hg. v. der Kommission für Bayerische Landesgeschichte bei der Bayerischen Akademie der Wissenschaften, München 1950ff
- Ortskartei beim Bayerischen Landesamt für Denkmalpflege, Abt. Vor- und Frühgeschichte
- Luftbildarchiv beim Bayerischen Landesamt für Denkmalpflege, Abt. Vor- und Frühgeschichte
- Bayerische Vorgeschichtsblätter (Zeitschrift) hg. v. Kommission für Bayerische Landesgeschichte bei der Bayerischen Akademie der Wissenschaften (bis Bd. 9 Bayr. Vorgeschichtsfreund) München 1921/22ff
- Das archäologische Jahr in Bayern (Zeitschrift), hg. v. Abteilung Vor- und Frühgeschichte des Bayerischen Landesamtes für Denkmalpflege u. Gesellschaft für Archäologie in Bayern, Stuttgart 1980ff

Schriftliche Quellen zur Vor- und Frühgeschichte sind für Bayern sehr selten und so nimmt es nicht wunder, daß solche für Tuntenhausen nicht vorliegen. Aufschluß über diese Zeit geben vor allem archäologische Funde. Aufsehen erregende, vor allem solche, die eindeutige Belege für die erste Besiedlung liefern würden, sind bis heute nicht bekannt.
Das Zusammenfügen dessen, was gefunden wurde, die Verbindung mit den Erkenntnissen aus der weiteren Umgebung und der Blick auf alte Flurkarten ergeben jedoch zusammen ein Bild, das zumindest für die Besiedlung im frühen Mittelalter Aussagen zuläßt, die mehr als nur Spekulation sind.
Tuntenhausen liegt auf Moränen der Würmeiszeit. Während dieses letzten großen Vordringens der Gletscher und auch noch danach war dort kaum eine Lebensbasis zu finden. So ist es nicht überraschend, daß im gesamten Raum kaum archäologische Funde aus der Steinzeit bekannt sind.
Deutlich ansteigend ist diese Zahl für Funde aus der Bronzezeit. Das Voralpengebiet beiderseits des Inn ist zu dieser Zeit wohl dauernd besiedelt[1] und

auch aus dem Gebiet um Tuntenhausen findet sich nun ein erster Hinweis. 1962 wurde an der See-Filze (ca. 2.000 m südostwärts des Ortes) ein Dolch der mittleren Bronzezeit gefunden, der sich heute in der Prähistorischen Staatssammlung München befindet. Dieser Einzelfund kann jedoch nur die allgemeine Feststellung der Besiedlung des Gesamtraumes weiter abstützen, da er aus vielerlei Gründen an diese Stelle gelangt sein kann.
Die Kelten haben im Voralpenland viele Spuren ihrer Anwesenheit hinterlassen, insbesondere ihre typischen Viereckschanzen. Trotz der Einebnung, meist durch landwirtschaftliche Nutzung, sind durch die Luftbildarchäologie eine größere Zahl wieder aufgedeckt worden. So auch bei Dettendorf (ca. 6.500 m nordostwärts von Tuntenhausen), wo die Luftaufnahmen zur Aussage des Landesamtes für Denkmalpflege führen, daß es sich wahrscheinlich um eine verebnete spätkeltische Viereckschanze handelt. Auch in diesem Fall kann nichts Konkretes für Tuntenhausen abgeleitet werden und dasselbe gilt auch für die nachfolgende Zeit der römischen Besetzung und Besiedlung.
Zwei wichtige Römerstraßen haben vermutlich bei der Siedlung Pons Aeni (= Innbrücke) den Inn überquert: Die »Inntalstraße«, die vom Brenner zur Donau führte und die »Voralpenquerstraße« von Augsburg nach Salzburg. Heute liegt an dieser Stelle sehr wahrscheinlich Pfaffenhofen im Landkreis Rosenheim. Der genaue Verlauf der Straßen im Umkreis von Tuntenhausen ist aber nicht bekannt[2]. Auch sonst sind keine konkreten Hinweise für eine römische Besiedelung feststellbar.

Etwas sichereren Boden betreten wir bei der Untersuchung der Rolle Tuntenhausens während der bajuwarischen Landnahme und Besiedelung. Es bleibt zwar bei Vermutungen und Annahmen; diese sind aber besser abgestützt.
1913 wurde nahe dem Weg vom Bahnhof Ostermünchen nach Tuntenhausen ca. 1000 Meter vom Bahnhof entfernt ein Skelett mit Spatha (= germanisches Langschwert) gefunden. Vermutet wurde ein Reihengrab der Merowingerzeit. Auf der Gemarkung Schweizerting wurden 1953 drei geostete Skelettgräber angeschnitten und durch das Landesamt für Denkmalpflege untersucht. Die Gräber enthielten keine Beigaben. Möglicherweise handelt es sich um ein Reihengräberfeld des 7. bis 9. Jahrhunderts.[3] Ausgehend vom archäologischen Befund können wir als Zeitansatz für den Ursprung von Tuntenhausen das 7., spätestens das 8. Jahrhundert annehmen.
Die beiden Teile des Ortsnamens »Tunt-« für Tunto und »-hausen« für Haus oder Häuser, verweisen darauf, daß das Dorf Tuntenhausen aus dem Gehöft eines Tunto gewachsen ist.

[1] Führer zu vor- und frühgeschichtlichen Denkmälern, Bd. 18, S. 14-58 (für Gesamtüberblick).
[2] Ebd., S. 63, 178-182; vgl. H. Dannheimer, H. Dopsch (Hgg.), Die Bajuwaren, S. 18.
[3] Akt Tuntenhausen in der Ortskartei des Landesamtes für Denkmalpflege, Abt. Vor- und Frühgeschichte.

Name und Lage des Dorfes Tuntenhausen

Irmtraut Heitmeier

Institution, die helfen kann
- Verband für Orts- und Flurnamenforschung in Bayern e.V., Leonrodstr. 57, 8 München 19 (schriftliche Anfragen zu Erstbeleg und Namensdeutung)

Hilfsmittel und Nachschlagewerke
- Für einzelne Landkreise: Historisches Ortsnamenbuch von Bayern, hg. v. der Kommission für bayerische Landesgeschichte bei der Bayerischen Akademie der Wissenschaften, München 1952 ff.
- Reitzenstein, Wolf-Armin von: Lexikon bayerischer Ortsnamen, München 1986
- Förstemann, Ernst: Altdeutsches Namenbuch, Bd. 2 Ortsnamen, Nachdruck München 1967
- Schnetz, Josef: Flurnamenkunde (= Bayerische Heimatforschung, Heft 5) München 1952

Falls ein Ortsname in keinem der genannten Werke gefunden werden kann, empfiehlt sich in jedem Fall eine Anfrage bei oben genanntem Verband für Orts- und Flurnamenforschung, da Deutungsversuche ohne sprachgeschichtliche Kenntnisse sehr leicht zu Irrtümern führen.

Der Name Tuntenhausen erscheint erstmals um das Jahr 1000 in einem Brief des Tegernseer Abtes Gozpert an Bruno, den Bruder Herzog Heinrichs IV., des späteren Kaisers Heinrich II. Darin geht es um den Zehnt, den das Dorf Tattenhausen an die Kirche in Tuntenhausen leisten muß.[1] Diese Erstnennung darf nicht mit dem Alter des Ortes gleichgesetzt werden, da oft lange Zeit kein Anlaß bestand, den Namen schriftlich festzuhalten, vor allem aber, weil aus den früheren Jahrhunderten sehr viele Quellen verloren gingen, worunter auch ältere Belege gewesen sein könnten.
Um 1000 lautet der Name ›Tontinhusa‹; in Tegernseer Quellen des 12. Jahrhunderts wird ›Tontenhusen‹ oder ›Tontenhôsen‹ geschrieben.[2] In der Überlieferung der Klöster Rott, Schäftlarn und Berchtesgaden finden sich ebenfalls im 12. Jahrhundert die Formen ›Tuntinhusen‹, ›Tvntenhusen‹ oder ›Tuntenhusen‹, wobei im Mittelalter gerne v für u geschrieben wurde.[3] Ende des 13. Jahrhunderts wandelt sich das lange u in -husen zu au, so daß die heutige Namensform Tuntenhausen entsteht.
Tuntenhausen bedeutet ›bei den Leuten des Tunto‹. Die Schreibweise der Tegernseer Quellen läßt eher an einen Tonto als Namengeber denken, doch handelt es sich hier um eine lautgesetzliche Entwicklung, die eine vorübergehende Senkung des u > o bewirkte. Förstemann, der die Personennamen aus allen Quellen bis zum Jahr 1100 gesammelt hat, verzeichnet im 8. Jahrhundert mehrfach die Namen Dundo, Dondo und Tunto.[4] Die Tatsache, daß Förstemann nach dem 8. Jahrhundert keine Belege für die einschlä-

gigen Personennamen mehr fand, weist daraufhin, daß sie außer Mode kamen und nicht mehr gebraucht wurden. Der Name Tuntenhausen muß also vor 800 entstanden sein. Dies entspricht der allgemeinen Beobachtung zu den personalen hausen-Namen. Vor allem im 8. und 9. Jahrhundert läßt sich die Gewohnheit adeliger Grundherren erkennen, Siedlungen nach sich zu benennen. Gerne wurde dabei das Namengrundwort -hausen verwendet. Es bezeichnet wohl ganz besonders ein adeliges Haus, einen großen Hof.[5] Dabei ist bemerkenswert, daß der Erstbeleg ›Tontinhusa‹ den Namen wahrscheinlich in der Einzahl überliefert, was darauf hinweist, daß es sich tatsächlich um *einen* dominierenden Hof gehandelt haben wird. Daß der Name später im Plural steht, kann durch die vielen Nebengebäude bedingt sein, aber auch einfach durch die allgemeine Gewohnheit, Ortsnamen in den Dativ Plural zu setzen, der als Ortsnamennormalkasus bezeichnet wird.
Manchmal ist es möglich, den Namengeber eines Ortes mit einiger Sicherheit in den Quellen festzustellen, so z.B. beim benachbarten Sindlhausen, das man mit jenem Sindilo in Verbindung bringen darf, der 772 eine Kirche in Sindlhausen mit seinem Besitz ausstattet.[6] Leider gelingt das für Tuntenhausen nicht. Weder ein Tunto noch ein Tonto lassen sich in den einschlägigen Salzburger oder Freisinger Quellen finden.
Festzuhalten bleibt, daß der Name Tuntenhausen im 8.Jh. als Bezeichnung eines Adeligen für seinen Hofverband an der Stelle des heutigen Dorfes entstand.
Dieser Namensbefund stimmt auch mit der Platzwahl der Siedlung überein. Tuntenhausen liegt am Westrand einer flachen Moränenhöhe, die sich weiter nach Norden und Osten erstreckt. Im Westen schließen sich Moore und anmoorige Wiesen an. Der Flurname See-Filzen läßt an ein entsprechendes Gewässer in früherer Zeit denken. Im Süden begrenzt das Kramerbachl die Ackerflur. Somit finden sich in unmittelbarer Nähe des Ortes offenes Wasser, feuchte Wiesen und Getreideanbauflächen von mittlerer Bodengüte, wie sie im Bereich der Jungmoränen häufig anzutreffen sind.[7] Außerdem war im Mittelalter die natürliche Bewaldung wesentlich vielfältiger als heute, wobei auf den Moränen der lichte Laubwald vorherrschte. Im Süden des Dorfes, wo sich heute Nadelwald findet, zeigt der Name Eich-Berg noch an, daß dies nicht immer so war. Diese Wälder waren im Mittelalter bevorzugte Weideflächen, vor allem für die Schweinemast.[8] Entsprechend seiner vielfältigen Wirtschaftsweise[9] suchte der frühmittelalterliche Mensch weniger die besten Ackerböden als vielmehr Plätze, die ihm in gleicher Weise Feldbau, Viehzucht und Fischerei ermöglichten. Tuntenhausen bietet ein gutes Beispiel für eine solche Übergangslage und weist damit ein weiteres typisches Merkmal einer frühmittelalterlichen Siedlung auf.

QUELLENANHANG

Original des Erstbelegs aus der Tegernseer Briefsammlung (995-1001)
(MGH Epistolae selectae Bd. 3, S. 43)

Klageschreiben des Abtes Gozpert von Tegernsee an den Bruder des Bayernherzogs Brun um Überlassung des Zehenten von Tattenhausen an die Tegernseer Kirche zu Tuntenhausen bis zur endgültigen Entscheidung vor der Versammlung des Archipresbiters.

Brunoni domno beneficentissimo. [Gozpertus] abbas vester servitor devotus.
Quidam viculus hereditatis vestrę, Tatinhusa nuncupatus, duarum hobarum colonia possessus, memoria et ętate cunctorum, qui adhuc supersunt, semper decimatus fuerat ad ęcclesiam nostram **Tontinhusa** nominatam. Et causamur pietati vestrę vestituram nobis iniuste abstractam petimusque, ut iudicii vestri moderamine omnia iusta libenter ponderante nobis precipiatis eandem decimationem concedi, donec in concilio archipresbiteri et apud legum conditores diiudicetur, quod iustissimum sit: postea nolumus nec possumus contradicere, quicquid exinde facere precipitis. Valete.

An den allerwohltätigsten Herrn Brun,
[Gozpert], Abt, Euer ergebener Diener
Ein kleines Dorf aus Eurem ererbten Besitz, Tattenhausen genannt, eine Siedlung von zwei Huben, war seit Menschengedenken immer zehntpflichtig zu unserer Kirche Tuntenhausen. Und wir beklagen uns bei Euch, daß uns die Verfügung über dieses Recht unrechtmäßig entzogen wurde, und bitten darum, daß Ihr Euch ein Urteil bildet, indem Ihr alles Rechte abwägt, und uns im voraus diesen Zehnt zugesteht, bis auf dem Konzil des Archipresbiters und mit denen, die Recht finden, entgültig entschieden wird, was das Gerechteste sei. Danach wollen und können wir keinen Einspruch mehr erheben, was auch immer Ihr jetzt zu tun veranlaßt.
Lebt wohl. (Heitmeier/Janker)

Ungedruckte Quellen
Bayerisches Hauptstaatsarchiv (BayHStA)
– Klosterurkunden Rott am Inn

Gedruckte Quellen
– Die Tegernseer Briefsammlung, hg. v. K. Strecker (MG Epp. sel. III) Berlin 1925
– Schenkungsbuch der ehemaligen gefürsteten Propstei Berchtesgaden, hg. v. K. A. Muffat (QEAF 1) München 1856
– Die Traditionen des Hochstifts Freising, hg. v. Th. Bitterauf (QENF 4 u. 5) München 1905 bis 1909
– Die Traditionen des Klosters Schäftlarn 760-1305, bearb. v. A. Weißthanner (QENF 10) München 1963
– Die Traditionen des Klosters Tegernsee 1003-1242, bearb. v. P. Acht (QENF 9,1) München 1952

3/4 *Die Erstnennung von Tuntenhausen (»tontinhusa«) in einem Brief des Abtes Gozbert von Kloster Tegernsee an Bruno, den Bruder Herzog Heinrichs IV. (Bayerische Staatsbibliothek Clm 14412)*

32 61

ponderante nob p̃cipiatis eandē decimationē
c̃cedi. donec in c̃cilio archi prbi & apud legū
c̃ditoris diiudicet q̃d iustissimū sit. posteano
lum? nec possum? c̃tra dicere. quicq̃d exin
de facere p̃cipitis. Vat.

37. Ottoni Comiti venerando. Gozpt Abbas cū frib; sibi cōmissis deuotū seruitiū ac p̃cu sedulitatē die noctuq; V̄r̄e pietati nimiū c̄fidentes. istū seruū nr̄m. om̄i solatio destitutū cōmendam? vob post dm̄ uiuissimū c̃solatorē de sibi n̄ instanti tribulatione. vt duo palliola que remanserant inuīa potestate. sibi reddi p̃cipiatis p amore di & sci quirini elemosinaq; vr̄i. sillū dignamini c̃solari nos utiq; seruitore multū exinde gratulari Vat.

126. 9

162, 30

38. Dono Liaboni frī Frouuminet quicqdē caritatis indicio. Instantis hiemis p̃ssura cogit ...

Epta Ref Sean

[1] MGH, Epistolae selectae, Bd.3, S.43 (Tegernseer Briefsammlung). In der Literatur findet sich auch die Identifizierung des 804 in den Freisinger Traditionen genannten ›Totinhusir‹ mit Tuntenhausen (vgl. R. van Dülmen, HAB Rosenheim, S.12), doch muß sich dieser Beleg wegen des fehlenden n auf Tattenhausen beziehen. Der Name geht auf einen Personennamen Toto zurück ebenso wie Tettenhausen am Waginger See. Beidemale wurde kein n eingeschoben, so daß man dies auch bei Tuntenhausen nicht annehmen darf. Die Lautgruppe nt ist hier also sicherlich ursprünglich.

[2] Tr. Tegernsee Nr. 269,355,357,374.

[3] BayHStA KU Rott Nr. 6 u.8; Tr. Schäftlarn Nr. 292; Schenkungsbuch Berchtesgaden Nr.158.

[4] E. Förstemann, Bd. 1, Sp. 433f.

[5] W. Störmer, Früher Adel, S.60ff; ders., Der Adel als Träger von Rodung, Siedlung und Herrschaft, passim.

[6] Tr. Freising Nr. 51.

[7] Vgl. besonders: Geologische Karte der Landschaft um Rosenheim, in: E. Kraus, E. Ebers, Die Landschaft um Rosenheim; Topographische Karte von Bayern 1:25000 Blatt 740; Bodengütekarte von Bayern, Blätter 31 u. 36, 1960.

[8] H. Rubner, Wald und Siedlung, passim.

[9] Vgl. hierzu K. Brunner, Wovon lebte der Mensch, S. 192-197.

Vom Herrenhof zum Dorf. Tuntenhausen im Mittelalter

Stephan M. Janker

Institutionen, die helfen können
- Staatsarchiv München, Schönfeldstr. 3, 8 München 22
- Bayerisches Hauptstaatsarchiv, Schönfeldstr. 5, 8 München 22
- Bayerische Staatsbibliothek, Ludwigstr. 16, 8 München 22
- Archiv der Diözese (Erzbistum München und Freising) Pacellistr. 1, 8 München 2

Hilfsmittel und Nachschlagewerke
- Historischer Atlas von Bayern, Teil Altbayern, hg. v. der Kommission für bayerische Landesgeschichte bei der Bayerischen Akademie der Wissenschaften, München 1950ff
- Historisches Ortsnamenbuch von Bayern, hg. v. der Kommission für bayerische Landesgeschichte bei der Bayerischen Akademie der Wissenschaften, München 1952ff
- Quellen und Erörterungen zur bayerischen Geschichte, Neue Folge, jetzt hg. v. der Kommission für bayerische Landesgeschichte bei der Bayerischen Akademie der Wissenschaften, München 1909ff
- Monumenta Boica, hg. v. der Bayerischen Akademie der Wissenschaften, München 1763 bis 1956
- Regesta sive rerum Boicarum autographa ad annum usque 1300, bearb. v. K.H. Ritter v. Lang, M. Frhr. v. Freyberg und Th. Rudhart, 13 Bde., München 1822-1854; Register bearb. v. J. Widemann, München 1927
- Monumenta Germaniae Historica (Antiquitates, Diplomata, Epistolae, Leges, Scriptores, Necrologia), jetzt hg. v. der Monumenta Germaniae Historica (München), 1826 ff
- Spindler, Max (Hg.): Handbuch der bayerischen Geschichte, Bde. 1 und 2, 2. Auflage München 1981/1988
- Dollinger, Philippe: Der Bayerische Bauernstand vom 8. bis zum 13. Jahrhundert, hg. v. F. Irsigler, München 1982

Die Gründung eines Tunto

Die früheste Quelle zur Geschichte Tuntenhausens ist der Ortsname selbst. Wie uns das Ergebnis der Ortsnamenforschung nahelegt, steht am Anfang der Ortsgeschichte ein »Haus«, das nach seinem Gründer oder seiner Gründerin benannt wurde[1].

Wann die Angehörigen des Tunto – oder der Tunta – auf der Geländeschwelle über dem Filz begannen, sich häuslich niederzulassen und den Wald zu roden, wissen wir nicht. Sicher scheint nur, daß dies lange vor dem Jahr 800 geschehen ist. Über Entwicklung und Aussehen Tuntenhausens bis zur Jahrtausendwende können wir uns, in Ermangelung schriftlicher Nachrichten, nur annähernd eine Vorstellung machen. Hilfreich ist hierfür deshalb die Beschreibung des Nachbarortes Sindlhausen, jenseits des Lechner-Grabens, aus dem Jahre 772. Sie erfaßt quasi spiegelbildlich eine Situation, wie wir sie analog auch für Tuntenhausen zu erwarten hätten[2]. In dieser Schenkung übergibt ein Kleriker namens Sindilo am 20. November 772 sein väterliches Erbgut zu »Sindilinhusir« an das im Ort errichtete Bethaus (oratorium), und mit diesem zusammen an die Freisinger Bischofskirche. Der Kleriker entstammt, wie wir seinem Namen entnehmen können, offenbar der Sippe des Ortsgründers und gibt sein Erbteil zur Ausstattung des im Ort erbauten Gotteshauses St.Christoph, welches er dem Bischof von Freising unterstellt. Dazu gehören Ererbtes und Neukultiviertes: »Gebäude, Leibeigene, Vieh, Weiden, Mastwälder und durchfließende Gewässer, Sümpfe (Filz)[3], hügeliges Waldland«[4]. Seinem äußeren Erscheinungsbild nach dürfen wir uns das gegründete »Haus« in Tuntenhausen mit seinen Zugehörungen ganz ähnlich vorstellen, mit ein paar Korrekturen jedoch; denn in der Beschreibung Sindlhausens fehlt zum einen der Hinweis auf einen Herrenhof[5], sodann der auf urbares Ackerland[6]. Wirtschaftshof/höfe und Ackerland gehörten folglich nicht zum Erbteil des Klerikers und dürften sich aufgrund vorangegangener Erbteilung in anderer Hand befunden haben[7].

Was wir hier vor uns haben, ist ein ganz typischer Vorgang für diese Zeit: ein Freier widmet sich dem geistlichen Dienst, errichtet ein Bethaus und stattet es mit seinem Erbteil aus. Daß er diese ausgestattete Kirche dem Bischofssitz unterstellte, war nun nicht zwingend. Für Sindilo kam der Anstoß hierzu aus seiner Berufung zum geistlichen Amt und der Unterweisung durch seinen Lehrer Wenilo.

In vielen Fällen aber wurden Gotteshäuser auf dem Areal eines Herrenhofes gegründet und unterstanden dann der Eigenherrschaft des freien oder adeligen Laien; dieser »Laie« hatte unter Umständen sogar die volle geistliche Leitungsgewalt inne, was freilich mannigfaltige Probleme mit sich brachte. Ein solches Gotteshaus nennt man im Kirchenrecht eine Eigenkirche, weil sie als nutzbares Vermögensobjekt zunächst in der Hand desjenigen verblieb, auf dessen Grund sie errichtet worden war. Seit dem Reichsweistum Kaiser Ludwigs des Frommen von 818/819 mußte jedoch jede Eigenkirche mit einem abgabefreien Gut zum Unterhalt des Priesters ausgestattet sein[8], um eine, vom Eigenkirchenherr unabhängige gottesdienstliche Funktion und Seelsorge zu garantieren. In gewisser Hinsicht kann dieses Reichsgesetz als Geburtsstunde dessen bezeichnet werden, was wir in den Quellen als »dos« oder »Widum« vorfinden: das Ausstattungsgut einer Pfründestiftung zum Lebensunterhalt des an der Kirche tätigen Geistlichen.

Wir schicken dies voraus, um die Vorgänge, wie sie sich wohl in Tuntenhausen abgespielt haben mögen, einordnen zu können, denn auch hier entstand eine adelige Eigenkirche, die wir dann in Händen der Benediktinerabtei Tegernsee vorfinden werden.

Über die weitere Entwicklung, die denkbaren Erbteilungen, die fortschreitende Kultivierung der Gemarkung, die Errichtung neuer Anwesen, berichten uns die überlieferten Quellen nichts. Ebenso erfahren wir nichts über die Grundherren, die Inhaber von Grund und Boden oder ihre Untertanen, die in ihrem Auftrag die Anwesen bewirtschafteten.

Erst für das 12. Jahrhundert können wir dann mit einiger Sicherheit aus den Quellen erschließen, daß der Ort bereits aus zwei ganzen Wirtschaftshöfen, der Kirche, dem Widum und einem halben Hof (= Hube) bestand, und daß das, was sich aus der Gründung entwickelt hat, zwischenzeitlich in die Hände geistlicher Institutionen gelangt war: In die Hände des Benediktinerklosters Tegernsee, des Domkapitels Freising und des um 1080 von den Pfalzgrafen errichteten Benediktinerklosters Rott. Wenn auch die damals (um 1150) bestehenden Anwesen zu verschiedenen Zeiten, durch unterschiedliche Leute an den Hl.Quirin (Tegernsee), die Gottesmutter (Freising) und die Heiligen Marinus und Anianus (Rott am Inn) geschenkt worden sind, so wissen wir doch in keinem Fall von wem, da sich in keinem der Archive der sog. »Ankunftstitel« finden läßt[9]. Darauf werden wir im einzelnen einzugehen haben. Sodann aber werden wir anhand der vorhandenen Quellen dem Weg nachgehen, den die einzelnen Gebäude und Wirtschaftseinheiten genommen haben, um aus der Summe der feststellbaren Beobachtungen die Entwicklung des »Dorfes« Tuntenhausen zu rekonstruieren.
Nur zwei Ereignisse, die sicher vor dem Jahre 1000 stattgefunden haben, können wir auf dem Wege der Rekonstruktion ermitteln. Die Errichtung einer Eigenkirche und die Ausstattung derselben mit einem Widum.

Die Tegernseer Eigenkirche (995-1001)

Die erste Quelle, in der unser Ort namhaft wird, ist der Brief eines Tegernseer Abtes, der in der sogenannten Tegernseer Briefsammlung des Mönches Froumund († 1006/12) erhalten geblieben ist[10].
Nach der Stellung des Briefes innerhalb des Codex, ist es Abt Gozpert (982 bis 1001), der sich an den »allerwohltätigsten Herrn Brun« wendet. Brun, der Bruder Herzog Heinrichs IV. von Bayern, wurde um 974/76 als Sohn Herzog Heinrichs II. zu Regensburg geboren[11] und trat nach dem Tode des Vaters 995, zusammen mit seinem Bruder Heinrich, das Familienerbe an. In diese Zeit, nach 995 und vor dem Tode Abt Gozperts 1001, dürfte der Brief zu datieren sein[12].
Abt Gozpert reklamiert in diesem Brief an Brun den Zehent aus einer »colonia«, einem Anwesen in der Größenordnung zweier Huben, in der Ansiedlung Tattenhausen (Pfd., Gde., Lkr. Bad Aibling), die zum Erbe Bruns gehörte[13]. Nach Erinnerung und Aussage der noch lebenden Zeugen – so berichtet der Brief – habe der Zehent immer zur tegernseeischen Kirche TONTINHUSA gehört[14]. Sodann beklagt der Abt den widerrechtlichen Entzug der Vestitur (=Gewere), der Verfügung über die Zehentrechte, und fordert Brun auf, ihm den Zehentertrag so lange zu überlassen, bis die Rechtslage in der Versammlung des zuständigen Archipresbiters geklärt worden sei.
Wir erfahren also um das Jahr 1000 von einer dem Kloster Tegernsee gehörenden Kirche[15] in Tuntenhausen, zu der wir uns aus kirchenrechtlichen Gründen bereits das Widum denken müssen[16]. Die geschilderten Rechts-

verhältnisse lassen erkennen, daß der Abt als Herr der tegernseeischen Eigenkirche Tuntenhausen auftritt: Er ist es, der für seine Kirche einen Prozeß zur Sicherung der Gewere über Zehenteinnahmen anstrebt. Als Vorsteher der Mönchsgemeinschaft hatte er auch dieses Kirchlehen (»beneficium«) an einen geeigneten Priester seiner Wahl auszugeben, der in seinem Auftrag die gottesdienstlichen Verrichtungen und die Seelsorge ausübte.
Wann aber war Tegernsee Eigentümer von Kirche und Widum geworden? Die Tegernseer Überlieferung versagt uns die Antwort, denn erst im Jahre 978 hatten Mönche aus dem Kloster Sankt Maximin bei Trier, unter der Leitung von Reformabt Hartwic, Tegernsee wiederbesiedelt, und aus der Zeit der ersten Gründung (ca. 760–ca. 925) haben sich keine besitzgeschichtlichen Quellen erhalten[17]. Nun begannen die Mönche, gefördert durch Kaiser Otto II., den einstigen Besitz des im 10. Jahrhundert eingegangenen Frühklosters zurückzufordern. Dazu gehörte auch der beinahe geschlossene Grundherrschaftsbereich südlich der Attel, westlich des späteren Rotter Bannwaldes und östlich des Lechner-Grabens, aus dem sich das tegernseeische Urbaramt Ostermünchen entwickelte[18]. Daß die Wiedergewinnung des Altbesitzes um Ostermünchen und Tuntenhausen nicht reibungslos verlief, davon berichtet ein weiterer Brief, der wohl ebenfalls mit der Einforderung alter, vermutlich seit 979 wirksam gewordener und angefochtener Rechte zu tun hat. Um das Jahr 1000 schreibt nämlich Kaiser Otto III. (996-1002) an seinen Verwandten, den Grafen Dieomo (Tiemo), Abt Gozbert von Tegernsee habe sich wiederholt über ihn beklagt; er möge sich bei Verlust seiner Gnade nicht mehr in die Rechte der Mönche, vor allem in dem Ort Ostermünchen (»ad monachos«) einmischen[19].
Wir wissen nun nicht, ob die Briefe eine Klärung der Rechtslage bewirkten, im Falle Tuntenhausens durch ein Machtwort Bruns, oder ob das Gericht des Archipresbiters den Fall zu klären hatte. Spätere Nachrichten legen jedoch nahe, daß es beim Besetzungsrecht, zumindest aber beim Präsentationsrecht, durch Tegernsee geblieben ist. Denn zwischen 1173/80 und 1189/1206 ist mehrmals ein (Welt-)Priester Richger von Tuntenhausen als Zeuge in Tegernsee anzutreffen, von dem vermutet wird, er sei aus einem Tegernseer Dienstmannengeschlecht hervorgegangen und möglicherweise mit denen von Ismaning-Schaftlach verwandt[20]. Ein Privileg von Papst Urban III. aus dem Jahr 1186 mahnt jedoch zur Vorsicht[21]. Die Urkunde zählt namentlich die 24 Kirchen auf, die das Kloster zu seinem Eigengut rechnete, bestätigt sie seiner Gewalt mit Stiftungsgut (cum fundis), den dazugehörigen Gütern und dem Volk. Das Besetzungsrecht an diesen Kirchen bestätigte Urban III. und ermahnte zugleich die Bischöfe, diese Kirchen keinem Geistlichen gegen den Willen des Klosters zu übertragen. Für die Stelle des Geistlichen hatte das Kloster dem Bischof einen geeigneten Mann vorzuschlagen, der die Spiritualia (Seelsorgsgewalt) vom Bischof, die Temporalia (Gewalt über den Kirchenbesitz) aber vom Tegernseer Abt erhalten sollte. Unter den Kirchen, die 1186 Tegernsee als die seinen ansah, befindet sich auch Ostermünchen, nicht jedoch Tuntenhausen.

Eine völlig neue Situation bezüglich der Rechte an der Kirche Tuntenhausen ist im Jahr 1221 zu verzeichnen. Der Bischof von Freising Gerold (1220 bis 1230) überträgt, auf Bitten und Eintreten des Domherren und Propstes von Schliersee, Tagino, dem Kloster Beyharting, zur Ergänzung seiner Pfründe, die Kirche in Tuntenhausen mit allen ihren Filialkirchen[22]. Aus der sog. Konradinischen Matrikel, einem Verzeichnis der Pfarreien der Diözese Freising aus dem Jahre 1315, erfahren wir, welche Filialkirchen zu Tuntenhausen gehörten, nämlich Hilperting und Jakobsberg[23]. Fünf Jahre später, am 27. Februar 1226, bestätigte Papst Honorius III. diese, durch den Freisinger Bischof vorgenommene Inkorporation[24] und stellte das Kloster unter seinen Schutz. Späteren Aufzeichnungen zufolge, standen die Nutzung des Pfarrbenefiziums (Widum) und die Präsentation eines Vikars dem jeweiligen Propst zu, während dem Diözesanbischof das Recht vorbehalten blieb, ihn zu ernennen und mit der Seelsorge zu beauftragen[25]. Als kirchenrechtliche Einrichtung war die Inkorporation erst unter Papst Innozenz III. 1201 anerkannt worden. Über den Weg der Inkorporation wurde es möglich, vor allem Klöstern der Reformorden neue Einnahmen zuzusprechen und sie aktiv an der Seelsorge und der Bildung von Pfarreien zu beteiligen[26]. In der Folgezeit wurde Tuntenhausen von einem Augustinerchorherren pastoriert; so sind bereits 1337 Friedrich und 1346 Ott als Pfarrer bezeugt[27], denen wohl auch die Abhaltung der gestifteten Messen oblag[28].

Um eine kontinuierliche Seelsorge zu garantieren stifteten am 28. April 1459 die Nachbarschaft und die Kirchenpröpste (Kirchenverwalter) zu Tuntenhausen in das dortige Gotteshaus zu Unserer Lieben Frau eine an sechs Tagen der Woche zu lesende Frühmesse, »zu Ehren der allerheiligsten Dreyfaltigkeit und der überheiligen Jungfrau Maria«, sowie zum Heil und Trost aller gläubigen Seelen.

Hierzu verordneten sie aus den stattlich angewachsenen Einkünften der Pfarrkirchenstiftung jährlich 28 Pfund Pfennige, wofür der Propst von Beyharting einen Priester nach Tuntenhausen abzuordnen hatte, der diese Messe lesen, dazu die Beichte hören und Kinder taufen sollte[29]. 1495 wurden zur Frühmesse noch zwei weitere tägliche Messen von der Nachbarschaft gestiftet: die Mittermesse, eine Stunde nach der Frühmesse, und eine Stunde nach dieser eine Spätmesse. Die jährliche Dotation betrug 70 Pfund[30]. Dafür hatte der Propst zusätzlich zwei Konventualen einzusetzen, die ständig in Tuntenhausen anwesend sein mußten.

Daß wir über die Geschichte des Pfarrhauses (Hs.Nr.4), in dem die Geistlichen lebten, fast keine Nachrichten haben, liegt an seinem Rechtsstatus. Pfarrhäuser unterlagen im allgemeinen keiner Abgabenpflicht, auch keiner Steuerveranlagung, folglich scheinen sie selten in den Quellen auf. Aufgrund der täglichen Verpflichtung zur Frühmesse von 1459 ist jedoch anzunehmen, daß der »erbere geystlich Herr Conradt, an der zeyt vicari zw Tunttenhawsen«, der für 1466 bezeugt ist, bereits im Pfarrhaus gelebt hat[31], ebenso die beiden Konventualen seit 1495[32]. Das Pfarrhaus wurde, wie der Urkatasterplan von 1812 deutlich macht, auf dem Boden des Widums (Hs. Nr. 3) errichtet, wie auch das Mesnerhäusl (Hs. Nr. 5), das erstmals im Landsteuerbuch von 1417 erwähnt wird. Ab 1461 ist dann der Mesner Adler von Tuntenhausen im Stiftbuch des Klosters Beyharting mit Abgaben vermerkt[33].

Der Tegernseer Maierhof

Neben Kirche und Widum, die 1221 dem Kloster Beyharting inkorporiert worden waren, gehörte dem Kloster Tegernsee einst ein ganzer Hof zu Tuntenhausen. Ein Einnahmeregister der dem Kloster Tegernsee zustehenden Leinenpfennige, angelegt zwischen 1149 und 1155, verzeichnet die Abgabe von 12 Pfennigen aus Tuntenhausen[34]. Aus der Anlage des Registers ist ersichtlich, daß die Leinenpfennige von den tegernseeischen Maierhöfen, den regionalen Sitzen der Tegernseer Verwaltung, erhoben wurden. Hierzu zählte neben Tuntenhausen auch das nahegelegene Berg (Gde Tuntenhausen) mit drei Leinenpfennigen. Während der Besitz zu Berg Kloster Tegernsee komplett erhalten blieb[35], ist der Maierhof in Tuntenhausen dem Kloster offensichtlich »entfremdet« worden, da in der Folgezeit kein Tegernseer Urbar- oder Lehenbesitz zu Tuntenhausen mehr feststellbar ist. Um welchen späteren Hof aber handelte es sich? Über die Rekonstruktion der Rechtsverhältnisse am Ort kommen wir zu dem Ergebnis, daß es sich nur um den späteren Herzogshof, den Zehentmair, handeln kann.

Herzogshof und Zehent (Zehentmair)

Um den Weg des Tegernseer Verwaltungshofes in die Hände des Herzogs verstehen zu können, müssen wir uns vor Augen halten, daß eine Entfremdung in der Regel über Lehengut lief, das an Dienstmannen (Ministeriale) ausgegeben wurde. Oftmals nannten sich diese »unfreien Adeligen« nach den Orten, in denen sie saßen. Sie bildeten die bewaffnete Macht des Klosters, übten aber wohl auch verwalterische und ordnungshüterische Funktionen aus[36]. Im Unterschied zu den Edelfreien waren sie insofern unfrei, als sie prinzipiell nur innerhalb ihrer Dienstmannschaft heiraten, vererben und verkaufen konnten. Anhaltspunkte für einen Ministerialen in Tuntenhausen sind zumindest gegeben, wenn auch für seine Zuordnung zu einer bestimmten Dienstmannschaft die wenigen Quellenbelege nicht ausreichen. Es ist dies der gegen Ende des 12. Jahrhunderts bezeugte Hartmann von Tuntenhausen, der den Beinamen »parvus« führte[37]. Wahrscheinlich dürfen wir in ihm den tegernseeischen Verwalter sehen. Üblicherweise wurden die Ministerialenlehen vom Führer des Heeresaufgebots, dem Vogt, vergeben[38]. Es ist nun nicht genau zu sagen, wann es den bayerischen Herzögen gelang, die Vogteirechte über Tegernseer Gut zu behaupten[39], sicher ist, daß es ihnen zwischen der Abfassung des ersten herzoglichen Einkünfteverzeichnisses (Urbar) von 1231/34 und dem sog. zweiten Herzogsurbar von 1279/84 gelungen sein muß, da in ihm bereits die Vogteieinnahme von über 100 Scheffel aus der Tegernseer Vogtei, sowie auch der Hof und der Zehent zu Tuntenhausen verzeichnet sind[40].

Im Urbar Herzog Ludwig des Strengen von Oberbayern aus den Jahren 1279/84[41] ist die »curia Tuntenhausen« dem wittelsbachischen Amt Falkenberg angegliedert. Daß es sich um den Zehentmair (Hs.Nr. 9 inklusive der Gründe von Hs. Nr. 16) handelt, versichern uns die Abgaben, die der Hof zu leisten hat, und der Zehent, der dem Herzog zusteht[42]. Ein späterer Nachtrag am Rande dieses Einkünfteverzeichnisses vermerkt, daß diesen Hof und somit den Zehent der Propst von Beyharting innehabe, wenn man auch in der herzoglichen Verwaltung, zum Zeitpunkt des Nachtrages, nicht genau wußte, warum[43]. Die Vorgeschichte zu diesem Nachtrag begann damit, daß die beiden Brüder Hermann und Engelschalk von Rohrbach mit Herzog Rudolf einen Burgentausch vorgenommen hatten. Die Rohrbacher erhielten Kaltenberg, der Herzog das »castrum« (befestigte Anlage) Reichertshofen. Unterhalb der Burg Reichertshofen lagen zwei Schwaigen, die die Rohrbacher, noch vor dem Tausch, dem herzoglichen Vitztum Sluder zu Lehen überlassen hatten. Der Herzog tauschte nun von Sluder diese beiden Schwaigen ein und gab ihm dafür aus seinem Besitz »curiam et decimam« (Hof und Zehent) »in Tvntenhavsen«. Aufgrund hoher Verschuldung sah sich der Sluder bald genötigt, seine Rechte in Tuntenhausen zu versilbern, und verkaufte deshalb 1299 an Kloster Beyharting, wozu Herzog Rudolf für sich und seinen Bruder Ludwig die Einwilligung gab[44]. Allem Anschein nach wurden die Beyhartinger Rechte durch Kaiser Ludwig den Bayern später geschmälert, indem die Vogtei über den Hof zu Tuntenhausen von ihm beansprucht und an Ott den Brettschleipfer verpfändet worden war. Ein Diplom des Kaisers berichtet zum 22. Oktober 1333 von einer Schuldenneuberechnung[45]: Ott der Brettschleipfer hatte dem Kaiser 120 Pfund Pfennige geliehen und ihm 50 Pfund an der Schuld nachgelassen; für den Rest der Schuld (70 Pfund) erhielt Ott die Schwaige zu Schwent, eine Hube zu Schmidhausen und die Vogtei über den Hof zu Tuntenhausen zu Pfand. Die Belastung des Zehenthofes durch den Herzog erklärt wohl auch einen eingelegten Zettel innerhalb des Herzogsurbars, der meldet: »Item in Tuntenhausen bona curia habet Pretslaipher«[46] (Desgleichen, in Tuntenhausen, da haben die Pretslaipher einen guten Hof). Um die große Belastung, die der Kaiser den Klöstern zugemutet hatte, wieder gut zu machen, hatte er im April 1333 u.a. auch Beyharting das Privileg der Gerichtsbarkeit über Lehen und Eigen zugestanden[47] und am 21. Januar 1334 seinen Landrichter zu (Markt) Schwaben angewiesen »daß du den Propst und den Konvent an dem Zehenten und an dem Hof ze Tuntenhausen ... ungeirrt läßt, sie mit nichts belästigst und sie an unserer Stelle beschützest«[48].

So findet sich der Zehentmair bereits im Urbar des Klosters von 1344[49], parallel aber auch noch im Urbar des Vitztumamts München aus den vierziger Jahren des 14. Jahrhunderts (nach 1343)[50].

Wie schon der Name sagt, war der Zehent ursprünglich der zehnte Teil des Naturalertrages, der im Prinzip kirchlichen Zwecken dienen sollte: so der zehnte Teil des Getreideertrags (Großzehent) und der entsprechende Anteil an Kleinvieh und tierischen Produkten (Kleinzehent). Schon früh läßt sich eine Aufteilung der Zehenten in vier, oder wie in Tuntenhausen, in drei Teile feststellen[51], die dem Bischof, dem Unterhalt des Kirchenbaus und dem Geistlichen zukommen sollten. Wie auch in anderen Fällen wissen wir jedoch von der Praxis der Zehenterhebung wenig. Im Gegensatz zu den grundherrlichen Abgaben und Lasten, die die Grundholden jährlich zu liefern hatten (Bringschuld), mußten die Zehenten vom Inhaber des Zehentrechts eingehoben werden (Holschuld), weshalb sie gerne als Lehen an Adelige vergeben, oder von dazu bestimmten Bauern für den Lehensherrn eingehoben wurden. In Tuntenhausen war mit der Einhebung des 1/3-Zehents eine besondere Hofstelle beauftragt, der sog. Zehentmair. Seit 1299 war das Kloster Beyharting Nutznießer des Drittelzehents, dessen Höhe im herzoglichen Urbar von 1279/84 mit 8 Scheffel Korn, 19 Scheffel Hafer und 60 Pfennige für Schlachtschweine angegeben wird. 1493 wird der Ertrag im Stiftbuch (Einnahmeregister) des Klosters Beyharting geführt: »der drittail aussem Zehent auf dem Hoff ist unser, und haben hewer empfangen VI Kubel habern«[52].

Die Inhaber des restlichen Zweidrittelzehents waren bis 1493 die Marzeller zu Innerthann. Am 29. März hatten sie ihr (Zehent)Lehen an den Pfarrer Ulrich Kriechpaumer von Hochstätt verkauft, der es 1499 an seinen Bruder Jakob und dessen Ehefrau Diemut vererbte. Diese beiden verkauften 1504 »den Zehent, dy zwaitail und was darzw gehort zw Thuntenhawsen pfarrkirchen und Hiltmering« an Kloster Beyharting[53], dem seit diesem Jahr der gesamte Zehent zur Pfarrkirche Tuntenhausen zustand. Leider erfahren wir über die Ertragsquote ebensowenig, wie 1524 die bischöflichen Visitatoren, denen der damalige Pfarrvikar Alex Weichinger zu Protokoll gab: »Der Propst des genannten Klosters erhebt alle Zehenten, Abgaben und Einnahmen, was sie eintragen vermag ich nicht einzuschätzen«[54].

Die Rotter Hube

Nach dem Tegernseer Kirchenlehen und dem Maierhof ist das chronologisch nächstbezeugte Anwesen in Tuntenhausen die Hube der Benediktinerabtei Rott am Inn (Hs.Nr.13). Wann, wie und von wem dieser Besitz an das Kloster kam, liegt im Dunkeln, da das Traditionsbuch des Klosters, das uns die Schenkungen an die Mönche verzeichnet, nicht erhalten ist. Zwischen 1081 und 1085 war das Kloster von Pfalzgraf Kuno von Rott zum Andenken an seinen in der Schlacht bei Höchstädt gefallenen Sohn errichtet[55] und mit Stiftungsgütern »in der Umgebung des Klosters, aber auch am Pillersee im Gericht Kitzbühel, in Südtirol bei Bozen, in Kötzting und Lam im Bayerischen Wald, in Kärnten und an der ungarischen Grenze«[56] ausgestattet worden. Über die Entstehung und Ausstattung der Abtei bietet einzig die vor 1179 gefälschte (auf 1073 datierte) »Gründungsurkunde« Auskunft. »Danach klafft eine Lücke, durch die die ersten sechs Jahrzehnte der Existenz Rotts in völliges Dunkel gehüllt sind. Erst mit dem Jahre 1142 können wir endlich festen urkundlichen Boden betreten«[57]. Diese Überlieferungslücke läßt zwei Möglichkeiten offen: entweder ist die Rotter Hube im 11. Jh. durch den Pfalzgrafen Kuno von Rott oder durch die Zustiftung einer unbekannten Person an das Kloster gekommen. Im Jahre 1151 jedenfalls hat Papst Eugen III. die Rechte des Klosters bestätigt[58]. Das päpstliche Privileg führt erstmals den Besitz des Klosters auf, der sich im wesentlichen auch später noch in der Hand des Klosters nachweisen läßt[59], darunter »...mansum apud ... Tuntinhusen ...«. Diese Manse (= Hube[60]) wird dann erneut im Bestätigungsprivileg Papst Alexanders III. von 1179 und mit allen Abgabenpflichten im Urbar von »um 1377« aufgeführt[61]. Die Vogtei über die Rotter Hube war ebenfalls von Ludwig dem Bayern an den Pretschlaipfer verpfändet, 1343 aber durch diesen an den Abt von Rott verkauft worden[62]. Zu dieser Zeit war die Hube ein Rotter Lehen der Pretschlaipfer, denn als im Jahre 1349 Friedrich von Hörmaning (=Hörmating), seine Rechte zugunsten des Klosters veräußerte, verzichteten Otto und seine Frau Gerhilde auf weitere Ansprüche. Am 8. April 1507 wurde die Hube des Klosters Rott durch Propst Georg von Beyharting käuflich erworben[63].

Grundherr Domkapitel Freising

Bis zum Jahr 1636 war das Freisinger Domkapitel Grundherr in Tuntenhausen über die Anwesen Bäcker (Hs.Nr.7), Sixt (Hs.Nr.11) und Mair (Hs.Nr.12). Diese waren bald nach 1500 durch Teilung eines ganzen Hofes, der alten »Curia«, entstanden, die zuerst im Urbar des Oblayamtes »vor 1334« und bald darauf im Gesamturbar des Domkapitels von 1352/75 mit ihren Abgaben verzeichnet ist. Sie wird dort unter den Oblaygütern im »Sundergew« geführt.
Oblayen sind Schenkungen zum Zwecke des Gebetsgedächtnisses, die eine Totenmesse am Jahrtag der Stifter begründeten. Die jährlichen Einnahmen aus dem gestifteten Gut dienten zur feierlichen Gestaltung der Messe, und zum Unterhalt der an der Messe teilnehmenden Geistlichkeit. Wer den Tuntenhausener Hof zu diesem Zweck den Domherren übereignete, ist unbekannt[64]. Ebensowenig kennen wir den Stifter des domkapitelschen Gutes in Weiching und Weichingermühle. Bereits das älteste Urbar »vor 1334« vermerkt, daß anstelle der festgehaltenen Naturalabgaben eine jährliche Abgabe von 12 Schillingen (=1½ Pfund Pfennige) zu erbringen war. Diese Geldleistung, die auf die Leiheform des Leibrechts hinweist, wurde gelegentlich erhöht[65], wir erfahren jedoch nicht, wer jeweils Inhaber des Leibrechts war. Erst 1483 sind wir durch einen Reversbrief des Walthauser (=Balthasar) Brettschleipfer darüber unterrichtet, daß er »den Hof bei der Kirchen« vom Domkapitel leibgedingsweise, d.h. auf seine Lebenszeit, verliehen bekommen hat[66]. Zwei Jahre später erwarb Marta, die Witwe des

Walthauser, das Leibrecht auf den domkapitelschen Hof für ihren Sohn Wolfgang[67]. Für Freising stellte die Vergabe von entlegenen Gütern an Adelige oder Bürger zu Leibrecht eine Verwaltungsvereinfachung dar, da die Leibrechter Pauschalsummen überwiesen und damit den Transport der Naturalabgaben nach Freising überflüssig werden ließen. Das jeweilige Gut wurde vor Ort an geeignete Bauern zu Bestandsrecht oder Freistift weiterverliehen. Dieses Recht hatten die Brettschleipfer bis zu ihrem Aussterben im Jahre 1572 inne.

Die Brettschleipfer und ihr Sitz zu Tuntenhausen

Ihren Namen haben die Brettschleipfer vom Nachbarort Brettschleipfen (Weiler, Gde. Tuntenhausen), in dem wohl ursprünglich alle Anwesen zum Familieneigen gehörten[68] und ihr Ansitz (Sedel) lag. Zum ersten Mal greifen wir Mitglieder der Familie am 12. November 1292 auf der Burg zu Brannenburg mit »Chunrat Pretschlaifer und sin sun Hainrich«. Beide bezeugen die Stiftung Eberhart des Kemnaters, eines Gefolgsmannes Herzog Ludwigs von Oberbayern (1255-1294), an die herzogliche Gründung Kloster Fürstenfeld[69].

Zum Zeitpunkt ihres ersten Auftretens gehören sie bereits dem niederen Adel und der Ritterschaft Herzog Ludwigs an[70]; Mitglieder dieser Familie treten immer wieder als Geldgeber der Herzöge auf[71]. Deutlich ist dann Otto Brettschleipfer zu greifen, bei dem Kaiser Ludwig der Bayer mit 120 Pfund in der Kreide stand und der ihm 1333 für die Restschuld u.a. die Vogtei über den Hof Tuntenhausen überließ. 1343 hatten Otto und sein Bruder Eberhard dann dem Kloster Rott die Vogtei über die klostereigene Hube zu Tuntenhausen um 6 Pfund und 3 Schillinge Münchener Pfennige überlassen und 1349 ganz auf dieses Lehen verzichtet[72]. Neben Eigenbesitz zu Brettschleipfen, Schmidhausen und Dettendorf[73] verfügte die Familie

5 *Der Hof des Freisinger Domkapitels in Tuntenhausen wird beschrieben: Ausschnitt aus dem Urbar des Oblayamtes des Freisinger Domkapitels, bald vor 1334. Bayerisches Hauptstaatsarchiv HL Freising 620. Transskription des Textes S. 55 oben.*

auch über Tegernseer Lehengüter: eine Hube zu Eisenbartling (Weiler, Gde. Lampferding), die Moosmühle (Einöde, Gde. Tuntenhausen) und drei Lehen zu Berg (Dorf, Gde. Tuntenhausen)[74]. Die Rechte daran hatten sie jedoch schon 1361 und 1397 verkauft[75].
Die Quellen bezeugen uns seit der Zeit Kaiser Ludwig des Bayern (Kaiser 1328-1347) brettschleipferische Rechte an den Gütern des Klosters Rott und des Herzogs in Tuntenhausen; zu dieser Zeit wird auch der domkapitelsche Hof schon durch sie genutzt. Daß die Brettschleipfer, die ja ihren Ansitz zu Brettschleipfen hatten, schließlich auch in Tuntenhausen ansässig wurden, bezeugen viele Urkunden, die sie für sich selbst und für andere Personen ausstellten oder besiegelten. Soweit wir feststellen konnten, hat sich am 6. Februar 1349 erstmals Otto Brettschleipfer nach Tuntenhausen genannt[76], und es ist anzunehmen, daß er den Sedel (Sitz) zu Tuntenhausen und die Linie der Brettschleipfer von Tuntenhausen begründete. Sein Sohn Otto hatte dann endgültig 1385 von den Brettschleipfern zu Brettschleipfen den Sedelhof zu Brettschleipfen käuflich erworben[77]. Es ist nun nicht eindeutig, ob Vater oder Sohn 1374 den großen Brandbrief aller drei Landesteile des Herzogtums mitbesiegelte[78]; jedenfalls wurde der genannte Otto damit zu den Landsassen des Herzogtums gerechnet. Die Herrschaft Schwaben war bei der Landesteilung von 1392 dem Teilherzogtum Bayern-Ingolstadt zugeschlagen worden, und Otto Prettschlaipfer, der 1430 den Adelsbundbrief des Teilherzogtums Bayern-Ingolstadt mitbesiegelte[79], gehörte den Ingolstädter Landständen an. In der Landtafel der Herzöge Johann IV. und Sigmund von Bayern-München (1460-1463) finden wir im Aiblinger Gericht: »Jorg Pretslaipffer zu Wiegs«[80], nicht mehr jedoch in der Landtafel Herzog Albrecht IV. um 1470[81]. Zu Brettschleipfen können wir in der zweiten Hälfte des 15. Jhs. keinen gefreiten Sitz mehr feststellen.
Wohl aber finden wir die Pretschlaipfer zu Tuntenhausen unter den Landsassen des Gerichtes Schwaben, das endgültig 1450 an Bayern-München gefallen war. So in der Landtafel Herzog Albrecht IV. um 1470: »Leonhart Pretslaypfer zu Tuntenhausen«[82]. Sodann in der zwischen 1480 und 1485 angelegten Landtafel: Ott Pretslaipfer zu Tunntenhausen[83]. Die Landtafel von 1524 führt wohl den gefreiten »Sitz zue Tunttenhausen«, vermerkt aber »Lienhart Prettschlaipfers etc. ist abgegangen«[84].
Die Kinder des erwähnten Lienhart Brettschleipfer und seiner Frau Barbara Altdorferin hatten am 26. 5. 1497 das elterliche Erbe unter sich geteilt und weiterveräußert. Aus den Teilungsverträgen und den sich daran anschließenden Besitzverkäufen erfahren wir was den Brettschleipfern in Tuntenhausen gehörte[85] – mit zwei wichtigen Einschränkungen jedoch, die wir zuerst behandeln wollen.
Der, seit dem 14. Jh. durch die Brettschleipfer genutzte, domkapitelsche »Hof bei der Kirchen« war (spätestens) 1483 in die Hände eines mit Nachkommen gesegneten Zweiges der Familie übergegangen und schied bei den Erbverhandlungen schon aus.
Nicht verhandelt wurde sodann der »Sitz«, auf dem Lienharts Sohn Otto

nachfolgte und dessen Herkunft, Lage und Verbleib bislang ungeklärt waren[86]. Den entscheidenden Hinweis auf die Entstehung des Sitzes brachte das Steuerbuch des Landgerichts Schwaben von 1417. Es führt in Tuntenhausen sieben steuerpflichtige Anwesen, die sich anhand der angegebenen Namen unschwer identifizieren lassen[87]. Eines der sieben Anwesen wird bezeichnet als »des Pretstaffer Sedelmair«. Die Zusammenschau der Quellen ergibt die zweifelsfreie Identifizierung des »Sedelmair« mit dem domkapitelschen Mairhof, der hier als zum Sedel der Brettschleipfer gehörig bezeichnet wird. Der Sedel (gefreite Sitz) wird aufgrund seiner Sedelgerechtigkeit nicht im Steuerbuch geführt, da er steuerfrei war. Seine Lage ist über ein Grundbuch aus dem Jahre 1626 feststellbar, das ein aus Stein errichtetes Gebäude unter domkapitelscher Grundherrschaft erwähnt, das anhand der Rückschreibung mit Hs. Nr. 12 (Mayr) zu identifizieren ist[88].

Der besitzgeschichtlichen Entwicklungsgruppe von Sedelmair und Sitz, gehört auch der beim Sitz gelegene Getreidespeicher der brettschleipferischen Grundherrschaft an. Er wird im Erbteilungsvertrag als »Cassten zu Tunnttenhausen beym Sitz, mit allen seinen Zymern und Holltzwerch das dartzu gehort« bezeichnet und kam an Sohn Lienhart, der sich mit seiner Frau Margarethe in Salzburg niedergelassen hatte.

Zusammenfassend ist hier festzuhalten, daß der gefreite Sitz der adeligen Brettschleipfer (um 1349) auf dem Grund der domkapitelschen Curia – dem Sedelmair von 1417 – errichtet wurde. Sitz und Kasten verloren bei der Abwanderung der Brettschleipfer und der Auflösung ihrer Herrschaft in Tuntenhausen (um 1500) ihre Funktion. Was von ihnen übrig blieb waren die beiden Gebäude, die bald nach 1500, bei einer Neuverteilung der Gründe des Sedelmairs mit landwirtschaftlicher Nutzfläche ausgestattet wurden. So entstanden die drei Anwesen Bäcker (Nr. 7, benannt nach Caspar Peckh und der daraufliegenden Beckengerechtigkeit), Sixt (Nr. 11, nach Sixtus Mair) und Mayr (Nr. 12, nach Thoman Mayr), die in dieser Formierung schließlich wieder an das Domkapitel kamen.

Zurück aber zum Gegenstand der eigentlichen Erbteilung.

Otto B. erhielt im Teilungsvertrag von 1497 die »Tafern zu T. mitsamt der Rorwiß und irem Zugehoren, wie das alles yetz Walthauser Awer stiftweiß innhat« (Hs.Nr.6)[89], sodann »das Gutel daselb zu T. darauf yetzo der Bartel stiftweys sitzt« (Hs.Nr.2).[90] Von Balthasar Auer zu Hilperting wissen wir, daß er, als siegelberechtigter Ritter, Aufgaben der selten mehr anwesenden Brettschleipfer vor Ort übernahm. Als Pächter der Brettschleipfer saß er nun auf der Taferne und besiegelte die anfallenden Rechtsgeschäfte. Zwischen 1493 und 1516 wird er vielfach als Wirt und wohnhaft zu Tuntenhausen bezeichnet[91]. Bereits am 23. März 1498 verkaufte Otto B. die einträgliche Taferne an das Kloster Beyharting[92].

Ottos und Lienharts Bruder Hans, der Chorherr zu Berchtesgaden geworden war, wie auch ihrem Vetter Alex, dem Berchtesgadener Hofrichter, standen jeweils Geldsummen aus dem Ertrag der einzelnen Anwesen zu. Alex, der jährlich 5 rheinische Gulden und 6 Schillinge aus der Taferne erhielt, verkaufte 1501 sein Anrecht um 118 Gulden an Kloster Beyharting[93]. Nun war Kloster Beyharting endgültig im Begriff aller Rechte an der einträglichen Taferne. 1511 übernahm Hans Auer pachtweise die klostereigene Taferne[94].

Zu den Erben der Brettschleipfer gehörte auch Georg Pötschner in Passau, der der Münchener Handelsfamilie entstammte. Er hatte das »Gutel zu Tuntennhausen, darauf Paule Zimerman sizt« (Hs.Nr.1), geerbt und am 18. September 1497 an Balthasar Auer verkauft[95].

Aber auch das zweite Gütel (Hs.Nr.2) war auf einem Umweg an die Auer gelangt, denn 1527 beurkunden die Vormünder des Thomas Auer, Sohn des verstorbenen Hans Auer zu Tuntenhausen, die Aufnahme einer Hypothek auf »das Guetl ... darauff yetzo Vincentz Schmidt siczt, von Hannsen Pöckn daselbs erkauft und abgelöst[96].

Die »zway Gueter zu Tuntnhausen ... so auf dem ain yetz Vincentz Schmid und auff dem anndern Haintz Puhler siczen«, die ursprünglich zusammen gehörten[97], und von denen die Schmiede wohl schon 1385 einmal bezeugt ist[98], kamen dann endgültig am 17. Januar 1544 in den Besitz von Beyharting. Thomas Auer, der Augustinerchorherr in Kloster Herrenchiemsee geworden war, hatte sein Erbe dem Kloster Herrenchiemsee hinterlassen; nach dessen Ableben verkaufte Herrenchiemsee an Beyharting[99].

Tuntenhausen 1500 – eine Zwischenbilanz

Unsere Aufgabe war es, die noch vorhandenen Quellen zur Geschichte des Dorfes bis 1500 zu ermitteln; unser Anliegen, daraus die Entwicklung dessen, was man gemeinhin als Dorf bezeichnet, nachzuvollziehen. Zur Erreichung dieses Ziels wurde die Methode der Dorfrekonstruktion gewählt, die, ausgehend vom ersten Kataster[100], versucht, den Anwesenbestand mit Hilfe der archivalischen Quellen zurückzuschreiben. Wie weit es dabei gelingt, zeitlich zurückzustoßen, ist jeweils von den Herrschaftsverhältnissen und der Überlieferung der einzelnen Herrschaftsträger abhängig. Der Gewinn dieser Methode liegt vor allem in der Beachtung des Uberlieferungszusammenhangs der Einzelquelle. Durch die Rückschreibung können Einzelbelege innerhalb ihres Überlieferungszusammenhangs miteinander verknüpft werden. Auf diese Weise entsteht quasi eine Nachweiskette, die es dann erlaubt, anhand gewisser Identifizierungsmerkmale (wie Namen, Grundherrschaft, Niedergericht, Hofgröße, Abgabenstruktur etc.) weitere »Zufallsbelege« per »Rasterfahndung« zuzuordnen. Vor allem aber erlaubt die ermittelte Nachweiskette die Anbindung der vorhandenen Quellen an konkret lokalisierbare Anwesen und Gebäude, deren genaue Lage ja erst über die Meßtischblätter des seit 1808 vermessenen Urkatasterwerks ermittelt werden kann. Die aus der gemeinschaftlich verfolgten Rückschreibung ermittelten Nachweisketten für Tuntenhausen, wurden in die Form eines Häuserbuches gebracht[101].

Wenn wir nun auf die Ergebnisse der Dorfrekonstruktion bis 1500 blicken, so können wir festhalten, daß zu diesem Stichjahr Tuntenhausen aus dem steinernen Haus der Brettschleipfer, dem dazugehörigen Kasten mit Wohnräumen, einer Taferne, der Wallfahrtskirche mit dem stattlichen Widumsgut, dem Pfarr- und Mesnerhaus sowie aus zwei Höfen, einer Hube und zwei Güteln – darunter eine Schmiede – bestanden hat. Sieben Anwesen betrieben zu diesem Zeitpunkt Landwirtschaft und unterstanden einem der fünf Grundherren (vgl. Tabelle: Tuntenhausen 1500), die die Anwesen an Beständer oder Baumänner zur Nutznießung verliehen. Für die Nutznießung des jeweiligen Gutes mußte der Bauer an genau festgelegten Falltagen (Stiftzeit) regelmäßig anfallende grundherrliche Abgaben, wie Stiften und Gilten, leisten, die Taferne (mit der offensichtlich bis 1707 keine Landwirtschaft verbunden war) eine jährliche Geldsumme. Soweit wir das aus den Quellen bis 1500 erschließen können, war das gebräuchliche Leiherecht in Tuntenhausen die Freistift mit beliebiger Leihefrist und jederzeit möglicher Kündigung durch den Herrn, sofern ein Baumann sich etwas zu schulden kommen ließ oder er das ihm anvertraute Gut fahrlässig herunterwirtschaftete.

In der Entwicklung Tuntenhausens zum Dorf, wie es sich uns um 1500 darstellt, lassen sich grob drei wichtige Phasen erschließen. Am Anfang steht, nur über den Ortsnamen erschließbar, das Haus der Tonto-Sippe, ein Herrenhof wohl mit Salland, aus dem, nach Erschließung der Gemarkung, durch Teilung und Abtrennung neue Wirtschaftseinheiten entstanden: die beiden Curien (Höfe Hs. Nr. 9+16 und Hs. Nr. 7+11+12) und die Manse (Hube Hs. Nr. 13+14). Aus dem (geteilten?) Herrenhof wurde auch die Eigen-

Tuntenhausen um das Jahr 1500

Anwesen	*Haus Nr. (1812)*	*Erster Nachweis*	*Flächenanteil (1808/12)*	*Grundherr im Jahr 1500*	*Erwerb durch Kloster Beyharting*
Kirche	4½	995/1001		Augustinerchorherrnstift Beyharting	1221
Widem	3	(995/1001)	87,66 Tagw.		1221
Zehenthof	9+16	1149/55	253,36 Tagw.		1299
Pfarrhaus	4	(1337?)	8,75 Tagw.		Ausbruch aus Nr. 3
Mesnerhaus	5	1417	7,78 Tagw.		Ausbruch aus Nr. 3
Taferne	6	1493			1498
Hof	7+11+12	vor 1334	287,01 Tagw.	Domkapitel Freising, Oblayamt	1752 – 1671 – 1705
Hube	13+14	1151	127,83 Tagw.	Augustinerchorherrnstift Rott am Inn	1507 – 1515/24 Ausbruch aus Nr. 13
Gütl	1	1497	28,64 Tagw.	Balthasar Auer zu Tuntenhausen	1544
Gütl, Schmiede	2	(1385?)	27,52 Tagw.	Otto Brettschleipfer → Hannsen Pöckn	1544

kirche (Hs.Nr. 4½) mit einem abgabefreien landwirtschaftlichen Gut (Hs.Nr. 3+4+5) zum Unterhalt des Priesters gestiftet und nördlich angelagert. In ihnen haben wir die ältesten Anwesen des Ortes zu sehen. Dieser Bestand, den wir aufgrund einiger Anhaltspunkte, für das 11. Jahrhundert als existent erachten können, prägte letztlich das Weichbild des Dorfes und der Gemarkung bis zu den Veränderungen des 19. und 20. Jahrhunderts und kennzeichnet bereits die zweite Entwicklungsphase. Sie wurde eingeleitet durch Stiftung des geteilten Herrengutes, von Kirche und Anwesen, an verschiedene geistliche Grundherrschaften – das Benediktinerkloster Tegernsee, das Domkapitel Freising und zuletzt an das Benediktinerkloster Rott am Inn. Zeitpunkt und Übereignungsvorgang bleiben uns aufgrund der besagten Überlieferungslücken vorenthalten.
Ein neues Element tritt in der ersten Hälfte des 14. Jahrhunderts mit den Brettschleipfern ins Blickfeld. Zuerst gelang es ihnen, die Nutzung der Anwesen Tuntenhausens von den geistlichen Grundherren zu erwerben und ihre adelige Herrschaft auszudehnen.
Ausgangspunkt war hierbei der Maierhof des Domkapitels, auf dessen Grund Otto Brettschleipfer einen gefreiten Adelssitz in Tuntenhausen – erschließbar ist er für 1349 – errichtete, der dem Sitz Brettschleipfen 1385 den Rang ablief. Spätestens in diese Zeit mag die Errichtung des herrschaftlichen Kastens fallen. In dieser dritten Phase der Ortsentwicklung, die wir bis zur Auflösung des brettschleipferischen Besitzes, zwischen 1493 und 1501 etwa, ansetzen, hat sich die Zahl der Gebäude von 5 (Kirche, Widum, Zehentmair, Sedelmair, Rotter Hube) auf 12 erhöht! Der Zuwachs ist vor allem funktional bedingt (hinzugekommen sind: Sitz, Kasten, Taferne, Schmiede und ein Gütl, sodann Mesneranwesen und Pfarrhaus) und entspricht ganz den Erfordernissen des endgültig verlagerten Herrschaftszentrums der Brettschleipfer (mit adeliger Niedergerichtsbarkeit und Grundherrschaft), sodann der aufkeimenden und ohne ihre nachweisbare Förderung kaum denkbaren Marienverehrung am Ort, die sich unter ihrer Ägide zur überregionalen Wallfahrt entwickelte. Die materielle Verwaltung der Marienwallfahrt, die zu zahlreichen Besitz- und Vermögensstiftungen an die Kirchenstiftung Tuntenhausen führte, oblag den regelmäßig gewählten Kirchenverwaltern (Kirchpröpsten), die jährlich die Hintersassen zu einem »Stift-« bzw. »Raittag« in Tuntenhausen versammelten.
Was sich darüber hinaus, d.h. von den grundherrschaftlichen Quellen nicht bemerkt, an Wandel vollzogen hat, betrifft die Bedeutung des Orts, die abschließend nur mehr summarisch auf einen Betrachtungsbogen gespannt werden kann, und anhand der gewonnenen Ergebnisse neue Frageprofile aufweist. Ausgehend von den gewonnenen Ergebnissen der Ansässigmachung der Brettschleipfer in Tuntenhausen, der Verlagerung des Sitzes ihrer adeligen Grundherrschaft und der Errichtung neuer funktionaler (d.h. teilweise landwirtschaftlicher, teilweise gewerblicher Gerechtsame) Betriebseinheiten, stellt sich nun die Frage nach der Entstehung und Bewirtschaftung der Wallfahrt, die nach Ludwig Dehio erst für 1441 belegt ist.

Durch die Zusammenschau der Aufzeichnungen der verschiedenen Grundherren in Tuntenhausen erhalten wir quasi ein Grundbuch um das Jahr 1300, zu einer Zeit also, bevor die adeligen Brettschleipfer in die Infrastruktur des Ortes maßgeblich eingriffen. Damals bestand der Ort nur aus der Kirche und dem Widum, zwei Höfen und einer Hube. Die Grundholden auf den Tuntenhausener Anwesen mußten ihren Herren Abgaben in der Form von Naturalien und Geld leisten.

1. Die Kirche Beatae Mariae Virginis (1812: Hs.Nr. 4½)[102]

»Decanatus Aiblingen: Tuntenhausen solvit V libras, habet duas filias, Hiltmaringen et Perg cum sepulturis.«

Übersetzung: »Dekanat Aibling: Tuntenhausen zahlt (dem Bischof als Cathedraticum) 5 Pfund Pfennige; hat zwei Filialen mit Begräbnisrecht: Hilperting und Jakobsberg.«

2. Das Widum (1812: Hs.Nr. 3+4+5)[103]

»Tunttenhawsen widm, habet ze bericht xviij metretas Rosenhaymer, ij pullos, xx denarios pro porco; et solvit tertiam partem, porcum valentem x solidos denariorum, L ova, j cas, agnum, iiij panes, iiij pullos, j aucam.«

Übersetzung: »Tuntenhausen das Widum, hat zur Einsetzung 18 Metzen Rosenheimer Maß, 2 Hühner, 20 Pfennige für ein Schwein; und entrichtet den dritten Teil (des Getreideertrags), ein Schwein im Wert von 10 Schilling Pfennigen, 50 Eier, 1 Käse, ein Lamm, 4 Brote, 4 Hühner, 1 Gans.«

3. Zehentmayer-Hof (1812: Hs.Nr. 9+16)[104]

»a. Tunttenhawsen curia, habet ze Bericht ij libras denariorum pro minutis omnibus, xxxij metretas avene Ruglmaß et fenum. Solvit tertiam partem, porcum valentem j libra denariorum, C ova, ij cas, agnum, xij denarios pro pane, vj pullos, ij anseres, et pro nunc dat xxij solidos denariorum pro porco.«

Übersetzung: »Tuntenhausen der Hof, hat zur Einsetzung [erhält der Beständer] 2 Pfund Pfennige für alles Kleinvieh, 32 Metzen Hafer Ruglmaß (=gerüttelt Maß) und Heu. Entrichtet den dritten Teil (des Getreideertrags), ein Schwein im Wert von 1 Pfund Pfennigen, 100 Eier, 2 Käse, ein Lamm, 12 Pfennige für Brot, 6 Hühner, 2 Gänse und zur Zeit reicht er 22 Schilling Pfennige für ein Schwein.«

»b. Ein hof ze Tuntenhausen vnd ein zehent daselben tenet prepositus in Peyhartingen et est permutata pro bonis in Reiggershofen, ut dicitur, set prius sunt positi in ratione inter bona soluta.«

Übersetzung: »Einen Hof zu Tuntenhausen und einen (=1/3) Zehent daselbst hält der Propst in Beyharting; und ist vertauscht worden mit Gütern in Reichertshofen, wie behauptet wird, vorher aber sind sie aufgeführt unter den eingelösten Gütern.«

»c. Tvntenhusen curia, tritici ij modios, siliginis vij modios, avene viiij (modios), porcum valentem iij solidos, anseres ij, pullos vj, oua C. Ibidem decima siliginis viij modios, avene xviiij (modios), porcum valentem Lx denarios.«

Übersetzung: »Tuntenhausen der Hof, Weizen 2 Scheffel, Korn 7 Scheffel, Hafer 9 Scheffel, ein Schwein im Wert von 3 Schilling, 2 Gänse, 6 Hühner, 100 Eier. Ebenso der Zehent: Weizen 8 Scheffel, Hafer 19 Scheffel, ein Schwein im Wert von 60 Pfennigen.«

4. Hof des Freisinger Domkapitels (1812: Hs.Nr. 9+11+12)[105]

»a. In dem Svndergewe: Item in Tuntenhausen j curia solvet vj modios siliginis, ij modios tritici, ij modios ordei, vj modios avene, porcum valentem iij solidi monacensis, xij pullos, mediam partem de pomerio; sed modo solvet xij solidi monacensis.«

Übersetzung: »(Güter) im Sundergau: In Tuntenhausen ein Hof zahlt 6 Scheffel Korn, 2 Scheffel Weizen, 2 Scheffel Gerste, 6 Scheffel Hafer, ein Schwein im Wert von 3 Münchener Schillingen, 12 Hühner, den halben Ertrag vom Obstgarten; zur Zeit aber reicht man 12 Münchener Schillinge.«

»b. Institutio xL metrete avene, vj (metrete) ordei pro semine; iij metrete speischorens, ij libras denariorum pro zaugenvich et media libra denariorum pro porcum, plaustrum, aratrum, ekkam; iij pullos, ij (metrete) avene et fenum.«

Übersetzung: »(Bei der) Einsetzung (erhält der Beständer) 40 Metzen Hafer und 6 Metzen Gerste Saatgut; 3 Metzen Speiskorn, 2 Pfund Pfennige für Zaugenvieh und ½ Pfund Pfennige für ein Schwein, Karren, Pflug, Egge; 3 Hühner, 2 Metzen Hafer und Heu.«

5. Hube des Klosters Rott (1812: Hs.Nr. 13+14)[106]

»In Tuntenhausen hueba, solvit iij granorum partem, L denarios pro porco ze fronchost, j auccam, iij pullos, L ova, viij denarios pro weisat, iij trinchphenning; ½ librum pro advocatia emta de Pretslaipherio, singulis annis j arietem xij denarii valentem, vj metrete avene; cetera cum alia huba.«

»Nahtseld diem et noctem equis domini abbatis in pratibus suis pascentibus, iij manipolos pro pabulo; tres dies agricolendos, unum in vere, secundum in estate, quod dicitur praheit, iij in autumpno. Et hoc est notandum de omnibus huebis infra flumen Aetel postitis, exceptus huebis Prukhoven et Wolfkering quae nachtseldas non dant.«

Übersetzung: »In Tuntenhausen eine Hube, entrichtet den dritten Teil des Korns, 50 Pfennige für ein Schwein zur Fronkost, eine Gans, 3 Hühner, 50 Eier, 8 Pfennige als Weisatgabe, 3 Trinkpfennige; ½ Pfund (Pfennige) aus der von den Brettschleipfern erkauften Vogtei, jährlich einen Widder im Wert von 12 Pfennigen, 6 Metzen Hafer; die übrigen Lasten wie die anderen Huben« [auf diese Lasten bezieht sich die folgende Passage:]

»Nachtseld ein Tag und eine Nacht, bei der das Pferd des Herrn Abtes in den Wiesen der Hube weidet; 3 Handvoll Futter; 3 Tage Fronarbeit (=Scharwerken), einen im Frühling, den zweiten im Sommer, der Praheit genannt wird, den dritten im Herbst. Und dies ist vermerkt für alle Huben die im Bereich der Attel gelegen sind, ausgenommen die Huben Bruckhof und Wolkerding die keine Nachtselde geben.«

Ungedruckte Quellen
Bayerisches Hauptstaatsarchiv (BayHStA)
- Klosterurkunden und Klosterliteralien Beyharting
- Klosterurkunden Ebersberg
- Klosterurkunden Fürstenfeld
- Klosterurkunden und Klosterliteralien Rott
- Klosterurkunden und Klosterliteralien Tegernsee
- Gerichtsurkunden Aibling
- Gerichtsurkunden Schwaben
- Hochstifturkunden und Hochstiftliteralien Freising
- Altbaierische Landschaft
- Kurbayern Äußeres Archiv
- Pfalz-Neuburg, Landschaft U 217

Staatsarchiv München (StAM)
- Katasterbeschreibungen

Archiv des Erzbistums München und Freising (AEM)
- Heckenstalleriana

Bayerische Staatsbibliothek
- Cgm 2290

Bayerisches Landesvermessungsamt
- Urkatasterarchiv

Gedruckte Quellen
- Codex traditionum monasterii Beihartingen, hg. v. Th. Wiedemann, in: Deutingers Beiträge 4 (1852) S. 129-137
- Saalbuch des Klosters Beyharting, hg. v. Th. Wiedemann, in: Deutingers Beiträge 4 (1852) S. 137-147
- Schenkungsbuch der ehemaligen gefürsteten Propstei Berchtesgaden, hg. v. K.A. Muffat (QEAF 1) München 1856
- Die Traditionen des Hochstifts Freising, hg. v. Th. Bitterauf (QENF 4 u. 5) München 1905/1909
- Deutinger, M. v., Die älteren Matrikeln des Bistums Freysing, 3 Bde., München 1849/1850
- (Urkunden des Klosters Rott, in:) Monumenta Boica, hg. v. der Bayerischen Akademie der Wissenschaften, Bd. 1, München 1763, S. 335-448; Bd. 2, München 1764, S. 1-114
- Geiss, E., Regesten ungedruckter Urkunden ... zur Geschichte des Kloster Rott, in: OA 13 (1852) S. 175-226, 313-330; OA 14 (1854) S. 1-48; OA 16 (1856) S. 219-224
- Die Traditionen des Klosters Schäftlarn 760-1305, bearb. v. A. Weißthanner (QENF 10) München 1963
- Die Tegernseer Briefsammlung, hg. von K. Strecker (MG Epp.sel. III) Berlin 1925
- W. Beck, Tegernseeische Güter aus dem 10. Jahrhundert, in: AZ NF 20 (1914) S. 83-105
- Die Traditionen des Klosters Tegernsee 1003-1242, bearb. v. P. Acht (QENF 9,1) München 1952
- Das Tegernseer Urbar von 1289, in: L. Holzfurtner, Das Klostergericht Tegernsee (HAB, Teil Altbayern 54) München 1985, S. 116-158
- (Ältere Herzogsurbare, in:) Monumenta Boica, Bd. 36,1 u. 2, München 1852
- Krenner, F. v., Baierische Landtagshandlungen in den Jahren 1429 bis 1513, 18 Bde., München 1803-1805

[1] Vgl. den Beitrag von Irmtraud Heitmeier, dort auch Literaturangaben zum Problem des »Hauses«.

[2] Th. Bitterauf Tr.51.

[3] Im Bereich des Lechner-Grabens, haben sich die Flurnamen See-Filzen und Moos-Filzen gehalten.

[4] »... rem propriam quam genitor meus Hroadperht in hereditatem mihi reliquit in loco quae dicitur Sindilinhusir seu quod ipsi lucraverunt in eodem loco vel ubicunque... aedificia, mancipias, pecodes, pascua, silvas aquarumque decursos, paludes, saltora...«.

[5] Dieser würde umschrieben mit »domus«, »curtis cum domo« oder auch »villa«.

[6] »ager« oder »rures« u.ä.

[7] Untersuchungen zur Siedlungsgenese Sindlhausens konnten momentan nicht durchgeführt werden.

[8] So nach dem »Capitulare ecclesiasticum« von 818/819 (MGH Cap.I, S. 277, 21ff.). Zur Entwicklung des Eigenkirchenwesens vgl. LexMA, Bd. 3, Sp. 1705-1710.

[9] Ankunftstitel meint die Aufzeichnung der Übereignung von Gütern an eine geistliche Institution, durch Schenkung, Kauf oder Tausch, in Form einer Traditionsnotiz oder einer Urkunde.

[10] Die Tegernseer Briefsammlung, hg. von Karl Strecker (MG Epp.sel.III, 1925) S. 43, Nr. 35; G. Bernt, Froumund, in: LexMA, Bd. 4, Sp. 994f; Wiedergabe und Übersetzung im Beitrag von Irmtraud Heitmeier.

[11] Zuletzt Th. Zotz, Brun, in: LexMA, Bd. 2, Sp. 753.

[12] Dieser Zeitpunkt wäre auch maßgeblich für eine 1000-Jahrfeier des Ortes. Alle behaupteten Nennungen vor 1000 sind auf andere Orte zu beziehen. So z.B. durch R. v. Dülmen, HAB Rosenheim, S. 12. Dagegen wird die Nennung von Totinhusir im Jahre 804 von H. Stahleder, in: OA 104 (1979) S. 129 u. S. 163, Nr. 91, richtig Tattenhausen zugewiesen.

[13] Vermutlich luitpoldingischer Erbbesitz, der über Urgroßvater (Herzog Arnulf), Großmutter (Herzogin Judith) und Vater (Herzog Heinrich II., den Zänker) an Brun gekommen war.

[14] Die Tegernseer Briefsammlung, hg. von Karl Strecker (MG Epp.sel.III, 1925) S. 43, Nr. 35: »semper decimatus fuerat ad ecclesiam nostram Tontinhusa nominatam«.

[15] Diese Kirche bereits als Pfarrkirche anzusprechen, entbehrt der Quellenbasis, wie auch die kürzlich von H.C. Faussner S. 56* (s. Anm. 107) behauptete Centene Tuntenhausen. Zur Centene vgl. H. Mitteis u. H. Lieberich, Deutsche Rechtsgeschichte (16. Aufl. 1981) S. 69.

[16] Vgl. »Capitulare ecclesiasticum« von 818/819 (MGH Cap.I) S. 277, 21ff; zur Entwicklung des Eigenkirchenwesens vgl. LexMA, Bd. 3, Sp. 1705-1710.

[17] Zur Geschichte des Klosters zuletzt: L. Holzfurtner, HAB Tegernsee, S. 3-11; ders., Gründung und Gründungsüberlieferung, S. 53-57, S. 113-126.

[18] Zur Geschichte Ostermünchens: F. Tyroller, Die Anfänge Münchens, S. 126-131; ders., Mangfallgrafschaft, S. 96f.,116.

[19] F. Tyroller, Mangfallgrafschaft, S. 96f., 116; MG DD II 775 Nr. 345 = MG Epp.sel. III 99 Nr. 94.

[20] Tegernsee Trr. 336, 355, 357, 374. Beyharting Tr. 24. Die unterstrichenen Belege führen Richger als clericus, sacerdos, plebanus. Vgl. auch H. Stahleder, Bischöfliche und adelige Eigenkirchen des Bistums Freising im frühen Mittelalter und die Kirchenorganisation im Jahre 1315, in: OA 105 (1980) S. 23; G. Flohrschütz, Die Dienstmannen des Klosters Tegernsee, S. 178.

[21] MB 6, S. 189-191 Nr. 27; die Kirchenliste von 1163, in einem Diplom Friedrichs I., ist eine Fälschung aus der Zeit bald nach 1200; vgl. hierzu P. Acht, Die Tegernsee-Ebersberger Vogteifälschungen, passim.

[22] »contulimus ecclesiam in Tuntenhausen, cum omnibus sibi attinentibus ecclesiis, cenobio in Piharting perpetualiter in supplementum prebende personarum Deo inibi famulantium«; MB 5, S. 461; vgl. Th. Wiedemann, S. 8.

[23] M.v. Deutinger, Die älteren Matrikeln, Bd. 3, S. 221

[24] »specialiter autem ecclesiam de Tuntenhausen, quam venerabilis frater noster Frisingensis episcopus ad sustentationem vestram capituli sui accedente consensu pia vobis liberalitate contulit, sicut eam iuste, canonice, ac pacifice obtinetis, et in literis ipsius episcopi plenius dicitur contineri, vobis et per vos monasterio vestro auctoritate apostolica confirmamus et presentis scripti patrocinio communimus.« K. Meichelbeck, Historia Frisingensis, Bd. 2,2 (1729) S. 1; MB 5, S. 462; Regesta Honorii Papae III, Bd. 2, Romae 1895, S. 406, Nr. 5845; A. Potthast, Regesta Pontificum Romanorum, Bd. 1, S. 649, Nr. 7540.

[25] Die Diözesanmatrikel von 1738/40 berichtet: »Debet tamen praepositus dicti monasterium praesentare vicarum ab episcopo procura admittendum et approbandum«; M. v. Deutinger, Die älteren Matrikeln, Bd. 2, S. 42.

[26] Zur Inkorporation und ihrer Ausgestaltung vgl. A. Schmid, Die Klosterpfarrei. Das Augustiner-Chorherrenstift Polling und seine Inkorporationspfarrei Walleshausen, passim.

[27] Th. Wiedemann, S. 18f.

[28] Verzeichnis etlicher zum Kloster Beyharting und zum Gotteshause Tuntenhausen gestifteter Jahrtäge 1691, in: Th. Wiedemann, S. 228-238.

[29] Th. Wiedemann, S. 234 Nr.XVI; hierauf bezieht sich auch der Eintrag im Urbar des Klosters von 1468: »Tuntenhawsen von der täglichen meß xxviij lb d. auf all vnnser frawen stuckn vnd gutern«.

[30] Th. Wiedemann, S. 235 Nr.XVII.

[31] MB 18, S. 525.

[32] Für 1524 wird berichtet: »circa dictam ecclesiam duo sacellani religiosi habitantes, quos d(ominus) praelatus ex monasterio victualibus providet, illosque eligit et iterum deponit ad nutum.«; M. v. Deutinger, Die älteren Matrikeln, Bd. 3, S. 402.

[33] BayHStA, KL Beyharting 5a, fol.9v; er fehlt in den Stiftsbüchern von 1459 und 1460. – GL Schwaben 7/1, fol.2v. (Landsteuerbuch 1417).

[34] Tegernsee Tr.269: »Ad Woringoa XII denarios lini debet villicus, ad Tontenhusen similiter, . . . ad Perga III . . .«

[35] Wie der HAB Rosenheim, S.46 für das 18. Jahrhundert ausweist, sind alle 8 Anwesen in Berg tegernseeisch. Das älteste Urbar des Klosters Tegernsee von 1289 (Druck: L. Holzfurtner, HAB Tegernsee, S. 144 Nrr. 731-735) führt 5 Anwesen, wie auch das Stiftbuch von 1350 (BayHStA KL Tegernsee 5, fol.9); hinzu kommen freilich 3 Lehengüter (vgl. ältestes Lehenbuch a.d. Jahr 1353, BayHStA KL Tegernsee 33, fol.5!).

[36] Zur Ministerialität: G. Flohrschütz; L. Holzfurtner, HAB Tegernsee, S. 11-24.

[37] Schäftlarn Tr.292 zu ca.1189/90. Berchtesgaden Tr.158.

[38] Hieran schließt sich die Problematik um den zeitgenössischen Passus der kurz nach 1200 entstandenen Fälschung eines Diploms Friedrich I. an; vgl. P. Acht, Die Tegernsee-Ebersberger Vogteifälschungen, passim, mit dem der Abt versuchte, auf die Lehensvergabe Einfluß zu gewinnen.

[39] Vgl. L. Holzfurtner, HAB Tegernsee, S. 22f.

[40] MB 36,1, S. 207 u. S. 228f.

[41] Zur Datierung: W. Volkert, Die älteren bayerischen Herzogsurbare, S. 1-32.

[42] MB 36,1, S. 228f.

[43] »Peyhartingensis prepositus, nescitur quare.«

[44] BayHStA, KU Beyharting 18, vom 8.2.1299; MB 5, S. 471; die Klosterverwaltung vermerkte auf dem Rücken der Urkunde: »Tuntenhausen Zehenthoff.«

[45] Th. Wiedemann, S. 111.

[46] MB 36,1, S. 242.

[47] MB 5, S. 478.

[48] MB 5, S. 479f; der Text ist teilweise falsch wiedergegeben, vgl. deshalb BayHStA, KLS 556a = KU Beyharting 42.

[49] Th. Wiedemann, S. 146.

[50] MB 36,2, S. 502 (unter den ausgelösten Gütern im Amt Schwaben, hier: Zehent), S. 504 (versetzte Güter, hier: Hof und Zehent) u. S. 549 (Zehent im Amt Falkenberg). Die Unsicherheit der herzoglichen Verwaltung über den Verbleib des verpfändeten Besitzes führte noch 1378 zu einem Feststellungsverfahren durch die Herzogsbrüder Stephan und Johann: BayHStA, Urkunde München St.Peter 1378 IX 21.

[51] Vgl. Synode der bayerischen Bischöfe 807; Th. Bitterauf Tr.248; Ph. Dollinger, S. 179f.

[52] BayHStA, KL Beyharting 5n, fol.86r.

[53] BayHStA, KU Beyharting 1493 III 29; 1499 VII 11; 1504 III 3; Th. Wiedemann, S. 47.

[54] »Praelatus dicti monasterii exigit et tollit omnes decimas, reditus et obventiones, quas ipse deponens nescit aestimare;« M. v. Deutinger, Die älteren Matrikeln, Bd. 3, S. 402, § 636.

[55] E. Noichl, Gründung und Frühgeschichte des Klosters Rott, S. 7-17; J. Hemmerle, Benediktinerklöster in Bayern, S. 266-269.

[56] J. Hemmerle, Benediktinerklöster in Bayern, S. 266.

[57] E. Noichl, Gründung und Frühgeschichte des Klosters Rott, S. 13.

[58] BayHStA, KU Rott 6.

[59] Vgl. E.Noichl, Gründung und Frühgeschichte des Klosters Rott, S. 14.
[60] Zur terminologischen Gleichsetzung von Hube und Manse vgl. Ph. Dollinger, S. 106f.
[61] BayHStA, KU Rott 8; Urbar des Klosters um 1377 = BayHStA, KL Rott 2.
[62] Th. Wiedemann, S. 112.
[63] BayHStA, KU Beyharting 1507 IV 8; Th. Wiedemann, S. 47; Erstmals im Stiftbuch von Beyharting 1507 geführt: BayHStA, KL Beyharting 7.
[64] Im domkapitelschen Traditionsbuch (Th. Bitterauf ab Tr.1601ff.) ist die Stiftung nicht überliefert. Sämtliche Belege bei Bitterauf sind aus sprachlichen Gründen auf Tüntenhausen vor den Toren Freisings zu beziehen.
[65] Vor 1334: 1 1/2 lb (BayHStA, HL Freising 620, fol.11v.)
1352/74: 2 lb. (BayHStA, HL Freising 619, fol.35)
1404: 2 lb. (BayHStA, HL Freising 565, fol.148v.)
1464: 2 lb. (BayHStA, HL Freising 565, fol.274r.)
1488: 2½ lb. (BayHStA, HL Freising 565, fol.317r.).
[66] BayHStA, Domkapitel Freising U 1483 X 25.
[67] BayHStA, Domkapitel Freising U 1485 VI 8.
[68] 1395 Verkauf eines Gutes, das 1532 von Beyharting an die Allerseelen-Bruderschaft Tuntenhausen verkauft wurde (Th. Wiedemann, S. 24 u.54); 1396 als Seelgerätstiftung eine Hube an Kloster Fürstenfeld (BayHStA, KU Fürstenfeld 642); 1406 Verkauf des Vogellehen an die Kirche Tuntenhausen (Th. Wiedemann, S. 26); 1493 Verkauf an Kloster Ebersberg (BayHStA, KU Ebersberg 2250); 1498 Verkauf des Sedelhofes an Kloster Beyharting (Th. Wiedemann, S. 42). Vgl. die sich daraus ergebende Grundherrschaft der 8 Anwesen zu Brettschleipfen 1752/1760 im HAB Rosenheim, S. 45.
[69] BayHStA KU Fürstenfeld 27. Falsch datierter und fehlerhafter Druck in: MB 9, S. 101 Nr. 9 auf den sich Th. Wiedemann, S. 111 bezog.
[70] Zur Geschichte der Brettschleipfer: Th. Wiedemann, S. 111-121; vgl. auch kritisch die durch den Freisinger Hofkammerdirektor Johann Michael von Prey verfaßte Adelsbeschreibung von 1740; Bayerische Staatsbibliothek Cgm 2290, Bd.20 fol.355r.-361v.
[71] So z.B. MB 36,1, S. 216.
[72] Th. Wiedemann, S. 112.
[73] Th. Wiedemann, S. 115-117; BayHStA KU Beyharting 1497 IX 18.
[74] Ältestes Lehenbuch des Klosters Tegernsee von 1353: BayHStA, KL Tegernsee 33, fol.5.
[75] Th. Wiedemann, S. 112; BayHStA, KU Tegernsee 253 u. 273; Ein Lehenbuch des Klosters vom Beginn des 15. Jhs. führt zwar als Lehennehmer noch »Hänsel Pretslaypher«, ein späterer Zusatz vermerkt aber schon den Einzug der Lehen durch das Kloster: »vacat, quod nobis habemus.«
[76] BayHStA, KU Beyharting 58.
[77] Th. Wiedemann, S. 112f.
[78] BayHStA, Pfalz-Neuburg Landschaft, Urkunde 217 von 1374 XI 25: Siegel 31; F. M. Wittmann, Monumenta Wittelsbacensia (QEAF 6) S. 517, Nr. 362.
[79] F. v. Krenner, Baierische Landtags-Handlungen, Bd. 3 (1803), S. 37.
[80] BayHStA, Altbayerische Landschaft 21, fol. 3r.; Zu Wiechs bei Feilnbach hatte vor allem das Hochstift Freising (Urbaramt Holnstein) Besitz. Das um 1400 erstellte bischöfliche Urbar erwähnt eine halbe Curia auf der ein Brettschleipfer mit verbrieftem Recht zu Leibrecht saß und »geraint und tailt« hatte. Nach einem etwas späteren Verzeichnis gehörte bereits eine ganze Curia dem Brettschleipfer in Dachau (BayHStA, HL Freising 71, fol. 13v. und fol. 30). Dem Siedlungsausbau auf freisingischem Boden durch die B. in Wiechs müßte näher nachgegangen werden.
[81] BayHStA, Altbayerische Landschaft 22.
[82] BayHStA, Altbayerische Landschaft 21, fol. 3r.
[83] BayHStA, Altbayerische Landschaft 24, fol. 1r.; Zur Datierung vgl. W. Volkert, Landtafeln.
[84] BayHStA, Altbayerische Landschaft 22, fol. 43. Die durch Philipp Apian angelegte Tafel aus der Mitte des 16. Jhs. führt zwar Tuntenhausen, vermerkt aber nur mehr »D(orf), Kh(irche)«, ebd. fol.479.
[85] Urkunden der Erbteilung: BayHStA, KU Beyharting 1497 V 26, 1497 VII 28, 1497 IX 18, 1498 III 23, 1498 IV 5, 1498 VIII 23, 1498 IX 11, 1498 IX 13, 1498 XI 22, 1499 X 12, 1501 XI 4; KU Ebersberg 2250.
[86] Th. Wiedemann, S. 119 berichtet zwar von einem Verkauf des Sedelhofes zu Tuntenhausen am 5.4.1498 an das Gotteshaus Tuntenhausen, beruht aber auf einem Mißverständnis. Die

Urkunde Beyharting 1498 IV 5 berichtet vom Verkauf des Sedelhofes zu Brettschleipfen! Diesen Verkauf wiederum erwähnt Th. Wiedemann auf S.42, hier jedoch mit falschem Datum.

[87] BayHStA, GL Schwaben 7/1, fol.2v.: »Chünczl Zehennttmair (Nr. 9 + 16), Mesner (Nr. 5), Widman (Nr. 3), Lechner (Nr. 1 + 2), Hüeber (Nr. 14 + 13), des Pretstaffer Sedelmair, ain Gütlein ibidem ligt öd«. Den Hinweis auf dieses Steuerbuch danke ich Frau Dr. Diepolder.

[88] Vgl. Grundbuch von 1626: BayHStA, KL Beyharting 30.

[89] Die Gründe von Nr. 6: 119,9 Tagwerk, wie sie der Urkatasterplan von 1812 ausweist, gehörten zum Anwesen Nr. 12, mit dem die Taferne seit 1707 »unausscheidenlich« vereinigt war.

[90] BayHStA, KU Beyharting 1497 V 26.

[91] BayHStA, KU Ebersberg 2250; KU Tegernsee 1404, 1411, 1416, 1433, 1454, 1491, 1496, 1530, 1535, 1538, 1627, 1639, 1684 und KU Beyharting.

[92] BayHStA, KU Beyharting 1498 III 23.

[93] BayHStA, KU Beyharting 1499 X 12 und 1501 XI 4.

[94] Th. Wiedemann, S. 49; BayHStA, KU Ebersberg 2282 zu 1511.

[95] BayHStA, KU Beyharting 1497 VII 28; daneben erbte er auch ein Gut zu Schmidhausen, das er an die Kirche Tuntenhausen verkaufte; KU Beyharting 1497 IX 18.

[96] BayHStA, KU Beyharting 1527 XI 27.

[97] Darauf weist noch die horizontal und vertikal gegebene Korrespondenzlage ihrer Fluren im Urkataster von 1810!

[98] Th. Wiedemann, S. 23. : Ulrich Smit zu Tuntenhausen.

[99] BayHStA, KU Beyharting 1544 I 17.

[100] StAM, Kataster 452, 453 (Beschreibungen von 1808/12 und 1815); Urkatasterarchiv (Katasterblatt von 1810); J. Heider, Das bayerische Kataster, München-Pasing 1954.

[101] Vgl. Häuserbuch Tuntenhausen, bearbeitet von S. Janker (bis 1500), G. Immler (16.-18. Jh.), S. Herleth (19. Jh.), Sabine Kammermeier (20. Jh.).

[102] Auszug aus der Diözesanmatrikel Bischof Konrads von Freising 1315, AEM Heckenstalleriana 250b; Druck: M. v. Deutinger, Die älteren Matrikeln, Bd.3, S. 214.

[103] Urbar des Klosters Beyharting 1344 (Neufassung 1468) (BayHStA, KL Beyharting 4, fol.19v; Druck: Th. Wiedemann, S. 146.

[104] a. Urbar des Klosters Beyharting 1344 (Neufassung 1468), BayHStA, KL Beyharting 4, fol. 19v; Druck: Th. Wiedemann, S. 146. –
b. Parallel im Urbar des Vitztumamts München 1343/50, BayHStA, KBÄA 4744/9, fol.336v; Druck: MB 36,2, S. 504. –
c. Differenzierte Abgabenstruktur im Urbar Ludwig des Strengen für die Güter zwischen der Donau und dem Gebirg 1279/84, BayHStA, KBÄA 4735, fol.63r; Druck: MB 36,1, S. 228f.

[105] a. Urbar des Oblayamtes des Domkapitels Freising bald vor 1334, BayHStA, HL Freising 620, fol. 11v. – ungedruckt.
b. Ergänzung der Institutio durch das Urbar des Oblayamtes 1352/74, BayHStA, HL Freising 619, fol.35. – ungedruckt.

[106] Urbar des Klosters Rott um 1377, BayHStA, KL Rott 2, fol.12v. – ungedruckt.

[107] Urbarbuch des Landesfürstlichen Kastenamtes Rosenheim von 1580, hg. v. H.C. Faussner u. A. v. Grote, Hildesheim 1988.

Dorfentwicklung und Klosterherrschaft. Tuntenhausen in der Frühen Neuzeit (16.-18. Jahrhundert)

Gerhard Immler

Institutionen, die helfen können
- Kreisheimatpfleger
- Staatsarchiv München, Schönfeldstr. 3, 8000 München 22
- Bayerisches Hauptstaatsarchiv, Schönfeldstr. 5, 8000 München 22

Hilfsmittel und Nachschlagewerke
- Hazzi, Joseph von: Statistische Aufschlüsse über das (...) Herzogtum Bayern, 4 Bde., Nürnberg 1801-1808
- Wening, Michael: Historico-topographica descriptio Bavariae. Das ist: Beschreibung des Churfürsten- und Hertzogthumbs Ober und Nidern Bayrn, Teil 1-4, München 1701-1726; Reproduktion nach den Originalkupferplatten München 1974-1977
- Historischer Atlas von Bayern, Teil Altbayern, hg. v. der Kommission für Bayerische Landesgeschichte bei der Bayerischen Akademie der Wissenschaften, München 1950 ff.
- Hausberger, Karl, Hubensteiner Benno: Bayerische Kirchengeschichte, München 1985
- Ay, Karl-Ludwig: Land und Fürst im alten Bayern. 16. bis 18. Jahrhundert, Regensburg 1988
- Spindler, Max (Hg.): Handbuch der bayerischen Geschichte, Bd. 2, 2. Aufl. hg. v. Andreas Kraus, München 1988

Zu Beginn der Neuzeit war Tuntenhausen ein kleines Dorf im Landgericht [Markt] Schwaben, zum Herzogtum Bayern-München gehörig. Das unmittelbar benachbarte Pfleggericht Rosenheim gehörte zum bis 1503 selbständigen Herzogtum Bayern-Landshut. Unmittelbar hatten die Tuntenhausener Bauern freilich mit den beiden Herzögen wenig zu tun; wichtiger für ihr tägliches Leben war ihr jeweiliger Grundherr. Das war für den Bauern, der den großen Zehnthof bewirtschaftete, für den neben dem Pfarrhof gelegenen Widenmann, den Wirt und den nur ein paar Äcker und Wiesen zum Nebenerwerb besitzenden Mesner das Kloster Beyharting. Daneben besaß das Domkapitel Freising eine »curia«, die seit 1498 an die adelige Familie der Prettschlaipfer verliehen war, aber wohl kaum von diesen selbst bewirtschaftet, sondern an einen oder mehrere Bauern weiterverliehen wurde. Ein dritter Grundherr war das Kloster Rott, dem aber nur das Obereigentum über eine Hube, d.h. einen mittelgroßen Bauernhof, zustand. Die beiden kleinen Sölden Pichler und Schmied gelangten um 1500 durch Kauf von den Erben einer ausgestorbenen Prettschlaipferlinie an die adelige Familie Auer, die als Beständer des Klosters Beyharting die Tuntenhausener Taferne betrieb.[1] Wir müssen annehmen, daß Tuntenhausen sich im frühen 16. Jahrhundert im Aufschwung befand, wohl nicht zuletzt dank der Wallfahrt. Das Aufblühen von neuen Wallfahrten ist seit ca. 1450 ein allgemeines Phänomen der Zeit.[2]

Daß es um die Verdienstmöglichkeiten in Tuntenhausen offenbar gut stand, zeigt das Ansteigen der Zahl der Höfe. Im Stiftbuch des Klosters Beyharting ist für 1504 mit einem Balthasar Heiß noch ein einziger Inhaber des Zehnthofes genannt,[3] schon zwei Jahre später aber erscheint neben diesem ein Kunz, der der Höhe seiner Abgaben nach zu urteilen ein Drittel des Hofes übernommen haben dürfte.[4] Im Jahre 1515 begegnen als Inhaber des Zehnthofes dann drei Bauern: Waltel, Ruepel und Keczel.[5] Mag hier die Größe des Hofes dem Grundherrn Anlaß gegeben haben, ihn aufzuteilen, so gilt dies nicht für ein anderes Anwesen, das 1515 erstmals genannt wird: die »behausung in unsers huebers gartten«.[6] Wer da von ›unserem Huber‹ spricht, ist wiederum das Kloster Beyharting. Dieses hat nämlich 1507 die Hube des Klosters Rott gekauft.[7] Die neue Behausung wurde aber mit so wenig Grund und Boden ausgestattet, daß man annehmen muß, daß der Inhaber von Anfang an seinen Lebensunterhalt durch die Ausübung eines Handwerks sicherte. Tatsächlich ist 1581 ein Mann namens Schneider, der auch einen Laden hatte, als Bewohner dieses Hauses namhaft zu machen.[8] Wir haben somit vermutlich in dem Bewohner der im Jahre 1515 oder kurz zuvor geschaffenen ›Sölde in Hubers Garten‹ den – abgesehen vom Schmied – ersten Tuntenhausener Dorfhandwerker vor uns; möglicherweise war er ein Schneider. Als Familienname begegnet Schneider aber schon 1524 in Tuntenhausen, und zwar handelt es sich um den Inhaber der Schmiede, der dem Stift Beyharting einen jährlichen Zins von 21 Pfennigen schuldete.[9] Am 17. Januar 1544 kaufte das Beyhartinger Augustinerstift die Pichler- und Schmiedssölde von seinen Ordensbrüdern zu Herrenchiemsee, nachdem diese durch den Konventseintritt des letzten Auer in den Besitz der beiden Anwesen gekommen waren.[10] Die erste Hälfte des 16. Jahrhunderts ist somit in Tuntenhausen durch die Ausdehnung der Grundherrschaft des Klosters Beyharting und die Schaffung von neuen Bauernstellen auf dem Grund und Boden dieses Klosters gekennzeichnet. Diese Stellen waren zumindest teilweise mit der Ausübung eines Handwerks verknüpft. Diesen Ausbaumaßnahmen steht aber zwischen 1526 und 1554 auch das Verschwinden eines Bauern gegenüber: Der Zehnthof erscheint bereits im Feuerstättenregister des letzteren Jahres als nur noch zweigeteilt unter die Bauern Kätzl und Riepl.[11] Den im Stiftbuch von 1526 verzeichneten Abgaben nach zu urteilen haben sie den Anteil des Waltl unter sich aufgeteilt.[12]
Nicht mehr in der Hand eines Bewirtschafters war 1554 auch der vom Domkapitel Freising an die Prettschlaipfer verliehene Hof. Das in diesem Jahr angelegte Feuerstättenbuch nennt als Untertanen dieses Adelsgeschlechts in der Hauptmannschaft Dettendorf, zu der Tuntenhausen gehörte, einen Sixt Mayr, einen Toman Mayr und einen Caspar Peckh.[13] Zwar werden deren Höfe als Huben, d.h. als 1/2-Hof, bezeichnet, was mit den späteren Angaben für die Häuser Nr. 7, 11 und 12 nicht zusammenstimmt, doch läßt die spätere Entwicklung nur den Schluß zu, in den drei Häusern dieser Männer das Ergebnis einer Aufteilung des domkapitelischen Hofs zu sehen. Die beiden Mayr waren vielleicht Brüder oder Vettern. Vom

dritten, dem »Peckh«, kann man annehmen, daß er wie seine Besitznachfolger das Bäckerhandwerk ausübte. Die Prettschlaipfer starben 1572 mit dem unverheirateten herzoglichen Hofmeister Wolf Prettschlaipfer aus.[14] Wohl durch dieses Ereignis erlangte das Domkapitel wieder die Grundherrschaft über die genannten drei Bauern.

Die Ansiedlung von dörflichen Handwerkern wird sicher nicht ohne Rücksicht auf die Stellung Tuntenhausens als Wallfahrtsort erfolgt sein. Die Wallfahrt erfreute sich das ganze 16. Jahrhundert hindurch der besonderen Gunst der Herzöge von Bayern. Wilhelm IV. stiftete 1518 den Betrag von 500 Gulden zum Kauf einer Orgel;[15] Albrecht V., Wilhelm V. und Maximilian I. besuchten die Gnadenstätte persönlich, wobei letzterer den Hochaltar, das Chorgitter und die Muttergottes über dem Chorbogen auf seine Kosten anfertigen ließ.[16] Der Brand der Kirche im Jahre 1548 scheint dem Pilgerstrom auf Dauer keinen Abbruch getan zu haben.[17] Ebensowenig taten dies die Mißstände, die bei der Visitation von 1560 festgestellt wurden: Die beiden Beyhartinger Konventualen, die die Pfarr- und Wallfahrtsseelsorge versahen, seien zwar gut katholisch, aber theologisch und kirchenrechtlich wenig gebildet.[18] Hierin trat im Zuge der Reformen des Trienter Konzils später Besserung ein; im Jahre 1639 fanden es die Visitatoren nurmehr nötig, dem Vikar einzuschärfen, dem Propst von Beyharting regelmäßig eine Abrechnung vorzulegen.[19] Wie rege der Besuch gewesen sein muß, zeigt eine Aufstellung über das in die Opferstöcke gelegte Geld aus dem Jahre 1615: Am 11. Juni fand man in dem »waxstöckhlen«, d.h. wohl in der Büchse zur Bezahlung von Kerzen, Groschen im Wert von 81 Gulden 45 Kreuzer, Halbbatzen im Wert von 19 Gulden 2 Kreuzer und Pfennige im Wert von 50 Gulden 18 Kreuzer, in den drei Opferstöcken: in Goldmünzen 28 Gulden 2 Kreuzer 4 Pfennig, in Taler 54 Gulden, eine Silberkrone im Wert von 1 Gulden und 42 Kreuzer, drei Silbergulden im Wert von 4 Gulden, in Groschen 215 Gulden, in Halbbatzen 65 Gulden, in Pfennig 300 Gulden. Als man am 22. September die Opferstöcke erneut öffnete, fand man in einem Opferstock 24 Gulden 8 Kreuzer in Pfennigen, 51 Gulden in Dreiern und 9 Gulden 8 Kreuzer in Halbbatzen, in den beiden andern zusammen 39 Gulden 2 Kreuzer in Halbbatzen, 160 Gulden 3 Kreuzer in Dreiern, 194 Gulden 10 Kreuzer in Pfennigen, in Talern 4 Gulden 30 Kreuzer, einen Silbergulden, elf Dukaten, drei rheinische Gulden und eine halbe Silberkrone.[20] Diese Summen mögen belegen, wie groß die Zahl der Wallfahrer gewesen sein muß. Da ein Kreuzer dreieinhalb bis vier Pfennige wert war, müssen schon sehr viele Pfennige zusammengekommen sein.

Natürlich hatten die Wallfahrer nicht nur Bedarf an geistlichem Zuspruch und an Opferkerzen, sondern auch an den Dingen, ›die Leib und Seele zusammenhalten‹. Damit kommen wir nun wieder zur Entwicklung des Dorfes. Ein auffälliges Phänomen der zweiten Hälfte des 16. Jahrhunderts ist die Entstehung der Läden. Der erste wird im Jahre 1581 beim schon erwähnten Schneider genannt,[21] ein zweiter schon 1590 bei dem erstmals 1581 sicher nachzuweisenden Haus des Melchior Pfeiffer.[22] Letzteres wurde

am südwestlichen Ortsrand bereits auf dem Gebiet des Pfleggerichts Rosenheim errichtet. Verantwortlich für die Schaffung dieser Läden war das Kloster Beyharting als Grundherr.
Manche Aktivitäten rund um die Wallfahrt und insbesondere um die Läden erschienen dem Propst allerdings alles andere als lobenswert. Jedenfalls begründete das Kloster einen Antrag vom 26. März 1596 auf Übertragung der niederen Gerichtsbarkeit zu Tuntenhausen an den klösterlichen Hofmarksrichter damit, daß die Wallfahrt allerlei »peße pueben« anlocke und die Beamten des weit entlegenen Landgerichts sich nicht genügend darum kümmerten. Das Landgericht wies in seiner Stellungnahme vom 14. Mai diese Vorwürfe zurück, weil der Amtsknecht von Lampferding ebenso rasch in Tuntenhausen sein könne wie ein Beamter des Propsts aus Beyharting; außerdem erscheine es untunlich, die drei Grundholden des Domkapitels klösterlicher Gerichtsbarkeit zu unterstellen. Am 30. September berichtete die Hofkammer an Herzog Wilhelm V., sein als Mitregent fungierender Sohn Maximilian habe das Gesuch abgelehnt. Fünf Jahre später unternahm der Propst einen erneuten Vorstoß, indem er über eine Intervention Wilhelms V., der inzwischen zugunsten Maximilians abgedankt hatte, und der Herzogin Maria Maximiliana, der Schwester Wilhelms, ans Ziel zu gelangen hoffte. Dabei erinnerte er an einen unliebsamen Vorfall, der beim jüngsten Besuch der Herzogin durch einen betrunkenen Bauern verursacht worden war. Die Krämer und Branntweinschenken seien für allerlei Mißbräuche verantwortlich und zögen das Gesindel an. Dem sei nur beizukommen, wenn das Kloster die niedere Gerichtsbarkeit und Polizeigewalt ausübe. In München mag man vielleicht angenommen haben, dem Propst sei mehr an letzterem als an einer Einschränkung des Branntweinausschanks gelegen, an dem schließlich seine eigenen Grundholden verdienten; jedenfalls wurde nach jahrelangen Bemühungen das Gesuch am 8. Januar 1611 endgültig abgelehnt.[23] In diese Jahre fällt auch die Absetzung des Wirtes Georg Andrelang, weil dieser den Pilgern keine Speise und Herberge geben wollte, wenn sie nicht auch seinen schlechten Wein kauften. Da Andrelang die Taferne auf Leibrecht, d.h. auf Lebenszeit, erworben hatte, muß sein Verhalten schwerwiegend gewesen sein, um dem Obereigentümer, dem Kloster Beyharting, Ursache zum Eingreifen zu geben.[24]
Der Dreißigjährige Krieg, der in Bayern weithin starke Bevölkerungseinbußen brachte und viele Höfe brach liegen ließ,[25] ließ Tuntenhausen weitgehend verschont. Zwar wurde der Ort von der Pest heimgesucht[26] und in den Jahren 1646 und 1648 von den feindlichen Scharen der Schweden und Franzosen besetzt, doch blieb er dabei anders als Beyharting von Plünderungen verschont.[27] Einen Glücksfall bedeutete es natürlich, nicht nur wie ganz Ober- und Niederbayern bis 1632, sondern durch achtundzwanzig Kriegsjahre keines feindlichen Soldaten ansichtig zu werden. So konnte man noch, als in anderen Gegenden schon acht Jahre lang der Krieg tobte, in Tuntenhausen eine Erweiterung des Langhauses der Kirche in Angriff nehmen. Dazu mußte erst einmal wegen des beschränkten Platzes der Rieplhof

6 *Tuntenhausen und seine hl. Patroninnen, die Gnadenmuttergottes, St.Katharina und St. Dorothea. Titelkupfer von Wolfgang Kilian, Augsburg, in: Denckwürdige Miracula und Wunderzaichen ..., München, bei Nicolaus Heinrich, 1646*

abgebrochen und an einem neuen Platz östlich des Dorfes neugebaut werden. Er kam dadurch in den Gerichtsbezirk Rosenheim zu liegen.[28] In den Jahren 1627 bis 1630 wurde daraufhin das Langhaus neu gebaut; das Holz dazu stiftete Kurfürst Maximilian.[29] Unter diesen relativ günstigen Umständen erscheint es seltsam, daß der Wirt nach Ausweis der Stiftbücher von 1620 bis 1643 dem Kloster keine Abgaben geleistet hat.[30] Für das Jahr 1626 ist jedoch ein Wirt genannt.[31] Da 1644 die Abgabenzahlung wieder einsetzt[32], bleibt die Ursache dunkel. Wohlhabend muß zumindest ein Tuntenhausener mitten im Krieg noch gewesen sein: der Bäcker. Dieser kaufte im Jahre 1636 dem Domkapitel Freising das Obereigentum des Mayrhofs, des Sixthofs und der eigenen Bäckerei ab.[33] Das Domkapitel scheidet damit in Tuntenhausen als Grundherr aus.[34]
Eine Folge hatte der Dreißigjährige Krieg aber jedenfalls auch für Tuntenhausen: Er hat anderswo leerstehende Höfe in großer Zahl geschaffen und ließ eine Söldenbildung wie im 16. Jahrhundert zunächst zum Erliegen kommen. Eine wichtige Baumaßnahme war jedoch der 1660 erfolgte Neubau der Taferne; daß dabei mit Genehmigung des kurfürstlichen Hofrats die halbjährliche Gült von 30 auf 62 1/2 Gulden erhöht wurde,[35] belegt, daß es weiterhin sehr einträglich gewesen sein muß, Gastwirt in Tuntenhausen zu sein.
Bestimmender Faktor in Tuntenhausen war nach dem Dreißigjährigen Krieg mehr denn je das Kloster Beyharting. Im Jahre 1665 übertrug es dem Schmied einen »reparierten Laden«, den dritten im Ort, 1671 erwarb es das Obereigentum über den Sixthof.[36] Im Jahre 1696 erreichte Propst Ignatius das lange angestrebte Ziel, Tuntenhausen der Hofmark Beyharting einzuverleiben; diesen Kauf der ›Jurisdiktion‹ ließ das Kloster sich 1.500 Gulden kosten. Zwar verzinste das Einkommen aus Strafgeldern und Beurkundungsgebühren dieses Kapital nur unbefriedigend, aber nach einer Notiz des Propstes wollte man damit allen Versuchen eines anderen Landstandes, vor allem eines adeligen, vorbeugen, sich in Tuntenhausen einzudrängen.[37] Im Jahre 1705 kaufte das Kloster für 2.048 Gulden den Mayrhof, auch das nach Meinung des Propstes Ignatius »vill zu theur«, aber dem Kloster standen aus einer Stiftung 7.200 Gulden zur Verfügung, und es sei darum gegangen, zu verhindern, daß ein Dritter den Hof, der über einen guten Keller verfüge, kaufe und darin eine Gaststätte errichte, zum Schaden der klösterlichen Taferne. Darum steuerte deren Inhaber zum Kaufpreis auch 300 Gulden bei und erhielt dafür den Mayrhof auf Lebenszeit.[38] Der Hof blieb auch künftig stets in den Händen des Wirts. Die Felder wurden in der Folgezeit unausscheidbar miteinander vermischt, das Wohngebäude hat zeitweilig als Austrag des alten Wirts gedient.[39] Schließlich gelang es dem Kloster, auch noch das Obereigentum der Bäckersölde zu erwerben, und damit den ganzen Ort einer einheitlichen Grundherrschaft zu unterstellen. Im Jahre 1752 sah sich nämlich der damalige Bäcker Caspar Kazmayr, der erst kurz vorher die Bäckerei übernommen hatte, gezwungen, Haus, Grundstücke und Backgerechtigkeit gegen Erlaß eines seinem Vater Adam gewährten Darlehens von

4.000 Gulden samt 300 Gulden rückständiger Zinsen an das Kloster zu verkaufen. Dazu erhielt er noch 200 Gulden in bar und gegen eine jährliche Stift von 75 Gulden auf Lebenszeit das Nutzeigentum an der Bäckersölde als klösterlicher Grundholde. Allerdings ging es diesmal für das Kloster nicht ohne Komplikationen ab, denn dreizehn Jahre später meldete sich ein Lorenz Kazmayr mit der Beschwerde, sein älterer Bruder Caspar habe das väterliche Erbe widerrechtlich verkauft. Lorenz verlangte, gegen Erlegung von 4.300 Gulden, die er durch eine reiche Heirat aufbringen werde, die Bäckerei zurückkaufen zu dürfen. Als er damit nicht zum Ziele kam, wandte er sich nacheinander an den kurfürstlichen Hofrat und die Hofkammer und focht den Kauf mit der Begründung an, dabei sei gegen die staatliche Amortisationsgesetzgebung[40] verstoßen worden. Außerdem wies Lorenz darauf hin, daß sein Bruder auch die Taferne in Großhöhenrain innehabe und dort wohne. Die Tuntenhausener Bäckerei hatte er demnach wohl unterverpachtet. Die Hofkammer als oberste Finanzbehörde nahm sich des Falles angesichts der Aktualität der Amortisationsgesetze eifrig an und verlangte vom Propst Auskunft. Der rechtfertigte sich, das Kloster habe seinerzeit den Kauf nur getätigt, um Caspar Kazmayr etwas Geld zur Befriedigung der Gläubiger seines Vaters zu verschaffen. Seither habe er gut gewirtschaftet, während es sich bei Lorenz um einen notorischen Faulenzer handle, der nur von der übel beleumundeten Schwester seiner Mutter gegen den Bruder aufgehetzt worden sei; die angeblichen Aussichten auf eine reiche Mitgift existierten vermutlich nur in seiner Phantasie. Nach Prüfung des Falles ordnete die Hofkammer am 7. Juli 1769 an, daß das Kloster die Bäckersölde an Caspar oder Lorenz Kazmayr verkaufen müsse. Das mit der Abwicklung beauftragte Landgericht Schwaben berichtete am 20. September, ein Verkauf an Lorenz komme nicht in Frage, weil dieser tatsächlich ein liederlicher Bursche sei; daher sei vereinbart worden, daß Caspar das Gut zurückkaufe, indem er binnen vier Jahren 2.700 Gulden sowie 1.800 in Jahresraten zu 100 Gulden erlege. Durch kurfürstliches Reskript vom 29. November wurde angeordnet, so zu verfahren.[41] Vollzogen aber wurde dies nie. Die Bäckersölde erscheint auch noch 1780 in klösterlichem Obereigentum und blieb dies bis 1803. An einem Rückkauf konnte ja weder das Kloster noch Caspar Kazmayr ein Interesse haben. Ersteres hätte Herrschaftsrechte eingebüßt. Letzterer aber wird dieselbe Rechnung angestellt haben wie der Propst das getan hatte, um die Uneigennützigkeit des Klosters zu belegen, nämlich, daß 4.500 Gulden, verzinslich angelegt, weit mehr einbringen könnten als eine Einnahme bzw. Ersparnis von 75 Gulden jährlich. So stimmten Grundherr und Grundholde in der Abwehr staatlicher Eingriffe überein und konterkarierten die Absichten der aufgeklärten Bürokratie.

Dasselbe geschah wenige Jahre später, als sich der Brillenmacher Johann Paul Hiern (in anderen Quellen heißt er Johann Paulkirn) vom Gericht Rosenheim 1773 und 1774 zwei Tagwerk unbebauter Gemeindegründe übertragen ließ. Am 11. April 1774 berichtete der Pfleger zu Rosenheim der

Hofkammer, mehrere Tuntenhausener Bauern hätten Hiern an der Urbarmachung des zweiten Tagwerks gehindert, weil dadurch ihre Weiderechte beeinträchtigt würden. Dabei hätten die Bauern die Unterstützung des Propsts, der die betroffenen Grundstücke als Teil seiner Hofmark beanspruche. Der als Rädelsführer verhaftete Wimmerbauer habe sich darauf berufen, der Propst habe das Vorgehen der Bauern gebilligt. Im Hintergrund steht folgender Vorgang: 1751 war anläßlich der Untersuchung eines Raufhandels auf einem Grundstück des Huberbauern ein Kompetenzstreit zwischen dem Kloster und dem Gericht Rosenheim ausgebrochen. Offenbar sorgte die Zugehörigkeit Tuntenhausens zu zwei verschiedenen Gerichtsbezirken für unklare Verhältnisse; der Propst berief sich darauf, 1696 die Niedergerichtsbarkeit über den ganzen Ort erworben und seither ungestört ausgeübt zu haben. In Rosenheim aber interpretierte man die damals offenbar nicht genau genug formulierte Abtretungsurkunde so, als seien die Gerichtsrechte über die im Pfleggericht Rosenheim gelegenen Grundstücke nur bei den beiden Bauern abgetreten worden, die ohnehin zu Rosenheim gehörten. Der Rosenheimer Standpunkt war nach dem Buchstaben der – unbekannten – Abtretungsurkunde vermutlich korrekt, doch zeigen die Ausführungen des Pflegers eindeutig, daß er die lokalen Verhältnisse ganz falsch verstand. Dennoch war der Streit 1753 vorläufig zugunsten des Pfleggerichts entschieden worden, dann aber nach weiteren Beschwerden des Klosters eingeschlafen. Der Klage Hierns gegen die Bauern wegen Absägens seiner Zaunpfosten und Zuwerfen eines Entwässerungsgrabens wurde 1774 stattgegeben. Aber 1775 war ihm die zuerkannte Entschädigung von 25 Gulden noch nicht ausbezahlt, und außerdem wußte er dem Pflegskommissar in Rosenheim von Warnungen des Propstes zu berichten, sein Grundstück werde alle Jahre ruiniert werden, wenn er versuche, es zu bebauen.[42]
Der Brillenmacher zog aus der gegen ihn gerichteten Zusammenarbeit zwischen dem Grundherrn und den tonangebenden Bauern den Schluß, aus Tuntenhausen fortzuziehen; vermutlich hat man ihn deutlich fühlen lassen, daß er nicht mehr erwünscht sei. Jedenfalls erscheint 1780 der Kistler Karl Gottfried als Bewohner seines Hauses.[43]

Der Fall des Optikers wäre nicht möglich gewesen, hätte nicht seit Beginn des 18. Jahrhunderts die Söldenbildung wieder eingesetzt. Anders aber als im 16. Jahrhundert erhielten die neuen Anwesen in keinem Fall mehr eine nennenswerte Grundausstattung; die beiden nach 1700 erstmals genannten Anwesen sind 1/32-Sölden: Hierns [alias Paulkirns] Haus entsteht 1725 als Schulmeisterhaus, aber schon 1752 wohnt der damalige Schulmeister Philipp Hebetsperger in der mit etwas Grund ausgestatteten ehemaligen Sölde ›in Hubers Garten‹. Das andere 1/32-Haus wird erstmals 1710 als vierter Laden genannt, muß aber schon bald darauf bis 1754 wieder leergestanden sein. Ab 1780 ist ein im einzelnen gar nicht mehr aufzulösendes Gewirr von wechselnden Verpachtungen der Läden festzustellen, da offenbar jede Chance genutzt wurde, eine günstigere Geschäftslage zu erreichen. Auffällig ist auch, daß die beiden 1/32-Anwesen, dazu das nur über knapp sieben

Tagwerk verfügende 1/8-Stein-Gut, häufig den Besitzer wechseln, während die ebenfalls nur als 1/8 zählenden Sölden Pichler und Schmied lange in der Hand einer Familie bleiben.[44] Die Bewohner der seit 1700 neu entstandenen Häuser hatten eben nur eine prekäre Lebensgrundlage durch den von ihnen betriebenen Kleinhandel. Dieser war stark von der Wallfahrt abhängig. Deren Beeinträchtigung durch die Bestrebungen der Aufklärung bedeutete eine schwere wirtschaftliche Bedrohung der nicht-bäuerlichen Dorfbewohner. Unter der Regierung des Kurfürsten Karl Theodor (1777-1799) konnte der Propst von Beyharting für Tuntenhausen noch eine Ausnahme vom Verbot werktäglicher Wallfahrten erwirken.[45] Aber die Säkularisation von 1803 machte auch vor Beyharting und damit Tuntenhausen nicht halt, was sich äußerlich in der Zerstörung der großen Glocke niederschlug.[46] Daß damit auch ein Niedergang des Ortes eingeläutet werden sollte, mußte den damaligen Einwohnern Tuntenhausens wohl als sehr reale Gefahr erscheinen. So begann das 19. Jahrhundert unter ungünstigen Vorzeichen.

Quellenanhang

Kaufbrief über den Mayrhof, den Sixthof und das Bäckergütl zu Tuntenhausen, Freising, 1636 XI 4 (Abschrift des 18. Jahrhunderts)
(BayHStA, Gerichtsliteralien Faszikel 61/5)

Die Urkunde besiegelt das Ende der Grundherrschaft des Domkapitels Freising in Tuntenhausen und begründet freies Eigentum des Inhabers eines Hofes, des Bäckergütls, an seinem Hof. Solches Eigentum besaßen damals im Kurfürstentum Bayern nur etwa 4 % aller Bauern. Noch ungewöhnlicher ist die Tatsache, daß der Bäcker, selbst ›Nebenerwerbslandwirt‹, durch den Kauf Grundherr zweier anderer Tuntenhausener Bauern wurde, des Mayr und des Sixt. Vorher waren alle drei Anwesen vom Domkapitel zu Freistift ausgetan; ihre Inhaber konnten von einem Jahr auf das andere ›abgestiftet‹, d.h. ihnen konnte in dieser kurzen Frist gekündigt werden, was in der Praxis freilich selten geschah. Durch den Kaufbrief wird diese Befugnis dem Bäcker hinsichtlich des Mayr und Sixt ausdrücklich bestätigt. Zeittypisch ist der Hinweis auf die verödeten Höfe des Domkapitels. Das Bestreben, Kapital zu erhalten, um diese wieder instandzusetzen, war die Ursache für den Verkauf, der ja in die Zeit unmittelbar nach den Einfällen der Schweden 1632-34 fällt. Daß in dieser Notzeit der Bäcker die leider nicht bezifferte Kaufsumme aufbringen konnte, wirft ein Licht auf das sehr glimpfliche Schicksal Tuntenhausens im Vergleich zu anderen Teilen Bayerns. Die Formulierungen mögen uns heute für einen Kaufvertrag unnötig umständlich erscheinen. Man muß jedoch berücksichtigen, daß es in der damaligen Zeit aufgrund des zwischen Grundherren und Grundholden geteilten Eigentums eine große Vielfalt von Rechten an Grundstücken gab, und daß ein Grundbuch noch nicht existierte, durch das ein Käufer gegen unliebsame Überraschungen gesichert war.

– – – – – – –

»Wür, Johann Georg Bucher zu Walkersrid und Thann, thombdechant, Johann Antoni Gaßner, heiliger schrüfft doctor, scholasticus, und gesambtes thomcapitul dess fürstlichen unser lieben frauen hochstüffts in Freysing, bekennen für uns und all unsere nachkommen und thuen kund allermäniglich mit disem brief, wo der fürkommt, daß wür mit vorgehenten wissen und willen des hochwürdigen in Gott fürsten und herren, herren Adam Veith, bischoffen zu Freysing, unsers gnedigen fürsten und herren, zu unser und ermelt unsers capitls mehreren nuz und nothdurfft und sonderlich, zumahlen vill ansehnliche unsere güetter ganz öed, wüest und ungepauet gelegen, darmit wür hierdurch dennselben wider ufhelffen kunten, wie das am beständig- und cräfftigisten sein, beschehen soll, kann und mag, zu einem ewigen, durchgehenten, stätten und unwiderruefflichen kauff verkaufft und zu kauffen geben haben, thuen das auch hiemit wisend und wohl bedächtlich in crafft dis briefs, dem ehrbahrn und beschaidenen Balthasar Öttlinger, pöckhen zu Tuntenhausen, all seinen erben und nachkommen, nemblichen unsers stüffts grundaigenthumbliche zwey lechen[47] sambt einer sölden, so er, käuffer, selbsten, das ander lehen Balthasar Mayr und das dritte Sixt Mayr alda zu Tuntenhausen freystüfftsweise besizen, mit aller deren nuzungen, besuechts und unbesuechts,[48] unnd wie wür dieselbe eingehebt und genossen haben, nichts davon besondert noch ausgenommen, welche drey güettl frey leedig unbelehnt aigen seind. Darumb und darfür hat uns ermelter Öttlinger ein solche summa in paaren geld zu unseren sicheren handen und gewaltsamb ausgerichtet und bezahlt, welche uns iezt und fürohin gnüglichen und völliglichen wohl begnüget. Haben also hier vorbenennte drey güettl mit all dessen recht und gerechtigkeiten, nuzungen und zugehörungen, nichts davon besondert noch ausgenommen, allermassen wie wir dieselbe bis dato genossen und ingehebt haben, zu einem ewigen, stätten, unwiderruefflichen kauff von uns aus unseren handen, gewaltsambe, nuz und gewehr in obgemeltes Öttlingers, aller seiner erben und nachkommen aigen handen, gewalt, nuz, gewer und posession hiemit einyberantwortt, auch deren uns gänzlich und gar verzichen. Verzeichen, begeben und entschlagen uns auch derselben allen hiemit wissentlich und wohlbedächtlich in crafft dis brieffs also und dergestalt, das weeder wür noch unsere nachkommen zu obgemelten drey güettlen, deroselben ein- und zugehörung, wie hieoben angezeigt ist, nimmermehr kein anspruch, forderung, recht und gerechtigkeit dabey noch davon mehr haben, suechen noch gewinnen sollen, wollen noch mögen, weeder mit noch ohne geist- oder weltliche recht noch sonst in kein weis noch weeg zu erdenken, sondern ernannter Balthasar Öttlinger, seine erben und nachkommen sollen unnd mögen berührte drey güettl fürohin innhaben, besizen, verstüfften, endstüfften, versezen[49], verändern, verkommeren[50], verkauffen und in all ander weeg damit als ihren frey aigenthafften guett gänzlichen ihres willens und gefallens handlen, thuen und lassen, unveryrret unser, unserer nachkommen oder sonsten menigliches von unsertwegen. Wür sollen und wöllen auch sein, Öttlingers, seiner erben und nachkommen dis kauffs halb gegen mäniglich für all weitere ansprach, irrung und anforderung recht getreue gewehr versprechen und fürstand seyn, so lang und ferr, bis das sye mehrangeregter drey von unns erkaufften güettl halb ganz vollkommentliche nuz und gewehr ersessen haben,[51] alles getreulich ohne geverde.[52] Dessen zu wahren urkund geben wür offtermelten Öttlinger disen brieff mit unseren, dess gemeinen capituls aigen anhangenden insigl geferttiget. Und wür, Veith Adam, von Gottes gnaden bischoff zu Freysing, bekennen für uns und unsere nachkommen, das wür in disen kauff auch gnediglichen verwilliget, und dess zu urkund unnser secret an disen brieff auch hengen lassen. Geschehen zu Freysing am erchtag nach aller heyligen tag den vierten novembris im sechszechenhundert und sechs und dreysigisten jahre.«

Quellen
Bayerisches Hauptstaatsarchiv (BayHStA)
– Beyharting, Urkunde 1544 I 17
– Gerichtsliteralien, Faszikel 61/1, 61/5, 61/7, 3454/4
– Klosterliteralien Beyharting 6, 7, 9, 10, 11, 13, 15, 16, 17, 19, 20, 22, 23, 24, 26, 27, 28, 29, 30, 42 1/2
– Kurbayern, Hofkammer, Hofanlagsbuchhaltung 139
Staatsarchiv München (StAM)
– Kataster 452, 453
– Pfleggericht Rosenheim B 7, B 14
– Pfleggericht Schwaben A 1, B 14, B 18
– Steuerbücher 356
Archiv des Erzbistums München und Freising (AEM)
– Heckenstalleriana 411, 416, 417

[1] Vgl. BayHStA, KL Beyharting 6, fol. 23 f. und die Angaben im Häuserbuch.
[2] K. Hausberger/B. Hubensteiner, S. 166.
[3] BayHStA, KL Beyharting 6, fol. 57v.
[4] Ebd., fol. 121.
[5] BayHStA, KL Beyharting 7, fol. 22.
[6] Ebd., fol. 23.
[7] BayHStA, KL Beyharting 6, fol. 144 und Th. Wiedemann, S. 47.
[8] Vgl. Häuserbuch, Haus Nr. 14.
[9] BayHStA, KL Beyharting 9, fol. 23. Vgl. Häuserbuch, Haus Nr. 2.
[10] BayHStA, Beyharting, Urk. 1544 I 17 (lt. freundlichem Hinweis von Herrn Dr. Stephan Janker); vgl. Häuserbuch, Häuser Nr. 1 und 2.
[11] StAM, PfG. Schw. B 14, fol. 85. Stand von 1526: BayHStA, KL Beyharting 9, fol. 80.
[12] BayHStA, KL Beyharting 10, fol. 61.
[13] StAM, PfG. Schw. B 14, fol. 85v.
[14] W. Hundt, S. 544 – Falsch bei Th. Wiedemann, S. 121.
[15] Th. Wiedemann, S. 53 f.
[16] A. Bauer, Die Marienwallfahrt Tuntenhausen (Bayerland 1932), S. 310.
[17] I. Gierl, S. 17 f.
[18] Th.Wiedemann, S. 156 ff.
[19] Ebd., S. 192.
[20] BayHStA, KL Beyharting 19, fol. 189.
[21] BayHStA, KL Beyharting 11, fol. 23.
[22] Möglicherweise ist die Pfeiffersölde eines der beiden 1562 genannten und dann nicht wieder auftauchenden Häusl des Hans Sixt auf Beyhartinger Grund. Vgl. Häuserbuch, Haus Nr. 15.
[23] Diese Vorgänge sind enthalten in dem Akt BayHStA, GL Fasz. 61/7.
[24] Th. Wiedemann, S. 70.
[25] A. Kraus, S. 253 f.
[26] I. Gierl, S. 101.
[27] Th. Wiedemann, S. 76; L. Sailer, S. 27 f.
[28] BayHStA, GL Fasz. 3454/4.
[29] Th. Wiedemann, S. 74.
[30] BayHStA, KL Beyharting 20, 21, 22.
[31] BayHStA, KL Beyharting 30, fol. 6 f.
[32] BayHStA, KL Beyharting 22, fol. 40.
[33] BayHStA, GL Fasz. 61/5.
[34] Im Stiftbuch des Oblayamtes für 1637 sind die drei Güter nicht mehr aufgenommen: AEM, H 417, fol. 41.
[35] BayHStA, KL Beyharting 24, fol. 46.
[36] BayHStA, KL Beyharting 24, fol. 52 f.
[37] BayHStA, KL Beyharting 42 1/2, fol. 31 und 53v.
[38] Ebd., fol. 6 ff., 51 und KL Beyharting 28, fol. 95.
[39] Im Stiftbuch von 1780 findet sich ein Eintrag in diesem Sinne zum Jahr 1747 (BayHStA, KL Beyharting 29, fol. 230).

[40] Dabei handelt es sich um ein kurfürstliches Mandat von 1704, das Grundstücksverkäufe an die ‹tote Hand›, d.h. vor allem kirchliche Institutionen, von kurfürstlicher Genehmigung abhängig machte. Diese weitgehend wirkungslos gebliebene Gesetzgebung war gerade durch Mandat vom 13.10.1764 erneuert und verschärft worden, vgl. M. Spindler (Hg.), Handbuch der bayerischen Geschichte; Bd. 2, S. 634f., 1271.

[41] Der ganze Rechtsfall mit vielen Vorakten in: BayHStA, GL Fasz. 61/5.

[42] Der ganze Rechtsfall in BayHStA, GL Fasz. 3454/4.

[43] Vgl. Häuserbuch, Haus Nr. 10.

[44] Zu Einzelheiten vgl. Häuserbuch.

[45] I. Gierl, S. 19. Diese Ausnahme galt außerdem nur für Altötting und Andechs.

[46] Statistische Beschreibung, S. 76.

[47] Gemeint sind hier nicht Lehen im Rechtssinne, sondern als eine Größenbezeichnung, die dem 1/4-Hof entspricht.

[48] D.h. mit allen bekannten und unbekannten, aber rechtlich vorhandenen Nutzungsrechten.

[49] Verpfänden.

[50] Verkleinern.

[51] Gemäß dem Bayerischen Landrecht von 1616 mußte der Verkäufer eines Gutes dem Käufer Gewährschaft leisten (Landrecht VIII,1) für den Fall, daß ein Dritter rechtliche Ansprüche auf das Gut geltend macht (ebd. VIII, 3 und 4). Die Gewährschaft endete, wenn der Käufer die »vollkommnen Nutz und Gewehr« ersessen hatte, nämlich nach Ablauf von fünf Jahren seit dem Kauf. Danach waren alle Ansprüche Dritter verjährt (ebd. IX,1). Die entsprechenden Artikel des Landrechts gedruckt bei: Das Bayerische Landrecht von 1616, hrsg. v. H. Günter (Schriftenreihe zur bayerischen Landesgeschichte 66), München 1969, S. 33 f. und 36.

[52] Ohne Täuschungsabsicht.

Tuntenhausen im Spiegel der Neuorganisation des 19. Jahrhunderts

Susanne Herleth

Institutionen, die helfen können
- Gemeindeverwaltung (Gemeindearchiv)
- Pfarramt (Pfarrarchiv)
- Kreisheimatpfleger
- Staatsarchiv München, Schönfeldstr. 3, 8 München 22
- Bayerisches Hauptstaatsarchiv, Schönfeldstr. 5, 8 München 22
- Bayerische Staatsbibliothek, Ludwigstr. 16, 8 München 22

Hilfsmittel und Nachschlagewerke
- Volkert, Wilhelm: Handbuch der bayerischen Ämter, Gemeinden und Gerichte, München 1983
- Historischer Atlas von Bayern, Teil Altbayern, hg. v. der Kommission für Bayerische Landesgeschichte bei der Bayerischen Akademie der Wissenschaften, München 1950 ff.
- Spindler, Max (Hg.): Handbuch der bayerischen Geschichte, Bd. 4, verbesserter Nachdruck, München 1979
- Topographisch-statistische Lexika[1], vgl. W. Volkert: Topographische Nachschlagewerke für Bayern (Mitteilungen für Archivpflege in Bayern, Sonderheft 7) Kallmünz 1971

Die tiefgreifende Neuorganisation der staatlichen Verwaltung in Bayern gehörte zu den grundlegenden Reformen des Staatsministers Graf Montgelas, die den Beginn des 19. Jahrhunderts kennzeichnen.
Die kurfürstliche Verordnung vom 24. März 1802 über die Neuordnung der alten bayerischen Landgerichte betraf auch den Ort Tuntenhausen insofern, daß ihn das Landgericht Schwaben (Ebersberg) an das neuerrichtete Landgericht Aibling abzutreten hatte.[2] Die neuen Amtssprengel entfernten sich jedoch in ihrer inneren Verfassung mehr und mehr von der der früheren Landgerichte. Mit der Einziehung der geistlichen Stifte und Klöster durch den Staat im Jahre 1803 wurden auch deren Gerichtsrechte aufgehoben. Die geistlichen Hofmarken wurden aufgelöst und ihre Untertanen unter die Landgerichtsuntertanen eingereiht. So geschah es 1803 auch mit der Hofmark Beyharting, sie wurde säkularisiert, und ihre Grundholden, zu denen die Tuntenhausener zählten, unterstanden nun dem Landgericht Aibling.
Im gleichen Jahr der Säkularisation fand die Aufteilung der Gemeindegründe, der sog. Allmende, in Tuntenhausen statt.[3] Die hier ansässigen Bauern teilten sich wie folgt die Gemeindewiesen auf:

Pichler	(Nr. 1)	11 Tagw.	77 Dez.
Schmied	(Nr. 2)	13 Tagw.	41 Dez.
Wimmer	(Nr. 3)	12 Tagw.	56 Dez.
Weber	(Nr. 5)	13 Tagw.	5 Dez.

Wirt	(Nr. 6 + 12)	26 Tagw.	44 Dez.
Bäcker	(Nr. 7)	13 Tagw.	88 Dez.
Schneider	(Nr. 8 + 14)	27 Tagw.	42 Dez.
Katzl	(Nr. 9)	10 Tagw.	15 Dez.
Sixt	(Nr. 11)	11 Tagw.	72 Dez.
Huber	(Nr. 13)	13 Tagw.	22 Dez.
Zuckerl	(Nr. 15)	11 Tagw.	50 Dez.
Riepl	(Nr. 16)	13 Tagw.	35 Dez.
Eierträger	(Nr. 16 1/2)	2 Tagw.	96 Dez.

Das Pfarrwidum erhielt erst ein Jahr später, im Jahre 1804, Gründe im Steuerdistrikt Beyharting. Die Gemeinde Tuntenhausen dagegen besaß selbst nach dieser Aufteilung noch 25 Tagw. 25 Dez. Wiesen als freies Eigentum. Der Schule zu Tuntenhausen wurden 34 Tagw. 43 Dez. an Grund zugeteilt, die diese dem jeweiligen Lehrer als Teil der Entlohnung überließ.
Ebenfalls im Jahre 1803 beauftragte die bayerische Regierung eine »Steuervermessungskommission« mit der Vermessung der bayerischen Lande, die eine einheitliche Grundlage für die Besteuerung aller Bauerngüter schaffen sollte. Als vorbereitende Maßnahme hatten alle Landgerichte als erstes ihre Bezirke in möglichst gleiche, geographisch zusammenhängende Steuerdistrikte einzuteilen.
Für das Landgericht Rosenheim, das seit 28. Juli 1807 das aufgelöste Landgericht Aibling und somit den Ort Tuntenhausen beinhaltete[4], wurden im Zuge dieser Steuervermessung im Jahre 1808 insgesamt fünfzehn Steuerdistrikte gebildet.[5] Der Steuerdistrikt Tuntenhausen beinhaltete die folgenden Ortschaften:

- Aubenhausen, Berg, Brettschleipfen, Hörmating, Ostermünchen, Schmidhausen, Tuntenhausen, (Klein-)Weiching

als Dörfer,

- Emling, Haus, Holzbichl und Stetten als Weiler,
- Großrhain, Hager, Harrain, (Ober-)Rain, Moosmühle, Schweizerting, Seisrain, Stetten, Unterrain und Weiching

als Einöden,

- sowie das Schloß zu (Ober-)Rain samt dazugehörigen Gründen und die vom Schloßbesitzer gestiftete Jagd.

Damit faßte die Steuergemeinde Tuntenhausen samt den oben aufgeführten Ortschaften insgesamt 115 Häuser.[6]
Das Dorf Tuntenhausen selbst zählte 20 Hausnummern (Pichler, Schmied, Wimmer, Pfarrhaus, Zehentstadl, Weber, Wirt, Bäcker, Schneider, Katzl, Kistler, Sixt, Zubau des Wirts, Huber, Zubau vom Hecher, Kramer, Riepl, Brechstube des Wirts, Brechstube der Gemeinde und Pfarrkirche).[7]
Ein weiteres Edikt vom 13. Juli 1808 teilte die bayerischen Landgerichte fünfzehn Kreisen zu, wobei Tuntenhausen, im Landgericht Rosenheim

gelegen, zunächst zum Salzachkreis kam.[8] Mit der Neuordnung der Kreise vom 26. Sept. 1810 aber fand sich das Landgericht Rosenheim dem Isarkreis zugeteilt.[9] Gemäß dem Gemeindeedikt vom 28. Juli 1808 war ursprünglich beabsichtigt, daß die Bildung der Gemeinden mit dieser Steuerdistriktseinteilung Hand in Hand gehen sollte, jedoch entwickelte sich die Landesvermessung zu einem langwierigen Unterfangen. Über die Gemeindebildung im Landgericht Rosenheim fehlen uns, wie in den meisten bayerischen Landgerichten, weitgehend die Quellen. Die entscheidenden Fakten aber lassen sich mittels Akten des Innenministeriums für den Isarkreis ermitteln.

Im Jahre 1814 endlich war die Landesvermessung zu Ende geführt. Die Gemeindegesetzgebung von 1808 erwies sich jedoch sehr bald als unbefriedigend, so daß komplizierte Verhandlungen in Gang kommen mußten, bis als deren Ergebnis im Jahre 1818 die Gemeindeverfassung zu Tage trat. Im allgemeinen war für die Gemeindebildung die Einteilung der Steuerdistrikte maßgebend, was auf unser Beispiel des Steuerdistrikts Tuntenhausen auch zutrifft. Fließend gingen hier Steuerdistrikt und neue Gemeinde ineinander über. Ein erstes Gemeindeverzeichnis aus dem Jahr 1819 zählt in der Gemeinde Tuntenhausen insgesamt 14 Dörfer, 2 Weiler und 5 Einöden mit insgesamt 126 Familien.[10]

»Aus Rücksicht auf die große Bevölkerung und den Umfang«[11] des Landgerichts Rosenheim kam es am 23. Mai 1838 zur Neubildung des Landgerichts Aibling. Die Gemeinde Tuntenhausen wurde in das neue Landgericht Aibling aufgenommen und verblieb dort bis zum Jahr 1974, bis zu ihrer erneuten Angliederung an Rosenheim. Betrachtet man die zahlreichen topographisch-statistischen Lexika Bayerns, so zeigt unser Ort Tuntenhausen im Verlauf des 19. Jahrhunderts zwar langsames, aber stetiges Wachstum:

1825 17 Häuser mit 127 Einwohnern
1832 18 Häuser mit 130 Einwohnern
1840 18 Häuser mit 134 Einwohnern
1867 25 Häuser mit 132 Einwohnern
1877 42 Häuser mit 131 Einwohnern
1880 (?) mit 157 Einwohnern
1883 (?) mit 157 Einwohnern

Hier angefügt werden soll auch ein Ereignis des Jahres 1847, das in der Amtssprache mit dem Begriff »Amortisations-Erkenntnis«[12] versehen wurde und uns von der Existenz eines Armenfonds zu Tuntenhausen kündet: Beim Dorfbrand zu Tuntenhausen Ende 1846 wurde eine Schuldurkunde der Staatsschuldentilgungskasse in München vom 27. April 1836, mit 200 fl. auf den hiesigen Armenfond lautend, vernichtet und trotz öffentlicher Bekanntgabe des Vorfalls vom Gericht nicht wiederausgestellt. Nach Ablauf von sechs Monaten erklärte der Landrichter zu Aibling die Schuld des Armenfonds somit für getilgt.

Neben der erörterten Neustrukturierung der Ämterorganisation durch Montgelas kam es unter seiner Ära zu Beginn des 19. Jahrhunderts zu einer sozialen Bewegung, die als Bauernbefreiung[13] in die Geschichte einging. Zu Ende des 18. Jahrhunderts war nur ein kleiner Teil der bäuerlichen Bevölkerung Bayerns tatsächlicher Eigentümer des bewirtschafteten Landes. In Tuntenhausen besaß im Jahr 1752 das Kloster Beyharting sämtliche Anwesen.[14] Ziel der Bauernbefreiung war die Überführung des Grundeigentums in die Hände der bewirtschaftenden Bauern zu erschwinglichen Ablösungssummen. Die Entscheidung fiel mit dem königlichen Gesetz vom 4. Juni 1848, das die Bauern zu freien Eigentümern machte, deren Anwesen mit sog. Bodenzinsen (so hießen nun die umgewandelten bisherigen Abgaben) belastet waren. Die Bodenzinsen waren gegen den 18fachen Jahresbetrag ablösbar, doch nur die wenigsten Bauern waren dazu fähig. Der Staat errichtete daher eine Grundrentenablösungskasse, die den Bauern das benötigte Kapital, zu vier Prozent verzinst, vorstreckte. Für folgende Anwesen in Tuntenhausen ließ sich aus dem Hypothekenbuch[15] das Bodenzinskapital ermitteln, das der bayerische Staat am 5. Mai 1852 den Tuntenhausener Bauern ausbezahlte:

Nr.	1	Bichler	233 fl.	39 kr.	3 Pfg.
Nr.	2	Schmied	425 fl.	57 kr.	3 Pfg.
Nr.	3	Wimmer	1238 fl.	42 kr.	– Pfg.
Nr.	5	Weber	191 fl.	26 kr.	1 Pfg.
Nr.	6	Wirt	2975 fl.	10 kr.	2 Pfg.
Nr.	7	Bäcker	358 fl.	45 kr.	3 Pfg.
Nr.	8	Schneider	251 fl.	24 kr.	– Pfg.
Nr.	9	Katzl	2016 fl.	– kr.	– Pfg.
Nr.	10	Kistler	37 fl.	48 kr.	– Pfg.
Nr.	11	Sixt	664 fl.	23 kr.	1 Pfg.
Nr.	13	Huber	(fehlt)		
Nr.	15	Zuckerl	66 fl.	54 kr.	– Pfg.
Nr.	16	Riepl	2020 fl.	– kr.	3 Pfg.

Bereits am 5. Juni 1862 bezahlte der Eigentümer des Sixt-Anwesens seine Gesamtschuld, die somit als gelöscht galt. Ihm tat es am 9. Nov. 1863 der Inhaber des Zuckerl-Anwesens gleich. Die anderen Bauern zahlten ihre Schuld jährlich ab, bis die Inflation nach dem Ersten Weltkrieg die letzten Verpflichtungen beseitigte. Wie aber hat man sich die einzelnen Anwesen in Tuntenhausen um die Mitte des 19. Jahrhunderts vorzustellen? Eine Besitzliste[16] des Jahres 1857 gibt uns darüber detailliert Auskunft:

- Nr. 1 Bichler besteht aus a) Wohnhaus mit Stallung und Schupfen; b) Hausgarten mit Backofen; c) Äckern, Wiesen etc.
- Nr. 2 Schmied besteht aus a) Wohnhaus mit Stallung und Stadel, Wagenschupfen, Schmiede-Werkstätte und Backofen; c) Äckern, Wiesen etc.
- Nr. 3 Wimmer besteht aus a) Wohnhaus mit Stallung, Stadel und Backofen; b) weiterem Stadel und Hausgarten; c) Äckern, Wiesen etc.

7 Dorfbrand in Tuntenhausen im Jahre 1844. Votivtafel in der Wallfahrts- und Pfarrkirche

- Nr. 4 Pfarrhaus besteht aus a) Wohnhaus, Stadel mit Stallung und Wurzgärtlein; b) Hausgarten mit Waschhaus; c) Wiesen.
- Nr. 4 1/2 Pfarrkirche besteht aus a) Kirchenbau mit Friedhof und freiem Platz sowie vier Kramläden in der Kirchhofmauer.
- Nr. 5 Weber bzw. Kramer besteht aus a) Wohnhaus mit Stadel und Stallung; b) Backofen hinter dem Nebengebäude; c) Äckern, Wiesen etc.
- Nr. 6 Wirt besteht aus a) Wohnhaus mit Stallung, gedecktem Gang, Nebenhaus mit Schlachthaus, Branntweinbrennerei und Holzlege, Stadel mit Stallung; b) Hausgarten mit Waschhaus und Backofen, Pflanzgarten mit Sommerhaus; c) Äckern, Wiesen etc.
- Nr. 7 Bäcker besteht aus a) Wohnhaus mit Backofen, Stallung, Getreidekasten; b) Hausgarten; c) Äckern, Wiesen etc.
- Nr. 8 Schneider besteht aus a) Wohnhaus und Wurzgärtlein; c) Äckern, Wiesen etc.
- Nr. 9 Kratzl besteht aus a) Wohnhaus mit Stallung, Stadel, Holzschupfen und Backofen; b) Hausgarten; c) Äckern, Wiesen etc.
- Nr. 10 Kistler besteht aus a) Wohnhaus mit Stallung und Bretterschupfen; b) Hausgarten; c) Äckern, Wiesen etc.
- Nr. 11 Sixt besteht aus a) Wohnhaus mit Stallung und Stadel; b) Garten; c) Äckern, Wiesen etc.
- Nr. 12 Schulhaus besteht aus a) Wohnhaus mit Stallung und Wurzgärtlein; b) Hausgarten; c) Äckern, Wiesen etc.
- Nr. 13 Huber besteht aus a) Wohnhaus mit Stallung und Stadel; b) Hausgarten mit Backofen; c) Äckern, Wiesen etc.
- Nr. 14 Stein besteht aus a) Wohnhaus mit Stallung und Stadel; b) Hausgarten; c) Äckern, Wiesen etc.
- Nr. 15 Zuckerl besteht aus a) Wohnhaus mit Stallung; c) Wiesen etc.
- Nr. 16 Riepl besteht aus a) Wohnhaus mit Stallung und Stadel, Nebenhaus mit Wagenschupfen; b) Hausgarten mit Backofen; c) Äckern, Wiesen etc.
- Nr. 16 1/2 Thorhans bzw. Eierträger besteht aus a) Wohnhaus mit Stallung; c) Acker, Wiese.
- die Gemeinde Tuntenhausen besitzt die Badstube (Brechhaus) und Wiesen.

QUELLENANHANG

Beschreibung der Grenzen des Steuerdistrikts Tuntenhausen von 1808 (StAM Kataster 452)

Folgende Quelle beschreibt die Grenzen eines Verwaltungsbezirkes, nämlich die des Steuerdistriktes Tuntenhausen. Sie gibt einen Einblick in die naturräumlichen Verhältnisse um Tuntenhausen zu Beginn des 19. Jahrhunderts und beschreibt zudem den geographischen »Alltagshorizont« der Dorfbewohner.

Begränzung
gegen Mitternacht
Von dem Punkte, wo die Landgerichtsgränze von Schwaben den Landgraben durchschneidet, bis an das Eck beim Marchstein des Ebersbergers oder Hochstatter Forstes.
Angränzung
Die ganze Linie des Landgerichts Schwaben über die Moosmühle nach den vorhandenen Marckungen.
Gränzlinie
Von dem Punkte, wo die Gränze des Landgerichts Schwaben den Landgraben durchschneidet, von diesen aufwärts nach der Gerichtsgränze bis zu der Moosmühle und derselben Brücke, neben den Ostermünchner Feldern, dann nach den Holzsaum der Gosrhainer Holzgründe und derselben Filze bei dem Ebersberger oder Hochstätter Forst wo dieser dann die Gosrhainer Filze mit dem Landgericht Schwaben sich anstoßen.
Gegen Sonnen Aufgang
Von dem Punkte, bei dem Markstein des Hochstätter Forstes bis zu dem Eck, welches diesen Forst von der Filze und Seisrhainer Gründe trennt.
Angränzung
Die in dem Steuer Distrikte Hochstätt incluvirte Hochstätter Forst.
Gränzlinie
Von dem Markstein am Eck des Hochstätter Forstes dem Holzsaum nach bis zu dem Holz des Ehbergers zu Schweizerting bis auf den Spitz, wo das Holz, die Thatenhauser Filze, und daran des Seisrhainer Grundes im spizigen Winkel sich stoßen.
Gegen Mittag
Von dem Punkte des Hochstätter Forstes, der Thatenhauser Filze, und Seisrhainer Gründe bis zu dem Punkt, der von diesen Holz und den Zweckstätter Ametsbichler Feldern geformt wird.
Angränzung
Die in dem Steuer Distrikte Thatenhausen sich befindliche Thatenhauser Filze und Hölzer, dan Hilpertinger, Alstnerloher und Ametsbichler Fluren.
Gränzlinie
Von dem Punkte, welchen der Hochstätter Forst, die Thatenhauser Filze, und des Seisrhainer Grund abgeben, neben der Filze und den Hölzern, dann des Seisrhainer Wiesen durch, bis auf die neue vizinal Straße von Rosenheim nach Grafing, über dieselbe hinüber nach den Feldern des Weilers Haus und das dortige Bachel einschließend, diesen Bachl hinauf neben der Hilpertinger Wies und Holzgründe an die Emlinger Filze, von da nach dem Holzrande und den Fluren der Alsterloher und Ametsbichler, welche durch den Zaun geschieden sind, bis auf den Punkt, wo das Holz die Zweckstädter und Ametsbichler Felder sich durchschneiden.
Gegen Abend
Von dem Punkte, wo das Emlinger Holz, und die Zweckstädter Ametsbichler Felder zusammenstoßen, bis wo die Schwaber Gerichtsgränze den Landgraben durchschneidet.
Angränzung
Die Filze und Hölzer der Holzhausser, dann der Glonfluß, Beihartinger Gemeind Gründe und der Braunau Bach im Steuer Distrikte Beiharting.
Gränzlinie
Von dem Punkte, wo das Emlinger Holz, und die Zweckstädter Ametsbichler Felder

zusammenstoßen, nach den Filzengrabel bis an den Glonfluß, diesen aufwärts den Landgraben einschließend bis die Schwaber Gerichtsgränze denselben durchschneidet.

Inbegriff

Dorf	Tuntenhausen	Einöd	Schweitzerting
	Schmidhausen		Hag
	Hirmating		Stöttn
	Ostermünchen		Seishrain
	Klein Weiching		Goißrhain
	Berg		Hahrrhain
	Bantschlaipfen		Weiching
	Aubenhausen		Moosmühl
Weiler	Emling		Hr. Pfarrer von Ostermünchen
	Haus		
	Stötten		
	Holzbichl		

Das Schloß Rhain nebst den dazu gehörigen Gründen. Die von dem Schloßguts Besitzer gestiftete Königl. Jagd.

Königl. Baierisches Landgericht Rosenheim.

Ungedruckte Quellen
Bayerisches Hauptstaatsarchiv
– Ministerium der Finanzen (MF) 10167, 21279
– Ministerium des Innern (MInn) 34545, 54244, 54245
Staatsarchiv München (StAM)
– Kataster 452, 453, 454, 455, 458, 460, 462
– Hypothekenbücher (AG) 6199, 6200

Gedruckte Quellen
– Kgl.-Baier. Intelligenzblatt für den Isarkreis (IBl), 1814-1837
– Intelligenzblatt der Kgl. Bayer. Regierung von Oberbayern (IBl), 1838-1853
– Kgl. Bayer. Kreisamtsblatt von Oberbayern (KBl), 1854-1900
– Regierungsblatt für das Königreich Bayern (RBl), 1799-1900

[1] Topographisches Lexikon von dem Kgr. Baiern, München 1820; Topographisch-statistisches Lexikon vom Kgr. Bayern, Erlangen 1832; M. Sieber, Das Kgr. Bayern topographisch-statistisch dargestellt, München 1840; Topographisch-statistisches Handbuch für den Isarkreis, München 1825; Topographisches Lexikon des Kgr. Bayern, Würzburg 1863; Topographisch-statistisches Handbuch des Kgr. Bayern, München 1867; Vollständiges Ortschaften-Verzeichnis des Kgr. Bayern, München 1877; Statistisches Ortslexikon des Kgr. Bayern, Ansbach 1880; Statistisches Ortslexikon des Kgr. Bayern, Ansbach 1883; Ortschaften-Verzeichnis des Kgr. Bayern, München 1888; Statistisches Ortslexikon des Kgr. Bayern, Ansbach 1896

[2] Vgl. F. Andrelang, HAB Aibling, S. 307.
[3] StAM, Kataster 453.
[4] RBl 1807, S. 1315-1316.
[5] StAM, Kataster 452.
[6] StAM, Kataster 460.
[7] StAM, Kataster 452.
[8] RBl 1808, S. 1485.
[9] RBl 1810, S. 814.
[10] BayHStA, MInn 54245.
[11] BayHStA, MF 21279.
[12] IBl 1847, S. 653.
[13] Vgl. W. Volkert, Bauernbefreiung.
[14] Vgl. G. Mayr, HAB Schwaben, Statistik, S. 339.
[15] StAM, AG Nr. 6199.
[16] StAM, Kataster 458.

Tuntenhausen: Aspekte seiner Geschichte im 20. Jahrhundert

Bea Thurn und Taxis

Institutionen, die helfen können
- Gemeindeverwaltung (Gemeindearchiv)
- Pfarramt (Pfarrarchiv)
- Kreisheimatpfleger
- Staatsarchiv München, Schönfeldstr. 3, 8 München 22
- Bayerisches Hauptstaatsarchiv, Schönfeldstraße 5, 8 München 22

Hilfsmittel und Nachschlagewerke
- Zorn, Wolfgang: Bayerns Geschichte im 20. Jahrhundert, München 1986
- Broszat, Martin u. a. (Hgg.): Bayern in der NS-Zeit, 6 Bde., München-Wien 1977-1983
- Spindler, Max (Hg.): Handbuch der Bayerischen Geschichte, Bd. 4, verbesserter Nachdruck München 1979

Die Bemühungen der Stadtväter von Bad Aibling um ein eigenes, selbständiges Bezirksamt wurden von Erfolg gekrönt, als Prinzregent Luitpold die Genehmigung zur Errichtung des »Königlichen Bezirksamtes Aibling« aus dem gleichnamigen Amtsgericht des Königlichen Bezirksamts Rosenheim, mit Wirkung vom 1. Oktober 1900, unterzeichnete.[1]
Zum neuen Bezirksamt gehörte auch die Gemeinde Tuntenhausen, bestehend aus 23 Gemeindeteilen, deren Verwaltung seit 1899 August Riedl aus Hörmating als Bürgermeister vorstand.[2] Bei der im Königreich Bayern angeordneten Volkszählung vom 1. Dezember 1900 übernahm für das Pfarrdorf Tuntenhausen der dortige Bäckermeister Franz Demmel als freiwilliger Helfer die Verteilung und Wiedereinsammlung der Fragebogen. Man zählte damals 25 Haushaltungen mit 151 Dorfbewohnern.[3] Langsam, aber konstant wuchs die Zahl der Einwohner in Tuntenhausen bis zum Ersten Weltkrieg. 1905 wurden 166, fünf Jahre später 176 Einwohner gezählt. Das Wachstum der Gemeinde hat unter anderem dazu geführt, daß der Gemeinderat die Erweiterung und Verbesserung der örtlichen Infrastruktur anging, so im Jahr 1912 die Planung für ein neues Schulhaus.
Trotz der relativ geringen Zahl seiner Einwohner war das Dorf Tuntenhausen zu Beginn des 20. Jahrhunderts schon weit über die Grenzen des Bezirksamts Aibling hinaus berühmt als Wallfahrtsort, aber auch als Treffpunkt der »großen Politik«, dank des im Jahre 1869 gegründeten »Bayerisch-patriotischen Bauernvereins Tuntenhausen«, bei dessen Versammlungen regelmäßig führende Vertreter der Patriotenpartei bzw. des Zentrums, später der Bayerischen Volkspartei zusammenkamen.[4]

Der Erste Weltkrieg machte die »große Politik« in bis dahin ungekanntem Ausmaß auch im Dorf Tuntenhausen spürbar. Die Rekrutierung der jungen Männer und die Einziehung von Pferden erschwerten die Arbeit auf den landwirtschaftlichen Anwesen. Sie beeinträchtigten aber auch das öffentliche Leben in zunehmendem Maße. So mußte 1917 »wegen Heeresdienstleistung des Hilfslehrers Xaver Dannhuber« bei der Regierung von Oberbayern ein Aushilfslehrer beantragt werden, um den Schulbetrieb aufrecht zu erhalten.[5] Nach Kriegsende kehrten 150 »Feldgraue« aus der Pfarrgemeinde Tuntenhausen in ihre Dörfer zurück. Sie wurden durch den Veteranen- und Kriegerverein Tuntenhausen am 2. Februar 1919 gefeiert.[6] Dreißig junge Männer aus Tuntenhausen hatten im Krieg ihr Leben verloren. Für sie wurde im Jahre 1921 neben der Wallfahrtskirche ein Kriegerdenkmal errichtet.
Nach Ausrufung der Räterepublik im April 1919 kam es im benachbarten Industrieort Kolbermoor zur Machtübernahme durch die Kommunisten. Deren Sturz war das Ziel des »Waldler-Bataillons« aus Cham im Bayerischen Wald, dem sich auch Bauern aus Tuntenhausen angeschlossen hatten. Sie konnten bereits am 30. April ihren Erfolg feiern,[7] denn sie hatten laut Aiblinger Zeitung vom 18. Mai 1919, »unseren lieben Mangfallgau vom schlimmsten Feind unseres Volkes, dem Bruderkrieg, errettet«.
In den 20er Jahren wurde die Gemeinde Tuntenhausen stark beansprucht durch den Unterhalt von sozial Bedürftigen. Zehn Gemeindearme hatte Tuntenhausen zu versorgen, darunter auch die Witwe des Oberjägers Fisslinger. Die Gemeinde sollte 20% ihrer Rente aufbringen, was im Inflationsjahr 1923 eine Belastung von 10.000 bis 15.000 Reichsmark bedeutet hätte. Der Gemeindeschreiber, der zugleich Lehrer in Tuntenhausen war, versuchte diese Belastung auf den Jagdpächter, den Eisengroßhändler Zeller aus München, abzuwälzen. Eine zusätzliche Belastung kam auf die Gemeinde zu, als es im Juli 1923 um die Unterbringung von Vertriebenen aus der von den Alliierten besetzten Pfalz ging. Einquartierungen von Fremden hätten für die Bauern, besonders in der Erntezeit, eine große Last bedeutet, aber sie waren nicht abgeneigt, leer stehende Wohnungen »braven Flüchtlingen« zu überlassen.[8]
Auf Alltagsprobleme des Dorfes verweist ein Gemeinderatsbeschluß aus dem Jahr 1928. Er ist zugleich ein Spiegel der Freizeitbeschäftigungen und Sportarten, die junge Tuntenhausener ausübten. Für den Gemeinderat handelte es sich dabei freilich um »Streunen der schulpflichtigen Jugend«. In der Niederschrift seiner Beschlußfassung vom 29. September 1928 heißt es unter anderem: »Auf öffentlichen Gemeindewegen, -straßen und -plätzen, insbesondere auf Kirchenplätzen, ist das Singen sittenloser Lieder und Johlen, sowie Fußballspielen, Metallreifenschlagen, Pfeilschießen, Schlittenfahren, Schlittschuhlaufen, Schleuderwerfen (...) verboten.«[9] Der Konflikt der Generationen, der sich häufig mit dem zwischen Modernisierung und Tradition überlappte, spiegelt sich auch wieder in der Auseinandersetzung um die vorgeschriebene Höchstgeschwindigkeit für Fahrzeuge, vor allem

Motorräder, in Tuntenhausen. Die wegen ihrer »ganz unübersichtlichen, scharfen Krümmungen sehr gefährliche Straßenstrecke durch den Ort Tuntenhausen« war der offizielle Grund, warum der Gemeinderat versuchte, in Tuntenhausen die reichsgesetzlich vorgeschriebene Höchstgeschwindigkeit für Kraftfahrzeuge von 30 km/h auf 12 km/h herabzusetzen. Die Kammer des Innern der Regierung von Oberbayern lehnte den Entwurf des Gemeinderats am 30. Januar 1930 ab mit dem Vermerk, sie könne ihn dem Staatsministerium des Innern nicht befürwortend vorlegen, da die Voraussetzungen für eine solche Änderung nicht gegeben seien.[10]

Politische Instabilität kennzeichnete die Situation in Tuntenhausen am Anfang der Dreißiger Jahre. Von 1930 bis 1936 standen vier verschiedene Bürgermeister der Gemeinde vor. 1930 schied Josef Hauser aus dem Bürgermeisteramt, er wurde von Johann Baptist Ehberger abgelöst. Im Mai 1933 übernahm Johann Kellerer aus Ostermünchen das Amt. Ende 1936 trat er zurück. Ihm folgte Hubert Weiderer, der bis 1945 als Mitglied der NSDAP Bürgermeister blieb.

1933 wurde der Bayerisch-patriotische Bauernverein Tuntenhausen als gegnerische Organisation von der NSDAP zur Selbstauflösung gezwungen. Im Halbmonatsbericht des Regierungspräsidenten von Oberbayern vom 6. Juni 1933 hieß es dazu: »... In Rott am Inn wurde am 20. und 21. Mai eine große Bauernkundgebung veranstaltet, die nunmehr alljährlich an die Stelle des bisherigen Tuntenhausener Bauerntags treten soll ...«[11]

Tuntenhausen zählte laut Volkszählung vom 16. Juni 1933 206 Einwohner bei 37 Haushaltungen.[12] Wer die 85 Personen im Wahlkreis Tuntenhausen waren, die bei der Reichstagswahl vom 12. November 1933 ungültige Stimmzettel abgaben, und somit der Partei des sogenannten »Volkskanzlers« Adolf Hitler ihre Stimme verweigerten, läßt sich nicht feststellen. Jedenfalls sah sich dadurch der Rosenheimer Anzeiger am 15. November 1933 zu einem empörten Artikel veranlaßt, der mit der Frage »Was ist in Tuntenhausen los?« begann.[13] Der NSDAP-hörige Journalist bezeichnete das Wahlverhalten der Tuntenhausener als ein »Versagen in einer Hochburg des Katholizismus«. Die Bürger der Gemeinde Tuntenhausen hatten sich als überdurchschnittlich resistent gegen die Propaganda der Nationalsozialisten erwiesen.

Mit Wirkung vom 5. Januar 1937 wurde der Ortsgruppenleiter der NSDAP von Ostermünchen, Hubert Weiderer, als neuer Bürgermeister der Gemeinde Tuntenhausen eingesetzt.[14] Ein Jahr danach versuchten mehrere Tuntenhausener Gemeinderäte, der frühere Bürgermeister und der Feuerwehrkommandant vergebens, mit einer Beschwerde bei der NSDAP-Kreisleitung den Bürgermeister aus dem Amt zu drängen.[15]

Soweit es möglich war, konzentrierte sich der Widerstand im Wallfahrtsort, angeführt von Pfarrer Innozenz Lampl, auf den kirchlichen Bereich, stark gefördert durch den Erzbischof von München und Freising, Kardinal Michael Faulhaber. Die Predigten, die der Kardinal anläßlich seiner Besuche in Tuntenhausen gehalten hat, sind im katholischen Pfarramt von Tunten-

hausen erhalten. Zusätzlich liegen, aufgrund der Bespitzelung durch die Polizei, auch deren Berichte an höhere Instanzen vor.[16]
Bei der Elternwallfahrt am 13. Juni 1937 befaßte sich Kardinal Faulhaber mit der Abstimmung über die Einführung der »Gemeinschaftsschule« an Stelle der »Bekenntnisschule« und verurteilte Fälle, in denen »nachweisbar wirtschaftlicher Druck auf die Eltern ausgeübt wurde«. Die zuvor von Pfarrer Lampl beantragte Genehmigung, den Gottesdienst wegen der großen Beteiligung im Freien zelebrieren zu dürfen, hatte das Bezirksamt Aibling abgelehnt. So behalf man sich, indem man die Predigt mit Lautsprechern, die an offenen Kirchenfenstern angebracht waren, ins Freie übertrug. Laut Bericht der Ortsgruppe Ostermünchen an die Kreisleitung der NSDAP Rosenheim wurde anläßlich der 500-Jahrfeier der Wallfahrt am 2. Juni 1941 dieselbe Methode angewandt. Weiter heißt es mißbilligend, daß alle Häuser im Dorf mit Tannengrün und roten Tüchern geschmückt waren. Übel vermerkt wurde auch, daß der Kardinal mit dem Auto anfuhr, obwohl zu dieser Zeit nur »lebenswichtige Betriebe« Benzin erhielten. Auf die Kirche angewandt, mußte dieser Umstand ein Dorn im Auge der Behörden sein. Ein Jahr später, am 24. Juni 1942, wurde auf Gesuch Kardinal Faulhabers die Wallfahrtskirche von Papst Pius XII. zur »Basilica Minor« erhoben. Die Feier des Ereignisses konnte allerdings erst am 11. Juni 1946, nach dem Ende des »Tausendjährigen Reiches«, begangen werden.
Pfarrer Lampl wurde im Juni 1943 in die Zentrale der Geheimen Staatspolizei nach München zitiert.[17] Wie es im Gestapo-Bericht vom 23. Juni 1943 heißt, wurde er am 16. 6. »verwarnt und mit einem Sicherungsgeld von 2.000 RM belegt, weil er systematisch Gefallenengottesdienste auf abgeschaffte kirchliche Feiertage verlegte und außerdem nach 20 Uhr entgegen einer Anordnung des Luftgaukommandos die Kirchenglocken läuten ließ.« Am 18. Oktober 1943 wurde ihm wegen wiederholtem Vergehens die »Zulassung zur Erteilung des lehrplanmäßigen Religionsunterrichts« entzogen, sein Antrag auf Wiederzulassung am 5. Januar 1944 abgelehnt.[18] Seine Tätigkeit als Pfarrer von Tuntenhausen konnte er jedoch fortsetzen.
Aus dem an das Erzbischöfliche Ordinariat gerichteten »Kriegs- und Einmarschbericht der Pfarrei Tuntenhausen« vom 30. Juli 1945 geht hervor, daß das Pfarrdorf von Zerstörungen und Plünderungen weitgehend verschont blieb. Pfarrer Lampl kam rasch zu einer Verständigung mit den amerikanischen Besatzungstruppen und konnte so nach ersten Übergriffen Schlimmeres verhindern. Kurz nach dem Einmarsch erhielt Tuntenhausen mit Josef Mayer aus Weiching einen neuen Bürgermeister. Am Kriegerdenkmal mußten die Namen von 51 Gefallenen und 9 Vermißten aus der Pfarrgemeinde angebracht werden.
Der 1933 liquidierte Bauernverein wurde als »Katholischer Männerverein Tuntenhausen« mit Dr. Alois Hundhammer als erstem Vorsitzenden wiederbegründet und konnte am 22. September 1946 seine erste Wallfahrt veranstalten. Personen aus dem Umkreis des Tuntenhausener Männervereines stellten die erste Nachkriegsregierung Bayerns. Kardinal Faulhaber schlug

1945 den Amerikanern Fritz Schäffer als Ministerpräsident vor, am 28. Mai 1945 wurde Schäffer von Oberst Keegan ernannt.
Von 1948 bis 1972 leitete Bürgermeister Markus Babl aus Tuntenhausen die Geschicke der Gemeinde.[19] Schon die Dauer seiner Amtszeit zeigt die insgesamt ruhige politische Entwicklung in den 50er und 60er Jahren in Tuntenhausen. Die Infrastruktur des Dorfes wurde verbessert, die Flurbereinigung wurde von 1953 bis 1961 durchgeführt. Die Gewerbebetriebe in Tuntenhausen legten die Grundlagen für die folgende, zum Teil beträchtliche Expansion, die dazu führte, daß Tuntenhausen heute für die meisten seiner Einwohner im Dorf einen Arbeitsplatz hat. Die Veränderungen der Jahrzehnte nach dem Zweiten Weltkrieg hatten aber auch den Verlust von Traditionen zur Folge. So verkleinerte sich der jährliche Pfingstmarkt gegen Ende der 60er Jahre immer mehr, bis er schließlich ganz einschlief. Mit ihm verschwand auch die beliebte Spezialität des »Roßbani« aus rohem, geräuchertem Pferdefleisch, die die Gaststätte »Filzenklas« aus Fuchsholz lieferte.

Tuntenhausen blieb mit der großen Politik verbunden. Einen Staatsakt erlebte der Wallfahrtsort am 3. April 1967 anläßlich des von Julius Kardinal Döpfner zelebrierten Pontifikalrequiems für den ehemaligen Ministerpräsidenten und Bundesfinanzminister Dr. Fritz Schäffer. Unter den Teilnehmern befanden sich die damaligen Häupter der bundesdeutschen und bayerischen Politik, wie Bundeskanzler Kiesinger, Bundesfinanzminister Franz Josef Strauß und Bayerns Ministerpräsident Alfons Goppel. Bei der anschließenden Beerdigung am Friedhof von Ostermünchen würdigte auch Bürgermeister Babl die Verdienste des verstorbenen Ehrenbürgers der Gemeinde Tuntenhausen.[20] Die Treffen des Männervereines bilden bis heute jährlich einen Höhepunkt in der Gemeinde. Ministerpräsident Streibl gab 1989 an Kultusminister Hans Zehetmair den Vorsitz des Vereines ab.
Als Nachfolger von Markus Babl wurde mit Wirkung vom 1. Juli 1972 Josef Haas aus Weiching in das Amt des Bürgermeisters gewählt.[21] Die Gemeinde setzt sich seit dem Abschluß der Gemeindegebietsreform aus 58 Gemeindeteilen zusammen und zählt zum Landkreis Rosenheim.[22]
Der ehemalige »Schulweg« wurde 1978 in »Pfarrer-Lampl-Straße« umbenannt, im Gedenken an Pfarrer Innozenz Lampl, der am 23. Juni 1961 im Ruhestand starb und auf dem Friedhof der Wallfahrtskirche beerdigt wurde. Die ehemalige »Maxlrainer Straße« wurde zur »Graf-Arco-Straße«, an der im Jahre 1986 das neue Rathaus der Großgemeinde Tuntenhausen eröffnet wurde. Am 1. Januar 1988 hatte der Wallfahrtsort Tuntenhausen 363 Einwohner.

Die Bürgermeister der Gemeinde Tuntenhausen im 20. Jahrhundert

1899-1906	August Riedel
1906-1914	Sebastian Rott
1915-1930	Josef Hauser
1930-1933	Johann Baptist Ehberger
1933-1936	Johann Kellerer
1937-1945	Hubert Weiderer
1945-1948	Josef Mayer
1948-1972	Markus Babl
seit 1.7.1972	Josef Haas

QUELLENANHANG

Kriegs- und Einmarschbericht von Pfarrer Lampl, Juli 1945.
(Pfarrarchiv Tuntenhausen)

Pfarrer Lampl berichtet an das erzbischöfliche Ordinariat über die Ereignisse bei Kriegsende. Die Menschen nehmen noch unter dem Eindruck der Kriegsereignisse rege am kirchlichen Leben teil. Nur weil eine Bombe nicht explodierte, blieb das Dorf von Zerstörungen verschont. Nach dem Einmarsch der Amerikaner kam es zu Ausschreitungen durch Besatzungssoldaten und ehemalige Kriegsgefangene im Dorf. Weitere Übergriffe verhinderten die Besatzungsbehörden.

– – – – – – –

Kriegs- und Einmarschbericht der Pfarrei Tuntenhausen.

1. Der Krieg hat in keiner Weise eine Lockerung des religiösen Lebens der Pfarrei gebracht. Der Ernst, den der Krieg auf die Gemüter gelegt, hat angehalten und sich bis zum Ende und darüber hinaus im eifrigen Besuch des Gottesdienstes und im Sakramentsempfang geäussert. An der grossen Zahl der hl. Kommunionen – im letzten Vierteljahr wurde die Höchstziffer wohl seit Jahrzehnten erreicht – sind besonders auch die Wallfahrer beteiligt, welche zahlreicher denn je hierher kommen, um in ihrer Not ihre Zuflucht zur Gnadenmutter zu nehmen oder auch für erlangte Hilfe zu danken. Die bisher heimgekehrten Soldaten scheinen durch die Erlebnisse und den furchtbaren Ausgang des Krieges noch mehr zur übernatürlichen Auffassung des Lebens gekommen zu sein. Die Ortschaften der Pfarrei waren immer durch Evakuierte und gegen Ende des Krieges und nachher durch Militär stark belegt. Dass infolge davon sich sittlicher Laxismus eingeschlichen habe, dafür haben sich bis jetzt glücklicher Weise keine Spuren gefunden.
2. Erst in den letzten Tagen des Krieges wurden die Fliegerangriffe auf die Bahn eine Gefahr für Tuntenhausen. Am 21.4.45 fielen 2 Bomben vor dem Dorf in das freie Feld ohne Beschädigung der Häuser. Eine Bombe schlug mitten im Dorf in die Stallung eines Bauernhofes ein, richtete aber als Blindgänger keinen nennenswerten Schaden an. Bei Explosion wäre die Kirche wahrscheinlich beträchtlich in Mitleidenschaft gezogen worden.
3. Am 4.5. fanden sich morgens die Amerikaner ein, beschränkten sich auf die Einsammlung der Waffen und den Abtransport der deutschen Soldaten und zogen

8 *Pfarrer Innozenz Lampl begrüßt den Münchner Kardinal Faulhaber in Tuntenhausen, 13. Juni 1937. Foto privat*

9/10
Drei der fünf Glocken wurden 1942 für Kriegszwecke beschlagnahmt und vom Turm geholt. Fotos privat

am gleichen Tag wieder ab. Hausdurchsuchungen wurden nicht vorgenommen. In den folgenden Tagen kamen einzelne amerikanische Soldaten hierher von Aibling aus und belästigten Frauen und Mädchen, verübten an 2 verheirateten evakuierten Frauen und einer Polin Gewalt. Die Töchter eines Bauern konnten sich nur dadurch retten, dass sie eine Nacht im Wald verbrachten und die andere im Pfarrhaus. Der Pfarrer berichtete diese traurigen Zwischenfälle der amerikanischen Kommandantur in Aibling, die sofort einschritt und Abhilfe schaffte.
4. Plünderungen durch Polen kamen in 4 Fällen vor, wobei drei Bauern durch Schläge misshandelt wurden. Ein Einbruch in die Kellerräume des Pfarrhofes konnte vereitelt werden.

Tuntenhausen, den 30. Juli 1945
L. Lampl.

Ungedruckte Quellen
Staatsarchiv München (StAM)
- Landratsamtsakten (LRA) 46923, 46 950, 47 092, 108 267, 108 268, 108 269, 108273, 108 358, 108407, 117 191

Gemeindearchiv Tuntenhausen
- Gemeindebücher

Pfarrarchiv Tuntenhausen
- Pfarrbücher
- Briefsammlung

Gedruckte Quellen
- Mangfallbote
- Rosenheimer Anzeiger
- Broszat, Martin u. a. (Hg.), Bayern in der NS-Zeit, 6 Bde., München-Wien 1977-1983

[1] StAM, LRA 108 267.
[2] Gemeindearchiv Tuntenhausen, Gemeindebücher.
[3] StAM, LRA 108 267.
[4] M. Spindler (Hrsg.), Handbuch der Bayerischen Geschichte, Bd. 4, S. 315.
[5] StAM, LRA 108 358.
[6] M. Maier, In Treue fest. Chronik der Veteranen- und Kriegervereine im Landkreis Bad Aibling. In: Der Mangfallgau 14 (1969) S. 5-112, hier S. 84.
[7] Der Mangfallbote, 29. /30. April/1. Mai 1989.
[8] Ebd.
[9] StAM, LRA 46 950.
[10] Ebd.
[11] M. Broszat, E. Fröhlich, F. Wiesemann (Hgg.), Bayern in der NS-Zeit. Soziale Lage und politisches Verhalten der Bevölkerung im Spiegel vertraulicher Berichte, S. 339.
[12] StAM, LRA 108 273.
[13] Rosenheimer Anzeiger, 15. November 1933.
[14] Gemeindearchiv Tuntenhausen, Gemeindebücher.
[15] StAM, LRA 46 923.
[16] StAM, LRA 47 092.
[17] StAM, LRA 117 191.
[18] Ebd.
[19] Gemeindearchiv Tuntenhausen, Gemeindebücher.
[20] Der Mangfallbote, 5. April 1967.
[21] Gemeindearchiv Tuntenhausen, Gemeindebücher.
[22] Amtliches Ortsverzeichnis für Bayern. Gebietsstand: 1. Mai 1978, Heft 380 der Beiträge zur Statistik Bayerns, München 1978.

Ebersperger
Merkirche
Rötnpach fl.
Zell
Vischpach
Halsbach
Stainhering
Ebrach
Ebrach fl.
Puchsee
Englmaning
Steppach
Rueting
Wasserb
Ecklburg
oberd.
Tüllinz
Prantstet
Kirchseun
Ebersperg
Senzaw
Oräckhsel
Ybermüß
Praitprk
Etling
Gräfing
Erting
Lauterpach
Pfeffing
Neuharting
Rötnpach
Stainhart
Zellerreit
Alburg
Attl
Hofen
Attl fl.
Ja. Neuharting
Eisouen
Degernaw
Aichpühel
Mosn
Zeul fl.
Romerberg
Eisndorf
Stranstorf
Hirschpühl
Stain kirchen
Ratzpach
Bruck
S. Lorenzperg
Holzn
Leuterstorf
Aeßling
Echmaring
Schalton
Rot
Inn fluß
Alten Ho
Griestet
Wampach
Dorffn
Holzn
Nielaßreit
Moßach fl.
Cronaw
Perg
Mürn
Berg
Rorstorf
Hochntan
Veltkirchen
Biburg
Sindlhausen
Anglsp.
Töttendorf
Schönaw
Lämpferting
Soll
Brassn fl.
Weiching
Ostermünchen
Tüntenhausen
Rot fl.
Vockerreit
Hochstet
Wal
Glon fl.
Tan
Rain
Töttehausn
Schehen
Peyharting
Jacobsperg
Schmidhausn
Hiltmaning
Hanuroit spl.
Heißhausn
Marienperg
Puech
Puchsee
Kirchdorf
Heyfeld
Mäxlrain
Oede
Daubnwert
Hegling
Glon fl.
Ober wn. wiechs
Elmosen
Zayssering
Mangualda fl.
Mietrachina
Pfaffenhofen
Lägn pfungn
Pfungn
Tierhaim
Götting
Westerndorf
Rosenhaim
Aybling
Westerhaim
Peurpa
Willinz
Puelach
Forstet
Steffansth.
Schwaig
Perbling
Simbs fl.
Anaw
Pfeffing
Oettndorf
Päng
Aising
Happing
Inn fl.
Geckin
Kaltprun fl.
Forstern
Westerndorf
Alpating
Die Kalt fl.
Rematn
Sünderhaim
Lauterpach

Auf den Spuren der Frühzeit
Beobachtungen zur Siedlungsgeschichte von Tuntenhausen anhand der Flurkarte von 1812

Gertrud Diepolder

Institutionen, die helfen können
- Zuständiges Vermessungsamt (hier VA Rosenheim, Münchner Str. 23, 8200 Rosenheim)
- Bayerisches Landesvermessungsamt, Alexandrastr. 4, 8 München 22
- Staatsarchiv München, Schönfeldstr. 3, 8 München 22
- Bayerisches Hauptstaatsarchiv, Schönfeldstr. 5, 8 München 22

Hilfsmittel und Nachschlagewerke
- Nitz, Hans Jürgen (Hg.): Historisch-genetische Siedlungsforschung. Genese und Typen ländlicher Siedlungen und Flurformen (Wege der Forschung 300) Darmstadt 1974
- Schwarz, Klaus: Archäologisch-topographische Studien zur Geschichte der frühmittelalterlichen Fernwege und Ackerfluren im Alpenvorland zwischen Isar, Inn und Chiemsee, aus dem Nachlaß hg. v. G. Kossack (Materialhefte zur bayerischen Vorgeschichte, Reihe A, Bd. 45) Kallmünz 1989
- Diepolder, Gertrud: Aschheim im frühen Mittelalter, Teil 2: Ortsgeschichtliche, siedlungs- und flurgenetische Beobachtungen im Raum Aschheim (Münchner Beiträge zur Vor- und Frühgeschichte, hg. v. J. Werner, Bd. 32, Teil 2) München 1988
- Heider, Josef: Das bayerische Kataster (Bayerische Heimatforschung 8) München 1954

Nur noch alte Flurkarten überliefern heute, was bis zur großen Flurbereinigung die Zäune und Hecken, die Ackerraine und Feldwege im Gelände markiert hatten: das Schnittmuster von Hofstätten und Flurparzellen,das jedem Dorf ganz unverwechselbar eigen war. Die alten Flurkarten sind damit, zusammen mit den alten Steuerkatastern, die für jedes Flurstück den Besitzer nennen, zu einer der wichtigsten Quellen für die siedlungsgeschichtliche Forschung geworden, die buchstäblich den Boden unter den Füßen verlieren würde, wenn sie die alten Flurgrenzen und Flurformen, die Flurnutzung und den Flurbesitz der Höfe nicht mehr feststellen könnte, wie er am Ende des Agrarzeitalters in Altbayern großenteils seit Jahrhunderten bestand.
Dieser Beitrag, der die älteste Flurkarte von Tuntenhausen so knapp wie möglich interpretiert, konnte das schon vorliegende Häuserbuch und die Beiträge über die mittelalterliche und frühneuzeitliche Geschichte des Ortes[1] nutzen. Die für eine siedlungsgeschichtliche Auswertung der Flurkarte unentbehrliche Erfassung der Flurnamen war für die Spätzeit (Stichjahr 1859) schon gegeben[2] und die noch wichtigere Rückschreibung der

11 Tuntenhausen im Herzogtum Bayern. Philipp Apians Bayrische Landtafeln von 1568 zeigen die Grenzlage des Wallfahrtsortes zwischen den Landgerichten Aibling, Rosenheim und (Markt) Schwaben

Ortsstruktur (»Stammbäume« der Höfe, Entstehungsgeschichte der Sölden) bereits geleistet. Die Flurkarte konnte deshalb gleich so koloriert werden, wie sie auf den Vorsatzblättern dieses Bandes abgebildet ist: in fünf Hauptfarben, die dem Höfebestand des hohen Mittelalters entsprechen. Jede Farbe zeigt, zunächst freilich nur für das Stichjahr 1812, den Flurbesitz derjenigen Anwesen an, die aus jeweils der gleichen alten Besitzeinheit (Hof, Hube, Lehen) hervorgegangen sind. Doch weisen die gewählten Nachbarfarben (gelb – orange, hellgrün – dunkelgrün) darüber hinaus bereits auf noch ältere Zusammenhänge hin, die im letzten Kapitel dieses Beitrags erschlossen werden.[3]

Größe der Flur

Mit einer Länge von 3,1 Kilometern, einer Breite von 2 Kilometern – an der längsten bzw. breitesten Stelle nach dem Stand von 1812 gemessen – und mit einem Flächeninhalt von rund 1075 Tagwerk oder 365 Hektar, davon ca. 100 Hektar Ackerland, gehörte die Ortsflur von Tuntenhausen neben der Flur des noch etwas größeren südlichen Nachbarn Schmidhausen zu den größten Gemarkungen der Siedlungslandschaft zwischen Glonn und Inn. Sie war etwa sechsmal so groß wie die Flur von Hörmating, zehnmal so groß wie die Flur von Schweizerting und mehr als zwanzigmal so groß wie die Flur von Stetten.[4]
Da es in dieser relativ großen Gemarkung[5] weder Bodenfunde, noch Flurnamen, noch »verdächtige Stellen« im Flurbild gibt, die auf eine Wüstung, eine abgegangene bzw. im Dorf Tuntenhausen aufgegangene Siedlung hindeuten könnten,[6] und da auch das Ergebnis der Höfe-Rückschreibung eine unkomplizierte Ortsentwicklung anzeigt, darf man annehmen, daß Tuntenhausen nicht erst durch »Verdorfung« gewachsen ist, sondern daß es bereits als Siedlung mit Raumreserven gegründet wurde, daß der Ortsgründer also früher zur Landnahme kam oder begünstigter und potenter war und über mehr Leute verfügte als die Gründer der östlichen Nachbarsiedlungen.

Grenzen

Schon auf den ersten Blick erweist sich der Verlauf der Grenze im Moos als »künstlich«. Im Nordwesten dürfte der Lechnergraben, der im 17. Jahrhundert noch Lottergraben hieß, erst Grenze geworden sein, als man – zweifellos noch im Mittelalter – mit der Entwässerung der ehemaligen Seefilze begann. Auch die lange Gerade im Südwesten folgt einem Moosgraben, der 1815 schon bestand, wenn er auch erst im Zuge der Moosachregulierung zum Kanal ausgebaut wurde. Die Tuntenhausener Filze ist sichtlich aus der Sindelhausener Flur herausgemessen worden: Tuntenhausen hatte offenbar den größeren Bedarf an Einstreu, die in den Filzen gewonnen wurde.[7]
Mehr oder weniger geradlinig verläuft auch die wohl durchweg ältere Grenze im Süden und Südosten der Gemarkung: teils durch die offene Vieh-

weide der Allmende, teils am Rand der Hutwälder[8], zuletzt zwischen Tuntenhausen und Brettschleipfen durch das Gstaudert, ehemals ein lichtes, mit einzelnen Eichen bestandenes Niedergehölz. Gut erhaltene, mächtige Hochacker-»wellen« im Südteil des Hochwaldes Schmidhauser Holz und die Namen Pfaffenreuth und Pfaffenreuth-Holz zeugen für die Ausbauleistung der Tuntenhausener Althöfe bzw. für die Aktivität ihrer (ihres?) Grundherrn und Kirchenherrn zweifellos schon im frühen und hohen Mittelalter, denn nach 1221 gab es in Tuntenhausen keinen Pfaffen mehr.[9]
Auffallend »unbereinigt« ist der Grenzverlauf im Nordosten, zwischen Tuntenhausen und Hörmating. Hier tragen einzelne Äcker von Hörmatinger Bauern, die in die Tuntenhausener Flur gleichsam eingesprengt sind, Flurstücksnummern der Hörmatinger Ortsflur. Diese Gemengelage konnte wohl nur entstehen, weil die Hörmatinger Bauern seit dem hohen Mittelalter mit den Klöstern Rott und Beyharting die gleichen Grundherren hatten wie zunächst zwei oder drei, später alle Tuntenhausener Nachbarn. Mag sein, daß die Klöster ihre tatsächlich »armen Leute« in Hörmating auf Kosten der wohlhabenderen Tuntenhausener Untertanen etwas aufgebessert haben. Denkbar ist aber auch – und das könnte irgendwo in der frühen Überlieferung des einen oder des anderen Klosters noch aufscheinen – daß das Gelände bis dicht an die Urschlaglacken[10] und der schmale Streifen am Bachl unter dem Burgrain erst spät unter den Pflug genommen wurden und zwar mit Billigung der Grundherrschaften gleichzeitig von Hörmatinger und Tuntenhausener Bauern.
Merkwürdig ist auch der Grenzverlauf im Norden gegen Weiching. Im Moos treffen hier nämlich die Gründe jenes Tuntenhausener Althofes, der dem Domkapitel Freising gehörte, auf die Gründe der ebenfalls domkapitelschen Weichinger Mühle. Diese einst Freisinger Gründe umgriffen damit im Bogen den nach Norden schauenden Sporn des Höhenrückens »Burgrain«, nach dem sowohl das nördliche der drei Tuntenhausener Felder wie auch das unmittelbar anliegende Feld der Weichinger Ortsflur Burgrainfeld hießen. Auf dem Höhenrücken Burgrain finden sich heute, außer dem kurzen Reststück eines Abschnittwalls südlich des »Gipfels«, keine obertägigen Spuren einer vor- oder frühgeschichtlichen Anlage.[11] Eine mittelalterliche Burg, wohl mit Wassergraben, ist jedoch auf Grund von Flurnamen und Flurformen etwa 150 Meter nördlich des Höhenrückens in der Weichinger Flur auszumachen (s. Abb. S. 102). Nach dieser Burg dürfte sich das Geschlecht genannt haben, das mit Hertwicus Purchrainer den ersten namentlich bekannten Propst von Beyharting stellte (1180–86)[12] und das dann wohl von den Weichingern beerbt wurde.[13] Ob die Höhe Burgrain nicht dennoch im frühen Mittelalter die Funktion einer Fliehburg auch für Tuntenhausen hatte, was dann wohl bedeuten würde, daß der merkwürdige Grenzverlauf jünger ist, bleibt zu fragen.

Flureinteilung und Flurnutzung

Wenn auch erst die 1588 einsetzenden Grundbeschreibungen genaue Auskunft über die Flurverfassung geben, so bezeugt doch schon das Rotter Urbar von 1377,[14] daß damals bereits die Zwei- oder Dreifelderwirtschaft, jedenfalls das Bodennutzungssystem einer »Mehrzelgenbrachwirtschaft«,[15] in Tuntenhausen eingeführt war, denn der Huber mußte im Sommer die Brache pflügen. Die Dreiteilung – bis ins 18. Jahrhundert in Burgrainfeld, Urschlagfeld[16], Wierrainfeld[17] – betraf nicht nur das Dauerackerland, sondern die gesamte Flur. Jedes der drei Felder begann am Dorf, am Zaun der Hausgärten, und schloß Wald, Wiese und Weide (Holzwachs, Wismahd und Etz) sowie Moos und Filze, soweit sie bereits verteilt, also nicht mehr Allmende waren, mit ein. Das Ackerland der Felder war durch Zäune und Hecken (Hag) eingefriedet. Den Einlaß von Wirtschaftswegen schützten Ester, Eschtore: Das Moosester im Burgrainfeld, »an der Gassen hinter des Mesners Garten«, und das Millester am Brettschleipfner Weg werden in den Grundbeschreibungen genannt.
Was die Flurnutzung betrifft, die der Beitrag über die Landwirtschaft kurz behandelt[18], sei noch darauf hingewiesen, daß an allen Rändern des Dauerackerlandes noch im 18. Jahrhundert Egartenwirtschaft – Feldgraswirtschaft auf eingezäunten Flurstücken – betrieben wurde und daß zwar einerseits die Hochäcker im Schmidhauser Holz zur Zeit der ältesten Grundbeschreibungen schon aufgelassen waren, andererseits im Burgrainholz erst um 1700 großflächig gerodet wurde. In allen drei Feldern wurde auf den breiten Rainen zwischen den Äckern Heu gewonnen und jeder Obstbaum, jede Eiche die dort wuchs, war gezählt. Der Hang am Westrand des Dorfes, nördlich der Beyhartinger Straße, war Gartenland und der »Winkel« am Nordrand des Dorfes war einst großenteils Anger. Die im Vergleich mit den Parzellen der Kernflur geradezu riesigen Grünlandparzellen im Tuntenhausener Moos konnten wohl erst seit einer Tieferlegung des Lottergrabens (Lechnergraben) gemäht werden. Seitdem standen da Heustadel. Die Verteilung dieser Gründe ist offensichtlich erst erfolgt, nachdem der Zehntmairhof bereits geteilt war, also kaum vor 1500. Wäre sie früher geschehen, so lägen die Mooswiesen der beiden Zehntmair-»Erben« (Katzl und Riepl, Haus Nr. 9 u. 16) mit Sicherheit ebenso nebeneinander, wie ihr alter Flurbesitz fast überall sonst. Geschah die Verteilung um 1500, so könnten die Pichler- und Schmid-Sölde ihre auffallend großen Anteile unmittelbar aus dem Nachlaß der Brettschleipfer erhalten haben, der Ortsherren des 13. bis 15. Jahrhunderts[19].

Flurformen

Wenn man aus anderen Siedlungslandschaften das typische Schachbrettmuster der Gewannflur kennt, zumal der kreuzlaufenden Gewanne mit wechselnder Pflugrichtung, dann überraschen die gleichgerichteten Streifen

der Tuntenhausener Kernflur. Nimmt man die wenigen Äcker in Hanglage am Moränenhang aus – sie sind, wie solche hängenden Äcker stets, parallel zu den Höhenlinien angelegt – und weiß man zudem, daß die zur Kernflur querlaufenden Äcker am Südrand des Wierrain-Feldes (1859 Emlinger Feld) bis ins 18. Jahrhundert Egärten waren und die drei Zwerchäcker auf dem Fuchsberg, die man allenfalls für ein kreuzlaufendes Gewann halten könnte, bloße Anwanden, dann bleibt nur übrig festzustellen, daß die Altflur von Tuntenhausen eine reine Streifenflur war. Langstreifen möchte man im Hinblick auf die schmalen langen Ackerstreifen des Riepl sagen, die vom Zauneck seines Aussiedlerhofes von 1628 bis ins Gstaudert durchlaufen. Doch die klassische Langstreifenflur wäre weitaus schematischer in weit längere, ursprünglich gleich breite oder gleich schmale Streifen eingeteilt.[20] Die Tuntenhausener Ackerstreifen entsprechen nicht diesem Typ. Sie sind dem Gelände angepaßt, bald länger, bald kürzer, und das Besitzgefüge ist alles andere als schematisch. Dem nächsten Kapitel vorausgreifend sei hier zum Beispiel auf den großen geschlossenen Flurbesitz des ehemaligen Zehntmairhofes (danach Riepl und Katzl) in bester Lage und Dorfnähe hingewiesen – der Riepl baute, als er 1628 aussiedeln mußte, nicht von ungefähr hier seinen neuen Hof – sowie auf den anschließenden fast ebenso großen Flurbesitz des Wimmer, also des alten Pfarrwidums. Wenn hier ganz neutral Flurbesitz gesagt wird und nicht große Äcker oder Breiten, so deshalb, weil bei der Analyse von Flurformen davon auszugehen ist, daß die auf der Flurkarte dargestellten Parzellen zum Zweck der Veranlagung zur Häuser- und Rustikalsteuer vermessen wurden, also Besitzparzellen sind, die nicht zugleich Betriebsparzellen sein müssen. Daß sie es in Tuntenhausen in vielen Fällen nicht waren – oder doch zu der Zeit nicht waren, in der dieses Flurbild entstand – das mußte auffallen spätestens beim Kolorieren der Flurkarte. Da war zum Beispiel zu bemerken, daß der große Flurbesitz des Wimmer beiderseits des Brettschleipfner Wegs eine merkwürdig »getreppte« südliche Parzellengrenze hat und daß nördlich der Straße drei lange, schmale Grünstreifen in die Parzelle eingetragen sind (s. Abb. S. 102). Wie der Wimmer dieses große Grundstück bewirtschaftet hat, mit welcher Flurform wir es hier tatsächlich zu tun haben, daß ließ sich nach diesen Beobachtungen bereits vermuten und ein Blick auf das benachbarte Brettschleipfen bekräftigte die Vermutung: Dort zeigen sich auf schlechteren, wegen stauender Nässe problematischen Böden viele schmale, leicht geschwungene Ackerstreifen, an den äußeren Enden mitunter zulaufend wie Skispitzen und oft fächerförmig gespreizt, mit breiten Furchen und Grünstreifen dazwischen (s. Abb. S. 102). Hatte eine große Besitzparzelle in dieser Flur eine »getreppte« oder eingekerbte Grenze, so bestand sie mit Sicherheit aus mehreren Ackerstreifen mit den eben beschriebenen Merkmalen, die besonders typisch sind für Hochacker- oder Wölbackerfluren.[21] Sollten wir in Tuntenhausen mit dem gleichen Muster nicht auch die gleiche Sache vor uns haben?
Ist die Frage einmal gestellt, so geben die alten Grundbeschreibungen eine

klare Antwort. Sie nennen nämlich von der ersten (1588) bis zur letzten (1738)[22] für jede Besitzparzelle die Zahl der Äcker, und die früheste Grundbeschreibung gibt zudem die Länge und Breite jeder Parzelle in Schritt an. Danach hatte zum Beispiel der Wimmer in der großen Leng, das ist die Parzelle südlich des Brettschleipfner Wegs, drei Äcker von 32 Schritt Breite und 290 Schritt Länge, sowie vier Äcker von 31 Schritt Breite und 210 Schritt Länge und er hatte in der kleinen Leng, nördlich des Wegs, fünf Äcker von 32 Schritt Breite und 290 Schritt Länge. Die Äcker waren demnach zwischen 6 und 10 Schritt breit, im Durchschnitt also 8 Schritt. Bei einer Schrittlänge von 90 cm[23] sind das etwas über sieben Meter, eine für Hochäcker durchaus übliche Breite. Die vorläufige Durchsicht aller Tuntenhausener Grundbeschreibungen von 1588 – mit Stichproben dort, wo es leicht möglich schien, die beschriebenen Parzellen in der Flurkarte zu identifizieren und die Meßkontrolle zu machen – bestätigte diesen ersten Befund: In Tuntenhausen bestand das gesamte Daueráckerland, jedenfalls noch 1738, – aus solchen schmalen Äckern, und auch wenn keine Quelle das ausdrücklich sagt, so wurden diese Äcker ohne Zweifel als Hochäcker bewirtschaftet und nicht etwa in Bifängen[24] angebaut. Dafür spricht unter anderem die häufige Erwähnung der für den Hochackerbau typischen Geren und Trümmer[25] in den Flurbeschreibungen, dafür spricht die Übereinstimmung der fossilen Hochäcker im Schmidhauser Holz nach Breite, Länge und Streichrichtung mit den hier beschriebenen Äckern und nicht zuletzt spricht dafür die mündliche Überlieferung. Zwar fand sich in Tuntenhausen selbst bisher kein Gewährsmann für den Hochackerbau noch zu Väter- oder Großväterzeiten, wir wissen also derzeit noch nicht, wann in Tuntenhausen der Hochackerbau aufgegeben wurde, doch in Schmidhausen und Brettschleipfen kennen ältere Landwirte die Hochäcker noch aus der eigenen Praxis.[26] Wichtiger als die Frage nach dem Ende des Hochackerbaus ist für uns aber die Frage nach dem Alter der Hochäcker in unserer Siedlungslandschaft.

Auf diese Frage, zu deren Beantwortung schriftliche Quellen wohl kaum mehr etwas beitragen können, gibt es seit kurzem eine Antwort der Archäologie. Nachdem schon 1970 und dann noch einmal 1980 bei der Ausgrabung einer merowingerzeitlichen Siedlung im Raum München[27] Furchenspuren von Wölbackerbeeten entdeckt wurden, die gleich nach der Auflassung der Siedlung angelegt worden sein dürften, hat eine neue archäologisch-siedlungsgeschichtliche Untersuchung[28] überzeugend nachweisen können, daß die Ackerflur des ersten Landesausbaus zur späten Merowinger- und frühen Karolingerzeit im nördlichen Alpenvorland weithin aus Wölbäckern bestand und daß diese Grundstruktur außerdordentlich dauerhaft war. Eine Wölbackerflur, die erst durch Umwandlung einer vordem anders organisierten Flur entstanden wäre, wurde bisher nicht beobachtet.[29] Danach darf man mit Sicherheit annehmen, daß die Tuntenhausener Wölbackerflur bis zu ihrer völligen »Bereinigung« in unserem Jahrhundert auch noch frühmittelalterliche Grundzüge bewahrt hat.

Straßen und Wege

Von der alten Flurkarte muß man zwar ausgehen (s. Abb. S. 98), dazu aber die historische Topographie und die Herrschaftsgeschichte der Region in Betracht ziehen, wenn man erfassen will, in welcher Beziehung Straßen und Wege zur Siedlungsgeschichte eines Ortes stehen.

Man kann als nahezu sicher annehmen, daß die Straße, die bei Tuntenhausen in schrägem Anstieg den Moränenhang nimmt, bereits da war, als die Siedlung gegründet wurde, und daß sie über Holzhausen und Schmidhausen (durch beide Fluren ortsfern verlaufend) von Aibling herkam, um nach dem Anstieg auf die Tuntenhausener Höhe über Hörmating und die Weichinger Mühle geradewegs nach Norden zu führen. Seit wann sie sich von Hörmating über Schweizerting, dessen Äcker schneidend, nach Ostermünchen wandte, kann man nur vermuten: Es dürfte mit dem Ausbau des Tegernseer Besitzes um Ostermünchen seit 800 zusammenhängen. Wohl um 1100 wurde die Fortführung bis Rott am Inn wichtig, um 1200 die Verbindung mit Wasserburg. Andererseits wird der Weg von Tuntenhausen nach Beyharting nicht vor der Klostergründung an diesem Ort ausgebaut worden sein, und erst seitdem Tuntenhausen zur Klosterhofmark gehörte, dürfte er für unser Dorf mehr bedeutet haben als die Straße nach Aibling.
In den alten Grundbeschreibungen heißt unsere Straße, sobald sie das Dorf in Richtung Norden verlassen hat, Wasserburger Straße und sie verhält sich so, wie es einer Straße zukommt, die älter oder doch ebenso alt ist wie die Flureinteilung: Von beiden Seiten stoßen Äcker an, die verschieden breit sind und zu verschiedenen Höfen gehören. Nur unmittelbar bei den Urschlag-Lacken, den Hörmatinger Weihern, gibt es eine Ausnahme. Da gehört der Zipfel rechts der Straße, der wohl den Ackerbau wenig lohnte, zu den Äckern links der Straße.
Außer der einen Straße führten nur Wege und Feldwege durch die Tuntenhausener Flur. Die Feldwege führten als Wirtschaftswege in der Regel nicht über das Feld hinaus, das sie erschlossen. Ob alle anderen Wege, weil sie Tuntenhausen mit einem Nachbarort verbanden, nichts weiter waren als eben nur Ortsverbindungswege, ist nicht ohne weiteres zu entscheiden. Auch alte Fernwege pflegten diesen und jenen Ort zu berühren. Seit dem vierzehnten Jahrhundert wurden die Wege, die nach Tuntenhausen führten, zu Wallfahrerwegen. So gingen etwa die Wallfahrer aus Rosenheim über Emling; der Emlinger Weg heißt deshalb in den alten Grundbeschreibungen der Rosenheimer Weg. An allen Wallfahrerwegen, auch an der Straße, standen – und stehen zum Teil noch heute – Wegkreuze und Martersäulen[30], wie es scheint bevorzugt dort, wo man den ersten Blick auf das Ziel, auf die Gnadenkirche von Tuntenhausen hatte.

Wöchering
Ostermünchen
Kacher
Schweigerding
Stetten
Berg
Hörmating
7
2
Tuntenhausen
3
Brettschleipfen
Emling
Schmiedhausen

Der wichtigste Schritt zur Ermittlung des Flurbesitzes der Althöfe war mit der farbigen Bearbeitung der Flurkarte bereits getan. Typisches und damit Interpretierbares wurde sichtbar: Wo Anwesen gleicher Farbe, das heißt gleicher Abkunft, Flurstücke in Nachbarschaftslage besaßen, da handelte es sich mit hoher Wahrscheinlichkeit um Altbesitz ihres Stammhofs. Wo sich solche Nachbarschaftslagen nicht zeigten, handelte es sich entweder um jüngeren Zugewinn an Wiesen, Egärten, Neubrüchen, oder es hatte nach der Teilung der Althöfe Besitzveränderungen gegeben, denen man in den alten Grundbeschreibungen nachspüren mußte.

Untersuchte man die Flur nach dieser Methode, dann ergaben sich folgende Beobachtungen:

1. Im dorfnahen, also älteren Teil des Wierrainfeldes, nämlich in den bei den Hausgärten von Huber, Mair und Bäck beginnenden oberen Weiheräckern und in den eigentlichen Wierrainäckern südlich des Emlinger Wegs bis hin zu den Egärten und Neubrüchen der frühen Neuzeit, besaß der Riepl keinen Acker, sein »Zwilling« Katzl nur ein paar schmale Äcker.[31] Daraus ist zu schließen, daß es hier keinen Zehntmair-Altbesitz gegeben hatte. Vor Einführung der Dreifelderwirtschaft dürften hier, im Anschluß an ihre Hofstätten, hauptsächlich, wenn nicht ausschließlich, der Hof des Domkapitels und der Huber im Flurbesitz gewesen sein.
2. Im Ackerland nördlich des Dorfes, auf dem Bergfeld besonders, treten zwar die Farben aller Althöfe im Gemenge auf, doch ist die gelbe Farbe stärker vertreten als die anderen. Zieht man Mooswiesen und Wald bis hin zur Flurgrenze gegen Weiching mit in Betracht, dann dominiert sie ganz entschieden.
3. Anders im Osten des Dorfes. Da gehörten die dorfnahen großen Flurstücke zu etwa gleichen Teilen dem Katzl und dem Riepl, also einst mit Sicherheit dem Zehntmair und da war mit dorfferneren großen Parzellen die Kirche dotiert worden (die Leng-Äcker des Wimmer). Diese Flur im Osten des Dorfes, zwischen der Straße im Norden und dem Emlinger Weg im Süden, ist von solcher Struktur, daß man auf den ersten Blick annehmen möchte, hier eines der Großfelder der Dreifelderwirtschaft vor sich zu haben, und doch läuft mitten durch diese Flur, mitten durch den Zehntmair-Altbesitz, die Zelgengrenze zwischen dem Wierrainfeld und dem Urschlagfeld. Nach unserer Beobachtung gibt es nun aber gerade dafür eine Erklärung: indem man mehr als die Hälfte dieser Flur dem Wierrainfeld zuschlug, an dem der Zehntmair noch kaum Anteil hatte, ließ sich die Umverteilung – zur Erzielung gleicher Zelgenanteile – auf kleinere Maßnahmen beschränken.

12 *Wegkreuze, Bildstöcke und Martersäulen an den Wegen nach Tuntenhausen (soweit auf alten Flurkarten erkennbar). In die Verkleinerung der ältesten Flurkarte sind auch die Feldzäune zwischen den alten Großfeldern der Dreifelderwirtschaft aufgenommen: 1 Burgrainfeld, 2 Urschlagfeld, 3 Wierrainfeld*

Wenn diese Überlegungen zutreffen, lag hier im Osten des Dorfes die Kernflur des frühen Mittelalters, vielleicht das Salland des Herrenhofs. Vor allem der Zehntmair und die Kirche wurden damit ausgestattet.
Die drei anderen alten Anwesen (der Hof des Domkapitels, die Hube und das Lehen), deren Flurbesitz auf den Höhen südlich und nördlich des Dorfes große Flächen deckte, haben in dieser östlichen Kernflur wohl erst durch die Umverteilung anläßlich der Einführung der Dreifelderwirtschaft mit Flurzwang ein paar Äcker bekommen, dazu am Ostrand einen Anteil an den Gstauderer Wiesen. In diesem Zusammenhang ist nun aber merkwürdig, daß die Anteile von Domkapitelhof und Huber, bzw. von Huber und Lechner (später Pichler und Schmid), hier stets nebeneinander liegen. Vorausgesetzt, daß unsere Methode richtig ist, kann das eigentlich nur bedeuten, daß die Umverteilung bereits stattgefunden hatte, als diese drei Anwesen noch ein ungeteilter Besitz waren. Da wir aber wissen, daß die Hube vielleicht schon 1070, jedenfalls aber vor 1151 an das Kloster Rott am Inn gekommen ist[32], wäre die Einführung der Dreifelderwirtschaft in Tuntenhausen demnach vor der Mitte des 12. Jahrhunderts anzusetzen.
Wenn an dieser Interpretation auch manches Hypothese bleiben muß: daß sie überhaupt versucht werden konnte, ist der ungewöhnlich kontinuierlichen Entwicklung von Tuntenhausen und der guten Überlieferung des Klosters Beyharting zu verdanken. Diese Sachlage reizte dazu, die genetische Analyse auch für das Weichbild des Dorfes zu versuchen. Als Voraussetzung für die topographische Rekonstruktion (s. folgende Seite) war zunächst die »Stammtafel« der Höfe zu entwerfen.

8. Jh.	9. Jh.	10./11. Jh.	14./15. Jh.	Anf. 16. Jh.
		Zehntmair	Zehntmair	Katzl
	(Hof 1)			Riepl
		Widum	Wimmer	Wimmer
			Pfarrhof	Pfarrhof
			Mesner	Mesner
Hof des Tunto			Sedlmair	Mair
			+ Sitz	Sixt
		Mair	Bäck	Bäck
			Wirt	Wirt
	Hof 2	Lechner	Schmid	Schmid
			Pichler	Pichler
		Huber	Huber	Huber
				Schneider

Bemerkungen zur Interpretation: Diese Stammtafel macht keinen Unterschied zwischen Höfen und bloßen Sölden. Ob das Herkunftszeichen < auf eine echte Hofteilung hinweist oder lediglich anzeigt, auf wessen Hofgrund ein Kleinanwesen entstand, ist aus dem Häuserbuch zu ersehen. – Die drei erst im 18. Jh. entstandenen bloßen Sölden (Hausnummern 8, 10, 15) wurden nicht in die Stammtafel aufgenommen.
Bemerkungen zu hypothetischen Stellen: Zum Herrenhof des Tunto könnten bereits Hofstellen von Knechtsfamilien (mansi, beneficia, coloniae) gehört haben. Nach ihrer Lage im Dorf könnten die Hube und das Lehen aus solchen Hofstellen hervorgegangen sein. – Zehntmair und Widum könnten auch unmittelbar aus dem Herrenhof des Tunto ausgesondert worden sein.

des Tunto

9.-11. Jahrhundert

1500

nach 1628

1812

13 Rekonstruktion der Dorfentwicklung in fünf Phasen bis 1812

Lediglich zur Orientierung sind in die Karten 3 und 4 (um 1500 bzw. nach 1628) schematische Hofgebäude eingetragen. Der historische Baubestand wurde nicht rekonstruiert, die Flureinteilung nur bis ins hohe Mittelalter zurückgeschrieben, der alte Verlauf der Straße aus den Grundstücksgrenzen erschlossen.

Daß nach der Verlegung der Straße, der Freistellung der Kirche und der Ansiedlung von Wirt und Bäck außerhalb des alten Weichbildes die marktähnliche Entwicklung in Tuntenhausen nicht weiterging, dürfte mit der Nähe des gewerbestärkeren Kloster- und Hofmarksorts Beyharting zu erklären sein.
(Dorfentwicklung 1812-1988 vgl. S. 25)

Mag diese Darstellung in manchen Einzelheiten auch noch hypothetischer sein als die letzten Schlüsse aus der Fluranalyse, so wird doch die Platzwahl für den Hof des Tunto deutlich: Er lag unmittelbar südlich der Straße an der höchsten Stelle des heutigen Dorfes. Dort scheint auch die »Normgröße« für die Hofstatt eines Herrenhofes im Dorfgrundriß auf: 500 Fuß zumindest in der Länge.[33]

Die Kernflur, wenn wir richtig interpretieren die Äcker des Sallandes, hätten – mit dem gleichen Normmaß gemessen – vom Dorf bis ins Gstaudert eine Länge von mindestens 2000 Fuß erreicht, sich im übrigen aber nach dem Gelände und dem Boden richten müssen. Zieht man dazu die eingangs festgestellten Raumreserven in Betracht, so läßt sich für Tuntenhausen eine frühmittelalterliche Grundstruktur erschließen, die für die Dorfentwicklung bis heute maßgebend gewesen ist.

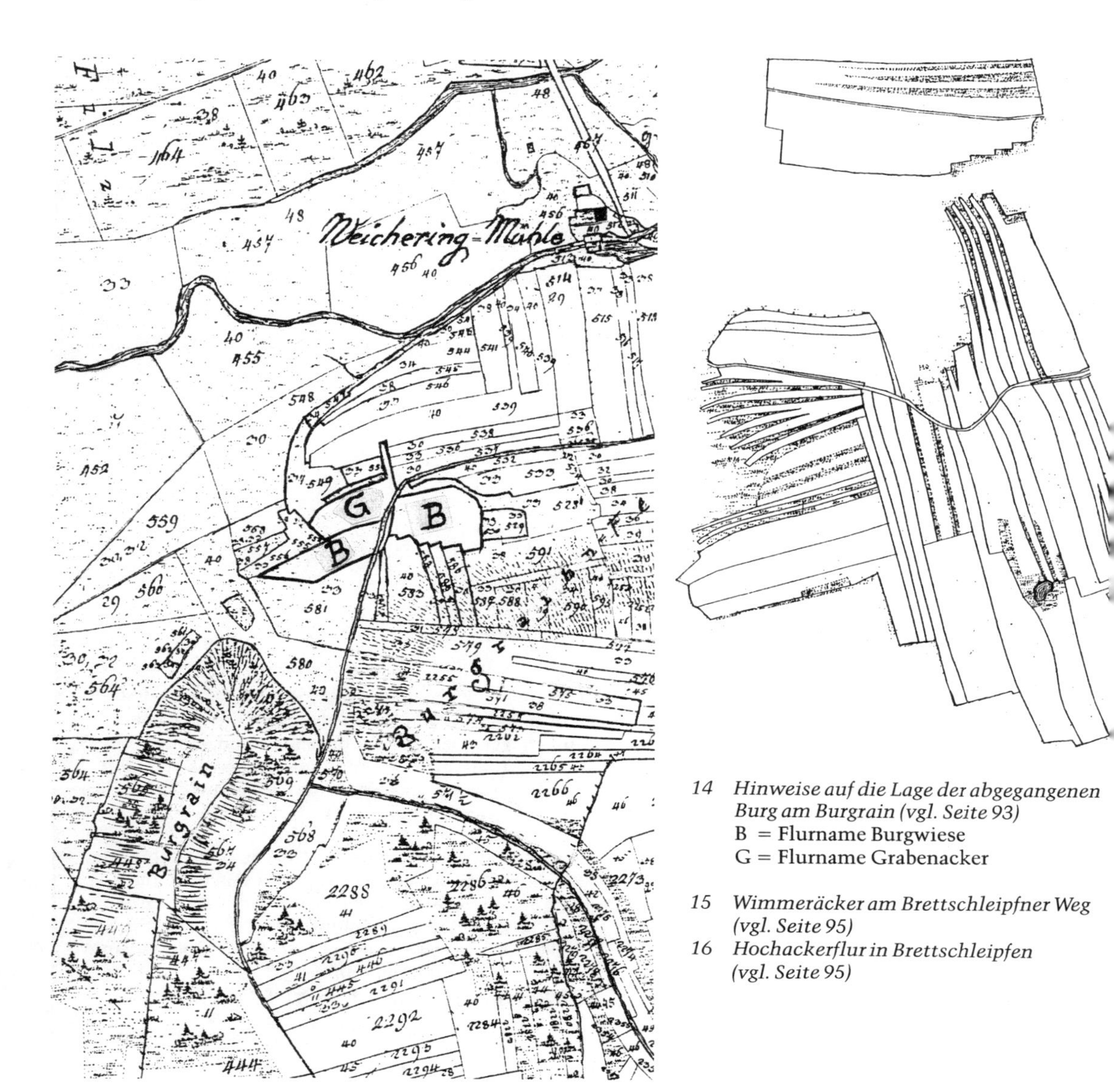

14 *Hinweise auf die Lage der abgegangenen Burg am Burgrain (vgl. Seite 93)*
B = Flurname Burgwiese
G = Flurname Grabenacker

15 *Wimmeräcker am Brettschleipfner Weg (vgl. Seite 95)*

16 *Hochackerflur in Brettschleipfen (vgl. Seite 95)*

Quellen

- Flurkarten 1:5000, SO IX.14.15, X.14.15, XI.14.15, Ausgaben 1812 und 1857, Vermessungsamt Rosenheim
- Grundbeschreibungen der Tuntenhausener Höfe von 1588–1738, BayHStA KL Beyharting 30, 33
- Weitere archivalische Quellen wie zu den Beiträgen von St. Janker und G. Immler angegeben
- Mündliche Überlieferung (Interviews)

[1] Siehe die Beiträge von St. Janker u. G. Immler.

[2] Siehe den Beitrag von G. Hack.

[3] Siehe die »Stammtafel« der Höfe S. 100.

[4] Hörmating hatte damals 7 Anwesen (3 je ½, 2 je ¼, 2 je ⅛, Schweizerting bestand, wie noch heute, aus 2 Höfen (2 je ½), Stetten aus zwei Lehen (2 je ¼).

[5] Relativ im Vergleich zu den weit größeren Gemarkungen etwa der Münchener Schotterebene oder des Gäubodens.

[6] Vgl. dazu etwa das Kapitel über Siedlungsmobilität in G. Diepolder, Aschheim, S. 186-190.

[7] Vgl. den Beitrag von Chr. Bachmann.

[8] Im Schmidhauser Holz erinnert noch der Flurname Kuehlacken an den Viehtrieb in früher Zeit.

[9] Damals wurde die Pfarrei Tuntenhausen dem Kloster Beyharting inkorporiert und von da an versahen Chorherren die Pfarrei und übten dann auch die Wallfahrtsseelsorge aus. Der Pfarrhof hieß deshalb in den Grundbeschreibungen des 16. Jahrhunderts das Herrenhaus.

[10] Urschlaglacken hießen die beiden Hörmatinger Weiher nach dem Flurnamen Urschlag, siehe Anm. 16.

[11] Für kundige Begleitung bei der Begehung danke ich Jutta Pauli.

[12] Th. Wiedemann, S. 7.

[13] Zum Sedelhof der Weichinger in Oberweiching, der mehrmals auch als Sedelhof zu Purcrain bezeichnet wird, R.van Dülmen, HAB Rosenheim, S. 74.

[14] Vgl. den Beitrag von St. Janker.

[15] Zum Mehrzelgenbrachsystem H. Jäger, Bodennutzungssysteme (Feldsysteme) der Frühzeit, in: J. Beck, D. Denecke, H. Jankuhn (Hg.), Untersuchungen zur eisenzeitlichen und frühmittelalterlichen Flur in Mitteleuropa und ihrer Nutzung, Bd. 2, (Abhandlungen der Akademie der Wissenschaften in Göttingen, phil.-hist. Klasse 3. Folge, Nr. 116) Göttingen 1980, S. 197 bis 228.

[16] Im Ursla, Urschlah, Urschlag geschrieben, dazu auch die Urschlag-Lacken. Nach R. Schützeichel, Althochdeutsches Wörterbuch, Tübingen 1969, S. 217 ist Urschlag die Eintiefung im Gelände. J. Schnetz, Flurnamenkunde, 2. Aufl. München 1963, S. 65 kennt den Namen Urschlag für einen großen Weideplatz bei Lenggries und stellt ihn zu Schlag, Viehschlag. Als Viehweide wurde der Urschlag zwischen Tuntenhausen und Hörmating mit den Lacken als Tränke zweifellos genutzt, ehe man hier Äcker anlegte.

[17] Das Wierrain-Feld, auch Wührrain, Wöhrrain und Wiera, darin die Häuslwühr, hat seinen Namen mit Sicherheit von Wuer, Wüer, die dem Wasser wehrt, vgl. Schmeller, Bayerisches Wörterbuch, Bd. 2, Spalte 980f. Wenn man die aus dem Pfaffenreuthholz quellenden Wasser, die das Kramerbachl aufnahm, nicht durch Wehre regulierte, waren die Wiesen des Wierrain-Feldes wohl kaum zu bewirtschaften. In gleicher Bedeutung auch die große Wierwiese am Lechnergraben (Flurnr. 379 auf der farbigen Karte).

[18] Siehe den Beitrag von Ch. Bachmann.

[19] Vgl. den Beitrag von St. Janker.

[20] Zur Langstreifenflur informierend und grundlegend: H. J. Nitz (Hg.), Historisch-genetische Siedlungsforschung.

[21] Wölbacker ist der allgemeinere agrartechnische Fachausdruck, Hochäcker der seit dem späten 18. Jahrhundert in Süddeutschland gebrauchte. Unsere Quellen kennen keine spezifische Bezeichnung für diese Äcker, die in der Mitte des Beetes bis zu einem Meter oder mehr hochgewölbt sein können. Sie entstehen »durch einen hin- und herführenden Einsatz des Pfluges mit festem Streichbrett«, der die Schollen stets nach innen wendet. Das Alter der Wölbäcker und die Gründe für ihre Entstehung werden bis in die Gegenwart diskutiert, Forschungsbericht und neue Ergebnisse jetzt bei K. Schwarz, Archäologisch-topographische

Studien zur Geschichte der frühmittelalterlichen Fernwege und Ackerfluren im Alpenvorland.

[22] BayHStA KL Beyharting 30 u. 33.

[23] Daß der Bauernschritt in Tuntenhausen so groß gewesen sein muß, ergibt sich aus den im folgenden erwähnten Meßproben.

[24] Der Inhalt des Begriffes Bifang wechselt nicht nur mit der Zeit (zur Bedeutung im frühen Mittelalter vgl. den Artikel Bifang von W. Metz, Lexikon des Mittelalters, Bd. 2, München 1983, Sp. 140) sondern auch von Land zu Land. Im alten Bayern des 18. Jahrhunderts war der Bifang ein schmaler Ackerstrang, in nicht mehr als vier Pflugfahrten zusammengepflügt. Das ergibt sich zum Beispiel aus der Steuerbeschreibung von 1721 (hier benutzt BayHStA, GL Schwaben 8) in der laut Formular die Größe der Äcker in Bifängen und Juchart anzugeben waren. Danach hatten zum Beispiel 11 Bifing 1/2 Juchart, 20 Bifing 3/4 Juchart, 30 Bifing 1 Juchart. Auch für unsere Tuntenhausener Äcker wird in den Grundbeschreibungen des 17. und 18. Jahrhunderts die Größe in Joch angegeben. Sie sind im Durchschnitt viermal so groß wie die Bifänge, so schätzt etwa der Katzl seine 37 Äcker im Burgrainfeld auf 5 Joch. Dabei gab es in Tuntenhausen durchaus auch einzelne Bifänge, die eben keine ganzen Äcker, sondern nur schmale Strangen waren. So hat etwa der Wirt 1738 am Bachlbach 3 Äcker und 1 Bifang. Die Unklarheit darüber, was Hochäcker und was Bifänge waren, entstand erst im 19. Jahrhundert, als die Ämter empfahlen, den Bifangbau zugunsten eines ebenen Feldbaus aufzugeben und mit Bifängen alle durch Zusammenpflügen entstandenen Äcker meinten, schmale wie breite.

[25] Geren – Gern – Gerl sind kleine keilförmige Äcker, auch die Spitzen der Hochäcker. Trümmer, Trimml sind Teile von Äckern, auch sehr kurze schmale Äcker, wie sie sich oft an den Rändern der Hochackerflur ergeben.

[26] Für freundliche Auskunft danke ich besonders Anton Bartl, Tuntenhausen-Emling, Sebastian Ehberger, Tuntenhausen, Sebastian Schechner, Brettschleipfen, und Jakob Blindhuber, Schmidhausen.

[27] H. Dannheimer, Die frühmittelalterliche Siedlung bei Kirchheim (Landkreis München, Oberbayern). Vorbericht über die Untersuchungen im Jahr 1970, in: Germania 51 (1973), 52ff; R. Christlein, Kirchheim bei München (Oberbayern). Das Dorf des frühen Mittelalters, in: Das Archäologische Jahr in Bayern 1980 (1981), S. 162f.

[28] K. Schwarz, Fernwege.

[29] Auf der Schotterebene im Raum Aschheim/Kirchheim könnte das dann der Fall sein, wenn die Organisatoren des Fiskalguts in dieser Siedlungslandschaft nicht nur die »römisch« vermessene Einteilung der Großflur, sondern auch noch unter Kultur stehende Äcker übernommen hätten, Diepolder, Aschheim.

[30] Die Martersäule an der Wasserburger Straße ist schon 1588 genannt, 1738 heißt sie die gleißende Marter.

[31] Bei diesen Katzläckern im Wierrainfeld steht im Grundbuch von 1588 die Bemerkung »zum Huber«, einer dieser Äcker heißt 1859 noch Huberacker. Die Sachlage ist nicht ganz klar, doch da alle diese Äcker beim Katzl blieben, nicht etwa zum Huber kamen, möchte man annehmen, daß sie vor 1588 eigentlich zum Huber gehörten, daß der Katzl sie erst bekam, nachdem die Rotter Hube 1507 vom Kloster Beyharting gekauft worden war, die nunmehr beiden gemeinsame Grundherrschaft also in der Lage war, für den Ausgleich der Zelgenanteile zu sorgen.

[32] Vgl. den Beitrag von St. Janker.

[33] Zu diesen metrischen Angaben vgl G. Diepolder, Aschheim, S. 193-217. – Der in Aschheim gebrauchte und – wenn unsere Rekonstruktion zutrifft – auch für den Hof des Tunto maßgebende Fuß war mit 27,5 cm erheblich kleiner als der Römische Fuß (29,68 cm) und der Karlsfuß (33,39 cm).

Zur Geschichte des Ortsbildes

Klaus Aringer

Institutionen, die helfen können
- Gemeindeverwaltung
- Pfarramt (Pfarrarchiv)
- Kreisheimatpfleger
- Bayerisches Landesamt für Denkmalpflege, Pfisterstr. 1/2, 8 München 1
- Staatsarchiv München, Schönfeldstr. 3, 8 München 22
- Bayerisches Hauptstaatsarchiv, Schönfeldstr. 5, 8 München 22
- Bayerische Staatsbibliothek (Handschriftenabteilung), Ludwigstr. 16, 8 München 22

Hilfsmittel und Nachschlagewerke
- Kunstdenkmäler von Bayern, hg. v. Bayerischen Landesamt für Denkmalpflege, München 1895 ff
- Petzet, Michael (Hg.): Denkmäler in Bayern, Bd. 1,2: Oberbayern, bearbeitet von W. Neu u. V. Liedke, München 1986
- Jahrbuch der bayerischen Denkmalpflege: Forschungen und Berichte (Zeitschrift) hg. v. Bayerisches Landesamt für Denkmalpflege (bis Bd. 26 Bericht des Bayerischen Landesamtes für Denkmalpflege) München 1928 ff
- Gebhard, Torsten: Der Bauernhof in Bayern, 2. Aufl. München 1976

Eine Geschichte des Ortsbildes von Tuntenhausen zu verfassen, also die Entwicklung vor allem des Baubestandes durch die Jahrhunderte zu beschreiben, ist kein leichtes Unterfangen. Erst seit dem 19. Jahrhundert gibt es dafür reichlichere Quellen (Flurpläne und Bilddokumente). Für die Zeit davor ist man vor allem auf Grundbeschreibungen angewiesen, die vereinzelt Angaben zu den Häusern enthalten. Für Tuntenhausen ermöglichen Abbildungen aus Mirakelbüchern, die die Wallfahrtskirche und die umliegenden Höfe zeigen, einen Einblick in das Dorf der Frühen Neuzeit.

Das Dorf Tuntenhausen ist aus einem einzelnen frühmittelalterlichen Hof, dem des Tonto hervorgegangen. Bei der ersten urkundlichen Nennung des Dorfes um das Jahr 1000 wird bereits eine dem Kloster Tegernsee gehörende Kirche in Tuntenhausen erwähnt. Nach dem ersten Mirakel 1441 wurde ein »schöns Gotzhaus« errichtet. Der Aufschwung der Wallfahrt gab seit dem Ende des 15. Jahrhunderts bis ins 17. Jahrhundert entscheidende Impulse zur Veränderung des Ortsbildes. So entstanden zu Anfang des 16. Jahrhunderts aus zwei Althöfen durch Teilung vier Bauernhöfe, aus Wirtssölde und Bäckersölde wurden große Anwesen.[1] Im Jahr 1626 mußte der Riepel-Hof von der Dorfmitte an den östlichen Dorfrand weichen, um einer Erweiterung der Kirche Platz zu machen.

Nach einer Grundbeschreibung aus dem Jahr 1588 waren auf den Anwesen

Wohnhaus, Stall und Stadel unter einem Dach.[2] Hinter den Häusern waren kleinere Kraut- und Wurzgärten, in denen oftmals Obstbäume standen. Über die Hälfte der Anwesen hatte in ihren Gärten noch Badstuben und Backöfen. Ein genaueres Bild geben die Grundbeschreibungen der Jahre 1626 und 1672. Danach waren die meisten Bauernhäuser zwigädig (= Erdgeschoß mit einem Obergeschoß), nur der Wirt hatte ein dreigädiges Haus. Immer noch waren Wohnhaus, Stall und Stadel unter einem Dach. Es handelte sich in Tuntenhausen demnach um Mittel- und Seitenflurhäuser.[3] Vor einigen Häusern stand ein Schöpfbrunnen, hinter den Anwesen waren die Gärten mit Obstbäumen, Badstuben und Backöfen. Vereinzelt sind Söller (Lauben) genannt, wobei es sich wohl um umlaufende Balkone an Giebel- und Traufseite handelte.[4] In der ersten Hälfte des 18. Jahrhunderts waren in Tuntenhausen einzelne Häuser ganz aus Holz errichtet[5], andere waren gänzlich aus Stein aufgemauert.[6] Etliche Häuser hatten ein gemauertes Untergeschoß mit hölzernem Obergeschoß.[7] In solcher Bauweise gefertigte Häuser waren noch 1844 zahlreich in Tuntenhausen.[8]

Für das 17. und 18. Jahrhundert sind in den Mirakelbüchern Abbildungen von Tuntenhausen erhalten.[9] Sie zeigen das Dorf von Norden gesehen. Im Mittelpunkt steht die Wallfahrtskirche. Sie liegt auf einer leichten Anhöhe und wird von einer hohen Kirchenmauer ringsherum eingefaßt. Auch einige Häuser, wie das im 17. Jahrhundert erbaute Pfarrhaus, sowie weitere Anwesen sind deutlich auszumachen. Im ganzen hat der Ort die spätmittelalterlichen Ausmaße bis zum Ende des 18. Jahrhunderts kaum überschritten.

17 *Tuntenhausen: Ortsbild mit Pfarrkirche, Pfarrhof, Wirtshaus und Bauernhöfen und mit einem Zug ankommender Wallfahrer, aus dem Titelkupfer des Mirakelbuches von 1681*

18 *Wallfahrtskirche Tuntenhausen. Holzstich, bezeichnet: »O. Consée chem(igravit) München«, in: Bilder aus dem Bayerischen Hochgebirge nebst Beschreibung der hervorragendsten Orte ..., von Ludwig Sailer, k. b. Premierlieutenant a. D., II. Heft: Tuntenhausen. München 1883*

Erweiterte Vorstellungen von Häusern und Straßen bringt uns erst eine Flurkarte aus dem Jahr 1812, auf der Häuser und dazugehörige Gründe genau bezeichnet sind. Im Mittelpunkt des Ortes steht die Kirche, kreisförmig darum herum angeordnet sind die einzelnen Häuser. Dieses sehr geschlossene Ortsbild ist lediglich im Südosten und Osten etwas ausgedehnt. Ein Dorfbrand im Jahr 1844 zerstörte das Bäcker-, Höher-, Katzl-, Kistler-, Sixten-, Schul- und Huberhaus, in wenigen Stunden. Damit war vor allem der südliche Teil des Dorfes verwüstet worden. Aus den 70er Jahren des letzten Jahrhunderts besitzen wir in kurzer Folge drei revidierte Fassungen der Flurkarte (1873/74, 1877, 1879). Ein Blick auf sie zeigt keine wesentlichen Veränderungen in den Abmessungen des Ortes gegenüber dem Jahr 1812. Zusätzlich verzeichnete Gebäude betreffen zumeist Veränderungen von Anbauten, wie zum Beispiel der Anwesen Nr. 6 (Wirt) und Nr. 7 (Bäcker). Die Geschlossenheit des Ortsbildes ist erhalten geblieben. Neu hinzugekommen ist zu Beginn des 19. Jahrhunderts das Schulhaus im Südosten am Ortsrand hinter dem Anwesen Nr. 11 (Sixtbauer). Weiterhin am östlichen Ortsrand steht das Anwesen Nr. 16 (Rieplbauer) an der Weggabelung Richtung Ostermünchen bzw. Brettschleipfen.
Der Plan für ein neues Benefiziatenhaus stammt aus dem Jahr 1868. Es wurde westlich des Schulhauses in enger Nachbarschaft zum Sixtbauer (Nr. 11) errichtet. Es handelt sich dabei um ein Gebäude mit quadratischem Grundriß und zwei Geschossen (Erd-, Haupt- und Dachgeschoß). Ungefähr 1/8 der Grundrißfläche wurde unterkellert. Die Fassaden waren durch jeweils vier senkrechte Putzstreifen gegliedert.[10]
Eine genauere Vorstellung von den 16 Anwesen Tuntenhausens (die Kirche miteingerechnet) Mitte des 19. Jahrhunderts gibt uns ein Katasterblatt aus dem Jahr 1857.[11] Daraus ist zu ersehen, daß alle Anwesen stark landwirtschaftlich orientiert waren (auch Pfarrhaus, Schulhaus und Wirtshaus waren mit eigenen Stallungen und landwirtschaftlichem Grundbesitz ausgestattet). Ebenfalls fast alle besaßen einen Garten und kleinere Nebenbauten (wie Holzschupfen und dgl.). Neun Häuser (der Bäcker miteingerechnet) hatten einen eigenen Backofen.
Einzelne Gebäude weisen daneben Zusatzbauten auf, wie die Schmiedewerkstätte (Nr. 2) und der Getreidekasten des Bäckers (Nr. 7). Zum Wirtshaus (Nr. 6) gehörte ein Schlachthaus, eine Branntweinbrennerei und ein Waschhaus, zum Pfarrhaus (Nr. 4) ein Waschhaus und zur Pfarrkirche vier Kramläden in der Kirchhofmauer(!). Darüber hinaus gab es eine der Gemeinde gehörende Badstube. Nachdem 1817 Reparaturmaßnahmen am Pfarrgebäude in Tuntenhausen vorgenommen worden waren und in den 1840er Jahren erneut Baufälle eingetreten waren, kam es seit etwa 1840 zu einem regen Briefwechsel zwischen der königlichen Bauinspektion und der königlichen Regierung (Kammer des Innern) in Bezug auf die Frage des

19 Bauplan für das 1868 neu errichtete Benefiziatenhaus. Staatsarchiv München. LRA 119 193

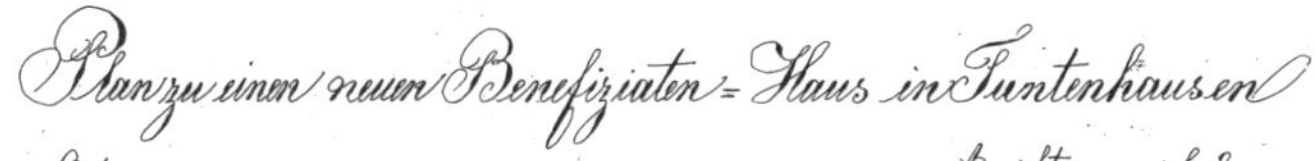

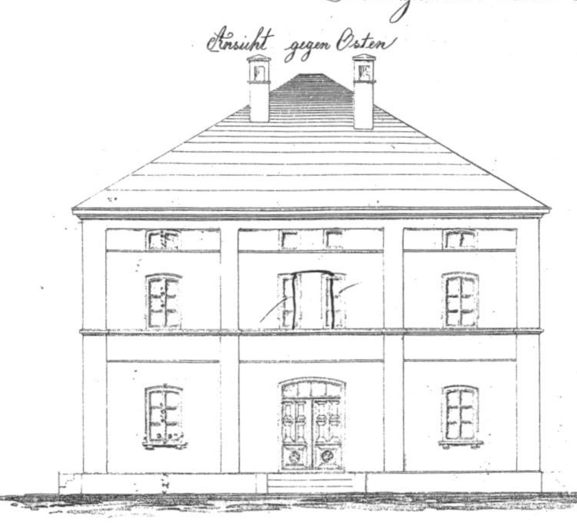

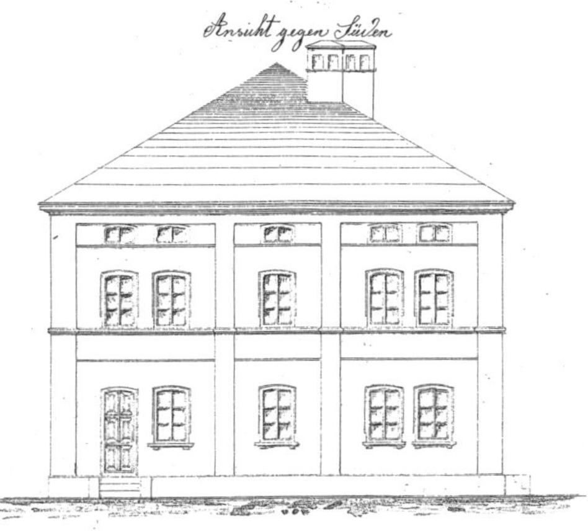

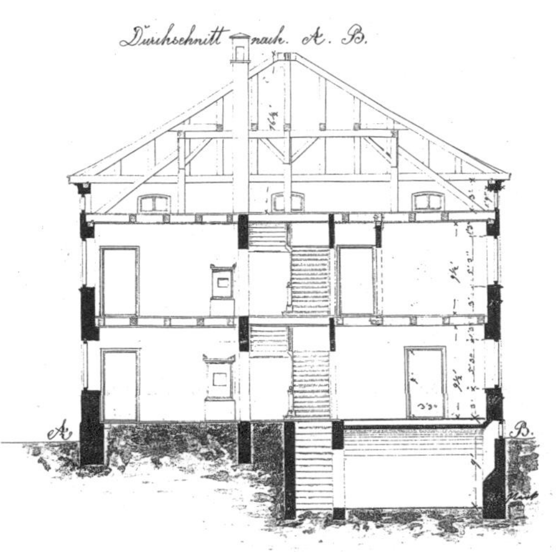

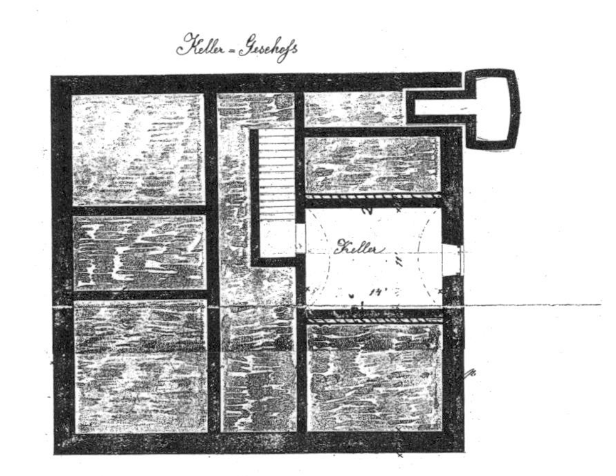

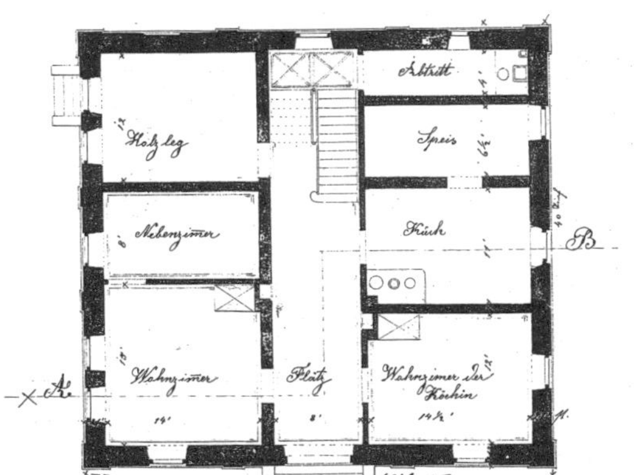

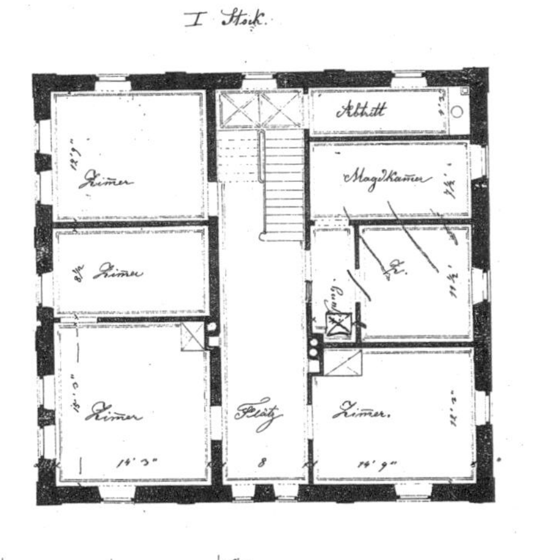

Florian Schmöll Zimmermeister in Aibling 1868

Kostenträgers. Es entbrannte wegen des schlechten Zustands der kirchlichen Gebäude eine jahrelange Auseinandersetzung, die bis in die 1870er Jahre dauerte. Verwickelt waren Pfarrei, Regierung, Bauinspektion, und schließlich schaltete sich auch das Erzbischöfliche Ordinariat ein.[12] Vor allem Pfarrer Schneider beklagte 1848 (und in den folgenden Jahren wiederholt) die »unzulänglichen Lokalitäten«.[13] Damit meinte er den schlechten äußeren Zustand des Pfarrhauses und seine Ausstattung.
In diesem Zusammenhang steht auch der Plan, für die im 19. Jahrhundert wieder stark angestiegene Schar der Pilger eine Unterbringungsmöglichkeit zu schaffen, die seit der Aufhebung des Klosters Beyharting nicht mehr gegeben war. 1851/52 erstellte man einen Plan für ein großes »Kapuziner-Hospitium« in Tuntenhausen.[14] Dem Plan nach handelte es sich um ein langgezogenes Gebäude mit einem kleinen Glockendachreiter in der Mitte. Es sollte eine eigene Hauskapelle mit Sakristei und Refektorium enthalten. Der Bau war südwestlich des Schulhauses geplant, gelangte aber nicht zur Ausführung. Verwirklicht werden konnte dagegen das neue Benefiziatenhaus (s.o.).
Die Wallfahrtskirche war 1773 renoviert worden, 1852/53 und 1877/78 führte man weitere Erneuerungsarbeiten durch. Bei letzteren wurden auch zwei Seitenaltäre von den Mittelschiffpfeilern in den Chorumgang versetzt. 1876 war die neugotische Gruftkapelle der Grafen Arco-Zinneberg angebaut worden.
Zwei erhaltene Abbildungen Tuntenhausens um 1880 zeigen den Ort einmal von Nordosten (dabei fallen vor allem das steile Walmdach des Pfarrhauses, sowie die altbayerisch behäbigen Bauernhöfe auf), und zum anderen die Kirche von Osten. Für uns sind diese Bilder vor allem wichtig, weil sie die Doppeltürme der Kirche zum letztenmal mit den alten »welschen Hauben« darstellen. Im Jahr 1890 wurden sie durch spitz aufragende neugotische Turmhelme ersetzt.

Aus dem Ende des 19. Jahrhunderts stammen noch zwei (außer der Kirche und dem Pfarrhaus) erwähnenswerte Baudenkmäler: zum einen ein Wohnhaus mit Putzgliederungen von 1871 (Fl. Nr. 22), zum andern ein Bauernhaus mit Zwerchgiebel, kräftigen Putzgliederungen und Eisenbalkon (Fl. Nr. 313). Erwähnt werden sollen auch noch ein Bildstock des 19. Jahrhunderts an der Staatsstraße 2358 nach Ostermünchen (Fl. Nr. 306) und die sogenannte »Pestsäule« auf dem Friedhof zu Tuntenhausen.[15] 1907 und 1934 mußte das Benefiziatenhaus renoviert und baulich instandgesetzt werden. 1931 verfügte die Regierung von Oberbayern (Kammer des Innern), daß die großen Baufälle dem Staatssalär unterliegen, die kleinen dagegen dem jeweiligen Pfarrer.[16] 1951 wurde festgestellt, daß der Staat am Pfarrgebäude Tuntenhausen primär baupflichtig sei.

20 Bauplan für ein Wallfahrerhospiz, 1851. Staatsarchiv München. LRA 119 197

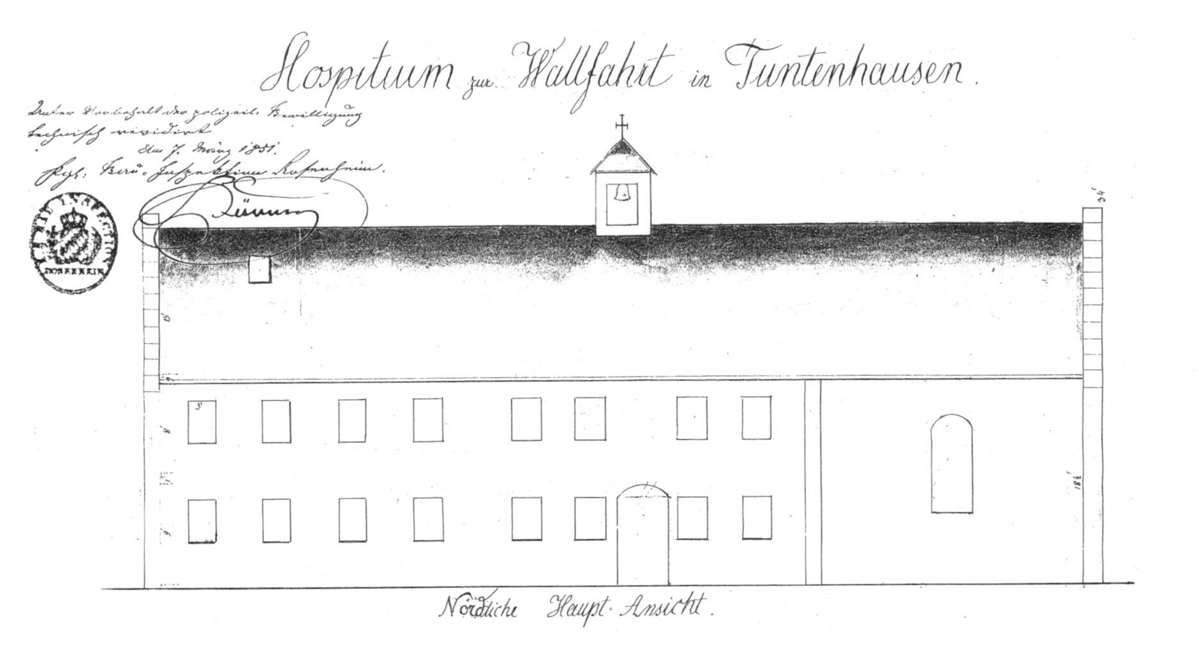
Hospitium zur Wallfahrt in Tuntenhausen.
Nördliche Haupt-Ansicht.

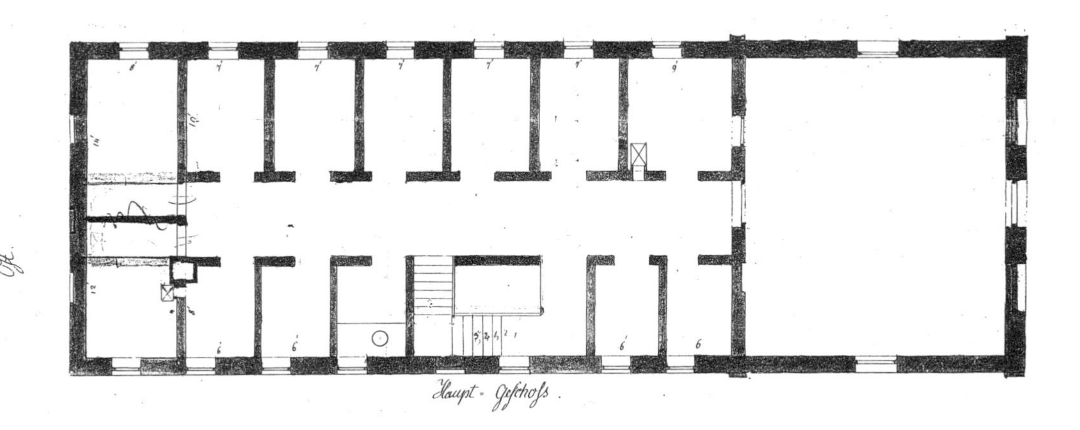
Haupt-Geschoss.

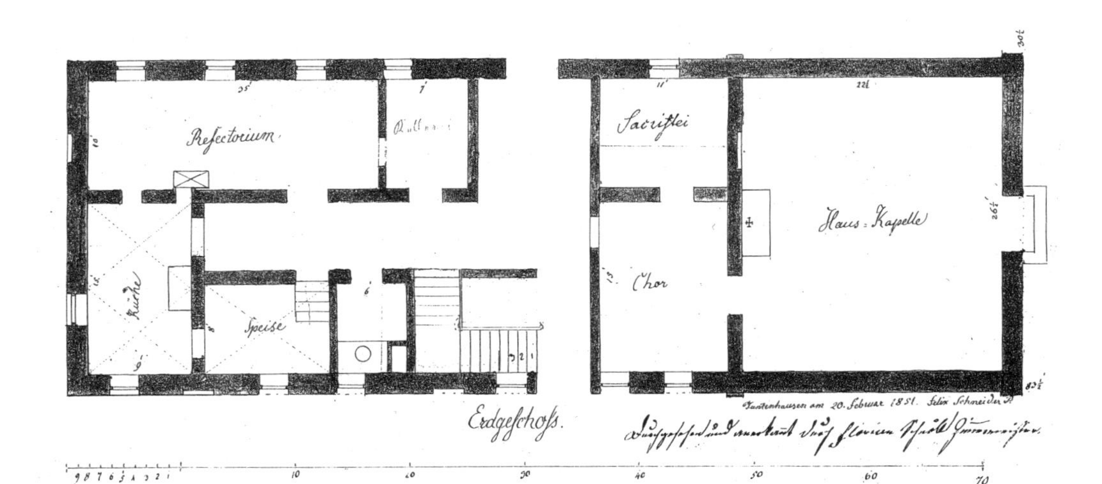
Refectorium
Sacristei
Haus-Kapelle
Küche
Chor
Speise
Erdgeschoss.
10
20
30
40
50
60
70

1928 erteilte man dem katholischen Burschenverein die Erlaubnis zur Errichtung zweier Schießplätze, 400 Meter nördlich von Tuntenhausen in einer Kiesgrube und in einer Hohlschlucht zwischen Mühlbach und Ellwein-Bach östlich der Bahnlinie. 1931 genehmigte man mit Auflagen dann auch eine Kleinkaliberschießstätte im Gasthaus zu Tuntenhausen.[17]
Tuntenhausen behielt bis zum Ende des Zweiten Weltkrieges im wesentlichen sein Erscheinungsbild aus dem letzten Jahrhundert. Ein Blick auf die Flurkarte von 1931 beweist dies. Die alte Ortsstruktur und Ortsgröße mit der Kirche als Zentrum und den darum herum liegenden Häusern blieb nahezu vollkommen erhalten. Im Gegensatz zum Nachbarort Ostermünchen, der seit dem Bau der Eisenbahnlinie eine rasche Ausbreitung erfuhr, blieb Tuntenhausen bis in unsere unmittelbare Vergangenheit ein Ort, dessen Ortsentwicklung nur langsam und organisch, am Bedarf der eigenen Bevölkerung orientiert, vorangegangen ist. An die alte Ortsstruktur wurden so Neubaugebiete angefügt. Aus der Ortsstruktur ausgebrochen ist ein Gewerbebetrieb, der aus einem ortsansässigen Handwerk erwachsen ist und in jüngster Zeit das Rathaus. Die Ortserweiterung Tuntenhausens wurde ganz wesentlich von der demografischen, sozialen und ökonomischen Eigendynamik des Dorfes getragen!

Die neue Phase der Ortsentwicklung Tuntenhausens vollzog sich seit den 50er und 60er Jahren unseres Jahrhunderts, nachdem die Ortschaft den Zweiten Weltkrieg ohne Zerstörungen überstanden hatte. Auf der Karte von 1953 kann man die alte Ortsstruktur noch unverfälscht erkennen. In den sechziger Jahren kam im Osten des Ortskerns, an der Straße nach Brettschleipfen, ein größeres Neubaugebiet hinzu. Diese Ortserweiterung stellt rein geographisch eine Anfügung dar. Tuntenhausens Neubaugebiete des letzten Drittels des 20. Jahrhunderts müssen deshalb als Zusatz zum alten Tuntenhausen gewertet werden, die die Größe und das äußere Erscheinungsbild des Ortes zwar enorm verändert haben, aber doch aus heutiger Sicht die Möglichkeit zulassen, das alte, über lange Zeit gewachsene Tuntenhausen in seiner Geschlossenheit und geschichtlichen Funktion neu zu erkennen und zu bewerten.

Aus dem Jahr 1738 stammende Beschreibung des Schmied-Anwesens in der Dorfmitte (Kirchplatz 4) und des Zuckerl-Anwesens am Dorfrand (Graf-Arco-Straße 8) an der Straße nach Beyharting gelegen. Zu beiden Anwesen gehörte ein Kramladen unterhalb der Kirche.

Daß Schmidtgüettl und Schmidten alda sambt dem Crammladen, beschriben in Beisein R. P. Aug. Mayr, durch Johann Georgen Mayr Hofschreibern, den 5. Aug. ao. 1738.

Joseph Edenhueber Schmidt und Maria dessen Eheweib besüzen dermahlen daß zum lobl. Gottshaus und Closster Beyhardting grundtaigenthombliche Schmidtgüettl und Schmidten, nebst dem Crammbladen, und Crammereysgerechtigkeit alda selbst, so ain Pausöldten unnd sich damahls zu Haus, Hof, Dorf, Veldt unnd Gehilz, im Standt befündtet, wie volgt:

Nemblichen ain ganz wohlerpauth zwaygädtig gemaurthe Behausung, hiran hindenher ain ganz hilzen, aber allenthalben ganz paufehliger Stadl, Stallung und Thennen, wo die Reparation bis auf den Dachstuell, der durchaus gehet, durchgehents vonnethen. Von Aufgang[18] mit sambt dem Pflanz- unnd Wurzgartten an den Pichler, welcherseiths der Zaun oder Planckhen von Schmidt auch gegen Mitternacht[19] zemachen, Mittag[20] und Nidergang[21] ligts an die Strassen mit sambt einen eingefangnen Vorhöfl, mehr auf die Strassen stossent; in gedachten Vorhöfl befündtet sich auch ain zwaygädtig gemaurth, iedoch zum Einfahlen stehente Schmidten mit zway Feur, worauf eine Gelegenheit auf ain parr Hörbergsleuth mit ainer Stuben, 2 Cämmer und Kuchel, dann undtenheran die Schmidten ain Pachofen.

Verners den dritten Crammbladen under der Kürchen gegen den Pfarrhof hinauf an Sebastian Hebetspergers, undtenher aber an des Schneiders Crammladen stossent.

– – – – – – –

Joseph Schlosser unnd Anna Maria dessen Eheweib besüzen dermahlen daß sogenante Zuckherl Crammerheusel sambt der Cramerey unnd Prandtweinschenkhens Gerechtigkeit zu gedachten Tunttenhausen, so sich damahlen in Standt befundten wie volgt:

Nemblich ain ganz hilzene Behausung, Stadl und Thennen alles under ainem Tach, zwaygädtig und noch in gueten Standt; heraussenhalb Tunttenhausen, unweit des rothen Meers, ligt von Aufgang an die Strassen oder Farthweg so von Tunttenhausen nacher Beyhardting und Aybling gehet, mittagsseiths mit sambt den eingefangenen Vorhöfl und Pflanzgärttl auf gedachtes rothe Merpächel hinaus stossent, Mitternacht an dess Käzls Wöhrgrundt, Nidergang thaills auf die Gmain und thaills auf vorigen Wöhrgrundt stossent.

Item ain clains Waagenschipfl unnd Pachofen vorm Haus yber den Farthweeg hinyber aus Wöhrrhain oder Prötschlaipferfeldt liegent. Zu disem Haus gehört auch der erste Crammladen under der Kürchen gegen dem Herrnhaus oder Pfarrhof hinauf, Mittagseits aber an Sebastian Hebertspergers alda habent dergleichen Crambladen ligent.

Nitweniger ain clains Gärttl hinder der Waagenschupfen, ligt von Aufgang an dess Pöckhens Gartten, Mittag an dess Käzls Veldtgrundt, Mitternacht aber auf den Zechentstadl und Nidergang an den Weg oder Strassen bey welchen der Zaun ausser was dess Pöckhens Gartten betrüfft, allenthalben von drei Heusl aus zemachen ist, hierinnen bestündten sich 7 Pirn-, dann 19 Öpstl[22] und 13 Zwöspenpämbl[23], groß und clain, übrigens ists zwaymädtig und tragt Heu.

Quellen

Bayerische Staatsbibliothek
- Cod. lat. 1053

Bayerisches Hauptstaatsarchiv (BayHStA)
- Klosterliteralien Beyharting 30

Staatsarchiv München (StAM)
- Kataster 458
- Landratsamtsakten (LRA) 52 968, 16 065, 108 442/1/2, 118 610, 118 820, 119 162 – 119 173, 119 193, 119 197, 119 231, 119 327, 47 531, 108 407
- Flurkarten

[1] Vgl. den Beitrag von St. Janker.
[2] BayHStA KL Beyharting 33, f. 29v., 33, 34, 37, 41.
[3] T. Gebhard, Der Bauernhof in Bayern, S. 48.
[4] BayHStA KL Beyharting 30, f. 2, 6, 233v., 239v.
[5] Z.B. Zuckerl (Graf-Arco-Str. 8), BayHStA KL Beyharting 30, f. 413v.
[6] Z.B. Schulmeister (Pfarrer-Lampl-Str. 2), Webergütl; BayHStA KL Beyharting 30, f. 417, 418v.
[7] Z.B. Wimmer (Kirchplatz 3); BayHStA KL Beyharting 30.
[8] Votivtafel zum Dorfbrand in der Pfarrkirche Tuntenhausen.
[9] Mirakelbuch 1646, 1681, 1730, 1738.
[10] StAM, LRA 119 193.
[11] StAM, Kataster 458.
[12] StAM, RA 52 968.
[13] Ebd.
[14] StAM, LRA 119 197.
[15] Vgl. M. Petzet (Hg.), Denkmäler in Bayern, Bd. 1, 2, S. 580.
[16] StAM, LRA 119 173.
[17] StAM, LRA 119 327.
[18] Osten.
[19] Norden.
[20] Süden.
[21] Westen.
[22] Apfel.
[23] Zwetschgen.

Häuserbuch des Dorfes Tuntenhausen

Stephan M. Janker, Gerhard Immler, Susanne Herleth, Sabine Kammermeier

Institutionen, die helfen können
- Pfarramt (Pfarrarchiv)
- Bayerischer Landesverein für Familienkunde, Ludwigstraße 14, 8 München 22
- Staatsarchiv München, Schönfeldstraße 3, 8 München 22
- Bayerisches Hauptstaatsarchiv, Schönfeldstraße 5, 8 München 22
- Diözesanarchiv (Archiv des Erzbistums München-Freising, Pacellistraße 1, 8 München 2)

Hilfsmittel
- Blätter des bayerischen Landesvereines für Familienkunde (Zeitschrift), hg. vom Bayerischen Landesverein für Familienkunde, 1923 ff.
- Janker, Stephan M.: Möglichkeiten der Familienforschung in Altbayern, München 1986

Die Geschichte der Tuntenhausener Anwesen kann bis in das Mittelalter zurückverfolgt werden. Allerding nennt die älteste urkundliche Überlieferung noch keine Hausnamen oder Namen der Bauern. Erst 1346 wird als Beständer des Zehenthofes ein Heinrich Zehentmaier genannt, 1349 als Inhaber der Hube des Klosters Rott Friedrich von Hörmating.
Die Besitzerlisten im folgenden Häuserbuch wurden vor allem aus Urkunden und Akten der Grundherrschaften, sowie aus den wichtigsten Steuerbüchern zusammengestellt. Nennungen vor 1815 bedeuten demnach: Im angegebenen Jahr ist in der nachgewiesenen Quelle (Fußnote) der Besitzer genannt. Für Hof- und Familiengeschichten, die weitere Quellen heranziehen müssen (z. B. Briefprotokolle, Pfarrbücher), ist damit der Weg gewiesen. Für das 19. und 20. Jahrhundert gibt das Häuserbuch jeden Besitzerwechsel mit dem Jahr der Übergabe oder des Kaufes an.
Im Zuge der sogenannten Bauernbefreiung wurden die Beständer bzw. Bewirtschafter der Anwesen ab der zweiten Hälfte des 19. Jahrhunderts Eigentümer von Haus und Hof.

21 Ortsplan von Tuntenhausen nach der Erstaufnahme von 1812 mit den 16 alten Anwesen (folgende Seite)

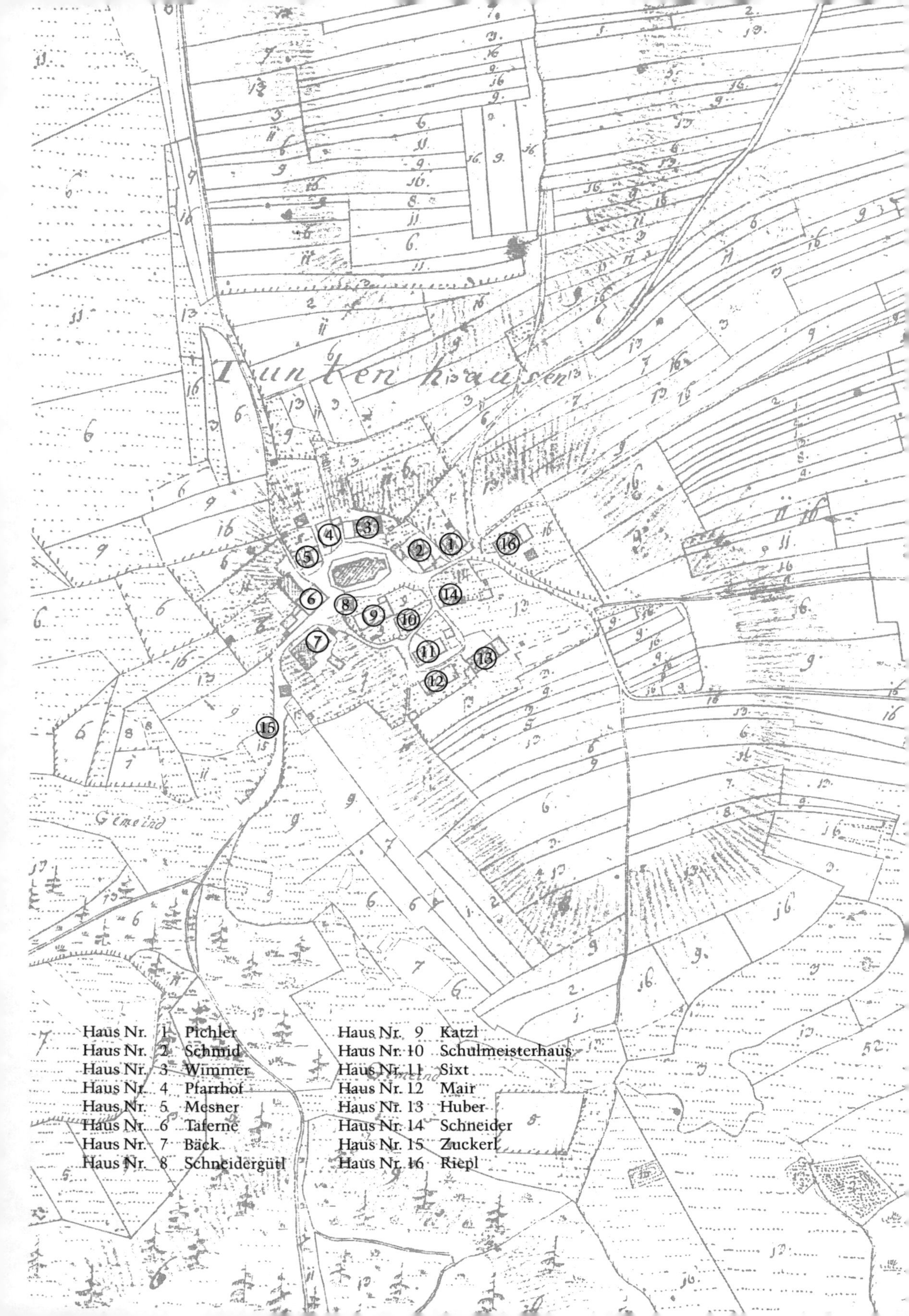

Tunten hausen
Gemeind
Haus Nr. 1 Pichler
Haus Nr. 2 Schmid
Haus Nr. 3 Wimmer
Haus Nr. 4 Pfarrhof
Haus Nr. 5 Mesner
Haus Nr. 6 Taferne
Haus Nr. 7 Bäck
Haus Nr. 8 Schneidergütl
Haus Nr. 9 Katzl
Haus Nr. 10 Schulmeisterhaus
Haus Nr. 11 Sixt
Haus Nr. 12 Mair
Haus Nr. 13 Huber
Haus Nr. 14 Schneider
Haus Nr. 15 Zuckerl
Haus Nr. 16 Riepl

Tillystr. 1 (ehem. Haus Nr. 1)

Hausname	Pichler – vom ehemaligen Besitzer
Hoffuß	1/8
Fläche	28,64 Tagwerk
Niedergericht	Landgericht Schwaben bis 1696, Klosterhofmark Beyharting bis 1803
Grundherr	Brettschleipfer bis 1497. Pötschner (Brettschleipfermiterben) verkaufen am 28. 7. 1497 an Balthasar Auer. Über Hans Auer an Sohn Thomas, der ins Kloster Herrenchiemsee eintritt. 1544 von Herrenchiemsee an Beyharting verkauft

Jahr der Nennung	*Bewirtschafter*	*Bemerkung*
1497	darauf Paule Zimerman sizt[1]	
1512	Pauls Zimerman zu Thuntenhausen[2]	
1544	Haintz Puhler[3]	
1562	Jörg Mareysz[4]	
1585	Georg Püchler[5]	
1596	Witwe Puchlerin[6]	1 Joch Acker
1700	Georg Pichler[7]	
1752	Johann Pichler[8]	
1760	ders.[9]	
1780	Joseph Bachmayr[10]	
1808	Joseph Bachmair[11]	
1815	ders.[12]	
1821 23. Juli	Übergabe an Franz Bachmair und seine Ehefrau Creszenz Bachmair[13]	
1851 11. Febr.	Ehefrau Creszenz verstorben, der Witwer Franz Bachmair ist Alleineigentümer[14]	
1862	Übergabe an den Sohn Sebastian Bachmair[15]	
1862 14. März	Kauf durch Peter und Elisabeth Eder[16]	
1879 17. Sept.	Witwer Peter Eder als Alleineigentümer[17]	
1900 11. Aug.	Erbfall an Josef und Theres Eder[18]	
1900 III. Qu.	Überlassung mit dem Anwesen Hs. Nr. 2 an Josef Eder, Sohn, als Alleineigentümer	
1900 III. Qu.	Josef Eder und dessen Braut Maria Schweiger in allgemeiner Gütergemeinschaft	
1926 4. Nov.	Erbfall an Maria Eder als Alleineigentümerin	
1935 11. Juli	Erbhofübergabe an Josef Eder	
1950 5. Jan.	Josef und Therese Eder, geb. Wagner	
1959 4. Aug.	Erbfall an Therese Eder, geb. Wagner	

[1] BayHStA, KU Beyharting 1497 VII 28.
[2] BayHStA, KU Tegernsee 1627.
[3] BayHStA, KU Beyharting 1544 I 17.
[4] BayHStA, KL Beyharting 10.
[5] BayHStA, KL Beyharting 13.
[6] BayHStA, GL Fasz. 61/7.
[7] BayHStA, KL Beyharting 27.
[8] BayHStA, KHH 139.
[9] StAM, PfG. Schw. B. 18.
[10] BayHStA, KL Beyharting 29.
[11] StAM, Kataster 452.
[12] StAM, Kataster 453.
[13] StAM, Kataster 454.
[14] StAM, AG 6199.
[15] StAM, AG 6199.
[16] StAM, Kataster 462.
[17] StAM, Kataster 462.
[18] StAM, Kataster 467 wie alle weiteren.

Kirchplatz 4 (ehem. Haus Nr. 2)

Hausname	Schmid – vom hier ausgeübten Schmiedehandwerk
Hoffuß	1/8
Fläche	27,52 Tagwerk
Niedergericht	Landgericht Schwaben bis 1696, Klosterhofmark Beyharting bis 1803
Grundherr	Brettschleipfer. Von Hansen Pöckn an die Auer verkauft. 1527 im Besitz des noch unmündigen Thomas Auer. 1544 von Kloster Herrenchiemsee an Beyharting verkauft

Jahr der Nennung	*Bewirtschafter*	*Bemerkung*
1385	Ulrich Smit zu Tuntenhausen[1]	
1497	darauf yetzo der Bartel stiftweys sitzt[2]	
1524	Vinzenz Schneider »Hofstat der Schmidten«[3]	
1527	Vincentz Schmidt[4]	
1544	Vincentz Schmid[5]	
1554	Zemetzs Schmid[6]	
1562	Wolfgang Schmidt[7]	
1596	ders.[8]	lebt von 1 Joch Acker und dem Handwerk
1665	Melchior Schmied[9]	erhält zusätzlich den »reparierten laden«
1696	Melchior Edenhueber[10] (ders. ?)	
1710	Michael Edenhueber[11]	
1738	Joseph Edenhueber[12]	Schmiede baufällig, Laden als der »3. laden under der kirchen, gegen den pfarrhof« identifiziert
1752	ders.[13]	
1760	ders.[14]	
1780	Michael Edenhueber[15]	Laden nach 1780 an wechselnde Pächter verpachtet
bis 1805	Joseph Edenhuber	
1805 6. Sept.	Übergabe an den Sohn Franz Edenhuber[16]	
1815	Maria Edenhuber[17]	
1815 25. Sept.	Kauf durch Martin Eder[18]	
1846 6. Juni	Übergabe an Peter Eder[19]	
1846 30. Sept.	gemeinsamer Besitz von Peter und Elisabeth Eder[20]	
1879 17. Sept.	Witwer Peter Eder als Alleineigentümer[21]	

1900	11. Aug.	Erbfall an dessen Kinder Josef und Theres Eder[22]
1900	III. Qu.	Überlassung an Josef Eder, Sohn, als Alleineigentümer
1900	III. Qu.	Josef Eder und dessen Braut Marie Schweiger in allgemeiner Gütergemeinschaft
1926	4. Nov.	Erbfall an Maria Eder
1935	11. Juli	Erbhofübergabe an Josef Eder
1950	5. Jan.	Josef und Therese Eder, geb. Wagner

1 Th. Wiedemann, S. 23.
2 BayHStA, KU Beyharting 1497 V 26.
3 BayHStA, KL Beyharting 9.
4 BayHStA, KU Beyharting 1527 XI 27.
5 BayHStA, KU Beyharting 1544 I 17.
6 StAM, PfG. Schw. B 14.
7 BayHStA, KL Beyharting 10.
8 BayHStA, GL Fasz. 61/7.
9 BayHStA, KL Beyharting 24.
10 BayHStA, GL Fasz. 61/1.
11 BayHStA, KL Beyharting 28.
12 BayHStA, KL Beyharting 30.
13 BayHStA, KHH 139.
14 StAM, PfG. Schw. B 18.
15 BayHStA, KL Beyharting 29.
16 StAM, Kataster 452.
17 StAM, Kataster 453.
18 StAM, Kataster 454.
19 StAM, Kataster 454.
20 StAM, Kataster 454.
21 StAM, Kataster 462.
22 StAM, Kataster 467 wie alle weiteren.

Kirchplatz 3 (ehem. Haus Nr. 3)

Hausname	Wimmer – ursprünglich Bewirtschafter des Pfarrwiddums
Hoffuß	½
Fläche	87,66 Tagwerk
Niedergericht	Landgericht Schwaben bis 1696, Klosterhofmark Beyharting bis 1803
Grundherr	seit 1221 Kloster Beyharting

Jahr der Nennung	*Bewirtschafter*	*Bemerkung*
1460-1503	Widenman von Tuntenhausen[1]	
1461	Oten Fridel = Fridel Widenman[2]	
1503	Widenmann[3]	
1506	Wilhelm Widenmann[4]	
1524	Sebastian Widemann[5]	
1533 ca.	Sebastian Widenman[6]	
1554	Wolf Widman[7]	
1562	ders.[8]	
1596	Leonhard Widtman[9]	
1696	Hans Obermayr[10]	
1700	Hans Frey[11]	
1710	ders.[12]	
1738	Balthasar Lipp[13]	
1752	Sebastian Jackhl[14]	
1760	ders.[15]	
1780	Balthasar Lipp[16] (versehentl. veralteter Name abgeschrieben?)	

1808		Sebastian Jäkl[17]
1815		ders.[18]
1841	10. April	Erben des Sebastian Jäkl[19]
1846	10. Juni	Übergabe an Sebastian Jäggl jun.[20]
1863	23. Febr.	Übergabe an Theresia Eheberger, die Tochter des Huberbauern[21]
1900	19. Dez.	Übergabe an Johann Ehberger jun.[22]
1902	14. Febr.	und dessen Ehefrau Theres zum Miteigentum[23]
1932	20. Juni	Übergabe mit dem Anwesen Haus Nr. 14 an Johann Ehberger jun.
1932	25. Juli	Johann und Mathilde Ehberger in allgemeiner Gütergemeinschaft
1958	11. Nov.	Übergabe an Mathilde Wallner, geb. Ehberger
1958	11. Nov.	Jakob und Mathilde Wallner, geb. Ehberger

[1] BayHStA, KL Beyharting 5 und 6.
[2] BayHStA, KL Beyharting 5 a, fol. 9v. und 10v.
[3] BayHStA, KL Beyharting 6.
[4] BayHStA, KL Beyharting 6.
[5] BayHStA, KL Beyharting 9.
[6] BayHStA, KL Beyharting 5g.
[7] StAM, PfG. Schw. B 14.
[8] BayHStA, KL Beyharting 10.
[9] BayHStA, GL Fasz. 61/7.
[10] BayHStA, GL Fasz. 61/1.
[11] BayHStA, KL Beyharting 27.
[12] BayHStA, KL Beyharting 28.
[13] BayHStA, KL Beyharting 30.
[14] BayHStA, KHH 139.
[15] StAM, PfG. Schw. B 18.
[16] BayHStA, KL Beyharting 29.
[17] StAM, Kataster 452.
[18] StAM, Kataster 453.
[19] StAM, AG 6199.
[20] StAM, Kataster 454.
[21] StAM, AG 6199.
[22] StAM, Kataster 466.
[23] StAM, Kataster 467 wie alle weiteren.

Kirchplatz 2 (ehem. Haus Nr. 4)

Hausname	Pfarrhof
Hoffuß	–
Fläche	8,75 Tagwerk Wiese, 1804 erworbene ehem. Gemeindeteile im Steuerdistrikt Beyharting
Niedergericht	–
Grundherr	dem Kloster Beyharting inkorporiert, ab 1803 Staatseigentum

Jahr der Nennung		*Bemerkung*
1337	Friedrich, Pfarrer zu Tuntenhausen[1]	Die Pfarrer waren bis 1803 in der Regel Konventualen des Klosters Beyharting
1346	Ott, Pfarrer zu Tuntenhausen[2]	
1466	der erbere geystlich Herr Conradt an der zeyt vicari zw Tunttenhawsen[3]	
† 1495	Joannes Windisch, plebanus in Tuntenhausen[4]	
1497	Herr Bernhart, Korherr zw Beyharting und yetz Pfarrer zw Thuntenhausen[5]	
1498	Herr Bernhart, Pfarrer der Pfarrkirch Hymilkonigin Marie zu Tuntenhausen[6]	
1498	Ulrich Eisenhofer, Pfarrer[7]	

† 1512	Hieronymus . . ., plebanus in Tuntenhausen[8]
† 1523	Sebastian Abl, plebanus in Tuntenhausen[9]
1524-1536	Alexius Weichinger, plebanus in Tuntenhausen[10]
1551	Vitus Findtner, Pfarrer[11]
1553	Augustin, sacellanus[12]
1554-1560	Peter Spächter, Pfarrer († 1590 V 17)[13]
1560	Bernhard Heiss, provisor († 1583 III 19)[14]
1560	Georg Stubenecker, cooperator († 1577 IV 28)[15]
1577	Stephan Lechner, Pfarrer[16]
1588	Melchior Mayr, Pfarrer[17]
1599	Wolfgang Peuntmair, capellanus[18]
1604	Rupert Eder, capellanus[19]
	Wilhelm Hagen, olim pastor in T. († 1614 X 9)[20]
1612	Augustin Aicher, plebanus[21]
	Vitus Wolf, olim parochus in T. († 1617 IX 18)[22]
1626	Michael Mayr, plebanus[23]
1630	Simon Kersperger, Pfarrer[24]
1641	Andreas Hueber, vicarius[25]
1648	Ubaldus Luzenberger, parochus[26]
1649	Moris Khim, Kaplan[27]
1654	Tobias Sedelmair, sacellanus[28]
1659	Georg Pobinger, capellanus[29]
	Wilhelm Bröll, zeitweilig Pfarrer in Tuntenhausen († 1683 VIII 20)[30]
1659-1708	Benno Bärtl, Pfarrer († 1708 XII 28)[31]
1730-1766	Michael Piderpost, Kaplan († 1766 I 9)[32]
1732-1736	Franz Mittermayr, Pfarrer († 1755 IX 23)[33]
1784-1793?	Joachim Scheiterer, Pfarrer[34]
1793-1794	Joseph Neumayr, Pfarrer (wird Propst)[35]
1794-1806	Mattäus Heiser, Prediger[36]
1795-1799	Dominicus Schmid, Pfarrer[37]
1799-1803	Joachim Scheiterer, Pfarrer[38]
1799-1803	Bernhard Grainer, Cooperator[39]
1803-1807	Nicolaus Rech, pens. Chorherr v. Beyharting
1807-1826	Anton Gregor Gsellhofer[40]
1827-1840	Josef Aquilinus Kainz
1840-1863	Johann Felix Schneider
1864-1870	Pius Gogg
1871-1873	Gallus Hosemann
1873-1887	Michael Glockshuber
1888-1892	Josef Loderer
1893-1919	Josef Brunner
1920-1925	Franz Xaver Hamberger
1925-1931	Josef Kreuzer
1931-1950	Innozenz Lampl
1950-1984	Kaspar Roßnagl
seit 1985	Josef Vogt

[1] Th. Wiedemann, S. 18. – BayHStA, KU Beyharting 1337 I 25.
[2] BayHStA, KU Beyharting 1346 VII 4.
[3] MB 18, S. 525.
[4] Th. Wiedemann, S. 217, 218, 301.
[5] BayHStA, KU Beyharting 1497 IX 18.
[6] BayHStA, KU Beyharting 1498 IV 5.
[7] Th. Wiedemann, S. 119.
[8] Th. Wiedemann, S. 216, 218, 302.
[9] Th. Wiedemann, S. 219, 298, 302.
[10] M. v. Deutinger, Die älteren Matrikeln, Bd. 3, S. 402; Th. Wiedemann, S. 217 f., 298.
[11] Th. Wiedemann, S. 216, 219, 302.
[12] Th. Wiedemann, S. 217, 219, 302.
[13] Th. Wiedemann, S. 58.
[14] Th. Wiedemann, S. 219, 298, 303.
[15] Th. Wiedemann, S. 215, 219, 303.
[16] Th. Wiedemann, S. 215, 219, 298, 303.
[17] Th. Wiedemann, S. 215, 219, 303.
[18] Th. Wiedemann, S. 214, 219, 298, 303.
[19] Th. Wiedemann, S. 216, 219, 304.
[20] Th. Wiedemann, S. 217, 220, 304.
[21] Th. Wiedemann, S. 217, 220, 304.
[22] Th. Wiedemann, S. 170, 169, 217, 298, 304.
[23] Th. Wiedemann, S. 70, 169, 215, 220, 304.
[24] Th. Wiedemann, S. 70, 169, 220, 298, 304.
[25] Th. Wiedemann, S. 214, 220, 298, 305.
[26] Th. Wiedemann, S. 107, 173, 216, 220, 298, 305.
[27] Th. Wiedemann, S. 217, 220, 305.
[28] Th. Wiedemann, S. 173, 214, 220, 298, 305.
[29] Th. Wiedemann, S. 216, 220, 299, 306.
[30] Th. Wiedemann, S. 108, 220, 237, 298, 306.
[31] Th. Wiedemann, S. 307.
[32] Th. Wiedemann, S. 308.
[33] Th. Wiedemann, S. 109, 299, 308.
[34] Th. Wiedemann, S. 299, 311.
[35] Th. Wiedemann, S. 299, 311.
[36] Th. Wiedemann, S. 312.
[37] Th. Wiedemann, S. 311.
[38] Th. Wiedemann, S. 299, 311.
[39] Th. Wiedemann, S. 311 f.
[40] Vgl. auch für alle weiteren den Beitrag von B. Gruber-Groh.

Kirchplatz 1 (ehem. Haus Nr. 4½)

Pfarr- und Wallfahrtskirche Mariä Himmelfahrt

Kirchherr	Seit 978/79 (wieder?) Kloster Tegernsee, nicht mehr 1186; 1221-1803 Kloster Beyharting; 1803-1899 Staatseigentum; ab 1899 Kirchenverwaltung Tuntenhausen
Zehentrecht	995/1001 Kloster Tegernsee; ⅓-Zehent stand dem Inhaber des Zehentmairs (Haus Nr. 9) zu; 12. Jhdt. Tegernseer Dienstmannen, im 13. Jhdt. Übergang an die Herzöge von Bayern; seit 1299 Kloster Beyharting. ⅔-Zehent war bis 1493 in Händen der Marzeller von Innerthann u. wurde 1504 an Kloster Beyharting verkauft.
Wallfahrt	seit 1441

995/1001	Eigenkirche des Klosters Tegernsee mit Zentrechten[1]
1173/80 -1189/1206	Richger von Tuntenhausen wird clericus, sacerdos, plebanus genannt.[2]
1186	Tuntenhausen ist nicht mehr unter den Seelsorgskirchen des Klosters Tegernsee aufgeführt.[3]
1221	Die Kirche wird mit ihren Filialen durch den Freisinger Bischof dem Kloster Beyharting inkorporiert.[4]
1315	Nach der ältesten Bistumsmatrikel gehört Tuntenhausen zum Dekanat Aibling. Zur Kirche gehören die beiden Filialen Hilperting und Jakobsberg.

1498	Pfarrkirch »Hymilkonigin Marie« zu Tuntenhausen[5]
1803	Durch die Säkularisation wird die Kirche Staatseigentum.
1899	Infolge der Berichtigung der Eigentumsverhältnisse wird die Kirche der Kirchenstiftung übertragen.[6]

[1] Tegerseer Briefsammlung, hg. v. K. Strecker (MG Epp. sel. III, 1925), S. 43.
[2] Tegernsee Trr. 336, 355, 357, 374; Beyharting Tr. 24.
[3] MB 6, S. 189-191.
[4] MB 5, S. 461.
[5] BayHStA, KU Beyharting 1498 IV 5.
[6] StAM, Kataster 467.

Kirchplatz 8 (ehem. Haus Nr. 5)

Hausname	Mesner, nach 1696 Weber – vom Beruf des Härtl
Hoffuß	1/8
Fläche	7,78 Tagwerk
Niedergericht	Landgericht Schwaben bis 1696, Klosterhofmark Beyharting bis 1803
Grundherr	Kloster Beyharting

Jahr der Nennung	*Bewirtschafter*	*Bemerkung*
1461-1495	Adler von Tuntenhausen[1]	
1493	daz Mesners Chuncz Adlers gut[2]	
1496-1504	Chunradt Adler zw Tuntenhausen[3]	
1503	Mesner[4]	
1504	Contz Adler[5]	
1512-1515	Jörg Adler zu Tuntenhausen[6]	
1533 ca.	Mesner Matheß[7]	
1554	Caspar Mesner[8]	
1565	Caspar Mesner[9]	
1572	ders.[10]	
1596	Heiß[11]	lebt von der Mesner-Besoldung und dem Weberhandwerk
1696	Georg Härtl[12]	
1710	ders.[13]	als Hausname erstmals »Wöber«
1738	ders.[14]	
1752	ders.[15]	
1760	ders.[16]	
1780	ders.[17]	
1808	Georg Häusler[18]	
1815	ders.[19]	
1828 6. Juni	Übergabe an den Sohn Georg Häusler jun.[20]	
1829 23. April	Kauf durch Nikolaus Pronberger und seine Ehefrau Theresia Pronberger[21]	
1857	Hausbezeichnung »Kramer«![22]	

1865	11. Jan.	Übergabe an Nikolaus Pronberger jun. und seine Ehefrau Elisabetha Pronberger[23]
1873	21. Jan.	Witwer Nikolaus Pronberger als Alleineigentümer[24]
1905		Übergabe an Alois Pronberger und seine Ehefrau Elise Pronberger[25] (Krämer); Pronberger, Nikolaus[26]
1922	23. Mai	Erbfall an Alois Promberger[27]
1922	8. Nov.	Alois und Katharina Promberger in allgemeiner Gütergemeinschaft[28]
1929	16. Mai	Erbfall an Katharina Pronberger[29]
1953	26. März	Übergabe an Albert und Maria Paula Pronberger, geb. Eberherr[30]

Fuchsbergstr. 5 (ehem. Haus Nr. 5½) kein Hofname

1866	5. Mai	Zugang: Kauf eines Bauplatzes durch Johann Schoen und seine Ehefrau Maria Schoen von Josef und Anna Eder (Haus Nr. 9)[31]
1880	28. Juni	Übergabe an den Sohn Ludwig Schoen und seine Ehefrau Maria Schoen[32]
1912	13. Febr.	Übergabe an Johann und Antonia Ackermann in allgemeiner Gütergemeinschaft[33]
1952	10. Juli	Kauf durch Felix und Rosina Schmid, geb. Hufnagl[34]

Fuchsbergstr. 8 (ehem. Haus Nr. 5⅓) Feuerhaus

1864	22. Mai	Zugang: Besitzer des Feuerhauses ist die Gemeinde Tuntenhausen; der Grund und Boden ist Eigentum der Pfarrkirche[35]
1907	15. Nov.	Neubau eines Feuerhauses[36]
1929	2. Dez.	Erloschen
1930	24. April	Wieder eröffnet: Kauf eines Grundstücks von der Landgemeinde Tuntenhausen durch Leonhard und Katharina Schmelzer zu gleichen Anteilen
1955	10. Jan.	Neubau einer Säge und einer Schreinerwerkstätte
1959	16. Sept.	Übergabe an Leonhard Schmelzer jun.
1961	27. April	Leonhard und Maria Schmelzer, geb. Paul
1963	15. Mai	Fuchsbergstr. 8 (Arrondierung)

Tillystr. 7 (ehem. Haus Nr. 5¼)

1902 I. Qu.	Transfer von Grundstücken wegen Vorbehalt von Haus Nr. 10 hierher; Neubau eines Wohnhauses im Dezember 1901[37]
1907 21. Nov.	Georg und Christine Bartl in allgemeiner Gütergemeinschaft
1910 12. Jan.	Kauf durch Josef und Elisabeth Raig in allgemeiner Gütergemeinschaft
1923 19. Juli	Erbfall an Josef Raig
1927 9. Mai	Übergabe an Leonhard und Elisabeth Grabichler
1956 16. Nov.	Erbfall an Leonhard Grabichler

Bergweg 11 (ehem. Haus Nr. 5⅕)

1949 15. Dez.	Kauf eines Bauplatzes von Elisabeth Maier, Haus Nr. 6⅓, sowie eines Grundstücks von Johann und Mathilde Ehberger durch Otto und Ursula Wiefarn, geb. Seidl

1 BayHStA, KL Bayharting 5.
2 Wie Anm. 1
3 BayHStA, KU Tegernsee 1404, 1411, 1428, 1530, 1535; KL Beyharting 5 u. 6.
4 BayHStA, KL Beyharting 6.
5 Wie Anm. 4
6 BayHStA, KU Tegernsee 1627, 1639; KL Beyharting 7.
7 BayHStA, KL Beyharting 5g.
8 StAM, PfG. Schw. B 14.
9 StAM, PfG. Schw. B 14.
10 BayHStA, KL Beyharting 10.
11 BayHStA, GL Fasz. 61/7.
12 BayHStA, GL Fasz. 61/1.
13 BayHStA, KL Beyharting 28.
14 BayHStA, KL Beyharting 30.
15 BayHStA, KHH 139.
16 StAM, PfG. Schw. B 18.
17 BayHStA, KL Beyharting 29.
18 StAM, Kataster 452.
19 StAM, Kastaster 453.
20 StAM, Kataster 454.
21 StAM, Kataster 454, StAM AG 6199.
22 StAM, Kataster 458.
23 StAM, Kataster 462.
24 StAM, Kataster 462.
25 StAM, Kataster 467.
26 StAM, Kataster 467.
27 StAM, Kataster 467.
28 StAM, Kataster 467.
29 StAM, Kataster 467.
30 StAM, Kataster 467.
31 StAM, Kataster 462, StAM, AG 6200.
32 StAM, Kataster 462.
33 StAM, Kataster 467.
34 StAM, Kataster 467.
35 StAM, Kataster 462.
36 StAM, Kataster 467 wie alle weiteren.
37 Manchmal wurde der Kauf oder Transfer eines Grundstücks erst notariell verbrieft, nachdem der neue Besitzer bereits ein Haus darauf erbaut hatte. Der Eintrag im Kataster erfolgte aber gleichzeitig, woraus sich die Zeitdifferenz ergibt.

Kirchplatz 7 (ehem. Haus Nr. 6)

Hausname	Taferne
Hoffuß	⅛ + ¼ Maierzubau (ehem. Haus Nr. 12)
Fläche	119,90 Tagwerk[1]
Niedergericht	Landgericht Schwaben bis 1696, Klosterhofmark Beyharting bis 1803
Grundherr	Brettschleipfer bis 1498, Kloster Beyharting bis 1803

Jahr der Nennung	*Bewirtschafter*	*Bemerkung*
1493-1516	Walthauser Awer zu Hilltmaring, Wirt zu Tunthenhausen[2]	
1511	Hanns Awer[3] erhält die Taferne verstiftet.	
1515	Hans Auer[4]	
1524	Jörg Widemann[5]	
1533 ca.	Christoff Perhaimer[6]	
1562	Rueprecht[7]	
1596	Caspas Neumayr[8]	
1608	Georg Andrelang[9]	wird abgesetzt
1626	Hans Cloe[10]	
1696	Caspar Clo[11]	
1706	Johann Kreitmayr[12]	
1752	ders.[13]	
1760	ders.[14]	
1780	ders.[15]	
1797 4. Juni	Anna Maria Kreitmair übergibt an den Sohn Alois Kreitmair[16]	
1808	Alois Kreitmair[17]	
1815	ders.[18]	
1836 15. Nov.	Alois Kreitmair jun.[19]	
1839 18. April	gemeinsamer Besitz von Alois Kreitmair jun. und seiner Ehefrau Johanna Kreitmair[20]	
1842 30. Sept.	Witwer Alois Kreitmair als Alleineigentümer[21]	
1842 31. Okt.	Miteigentümerin ist seine 2. Ehefrau Maria Kreitmair[22]	
1863 23. Jan.	Erbfall an die Witwe Maria Kreitmair und den Sohn Ignaz Kreitmair[23]	
1871 15. März	gemeinsamer Besitz von Ignaz Kreitmair und seiner Braut Ursula Kaiser[24]	
1894 30. Juni	Ehefrau Ursula verstorben, Witwer Ignaz Kreitmair als Alleineigentümer[25]	
1895 22. März	Kauf durch Abraham Mohr[26]	
1895 3. April bzw. 24. Juli	Kauf durch Ludwig Trappentreu und seine Ehefrau Johanna Trappentreu[27]	
1903 20. April	Kauf durch Mathias und Anna Zellermayr[28]	
1923 12. Sept.	Erbfall an Mathias Zellermayer, Theres Axthammer, Franz Schnauhuber, Katharina Staaler in Erbengemeinschaft	
1923 30. Okt.	Mathias Zellermayer infolge Nachlaßauseinandersetzung	
1924 29. Jan.	Kauf durch Bayer. Siedlungs- und Landbank GmbH München	
1924 29. Jan.	Tausch mit Josef und Franziska Gradl in allgemeiner Gütergemeinschaft	

1924	15. Febr.	Kauf durch Josef Gradl von Mathias Zellermayr
1924	19. Aug.	Kauf durch Georg und Cäcilie Voggenauer zu gleichen Anteilen
1927	5. Nov.	Georg und Cäzilie Voggenauer in allgemeiner Gütergemeinschaft
1928	12. Jan.	Erbfall an Georg Voggenauer als Alleineigentümer
1928	19. April	Zuschlag an Bayer. Siedlungs- und Landbank GmbH München
1930	21. Jan.	Kauf durch Johann und Mathilde Hufnagl in allgemeiner Gütergemeinschaft
1931	15. Okt.	Erbfall an Mathilde Hufnagl
1931	26. Okt.	Übergabe an Rosina Schmid
1942	19. Dez.	Felix und Rosina Schmid

Fuchsbergstr. 3 (ehem. Haus Nr. 6½) Bader

1864	17. Dez.	Zugang: Kauf durch Josef Mayer und seine Ehefrau Maria Mayer von Ignaz und Maria Kreitmair (Haus Nr. 6)[29]
1886	11. Mai	Kauf durch Michael und Maria Einhans[30]
1886	23. Nov.	Kauf durch Andreas und Elise Kurz[31]
1901	3. Dez.	Erbfall an Elise Kurz, Witwe, als Alleineigentümerin[32]
1919	14. Juli	Erbfall an Sigmund Schwaiger
1920	2. Juni	Erbfall an Anna Schweiger
1921	14. März	Übertragung an Georg und Barbara Schweiger in allgemeiner Gütergemeinschaft, Maria Kriechbaumer, Josef und Therese Schweiger in allgemeiner Gütergemeinschaft, Dionys und Johanna Schweiger in allgemeiner Gütergemeinschaft, Franz und Elise Ehberger in allgemeiner Gütergemeinschaft, Anna und Therese Pritzl in Erbengemeinschaft
1932	28. Juli	Kauf durch Andreas Oberhofer als Alleineigentümer
1943	19. März	Andreas und Anna Oberhofer

Graf-Arco-Str. 13 (ehem. Haus Nr. 6⅓)

1896 7. Jan. bzw. 11. Juni	Zugang: Philipp und Anna Oettl kaufen von Abraham Mohr Stadel und Grund[33]
1897 26. Mai	Umbau des ehemaligen Stadels in ein Wohnhaus[34]
1913 8. Febr.	Übergabe an Anna Öttl[35]
1913 12. Febr.	Vitus und Anna Maier in allgemeiner Gütergemeinschaft
1927 16. Nov.	Erbfall an Vitus Maier als Alleineigentümer
1929 19. April	Vitus und Elise Maier in allgemeiner Gütergemeinschaft
1940 9. April	Erbfall an Elisabeth Maier, Witwe, als Alleineigentümerin
1959 10. Nov.	Übergabe an Josef und Elisabeth Holzmeier, geb. Maier

Fuchsbergstr. 7 (ehem. Haus Nr. 6¼)

1899 14. Dez.	Kauf eines Bauplatzes von Josef und Maria Ettenhuber, Haus Nr. 11 Neubau eines Wohnhauses im November 1897
1904 21. Jan.	Johann und Ursula Ettenhuber in allgemeiner Gütergemeinschaft
1926 29. Dez.	Erbfall an Ursula Ettenhuber als Alleineigentümerin
1944 23. Nov.	Übergabe an Lorenz und Therese Fischbacher, geb. Seidl

[1] Die Gründe stammen zum Großteil aus dem 1670 erkauften u. seitdem zubauweise bewirtschafteten Maiergut (Haus Nr. 12)
[2] BayHStA, KU Ebersberg 2250; KU Tegernsee 1404, 1411, 1416, 1433, 1454, 1491, 1496, 1530, 1535, 1538, 1627, 1639, 1584; KU Beyharting 1497 V 26, 1497 VII 28, 1498 III 23; KL Beyharting 5 u. 6.
[3] Th. Wiedemann, S. 49; BayHStA, KU Ebersberg 2282.
[4] BayHStA, KL Beyharting 7.
[5] BayHStA, KL Beyharting 9.
[6] BayHStA, KL Beyharting 5g
[7] BayHStA, KL Beyharting 10.
[8] BayHStA, GL Fasz. 61/7.
[9] Th. Wiedemann, S. 70
[10] BayHStA, KL Beyharting 30.
[11] BayHStA, GL Fasz. 61/1.
[12] BayHStA, KL Beyharting 27.
[13] BayHStA, KHH 139.
[14] StAM, PfG. Schw B 18.
[15] BayHStA, KL Beyharting 29.
[16] StAM, Kataster 452.
[17] StAM, Kataster 452.
[18] StAM, Kataster 453.
[19] StAM, Kataster 454.
[20] StAM, AG 6199.
[21] StAM, AG 6199.
[22] StAM, AG 6199.
[23] StAM, Kataster 462.
[24] StAM, Kataster 462.
[25] StAM, Kataster 462.
[26] StAM, Kataster 462.
[27] StAM, Kataster 462.
[28] StAM, Kataster 467 wie folgende.
[29] StAM, Kataster 462, StAM, AG 6200.
[30] StAM, Kataster 462.
[31] StAM, Kataster 462.
[32] StAM, Kataster 467 wie folgende.
[33] StAM, Kataster 462.
[34] StAM, Kataster 462.
[35] StAM, Kataster 467 wie alle weiteren.

Graf-Arco-Str. 1 und 3 (ehem. Haus Nr. 7)

Hausname	Bäck – von der auf dem Haus liegenden Bäcken-Gerechtigkeit
Hoffuß	½ (1554), später ⅛
Fläche	66,02 Tagwerk
Niedergericht	Landgericht Schwaben bis 1696, Klosterhofmark Beyharting bis 1803
Grundherr	Domkapitel Freising, Oblayamt bis 1636, dann Eigen des Bäkkers zu Tuntenhausen bis 1752. Kloster Beyharting bis 1803
Bemerkung	Bis 1572 vom Domkapitel an die Brettschleipfer zu Leibrecht. 1572-1636 sind die Bewirtschafter direkte Grunduntertanen des Domkapitels.
Hofteilung	Quellenmäßig erst für 1554 nachweisbar, war der ganze Hof in drei Huben geteilt worden. vgl. Haus Nr. 11 und 12
Lage	1483 als »Hof bei der Kirche zu Tuntenhausen« bezeichnet[1]

Jahr der Nennung	*Bewirtschafter*	*Bemerkung*
1483	Balthasar Pretschlaipfer, Leibgeding[2]	
1485	Marta, Wwe des Balthasar, Leibgeding für ihren Sohn Wolfgang Pretschlaipfer[3]	
1554	Caspar Peckh	Hube[4]
1571	Caspar Ettlinger, Bäcker zu Tuntenhausen[5]	
1596	Caspar Etlinger[6]	
1604	Caspar Ötlinger[7]	
1635	Balthasar Öttlinger[8]	
1636	Balthasar Öttlinger	kauft Eigentum[9]
1696	Andre Kazmayr[10]	
1752	Caspar Kazmayr	verkauft Eigentum[11]
1760	ders.[12]	
1780	ders.[13]	
1808	Jakob Amann[14]	
1815	Johann Demel[15]	
1834 17. Sept.	Übergabe an den Sohn Niklas Demel und seine Ehefrau Anna Maria Demel[16]	
1852 17. Dez.	Erbfall an den Sohn Ignaz Demel[17]	
1853 4. Jan.	gemeinsamer Besitz von Ignaz und Walburga Demmel[18]	
1892 11. Febr.	Witwe Walburga Demmel als Alleineigentümerin[19]	
1895 19. Dez.	Erbfall an die Kinder Franz Xaver, Nikolaus und Walburga Demmel; nach der Erbteilung ist Franz Xaver Demmel der Alleineigentümer[20]	
1897 21. Juni	gemeinsamer Besitz von Franz Xaver und Maria Demmel[21]	
1928 11. Jan.	Übergabe an Franz Xaver Demmel jun.[22]	
1929 20. Febr.	Franz und Maria Demmel[23]	

[1] BayHStA, Freising Domkapitel U 1483 X 25.
[2] Ebd.
[3] BayHStA, Freising Domkapitel U 1485 VI 8.
[4] StAM, PfG. Schw. B 14.
[5] BayHStA, Kurbayern Urkunden 17471.
[6] BayHStA, GL Fasz. 61/7.
[7] AEM, H 411.
[8] AEM, H 416.
[9] BayHStA, GL Fasz. 61/5.
[10] BayHStA, GL Fasz. 61/1.
[11] BayHStA, GL Fasz. 61/5.
[12] StAM, PfG. Schw. B 18.
[13] BayHStA, KL Beyharting 29.
[14] StAM, Kataster 452.
[15] StAM, Kataster 453.
[16] StAM, Kataster 454, StAM AG 6199.
[17] StAM, Kataster 460.
[18] StAM, Kataster 458, StAM AG 6199.
[19] StAM, Kataster 462.
[20] StAM, Kataster 462.
[21] StAM, Kataster 462.
[22] StAM, Kataster 467.
[23] StAM, Kataster 467.

Kirchplatz 6 (ehem. Haus Nr. 8)

Hausname	Schneidergütl
Hoffuß	1/32
Fläche	3,62 Tagwerk
Niedergericht	Klosterhofmark Beyharting bis 1803
Grundherr	Kloster Beyharting bis 1803

Jahr der Nennung	*Bewirtschafter*	*Bemerkung*
1710	Sara Konigin[1]	als »4. Laden«
1752	nicht genannt[2]	
1754	Balthasar Hecker	als Zugang[3]
1780	ders.[4]	auch Pächter des Schmiedsladen
1801		erstmals Hausname Schneider, Hoffuß mit 1/16 angegeben[5]
1808	Joseph Hecher[6]	
1815	ders.[7]	
1850 23. Aug.	gemeinsamer Besitz von Joseph Heger jun. und seiner Ehefrau Anna Heger[8]	
1856 22. Sept.	Witwe Anna Hecher als Alleineigentümerin[9]	
1857	Hausbezeichnung »Kramer«![10]	
1858 21. Juli	Heirat der Witwe Anna Hecher mit Alois Bartl[11]	
1881 19. Dez.	gemeinsamer Besitz von Anna Hecher jun. und ihrem Bräutigam Markus Babl[12]	
1891 15. April bzw. 29. Mai	Kauf durch Johann Ritzler[13]	
1893 19. Dez.	Kauf durch Otto Fink[14]	
1909 6. Nov.	Erbfall an Ursula Fink[15]	
1922 12. April	Übergabe an Josef Fink	
1925 14. Juli	Josef und Katherina Fink in allgemeiner Gütergemeinschaft	
1957 18. Okt.	Erbfall an Katharina Fink, geb. Noderer	
1962 9. Mai	Erbfall an Irmgard Fink-Noderer, geb. Fink	

22 *Anwesen Demmel, der »Bäcker« (ehemals Nr. 7, jetzt Graf-Arco-Straße 1 und 3, anfangs dreißiger Jahre). Foto privat (Fotograf Jonas, Bad Aibling)*

23 *»Sixen-Mutter« aus Tuntenhausen. Elisabeth Edenhuber, ca. 1865.*
Foto privat

1 BayHStA, KL Beyharting 28.
2 BayHStA, KHH 139.
3 StAM, PfG. Schw. B 18.
4 BayHStA, KL Beyharting 29.
5 StAM, PfG. Schw. A 1.
6 StAM, Kataster 452.
7 StAM, Kataster 453.
8 StAM, Kataster 454.
9 StAM, Kataster 454.
10 StAM, Kataster 458.
11 StAM, Kataster 462.
12 StAM, Kataster 462, StAM, AG 6200.
13 StAM, Kataster 462.
14 StAM, Kataster 462.
15 StAM, Kataster 467 wie alle weiteren.

Kirchplatz 5 (ehem. Haus Nr. 9)

Hausname	Katzl – vom ehemaligen Besitzer
Hoffuß	½
Fläche	125,32 Tagwerk
Niedergericht	Landgericht Schwaben bis 1696, Klosterhofmark Beyharting bis 1803
Grundherr	Kloster Beyharting seit 1299
Hofteilung	Der Katzlhof ist bei der Teilung des Zehenthofes zu Beginn des 16. Jhdts. entstanden. Der andere Teil ist das Riepl-Anwesen (Haus Nr. 16)

Jahr der Nennung	*Bewirtschafter*			*Bemerkung*
1346	Heinrich Zehentmair[1]			
1351	Ulrich und Heinrich die Schütter geloben den Zehenthof ordentlich zu bebauen[2]			
1424	Christan Oeder verzichtet auf seine Ansprüche auf den Zehenthof zu T. zugunsten des Klosters[3]			Die Nennungen bis 1500 beziehen sich auf den ganzen Zehenthof.
1459-1461	Zehentmair von Tuntenhausen[4]			
1464	Zehentmairin von Tuntenhausen[5]			
1465-1503	Zehentmair zu Tuntenhausen[6], Zechenthoff			
1486-1498	Matheisen Zehenntmair zu Tuntenhausen, Kirchpropst[7]			
	↓	↓		
1506	Kunz ⅓	Balthasar ⅔[8]		
1513	Kuenntz Kätzl zu Tungtenhausen[9]			
	↓	↓	↓	
1515, 1524	Chuntz Ketzl ⅓	Waltl Zechetmair ⅓	Rupl ⅓[10]	
1527		Walthasar Zehentmair zu Tüntenhausen[11]		
	↓	↓	↓	
1533 ca.	Chuncz Ketzl	jetzt zu Stetten	Rupel[12]	
	↓		↓	
	½, Nr. 9		½, Nr. 16	

1554		Wastl Kätzl,	Hube[13]
1562		derselbe[14]	Hälfte des ehem. Zehnthofes[15]
1626		Bernhard Khäzl[16]	
1696		Hans Mayr[17]	
1710		ders.[18]	
1752		Caspar Kastl[19]	
1760		Anton Gerbl[20]	
1808		Kaspar Hirsch[21]	
1815		ders.[22]	
1824	23. Juni	Heirat zwischen Joseph Hager und der Witwe Ursula Hirsch[23]	
1854	16. Okt.	Ursula Hager verstorben, die Erben sind der Witwer Joseph Hager, seine Tochter Anna Hager und seine Stieftochter Theres Eheberger[24]	
1859	11. Mai	Übergabe an die Tochter Anna Hager, die Joseph Eder heiratet[25]	
1867	23. Aug.	Witwe Anna Eder als Alleineigentümerin[26]	
1868	9. Jan.	Witwe Anna Eder heiratet Andrä Kurz, der zum Miteigentümer wird[27]	
1872	4. Jan.	Witwer Andrä Kurz als Alleineigentümer[28]	
1872	5. Juli	Witwer Andrä Kurz heiratet Elise, die zur Miteigentümerin wird[29]	
1888	23. Mai	Kauf durch Ignaz Kreitmair und Abraham Mohr[30]	
1888	27. Juni	Tausch mit Markus und Anna Babl gegen deren Anwesen Haus Nr. 14[31]	
1908	25. Jan.	Markus und Anna Babl, geb. Hecher, in allgemeiner Gütergemeinschaft[32]	
1915	22. Mai	Erbfall an Markus Babl[33]	
1922	13. Febr.	Erbfall an Markus, Katharina, Elise und Therese Babl, Johanna Niederstraßer, Anna Rottmüller, Maria Hilgner in Erbengemeinschaft	
1922	13. Febr.	Überlassung infolge Erbteilung an Markus Babl jun.	
1929	29. Jan.	Markus und Mathilde Babl	
1962	1. März	Übergabe an Markus und Maria Babl, geb. Bauer.	

[1] BayHStA, KU Beyharting 1346 VII 4.
[2] Th. Wiedemann, S. 20; BayHStA, KU Beyharting 1351 IV 3 o. V 6.
[3] Th. Wiedemann, S. 27 f.; BayHStA, KU Beyharting 1424 XII 4.
[4] BayHStA, KL Beyharting 5.
[5] BayHStA, KL Beyharting 5.
[6] BayHStA, KL Beyharting 5 u. 6.
[7] BayHStA, KU Tegernsee 1258.
[8] BayHStA, KL Beyharting 6.
[9] BayHStA, KU Tegernsee 1639.
[10] BayHStA, KL Beyharting 7 u. 9 zu 1524.
[11] BayHStA, KU Tegernsee 1825.
[12] BayHStA, KL Beyharting 5g.
[13] StAM, PfG. Schwaben B 14.
[14] BayHStA, KL Beyharting 10.
[15] BayHStA, KL Beyharting 10.
[16] BayHStA, KL Beyharting 30.
[17] BayHStA, GL Fasz. 61/1.
[18] BayHStA, KL Beyharting 28.
[19] BayHStA, KHH 139.
[20] StAM, PfG. Schw. B 18.
[21] StAM, Kataster 452.
[22] StAM, Kataster 453.
[23] StAM, AG 6199.
[24] StAM, AG 6199.
[25] StAM, Kataster 462.
[26] StAM, Kataster 462.
[27] StAM, Kataster 462.
[28] StAM, Kataster 462.
[29] StAM, Kataster 462.
[30] StAM, Kataster 462.
[31] StAM, Kataster 462.
[32] StAM, Kataster 467 (466).
[33] StAM, Kataster 467 wie alle weiteren.

Pfarrer-Lampl-Str. 2 (ehem. Haus Nr. 10)

Hausname	Schulmeisterhaus (18. Jh.), Kistler (1801)
Hoffuß	1/32 (bis Ende 18. Jh.), 1/16 (1801)
Fläche	0.16 Tagwerk
Niedergericht	Klosterhofmark Beyharting bis 1803
Grundherr	Kloster Beyharting bis 1803

Jahr der Nennung	*Bewirtschafter*	*Bemerkung*
1725	Gabriel Zöpf[1]	Hausname: Schulmeisterhaus
1738	Balthasar Fürthner, Maler[2]	ebenso
1752	nicht erwähnt[3]	
1756	Johann Paul Hiern[4]	kauft bestehendes Haus
1760	Johann »Paulkirn«, Opticus[5]	als »Zugang seit 1752«
1780	Karl Gottfried, Kistler[6]	»Schulhalterhausl«
1801		erstmals Hausname Kistler, Hoffuß mit 1/16 angegeben[7]
1808	Karl Gottfried[8]	
1815	ders.[9]	
1821 13. Juli	Kauf durch Lorenz Brand[10]	
1823 16. Okt.	Witwe Anna Brand heiratet Christian Gottlieb Müller[11]	
1865 26. Juli	Übergabe an Jacob Müller und seine Ehefrau Marianne Müller[12]	
1866 16. März	Witwer Jacob Müller als Alleineigentümer[13]	
1867 27. Mai	Witwer Jacob Müller heiratet Franziska, die zur Miteigentümerin wird[14]	
1871 21. Jan.	Kauf durch Maria Kreitmair[15]	
1871 15. Nov.	Übergabe an den Sohn Ignaz Kreitmair und seine Braut Ursula Kaiser[16]	
1894 30. Juni	Witwer Ignaz Kreitmair als Alleineigentümer[17]	
1895 22. März	Kauf durch Abraham Mohr[18]	
1895 4. Sept.	Tausch mit Georg und Christine Bartl gegen deren Anwesen Haus Nr. 103 in Schmidhausen[19]	
1901 6. Febr.	Kauf durch Nikolaus Promberger[20]	
1908 30. Juni	Erbfall an Maria Pronberger	
1926 12. Nov.	Erbfall an Johann und Elise Pronberger in Erbengemeinschaft	
1928 7. Aug.	Elise Pronberger	
1961 4. Aug.	Erbfall an Elisabeth Pronberger	

Bahnweg 5 (ehem. Haus Nr. 10½)

1928	7. Aug.	Transfer eines Grundstücks von Haus Nr. 10 hierher
1928	26. Sept.	Johann und Christine Pronberger in allgemeiner Gütergemeinschaft
1931		Neubau eines Wohnhauses
1941	2. Okt.	Erbfall an Christine Pronberger, Witwe

[1] BayHStA, KL Beyharting 28.
[2] BayHStA, KL Beyharting 30.
[3] BayHStA, KHH 139.
[4] BayHStA, GL Fasz. 3454/4.
[5] StAM, PfG. Schw. B 18.
[6] BayHStA, KL Beyharting 29.
[7] StAM, PfG. Schw. A 1.
[8] StAM, Kataster 452.
[9] StAM, Kataster 453.
[10] StAM, Kataster 454.
[11] StAM, AG 6199.
[12] StAM, Kataster 462.
[13] StAM, Kataster 462.
[14] StAM, Kataster 462.
[15] StAM, Kataster 462, StAM, AG 6199.
[16] StAM, AG 6199.
[17] StAM, Kataster 462.
[18] StAM, Kataster 462.
[19] StAM, Kataster 462.
[20] StAM, Kataster 467 wie alle weiteren.

Pfarrer-Lampl-Str. 4 (ehem. Haus Nr. 11)

Hausname	Sixt – vom Vornamen des Sixtus Mair.
Hoffuß	¼
Fläche	101,09 Tagwerk
Niedergericht	Landgericht Schwaben bis 1696, Klosterhofmark Beyharting bis 1803
Grundherr	Domkapitel Freising, Oblayamt bis 1636, dann Eigen des Bäkkers zu Tuntenhausen, seit 1671 Kloster Beyharting bis 1803
Bemerkung	Bis 1572 vom Domkapitel an die Brettschleipfer zu Leibrecht. 1572-1636 sind die Bewirtschafter direkte Grunduntertanen des Domkap.
Herkunft	Das Sixtanwesen entstand bei der Teilung des ehem. ganzen domkapitlischen Hofes im 15. Jhdt., vgl. Haus Nrr. 7 u. 12

Jahr der Nennung	*Bewirtschafter*	*Bemerkung*
1554	Sixt Mair	Hube[1]
1596	Hans Six[t][2]	
1604	Hans Sixt Mayr[3]	
1636	Sixt Mayr[4]	
1671	Balthasar Sixt[4]	
1700	ders.[6]	
1708	Hans Sixt, dann Michael Edenhueber[7]	Tausch gegen Schmiedgütl zu Brettschleipfen
1752	ders.[8]	
1760	ders.[9]	
1780	ders.[10]	

1808		Kaspar Kottmoser[11]
1815		Jakob Edenhuber[12]
1817	12. Juni	Ehefrau Maria Edenhuber als Miteigentümerin[13]
1834		Jakob Edenhuber verstorben, Witwe Maria Edenhuber als Alleineigentümerin[14]
1858	27. Juli	Übergabe an den Sohn Franz Edenhuber und seine Ehefrau Elisabeth Edenhuber[15]
1872	13. Juni	Witwe Elisabeth Edenhuber als Alleineigentümerin[16]
1895	30. März	Erbfall an Franz Edenhuber jun.[17]
1895	23. Dez.	Erbfall an den Sohn Josef Edenhuber[18]
1897	27. Sept.	Josef Edenhuber heiratet Maria, die zur Miteigentümerin wird[19]
1924	23. Sept.	Erbfall an Maria Ettenhuber, geb. Kurz[20]
1948	31. Mai	Erbfall an Josef Ettenhuber Franz Ettenhuber, Maria Ettenhuber, Johann Baptist Ettenhuber[21]

Pfarrer-Lampl-Str. 7 (ehem. Haus Nr. 11½) Benefiziumsstiftung

1870	18. Aug.	Zugang: Schenkung eines Bauplatzes durch Ignaz Demmel[22]

1 StAM, PfG. Schw. B 14.
2 BayHStA, GL Fasz. 61/7.
3 AEM, H 411.
4 BayHStA, GL Fasz. 61/5.
5 BayHStA, KL Beyharting 24.
6 BayHStA, KL Beyharting 27.
7 BayHStA, KL Beyharting 28.
8 BayHStA, KHH 139.
9 StAM, PfG. Schw. B 18.
10 BayHStA, KL Beyharting 29.
11 StAM, Kataster 452.
12 StAM, Kataster 453.
13 StAM, AG 6199.
14 StAM, Kataster 458.
15 StAM, Kataster 462.
16 StAM, Kataster 462.
17 StAM, Kataster 462.
18 StAM, Kataster 462.
19 StAM, Kataster 462.
20 StAM, Kataster 467 (466).
21 StAM, Kataster 467.
22 StAM, Kataster 462, 467.

Pfarrer-Lampl-Str. 5 (ehem. Haus Nr. 12)

Hausname	Mair – wohl vom Familiennamen der ehemaligen Besitzer
Hoffuß	¼
Fläche	1670 Zubaugut des Wirt, s. Haus Nr. 6
Niedergericht	Landgericht Schwaben bis 1696, Klosterhofmark Beyharting bis 1803
Grundherr	Domkapitel Freising, Oblayamt bis 1636. Eigen des Bäckers zu Tuntenhausen bis 1705. Kloster Beyharting bis 1803
Bemerkung	Bis 1572 vom Domkapitel an die Brettschleipfer zu Leibrecht. 1572-1636 sind die Bewirtschafter direkte Grunduntertanen des Domkapitels
Herkunft	Das Mairgut ist durch Teilung des ganzen domkapitlischen Hofes im 15. Jhdt. entstanden, vgl. Haus Nrr. 7 u. 11.

Jahr der Nennung	*Bewirtschafter*	*Bemerkung*
1554	Thoman Mair	Hube[1]
1596	Balthasar Mayr[2]	
1604	ders.[3]	
1636	ders.[4]	
1696	Franz Hardt[5]	
1707	Johann Kreitmayr, Wirt[6], seitdem ständig mit der Taferne verbunden	
1707 bis 1845	Besitzerfolge wie Haus Nr. 6 (Wirt)	
1845 26. Febr.	Alois Kreitmair verkauft den Mayr-Zubau an den Schulfond Tuntenhausen. Bei der Verteilung der Gemeindegründe im Jahr 1803 erhielt der Schulfond bereits Schulgründe.[7]	

[1] StAM, PfG. Schw. B 14.
[2] BayHStA, GL Fasz. 61/7.
[3] AEM, H 411.
[4] BayHStA, GL Fasz. 61/5.
[5] BayHStA, GL Fasz. 61/1.
[6] BayHStA, KL Beyharting 27.
[7] StAM, Kataster 455, 460; StAM, AG 6199.

Alpenweg 12 (ehem. Haus Nr. 13)

Hausname	Huber – nach der Hofgröße: 1 Hube
Hoffuß	½
Fläche	120,89 Tagwerk
Niedergericht	Landgericht Schwaben bis 1696, Klosterhofmark Beyharting bis 1803
Grundherr	Kloster Rott bis 1507, Kloster Beyharting bis 1803
Bemerkung	Ausbruch einer Sölde zwischen 1515 und 1524 vgl. Haus Nr. 14

Jahr der Nennung		*Bewirtschafter*	*Bemerkung*
1349		Rotter Lehen des Otto Pretschlaipfer, Beständer: Friedrich von Hörmating[1]	
1457-1459		Hannsel[2]	
1459		Christan Hueber von Tuntenhausen, Kirchpropst[3]	
1460		Cristel[4]	
1461-1466		Hännsel Hueber[5]	
1507		Fritz Soler[6]	
1507		Hueber[7]	
1533		Jorg Hueber[8]	
1554		Hans Hueber[9]	
1696		Melchior Öhberger[10]	
1710		ders.[11]	
1752		Sebastian Öhnberger[12]	
1760		ders.[13]	
1780		ders.[14]	
1808		Ursula Eheberger[15]	
1815		Georg Eheberger[16]	
1861	16. Sept.	Georg Ehebergers Erben: Witwe Maria Eheberger und ihre Kinder Johann Baptist, Sebastian, Anna, Theresia, Maria und Franziska[17]	
1863	10. April	Sebastian Eheberger als Alleineigentümer[18]	
1905	3. Mai	Franz und Katharina Ehberger in Gütergemeinschaft[19]	
1909	II. Halbjahr	Neubau von Wohn- und Ökonomiegebäuden	
1912	15. Jan.	Erbfall an Franz Ehberger, Witwer	
1914	29. Jan.	Franz und Elisabeth Ehberger in allgemeiner Gütergemeinschaft	
1949	19. April	Jakob und Anna Ehberger, geb. Eisner	
1949	22. April	Übergabe an Jakob und Anna Ehberger	

Tillystr. 10 (ehem. Haus Nr. 13½)

1937	11. Jan.	Kauf eines Bauplatzes von Franz und Elisabeth Ehberger, Haus Nr. 13
1937	III. Qu.	Neubau eines Wohnhauses
1937	24. Juni	Martin und Elisabeth Baumann

Tillystr. 8 (ehem. Haus Nr. 13⅓)

1937 11. Jan.	Kauf eines Bauplatzes von Franz und Elisabeth Ehberger, Haus Nr. 13
1937 III. Qu.	Neubau eines Wohnhauses
1937 24. Juni	Jakob und Anna Reiser
1938 3. Mai	infolge einer Namensberichtigung Jakob und Anna Reiter
1956 9. Mai	Übergabe an Josef und Elisabeth Reiter, geb. Rott

Fuchsbergstr. 15 (ehem. Haus Nr. 13¼)

1947 21. Nov.	Kauf eines Grundstücks von Franz und Elisabeth Ehberger, Haus Nr. 13, durch Hans und Emma Legrer zu gleichen Anteilen
1949	Neubau eines Behelfsheims
1952 21. Mai	Kauf durch Philipp Schillinger als Alleineigentümer
1954 1. Dez.	Anna Schellinger und Katharina Schellinger

Emlinger Weg 4 (ehem. Haus Nr. 13⅕)

1950 27. Okt.	Kauf eines Bauplatzes von Jakob und Anna Ehberger, Haus Nr. 13, sowie von Georg und Maria Grabichler, Haus Nr. 16, durch Michael und Johanna Gererstorfer
1955	Neubau eines Wohnhauses

Emlinger Weg 8 (ehem. Haus Nr. 13⅙)

1961 19. Jan.	Abtretung eines Grundstücks und Überlassung von Jakob Ehberger, Haus Nr. 13, Sebastian Grabichler, Haus Nr. 16 und Albert Pronberger, Haus Nr. 5

[1] MB I, S. 442.
[2] BayHStA, KL Rott 45.
[3] Th. Wiedemann, S. 32; BayHStA, KU Beyharting 1459 IV 29.
[4] BayHStA, KL Rott 45: Stiftbuch für die Jahre 1457-1466. 1460 ist nach Hansel von einer anderen Hand »Cristel« notiert.
[5] Wie Anm. 2, fol. 245 r.
[6] BayHStA, KU Beyharting 1507 IV 8.
[7] BayHStA, KL Beyharting 7.
[8] BayHStA, KL Beyharting 5g.
[9] StAM, PfG. Schw. B 14.
[10] BayHStA, GL Fasz. 61/1.
[11] BayHStA, KL Beyharting 28.
[12] BayHStA, KHH 139.
[13] StAM, PfG. Schw. B 18.
[14] BayHStA, KL Beyharting 29.
[15] StAM, Kataster 452.
[16] StAM, Kataster 453.
[17] StAM, Kataster 462.
[18] StAM, Kataster 462.
[19] StAM, Kataster 467 wie alle weiteren.

Pfarrer-Lampl-Str. 1 (ehem. Haus Nr. 14)

Hausname	Schneider (1581-1710), Cramer (1700), Schulmeister (1752, 1780), Steindl (1760), Stein-Zubaugut (1815)
Hoffuß	1/8
Fläche	6,94 Tagwerk
Niedergericht	Landgericht Schwaben bis 1696, Klosterhofmark Beyharting bis 1803
Grundherr	Kloster Beyharting seit Errichtung der Behausung
Herkunft	Ausbruch aus Haus Nr. 13 zwischen 1515 und 1524
Verbleib	Zusammenlegung mit Haus Nr. 8 zwischen 1805/08

Jahr der Nennung	*Bewirtschafter*	*Bemerkung*
1524	Jörg Kelner	Sölde in Huebers Garten[1]
1533	Hans Krantzperger	Behausung in des Hueberß Garten[2]
1581	Schneider	mit Laden[3]
1595	Waltl Schneider[4]	
1600	Balthasar Schneider[5]	
1645	ders.[6]	
1660	Michael Schneider[7]	
1690	ders.[8]	
1696	Michael Noderer[9]	
1700	ders.[10]	Hausname Cramer
1710	Simon Scharrer	Hausname Schneidergütl
	dann Philipp Hebetsperger[11]	
1752	Sebastian Hebetsperger[12]	Hausname Schulmeister
1760	ders.[13]	Hausname Steindl
1780	Martin Enderl[14]	Hausname Schulmeister
1801		Hausname Schulmeister[15]
1808 bis 1881	Besitzerfolge wie Haus Nr. 8	
1888 27. Juni	Tausch mit Ignaz Kreitmair und Abraham Mohr gegen deren Anwesen Haus Nr. 9[16]	
1888 23. Juli	Tausch mit Peter Paul Hupfauer und dessen Ehefrau Christine Hupfauer gegen deren Anwesen in Hörmating[17]	
1890 4. Juli	Witwe Christine Hupfauer als Alleineigentümerin[18]	
1890 5. Aug.	Kauf durch Ignaz und Ursula Kreitmair[19]	
1892 27. Mai	Kauf durch Balthasar und Johanna Kirchlechner[20]	

1912	16. Nov.	Kauf durch Johann Baptist und Therese Ehberger in allgemeiner Gütergemeinschaft[21]
1932	20. Juni	Übergabe mit dem Anwesen Haus Nr. 3 an Johann Ehberger jun.
1932	25. Juli	Johann und Mathilde Ehberger in allgemeiner Gütergemeinschaft
1933	5. Okt.	Kauf durch Sebastian Ehberger
1934	26. Nov.	Sebastian und Maria Ehberger

[1] BayHStA, KL Beyharting 9.
[2] BayHStA, KL Beyharting 5g.
[3] BayHStA, KL Beyharting 11.
[4] BayHStA, KL Beyharting 17.
[5] BayHStA, KL Beyharting 19.
[6] BayHStA, KL Beyharting 23.
[7] BayHStA, KL Beyharting 24.
[8] BayHStA, KL Beyharting 26.
[9] BayHStA, GL Fasz. 61/1.
[10] BayHStA, KL Beyharting 27.
[11] BayHStA, KL Beyharting 28.
[12] BayHStA, KHH 139.
[13] StAM, PfG. Schw. B 18.
[14] BayHStA, KL Beyharting 29.
[15] StAM, PfG. Schw. A 1.
[16] StAM, Kataster 462.
[17] StAM, Kataster 462.
[18] StAM, Kataster 462.
[19] StAM, Kataster 462.
[20] StAM, Kataster 462.
[21] StAM, Kataster 467 wie alle weiteren.

Graf-Arco-Str. 8 (ehem. Haus Nr. 15)

Hausname	Kramer (1700, 1752), Zuckerlkramer (1738), Schuster (1780), Zuckerl (1801) – vom hier ausgeübten Süßwarenhandel
Hoffuß	1/16
Fläche	0,63 Tagwerk
Niedergericht	Pfleggericht Rosenheim bis 1696, Klosterhofmark Beyharting bis 1803
Grundherr	Kloster Beyharting seit Errichtung des Gebäudes zwischen 1526 und 1562

Jahr der Nennung	*Bewirtschafter*	*Bemerkung*
1562	Hans Sixt	„von seine Häusl"[1]
1581	Melchior Pfeiffer[2]	
1590	ders.[3]	Erwähnung des Ladens
1592	Rueprecht Schneider[4]	
1596	ders.[5]	lebt vom Schneiderhandwerk und Kramladen
1612	Ruepp Widman[6]	
1645	Georg Baumann[7]	
1671	Georg Schlosser[8]	
1696	Johann Schlosser[9]	
1700	ders.[10]	Hausname Kramer

1738	ders.[11]	Hausname Zuckerlkramer
1752	ders., Schneider[12]	Hausname Kramer
1780	ders.[13]	Hausname Schuster
1801		Hausname Zuckerl[14]
1808	Nepomuk Bromberger[15]	
1815	Johann Nepomuk Promberger[16]	
1827/1828	Niklas Promberger[17]	
1829 23. April	Kauf durch Anton Finauer[18]	
1851 10. Febr.	Übergabe an David Finauer und seine Ehefrau Maria Finauer[19]	
1857 Febr.	Witwer David Finauer als Alleineigentümer[20]	
1857 11. Febr.	Kauf durch Kaspar Sedlmayr[21]	
1857 14. Okt.	Ehefrau Maria Sedlmayr als Miteigentümerin[22]	
1863 30. Okt.	Witwer Kaspar Sedlmayr als Alleineigentümer[23]	
1864 1. April	Witwer Kaspar Sedlmayr heiratet Ursula, die zur Miteigentümerin wird[24]	
1898 23. Aug.	Witwe Ursula Sedlmayr als Alleineigentümerin[25]	
1911 Febr.	Übergabe an Anna Wallner, geb. Sedlmeier[26]	
1911 21. Febr.	Josef und Anna Wallner in allgemeiner Gütergemeinschaft	
1925 15. Juli	Übergabe an Anna Eisner Franz Xaver und Anna Eisner	
1961 12. April	Franz Xaver und Anna Eisner, geb. Ludl	

1 BayHStA, KL Beyharting 10.
2 BayHStA, KL Beyharting 11.
3 BayHStA, KL Beyharting 15.
4 BayHStA, KL Beyharting 16.
5 BayHStA, GL Fasz. 61/7.
6 StAM, PfG. Ro. B 7.
7 BayHStA, KL Beyharting 23.
8 StAM, Steuerb. 356.
9 BayHStA, GL Fasz. 61/1.
10 BayHStA, KL Beyharting 27.
11 BayHStA, KL Beyharting 30.
12 BayHStA, KHH 139.
13 BayHStA, KL Beyharting 29.
14 StAM, PfG Schw. A 1.
15 StAM, Kataster 452.
16 StAM, Kataster 453.
17 StAM, Kataster 454.
18 StAM, Kataster 454.
19 StAM, AG 6199.
20 StAM, Kataster 454.
21 StAM, Kataster 454.
22 StAM, AG 6199.
23 StAM, Kataster 462.
24 StAM, Kataster 462.
25 StAM, Kataster 462, StAM, AG 6199.
26 StAM, Kataster 467 wie alle weiteren.

Hilpertinger Str. 1 (ehem. Haus Nr. 16)

Hausname	Riepl – vom ehemaligen Besitzer
Hoffuß	½
Fläche	128,04 Tagwerk
Niedergericht	Landgericht Schwaben bis 1626, Pfleggericht Rosenheim bis 1696, Klosterhofmark Beyharting bis 1803
Grundherr	Kloster Beyharting seit 1299
Herkunft	vgl. Haus Nr. 9, Ausbruch aus ⅔ des Zehentmair
Lage	1626 Verlegung des Hofes an diese Stelle, wegen Erweiterung der Kirche

Jahr der Nennung	*Bewirtschafter*	*Bemerkung*
1515	Ruepel	⅓ des Zehenthofs (vgl. Haus Nr. 9)[1]
1524	ders.[2]	⅓ des Zehenthofs
1533 ca.	Rupel[2a]	⅓ des Zehenthofs
1554	Wastl Riepl	½ des ehem. Zehenthofs[3]
1562	ders.	½ des ehem. Zehenthofs[4]
1600	Rueprecht[5]	
1626	Georg Eder[6]	Verlegung des Hofes
1671	Wolf Kräpichler[7]	
1696	ders.[8]	
1710	ders.[9]	
1752	»Sebastian Kräpichler, jetzt Joseph Lechner«[10]	
1760	Balthasar Kräpichler[11]	
1780	ders.	
1808	Balthasar Riepl[12]	
1815	Augustin Kräbichler[13]	
1827/1828	gemeinsamer Besitz von Augustin und Maria Kräbichler[14]	
1852 8. Juni	Witwer Augustin Krähbichler als Alleineigentümer[15]	
1852 19. Okt.	Übergabe an den Sohn Georg Krähbichler[16]	
1852 4. Nov.	Ehefrau Theres Krähbichler als Miteigentümerin[17]	
1877 8. Jan.	Witwe Theres Grabichler als Alleineigentümerin[18]	
1885 10. Juni	Übergabe an den Sohn Augustin Grahbichler und seine Braut Anna Wallner[19]	
1917 29. Mai	Erbfall an Augustin Grabichler[20]	
1924 5. Juli	Übergabe an Georg Grabichler	
1924 5. Juli	Georg und Maria Grabichler in allgemeiner Gütergemeinschaft	
1956 6. April	Erbfall an Georg Grabichler	
1958 9. April	Übergabe an Sebastian Grabichler	

Tillystr. 9 (ehem. Haus Nr. 16½) Eierträger (auch Thorhansengütl genannt)

1815		Johann Niedermair[21]
1852	2. April	Übergabe an Augustin Niedermair[22]
1856	29. Febr.	Übergabe an seine Schwester Maria Niedermair[23]
1860	18. Mai	Kauf durch die Gemeinde Tuntenhausen[24]
1874	23. März	Kauf durch Ignaz Kreitmair[25]
1884	12. Febr.	Witwer Josef Raschbichler als Alleineigentümer[26]
1895	22. März	Kauf durch Abraham Mohr[27]
1896	13. Febr.	Kauf durch Josef Hell[28]
1918	10. Juni	Übergabe an Johann Baptist Raschbichler[29]
1919	22. Febr.	Johann Baptist und Marie Raschbichler in Gütergemeinschaft[30]

Tillystr. 1 (ehem. Haus Nr. 16⅓) »Brechstube«

1808		»Brechstube« der Gemeinde Tuntenhausen[31]
1858	23. Jan.	Badstube der Gemeinde Tuntenhausen[32]
1873	13. Dez.	im Besitz von Josef und Maria Bannleitner[33]
1886	6. Sept.	Witwer Josef Bahnleitner als Alleineigentümer[34]
1901	6. Nov.	Josef und Maria Bahnleitner, geb. Berger[35]
1902	26. März	Erbfall an Maria Bahnleitner, Witwe
1907	26. Jan.	Übergabe an Johann Bahnleitner
1911	13. April	Johann und Theres Bahnleitner in allgemeiner Gütergemeinschaft
1913	14. Mai	Kauf durch Stefan und Anna Christoph in allgemeiner Gütergemeinschaft
1927	28. Sept.	Erbfall an Stefan Christoph als Alleineigentümer
1928	17. Febr.	Übergabe an Maria Huber
1928	17. Febr.	Simon und Maria Huber, geb. Steffl
1947	19. Nov.	Übergabe an Peter und Ursula Blickenfelder

Hilpertinger Str. 8 (ehem. Haus Nr. 16¼)

1910	II. Qu.	bei Verkauf des Anwesens Haus Nr. 5¼ vorbehalten und hierher transferiert
1910	II. Halbj.	Neubau eines Wohnhauses
1911	11. April	Kauf eines Bauplatzes von Xaver und Maria Demmel, Haus Nr. 7, durch Georg und Christine Bartl in allgemeiner Gütergemeinschaft
1925	15. Jan.	Erbfall an Georg Bartl
1925	7. März	Übergabe an Theres Bartl
1925	14. März	Vinzens und Therese Kurz in allgemeiner Gütergemeinschaft
1949	9. Febr.	Erbfall an Vinzenz Kurz
1954	5. März	Übergabe an Vinzenz und Anna Kurz, geb. Hartmann

Hilpertinger Str. 7 (ehem. Haus Nr. 16⅕)

1901	I. Qu.	infolge Schenkung Transfer zu Haus Nr. 9; erloschen
1911	19. Okt.	Wieder eröffnet: Kauf eines Bauplatzes von Augustin und Anna Grabichler, Haus Nr. 16, durch Franz Rieder
1911	II. Halbjahr	Neubau eines Wohnhauses
1932	20. Febr.	Erbfall an Alois Rieder als Alleineigentümer
1935	9. Mai	Erbfall an Therese Schmid
1948	22. Juni	Erbfall an Alois Schmid, Emling
1959		Erbfall an Alois und Philomena Schmid
1959		Erbfall an Philomena Schmid, geb. Maier
1959	6. Juli	Überlassung an Katharina Schmid (Tochter)

Hilpertinger Str. 9 (ehem. Haus Nr. 16⅙)

1931	8. Okt.	Kauf eines Bauplatzes von Georg und Maria Grabichler durch Maria Waldschütz
1938	III. Qu.	Neubau eines Wohnhauses
1958	5. Sept.	Übergabe an Jacob und Walburga Waldschütz, geb. Baar

Waldweg 6 (ehem. Haus Nr. 16 1/7)

1957 11. Sept.	Kauf eines Bauplatzes von Vinzenz Kurz durch Gerhard und Gertrud Tomsche
1962	Neubau eines Wohnhauses

Emlinger Weg 9 (ehem. Flurweg 5)

1957 21. Jan.	Kauf eines Bauplatzes von Franz und Maria Demmel, Haus Nr. 7, durch Gustav und Erna Tomsche, geb. Kretschmer

Hilpertinger Str. 12

1959 19. Nov.	Kauf eines Grundstücks von Demmel, Haus Nr. 7, durch Ludwig und Hedwig Maier

Alpenweg 17 (ehem. Waldweg 10)

1960 24. Juni	Kauf eines Grundstücks von Ehberger, Haus Nr. 13, durch Maximilian Ehberger

Alpenweg 21 (ehem. Waldweg 12)

1960 25. Juni	Kauf eines Grundstücks von Ehberger, Haus Nr. 13, durch Heinrich und Margarethe Marx

Alpenweg 21 (ehem. Waldweg 14)

1960 25. Juni	Kauf eines Grundstücks von Ehberger, Haus Nr. 13, durch Josef Merk aus Beyharting

Alpenweg 20 (ehem. Waldweg 16)

1960 25. Juni	Kauf eines Grundstücks von Ehberger, Haus Nr. 13, durch Josef und Rosina Briefer, geb. Häusler, aus Emling

[1] BayHStA, KL Beyharting 7.
[2] BayHStA, KL Beyharting 9.
[2a] BayHStA, KL Beyharting 5g.
[3] StAM, PfG. Schw. B 14.
[4] BayHStA, KL Beyharting 10.
[5] BayHStA, KL Beyharting 19.
[6] BayHStA, GL Fasz. 3454/4.
[7] StAM, Steuerb. 356.
[8] BayHStA, GL Fasz. 61/1.
[9] BayHStA, KL Beyharting 28.
[10] BayHStA, KHH 139.
[11] StAM, PfG. Ro. B 14.
[12] StAM, Kataster 452.
[13] StAM, Kataster 453.
[14] StAM, Kataster 454.
[15] StAM, AG 6199.
[16] StAM, Kataster 458, StAM, AG 6199.
[17] StAM, AG 6199.
[18] StAM, Kataster 462.
[19] StAM, Kataster 462.
[20] StAM, Kataster 467 wie folgende.
[21] StAM, Kataster 453.
[22] StAM, AG 6199.
[23] StAM, Kataster 460.
[24] StAM, AG 6199.
[25] StAM, AG 6199.
[26] StAM, Kataster 462.
[27] StAM, AG 6199.
[28] StAM, AG 6199.
[29] StAM, Kataster 467.
[30] StAM, Kataster 467.
[31] StAM, Kataster 452.
[32] StAM, Kataster 460.
[33] StAM, Kataster 462.
[34] StAM, Kataster 462.
[35] StAM, Kataster 467 wie alle weiteren.

Quellen

Bayerisches Hauptstaatsarchiv (BayHStA)
- Stiftbücher des Klosters Beyharting, Klosterliteralien (KL) Beyharting 6-29
- »Grundbuech« des Klosters Beyharting (Beschreibung der Gebäude und Gründe der Anwesen um 1626 bis 1738), KL Beyharting 30
- Güterkonskription von 1752, Kurbayern Hofkammer, Hofanlagsbuchhaltung (KHH) 139
- verschiedene Listen der Häuser von Tuntenhausen im Bestand Gerichtsliteralien (GL)

Staatsarchiv München (StAM)
- Feuerstättenverzeichnis von 1554, Pfleggericht Schwaben (PfG Schw.) B 14
- Steuerbuch des Gerichts Rosenheim von 1612, Pfleggericht Rosenheim (PfG. Ro.) B 7
- Steuerverzeichnis des Gerichts Rosenheim von 1671, Steuerbücher 356
- Hofanlagsbücher von 1760, Pfleggericht Schwaben B 18 und Pfleggericht Rosenheim B 14
- Dorf- und Häuserbeschreibung von 1801, Pfleggericht Schwaben A 1
- Kataster
- verschiedene Akten der Amtsgerichte (AG)

Archiv des Erzbistums München-Freising (AEM)
- Stiftbücher des Oblayamtes des Domkapitels Freising, Heckenstalleriana (H) 411-417

Handwerk und Gewerbe in Tuntenhausen

Gunter Hack

Institutionen, die helfen können
- Gemeindeverwaltung
- Landratsamt
- Industrie- u. Handelskammer für Oberbayern, Max-Joseph-Str. 2, 8000 München 2
- Bayerische Staatsbibliothek (Handschriftenabteilung), Ludwigstr. 16, 8000 München 22
- Staatsarchiv München, Schönfeldstr. 3, 8000 München 22
- Bayerisches Hauptstaatsarchiv, Schönfeldstr. 5, 8000 München 22

Hilfsmittel und Nachschlagewerke
- Historischer Atlas von Bayern, Teil Altbayern, hg. v. der Kommission für Bayerische Landesgeschichte bei der Bayerischen Akademie der Wissenschaften, München 1950ff.
- Schremmer, Eckhart: Die Wirtschaft Bayerns. Vom hohen Mittelalter bis zum Beginn der Industrialisierung, München 1970
- Spindler, Max (Hg.): Handbuch der Bayerischen Geschichte, 4 Bde., München 1967-1988
- Zorn, Wolfgang: Kleine Wirtschafts- und Sozialgeschichte Bayerns 1806-1933, München 1962

Geordnete Unterlagen über die wirtschaftliche Betätigung der Einwohner von Tuntenhausen liegen aus dem Mittelalter und der frühen Neuzeit nicht vor.

Aus der Konskription und dem Herdanlagebuch, beide in der zweiten Hälfte des 18. Jahrhunderts angelegt, lassen sich nur die landwirtschaftlichen Verhältnisse entnehmen: unter den 13 Anwesen des Ortes waren 3 1/2 Höfe, 2 1/4 Höfe, 6 1/8 Höfe und 2 1/32 Höfe; die Namen einiger Höfe (Hausnamen) lassen aber erkennen, daß der Inhaber auch ein Gewerbe betrieb, weil sein Gut zu klein war, um davon leben zu können. Folgende Berufe finden sich: je ein Wirt, Weber, Bäcker, dann zwei Schmiede, die beide auch einen Kramladen mit »geistlicher und normaler Ware« haben »bey der Wallfahrt«, dann ein Opticus und ein Schneider, letzterer ebenfalls mit einem Kramladen »bey der Wallfahrt«[1].

Nach einer 1809-10 erstellten umfangreichen Statistik für das ganze Königreich Bayern, vom damaligen Minister Montgelas angeordnet und deshalb nach ihm benannt, umfaßt das Dorf Tuntenhausen 17 Hausnummern[2]. An Berufen finden sich: je ein Bäcker, Metzger, Kistler, Schneider, Schuster, Schmied und Weber, dann zwei Krämer, ein Wirt und eine Branntweinschenke[3]; dabei können auch mehrere Berufe in einer Person vereint sein. Die beiden Krämer hatten offenbar nur örtliche Bedeutung, versorgten also Ortsbevölkerung und Wallfahrer, da sie in der Statistik der Kaufleute nicht angeführt werden[4]. Auch über Getreide- und Viehhandel am Ort läßt sich

nichts finden[5], ebensowenig über am oder beim Ort gewonnene Mineralien[6] oder im Ort befindliche Fabriken[7].
Der Feuerversicherungswert aller Gebäude von Tuntenhausen betrug für 17 Hausnummern, ferner eine Kirche und fünf Scheunen, Stadel oder sonstige Gebäude, zusammen also 22 Gebäude[8], insgesamt 7.025 Gulden[9], womit Tuntenhausen zwar um 28% über dem Durchschnitt des Landgerichts Rosenheim lag, mit anderen vergleichbaren Dörfern ähnlicher Größe aber auf gleicher Höhe stand. Größere und aufwendigere Gebäude, wie die Brauerei in Maxlrain oder gar die Saline in Rosenheim, gab es in Tuntenhausen offenbar nicht; selbst eine Mühle fehlte.
Die um 1810 vorhandenen Gewerbe entsprechen den Bedürfnissen einer landwirtschaftlich ausgerichteten Bevölkerung; nur das Vorhandensein von zwei Schmieden läßt auf überörtliche Bedeutung dieses Handwerks schließen, außerdem natürlich die Krämer zur Versorgung der Wallfahrer.
Der Grundsteuer-Kataster von 1859[10] nennt neben den landwirtschaftlichen Anwesen auch die Inhaber und deren Berufe bzw. Tätigkeiten: in Haus Nr. 2, dem Schmiedgütel, wohnte und arbeitete der Schmied, der zugleich mit seiner Schmieden- auch eine Krämer- und Branntweinschenk-Gerechtsame[11] besaß, die er von seinem Vater und Vorgänger übernommen hatte. In Haus Nr. 5, dem Webergütel, war ebenfalls ein Krämer; vermutlich betrieb er seinen Kramladen nur nebenbei und lebte hauptsächlich von seiner Arbeit als Weber, die damals noch wenig unter der Konkurrenz der Industrie zu leiden hatte. In Haus Nr. 6 war der Wirt, der beim Nebenhaus ein Schlachthaus, eine Branntweinbrennerei, eine »Holzlage« und eine Kegelbahn hatte[12], ferner ein Sommerhaus und das Fischrecht in der Mosach; der Wirt hatte das Anwesen zusammen mit der Tafernwirt-Gerechtsame von seinem Vater übernommen. In Haus Nr. 7, dem Bäckergütl, war der Bäcker, dessen Anwesen als einziges im Ort auch einen »Getraidkasten« beinhaltete. Der Inhaber hatte die Bäcker-, Branntweinbrennerei- und Branntweinschenk-Gerechtsame ebenfalls von seinem Vater übernommen. In Haus Nr. 8, dem Schneidergütel, lebte eine Witwe; die Berufsangabe »Krämer« läßt darauf schließen, daß sie den Kramladen weiterführte. Die Kramer- und Branntweinschenk-Gerechtsame hatte sie mit der Ehelichung ihres Mannes mit dem Anwesen als Miteigentum, und mit dessen Tod al's Alleineigentum erworben. Haus Nr. 10 war das Kistlerhäusl, dessen Inhaber Kistler (Schreiner) war, beim Haus eine »Bretterschupfe« stehen und das Anwesen durch Heirat einer Witwe erworben hatte. Bei Haus Nr. 14, dem Steingütl, ist die Berufsangabe »Krämer« durchgestrichen; das Anwesen gehörte der Witwe, die auch Haus Nr. 8 von ihrem Mann geerbt hatte. Haus Nr. 15, das Zuckergütl, besaß ein Weber, der das Anwesen mit der Webergerechtsame einem Witwer abgekauft hatte.
Die übrigen Haus-Nummern waren landwirtschaftliche Anwesen: Haus Nr. 1 Pichlergütel wurde später vom Schmied gekauft und mit dessen Haus Nr. 2 vereinigt; Haus Nr. 3 war der Wimmerhof, Nr. 4 das Pfarrwiddum (Staatseigentum), Nr. 9 der Katzlhof, Nr. 11 der Sixthof, Nr. 13 der Huber-

hof, Nr. 16 der Riepelhof, Nr. 16 1/2 das Eierträgerhäusl. Außerdem besaßen auch die gewerblichen Anwesen landwirtschaftlichen Besitz, Haus Nr. 5, der Wirt, sogar das Mair-Zubaugut. Haus Nr. 12, das Schulhaus, hatte die Gemeinde dem Wirt abgekauft und mit ehemaligen Gemeindegründen ausgestattet, die vermutlich der Schulmeister bewirtschaftete. Haus Nr. 16 1/3 war ebenfalls, und zwar »unfürdenklicher« Besitz der Gemeinde: die Badstube bzw. das Brechhaus (zum Flachsbrechen). Haus Nr. 4 1/2 schließlich war die Pfarr- und Wallfahrtskirche zur heiligen Maria, Staatseigentum, wofür das Rentamt (später Finanzamt) Aibling zuständig war; neben der Kirche befand sich der Friedhof und ein freier Platz, »dann vier Kramläden in der Kirchhofmauer«.

Um 1859 standen Handwerk und Gewerbe hinter der Landwirtschaft also noch weit zurück; Industrie gab es am Ort gar nicht.

Noch um 1895 weist ein Geographisch-Statistisches Handbuch von Bayern[13] zwar auf die ausgedehnten Moorbodenflächen am Ort hin und daß der Ort einen Krammarkt habe; Vermerke über Gewerbe oder Industrie am Ort, wie sie bei anderen Orten genannt werden (z.B. Ziegelei, Kalkofen, Torfpresse), fehlen aber.

Damit unterscheidet sich Tuntenhausen aber nicht von Tausenden anderer Dörfer, die bis in unser Jahrhundert keine nennenswerten Gewerbe- oder Industriebetriebe am Ort aufzuweisen hatten[14].

Zum Stand 1988 waren folgende Firmen im Ortsbereich Tuntenhausen ansässig[15] (nach der Zahl der Beschäftigten[16] geordnet):

Fa. Eder, Autohaus und Landtechnik	136
Fa. F. Schmid, Tiefbau	88
Fa. Eder, Landtechnik	24
Fa. Schmelzer, Zimmerei	20
Fa. F. Reiter, Bauunternehmen	17
Fa. Fischbacher, Möbelschreinerei	12
Fa. F. Demmel, Landhandel und Fuhrunternehmen	11
Fa. A. Demmel, Bäckerei	7
Gasthaus Schmid	5
Fa. N. Pronberger, Metzgerei und Gemischtwaren	4
Fa. Popp, Buchbinder	4
Fa. Reiter, Schuhgeschäft	3
Fa. Raschbichler, Elektro	2
Fa. Gräwo, Diamantenschleiferei	2

Zusammen: 14 Betriebe mit 335 Beschäftigten, davon 8 Arbeiter der Justiz-Vollzugs-Anstalt Bernau (Fa. Schmelzer) und 2 Aushilfen (Fa. Popp).

Es fällt auf, daß manche Namen mehrfach erscheinen, so Eder, Schmid, Reiter, Demmel; bereits im Kataster von 1859 verzeichnet sind der Schmied Peter Eder, der Weber und Krämer Nikolaus Pronberger und der Bäcker Ignaz Demmel, während die anderen Namen noch fehlen; deren Inhaber müssen also nach 1859 zugewandert sein.

Die »alten Namen« der seit mehr als 130 Jahren am Ort ansässigen Familien führen 5 Betriebe mit zusammen 182 Beschäftigten; das heißt also, daß gut die Hälfte der Arbeitsplätze in Tuntenhausen sich aus bereits längere Zeit am Ort befindlichen Betrieben entwickelt hat.
Besonders bemerkenswert erscheint die Entwicklung der beiden Firmen Eder. Ursprung ist die Schmiedewerkstatt (damals noch mit Krämer- und Branntweinschenk-Erlaubnis), die der Schmied Peter Eder am 6. Juni 1846 von seinem Vater, dem Witwer Martin Eder, im Wert von 4.755 Gulden übernommen hat, und die er durch den Kauf des benachbarten Pichlergütels vergrößern konnte[17]. Später verlegten sich seine Nachfolger auf Landmaschinen, erweiterten den Betrieb um eine Autovertretung (Ford-Generalvertretung) und um einen Gabelstapler-Vertrieb, und schließlich um eine weitere Tätigkeit im Güllegrubenbau. Die große Halle des Betriebs ist auch Tagungsort des Männervereins[18]. Das zeigt deutlich, wie die Betriebsinhaber es verstanden, sich den rasch ändernden Erfordernissen des Wirtschaftslebens anzupassen, den Betrieb fortzuentwickeln, und trotzdem der örtlichen Tradition verbunden zu bleiben.
Die Familie Schmid gehört zu denen, die erst später, in den 30er Jahren des 20. Jahrhunderts in den Ort gekommen sind, »Zugereiste« also. Sie übernahm die Gastwirtschaft und begründete ein Bauunternehmen; das sich auf Tiefbau spezialisiert hat. Das Bauunternehmen wurde zweitgrößter Arbeitgeber am Ort und ließ in der Beschäftigtenzahl das Gasthaus weit hinter sich.

Demnach hat Tuntenhausen den Übergang vom landwirtschaftlich geprägten Dorf hin zum Gewerbestandort sehr gut bewältigt; die seit etwa dreißig Jahren schrumpfende Landwirtschaft setzte durch Betriebsverkleinerung, Umstellung auf Maschinen, Betriebsaufgabe usw. zahlreiche Beschäftigte frei, die in den wachsenden Gewerbebetrieben Anstellung finden konnten. Alle Betriebe sind höchstens mittelständisch und von Großfirmen weitgehend unabhängig.
Die Tuntenhausener finden ihren Arbeitsplatz fast ausschließlich am Ort; es gibt nur wenige Auspendler, aber viele Einpendler[19]. Sie sind auf eigene Fahrzeuge angewiesen; denn Tuntenhausen hat weder eine Eisenbahn- noch Bushaltestelle. Nächster Bahnhof ist Ostermünchen (zur Gemeinde Tuntenhausen etwa 2,5 km östlich), an der Bahnstrecke München-Rosenheim gelegen, von 7 bzw. 9 Zügen (je nach Richtung) bedient, die zudem fast nur werktags verkehren; an Samstagen halten nur 3, an Sonn- und Feiertagen nur 2 Züge in jeder Richtung. Die zusätzlichen Busse fahren noch seltener. Die meisten Fahrten der Bahn und alle beim Bus bedienen zudem nur den Abschnitt Grafing-Rosenheim; von und nach München muß man in Grafing umsteigen (S-Bahn), nur drei Züge fahren montags bis freitags in jeder Richtung bis München durch. Tuntenhausen erweist sich also als ein wirtschaftlicher Standort von überörtlicher Bedeutung, mit nur mäßiger Anbindung an den öffentlichen Nahverkehr.

QUELLENANHANG

Das Anwesen des Schmiedes Peter Eder nach dem Grundsteuer-Kataster von 1859.
(Staatsarchiv München: Kataster Nr. 460)

Insgesamt hatte Peter Eder Besitz in Größe von 48,33 Tagwerk bzw. 10,147 Hektar (zum Zeitpunkt der Umrechnung war der Besitz bereits kleiner, er wäre sonst 16,499 ha groß). Dafür erwarb er das 1/8 Pichlergütel des Franz Bachmayr mit 6,596 ha, vergrößerte seinen Gesamtbesitz also auf 16,743 ha.

– – – – – – –

Steuergemeinde (= Gemarkung): Tuntenhausen
Ortschaft (= Gemeindeteil): Tuntenhausen
Seite 5
Haus No.: 2
Besitzer: Peter Eder, Schmied.
A, Das 1/8tl. Schmiedgütel
Spalte 1: Plan-Nummer 3 (auf dem Flurplan)
Spalte 2: Wohnhaus mit Stall und Stadel, Wagenschupfe,
Schmiedwerkstätte mit Backofen, Hofraum und Wurzgärtl
Spalte 3: Gebäude und Garten
Spalte 4: Flächen-Inhalt 0 Tagwerk 29 Dezimale, bzw. 0 Hektar 09,9 Ar
Bonitätsklasse 20
Verhältnißzahl des steuerbaren Ertrages 5 Ganze 80 1/100
(Nach dem gleichen System folgen die weiteren »Besitz-Gegenstände«, so:)
Plan-Nr. 4. Hausgarten mit Holzschupfe, Garten und Gebäude, 0,12 Tagwerk bzw. 4,1 Ar, Bonitätsklasse 12, Verhältniszahl 1,44.
Spalte 5: Vortrag der Erwerbs-Titel
Das 1/8 Schmiedgütel laut Briefs vom 6. Juni 1846, mit Plan Nro. 59, 101, 164, 212, 213, 397, 398 unter Lit. B, mehreren wieder veräusserten Realitäten, der Schmied-, Krämer- und Branntweinschenk-Gerechtsame vom Vater Wittwer Martin Eder um / den Werthsanschlag von 4755 f. übernommen. Indessen wurde angeblich im Jahre 1856 Pl. No. 458 von Georg Krähbichler Hs. No. 16 zu Tuntenhausen gegen Theile an Plan No. 251 und 271 eingetauscht.

Quellen

Bayerische Staatsbibliothek (Handschriftenabteilung)
– Montgelas-Statistik
Cgm 6844/17 Topographie ... des Salzach-Kreises ... 1809/10.
Cgm 6845/ Volkszahl
Cgm 6846/ Geburts-, Trauungs- und Sterbelisten
Cgm 6847/ Verstorbene
Cgm 6848/17 Mineralien
Cgm 6851/17 Fabriken
Cgm 6852/17 Künstler und Handwerker
Cgm 6853/15 Kaufleute und Krämer
Cgm 6854/17 Getreide- und Viehhandel
Staatsarchiv München (StAM)
– Grundsteuer-Kataster 1859, Kataster Nr. 460

[1] G. Mayr, HAB Ebersberg, S. 339.
[2] BSB Cgm 6844/17 (sog. Montgelas-Statistik)
[3] BSB Cgm 6852/17.
[4] BSB Cgm 6853/15.
[5] BSB Cgm 6854/17.
[6] BSB Cgm 6848/17.
[7] BSB Cgm 6851/17.
[8] Eine Hausnummer gilt als ein Gebäude, auch wenn sie mehrere Häuser umfaßt, z.B. Wohnhaus, Stall, Stadel, Schupfen, Backofen und Hofraum.
[9] BSB Cgm 6844/17; dort weitere Angaben: von 22 Gebäuden sind 21 mit Schindeln und nur eines mit Ziegeln gedeckt, keines mit Schilf oder Stroh, Durchschnittswert 319,3 fl. (= Gulden; 1 Gulden wurde zum 1. Januar 1876 mit 1,7142 Mark umgerechnet) je Gebäude; Landgericht Rosenheim gesamt: 5.712 Gebäude, davon 5.673 mit Schindeln und 39 mit Ziegeln gedeckt, Gesamtwert 1.424. 283 fl, durchschnittlich also 249,3 fl; davon Stadt Rosenheim mit 260 Gebäuden und 323. 400 fl Wert, durchschnittlich 1.243,8 fl. Auf eine Umrechnung wurde verzichtet, da dies nicht möglich ist; nicht nur war die Mark bzw. der Gulden damals mehr wert als heute, sondern es wurde Arbeitskraft verhältnismäßig schlechter bewertet als Sachwerte.
[10] StAM Kataster Nr. 460. Der Grundsteuer-Kataster der Steuergemeinde Tuntenhausen wurde am 15. September 1859 beendet (Schlußbemerkung S. 787), die den Ort Tuntenhausen selbst betreffenden Teile (S. 1-82) stammen dagegen bereits vom 15. -18. Dezember 1857 und 23. Januar 1858.
[11] Gerechtsame: Berechtigung zur Ausübung eines Berufes oder einer Tätigkeit, nicht an eine Person, sondern an das Haus gebunden.
[12] Eine Flur namens Wirthsgarten (Plan-Nr. 14) ist nicht beim Wirt, sondern bei Haus Nr. 11 angeführt, könnte also früher verkauft oder getauscht worden sein.
[13] W. Götz, Geographisch-Statistisches Handbuch von Bayern, Bd. 1, S. 381 ff.
[14] Für die Zeit nach 1895 klafft eine breite Lücke in der Literatur; die umfangreichen »Berichte zur Statistik Bayerns«, herausgegeben vom Bayerischen Statistischen Landesamt, sind nach Gemeinden, aber leider nicht nach Orten aufgeschlüsselt. Als Ersatz wären Landkreisbücher, Ortsgeschichte, Chroniken, Firmenbroschüren usw. heranzuziehen, die für Tuntenhausen aber offenbar nicht vorliegen.
[15] Schreiben der Gemeinde Tuntenhausen, 1. Bürgermeister Haas, vom 24. 4.1989.
[16] Einschließlich mitarbeitender Firmeninhaber, Aushilfen und Arbeiter der JVA Bernau.
[17] StAM Kataster Nr. 460.
[18] Angaben von Bürgermeister Haas und Herrn Anton Barth, bei der Ortsbesichtigung am 23.2.1989.
[19] Dem neuen MVV-Fahrplan ist zu entnehmen, daß bereits einige private Buslinien in die Gegend von Bad Aibling fahren; in den MVV integriert ist aber nur der Teil bis zur Grenze des Landkreises Ebersberg.

Taferne – Wirtshaus – Branntweinschenken: Gastliche Stätten in Tuntenhausen

Sabine Kammermeier

Institutionen, die helfen können
- Gemeindeverwaltung
- Staatsarchiv München, Schönfeldstraße 3, 8 München 22
- Bayerisches Hauptstaatsarchiv, Schönfeldstraße 5, 8 München 22

Hilfsmittel und Nachschlagewerke
- Rauers, Friedrich: Kulturgeschichte der Gaststätte, 2 Bde. (Schriftenreihe der Hermann Esser Forschungsgemeinschaft für Fremdenverkehr, Bd. 2) 2. Aufl. Berlin 1942
- Kaizl, Josef: Der Kampf um die Gewerbereform und Gewerbefreiheit in Bayern von 1799 bis 1868 (Staats- und sozialwissensch. Forschungen, Bd. 2,1) Leipzig 1879
- Schremmer, Eckart: Die Wirtschaft Bayerns. Vom hohen Mittelalter bis zum Beginn der Industrialisierung, München 1970
- Spindler, Max (Hg.): Handbuch der bayerischen Geschichte, Bd. 2, 2. Aufl. hg. v. Andreas Kraus, München 1988, Bd. 4 verb. Nachdruck München 1979
- Gebhard, Torsten: Landleben in Bayern in der guten alten Zeit, München 1986

Taferne und Wirtshaus in Tuntenhausen

Das Wirtshaus gehörte früher neben der Kirche und dem Gemeindehaus zu den wichtigsten Institutionen des Dorfes; abgesehen von der Beherbergung und Bewirtung von Fremden diente es als gesellschaftlicher und politischer Mittelpunkt für die ansässige Bevölkerung. Zahlreiche Veranstaltungen wurden in die Wirtschaft verlegt, weil diese meist über die entsprechenden Räumlichkeiten verfügte. Bei Versammlungen der Gemeinde oder Sitzungen des Gemeinderates im Wirtshaus versuchte man, das Nützliche mit dem Angenehmen zu verbinden.

Tuntenhausen verfügt von jeher nur über eine Wirtschaft, die in den Quellen lange Zeit als »Taferne« erscheint. Der mittelhochdeutsche Ausdruck »Taverne«, von dem lateinischen »taberna« (Hütte, Laden, Wirtshaus), bezeichnete im Mittelalter eher eine Schenke und stellt die früheste Form des gewerblichen Wirtens dar. Im Laufe der Zeit entwickelte sich die Taferne zum Vollgasthof, der auch Fremde beherbergte; etwa ab dem 16. Jahrhundert findet man auch die Bezeichnung »Gastwirtschaft«[1].

In Tuntenhausen kam noch ein Faktor hinzu, der entscheidend war für die Entwicklung der Gaststätte – die Wallfahrt; der Wirtshausbesuch galt dabei als obligatorisch. Bereits zu Beginn des 16. Jahrhunderts resümierte der Geschichtsschreiber Aventin in seiner »Baierischen Chronik«: »Das baierische Volk ist kirchlich, schlecht und recht, geht und läuft gerne wallfahrten, ... trinkt sehr, ... sitzt Tag und Nacht bei dem Wein, schreit, singt, tanzt, kartet ...«[2]. Und aus Niederbayern um die Jahrhundertwende wird ähnliches berichtet: »Der biedere Bayer hält es nun aber so: nach jedem geistigen Andachtswerk mag er auch ein bißchen körperliche Freude. Aus der Kirche in die Zechstube. Nach dem Kreuzweg in die Tafern; es bleibt nichts anderes«[3].

Besitzverhältnisse

Als das für 1441 belegte erste Wunder bekannt wurde, war neben der wachsenden Bedeutung der Wallfahrt auch der Grundstein für den Wohlstand und das Ansehen des Tuntenhausener Wirtshauses gelegt. Aus dem Jahr 1497 ist uns die erste urkundliche Nennung der Taferne überliefert. Damals besaß die adelige Familie der Pretschlaipfer die Grundherrschaft[4] in Tuntenhausen. Die drei Brüder Hanns, Lienhard und Otto teilten sich am Freitag nach Fronleichnam dieses Jahres das mütterliche Erbe, wobei Otto unter anderem die Taferne zu Tuntenhausen erhielt[5]. Diese mußte in den Jahrzehnten nach dem ersten Mirakel gemeinsam mit der Wallfahrt einen kräftigen Aufschwung erfahren haben, um als Erbgut und damit als Einnahmequelle für den Besitzer von Bedeutung zu sein. Otto Pretschlaipfer aber vergeudete sein Vermögen als Landstreicher und verkaufte schließlich am 3. März 1498 die Taferne an das nahe Kloster Beyharting[6]. Der Kaufpreis wurde in mehreren Raten ausbezahlt. Dies geht aus einem Brief Ottos an den damaligen Propst Ulrich IV. des Augustiner-Chorherrnstifts vom 9. März 1499 hervor. Der Adelige war in Ulm an das Krankenbett gefesselt und schickte deshalb einen bevollmächtigten Vertreter, der die an Ostern fälligen 100 Gulden in Empfang nehmen sollte. An Pfingsten wollte Otto die letzte Rate von 50 Gulden dann persönlich entgegennehmen[7]. All das geschah ein Jahr nach dem Verkauf der Taferne. Offensichtlich wäre die Summe bei Nichtabholung verfallen, weshalb Otto sich das Geld auf diesem Wege zu sichern suchte.
Ottos Onkel Alexius, der Hofrichter in Berchtesgaden war, hatte ebenfalls Anspruch auf Abgaben der Taferne. Denn 1499 verkaufte er seine jährliche Gilt daraus, die 5 Gulden und 6 Schillinge betrug, für 118 Gulden an den Propst von Hirschau und den Dechant Wolfgang von Berchtesgaden. 1501 löste er die Gilt wieder ein und verkaufte sie, abermals zum Preis von 118 Gulden, an das Kloster Beyharting[8], das nun alleiniger Nutznießer der Taferne wurde.

Bereits 1496, ein Jahr vor der ersten Erwähnung der Taferne, findet sich zum ersten Mal ein Wirt von Tuntenhausen in den Quellen: »Balthasar Auer zu Hiltmaning, Wirth zu Tuntenhausen« trat als Siegler einer Urkunde auf[9]. Die Tatsache, daß Auer auch in den nächsten Jahren öfter als Siegler oder Zeuge in Urkunden erscheint, läßt vermuten, daß er Vertrauen und Ansehen genoß. Da an der Wende vom Mittelalter zur Neuzeit, also um 1500, die

24 Wirtsstube des Tuntenhausener Wirts Georg Zängl im Jahre 1679. Votivtafel in der Wallfahrtskirche Tuntenhausen

25 Vor der Tuntenhausener Wirtschaft, dreißiger Jahre. Foto privat. Auf dem geschnitzten Hausportal: »Von 2–6 Uhr keine Bierabgabe«

Wallfahrt einen Aufschwung erlebte, werden sowohl die Taferne als auch der Besitzer davon profitiert haben.
Aufgrund der Erwähnungen der Taferne in Stiftbüchern[10], Urkunden, Gerichtsliteralien und Verzeichnissen kann man eine, wenn auch lückenhafte Besitzerchronik erstellen. Warum ein so einträglicher Besitz in manchen Jahren oder gar Jahrzehnten in den Abgabebüchern unerwähnt blieb, läßt sich nur vermuten: Schlampige Verwaltung des Klosterbesitzes oder Kriegszeiten mögen Gründe hierfür gewesen sein.
In den Stiftbüchern des Klosters Beyharting findet man die Taferne erstmals 1501[11], den Wirt »Awer«/»Awr« aber erst 1503[12]. Damals betrug die jährliche Abgabe an den klösterlichen Grundherrn 28 Gulden.
Propst Pantaleon von Beyharting verstiftete 1511 die Taferne Tuntenhausen an Hannsen Auer[13], der in den folgenden Jahren bereits 35 Gulden an das Kloster abführen mußte[14]; und als 1524 Jorg Wiedmann in den Stiftbüchern erscheint, war die Gilt bereits auf 40 Gulden angewachsen[15]. Damit hatte sich innerhalb von 25 Jahren die Abgabe fast um die Hälfte erhöht; das Wirtshaus florierte also.
Beyharting dagegen hatte mit der drückenden Besteuerung durch Herzog und Diözese zu kämpfen. Deshalb verkaufte es 1554 die Taferne zu Tuntenhausen um 200 Gulden an »Wolf Wirth von Grünwald«. Nachdem dieser die Taferne wieder eingelöst hatte, verkaufte sie Propst Lucas 1559, abermals um den Preis von 200 Gulden, an Ruprecht Pranstetter[16].
In den folgenden Jahren erwies sich der Verkauf von Giltabgaben aus der Taferne für das Kloster als lohnende Einnahmequelle, da der Käufer bereits 400 Gulden dafür zahlen mußte (1575 und 1591)[17]. Der Wohlstand des Wirtshauses hatte Ende des 16. Jahrhunderts wohl einen ersten Höhepunkt erreicht, nachdem die Wallfahrt infolge der Reformation und eines Kirchenbrandes (1548) vorübergehend geschwächt worden war[18].
Im Jahre 1608 erhielt Georg Andrelang die Taferne auf Lebenszeit verliehen. Aber die Tatsache, daß er den Wallfahrern nur dann Speise und Herberge gab, wenn sie auch seinen schlechten, saueren Wein kauften, rief sogar den Herzog auf den Plan. Dieser befahl 1617 dem Propst, dessen nachlässige Administration dieses Vergehen wohl erst ermöglicht hatte, den »bösartigen Wirthe« vorzeitig abzusetzen[19].

Auch im 17. Jahrhundert bleiben die Nennungen vorerst spärlich. Obwohl 1627 mit dem Neubau der Wallfahrtskirche begonnen wurde, die wirtschaftliche Lage des Klosters also gesichert war, werden von 1620 bis 1643 in den Stiftbüchern keine Abgaben der Taferne an den Grundherrn erwähnt. Nur für 1626 und 1636[20] wird Hanns Cloe, bzw. Johann Clo als Wirt zu Tuntenhausen genannt. Erst 1644 setzten die Zahlungen an das Chorherrnstift wieder ein[21]; der Grund für diese lange Pause wird nicht genannt, wird aber wohl in den Wirren des Dreißigjährigen Krieges zu suchen sein. Der neue Betreiber der Wirtschaft hieß Hannsen Grandauer[22].
1660 wird im Streit um den Neubau der Taferne auch der Besitzer erwähnt:

Jeorgen (Georg) Zängl; da er dem Propst noch das Mahlgeld für 4 Jahre schuldig war, saß er also mindestens seit 1656 als Grundholde auf der Taferne. Außerdem hatte er die »15200 stain« für den Bau noch nicht bezahlt; für diese Versäumnisse schickte ihn der Propst 9 Tage ins Gefängnis »mit gering Atzung«. Zusätzlich wurde die jährliche Gilt von Lichtmeß 1662 an auf 125 Gulden erhöht[23]. Damit war die Abgabe doppelt so hoch als zuvor: die Gastwirtschaft in Tuntenhausen blieb also weiterhin ein sehr einträgliches Geschäft für Wirt und Grundherrn.
1705 kaufte das Stift Beyharting den Mayrhof in Tuntenhausen. Der Hof verfügte über einen guten Keller, was damals wegen der Lagerung von Bier und Lebensmitteln Voraussetzung für eine Gaststätte war. Mit dem Erwerb sollte die Errichtung einer zweiten Taferne in Tuntenhausen verhindert werden. Der Wirt beteiligte sich an dem Kauf mit 300 Gulden[24] und seitdem blieb das Mayrgütl immer im Besitz der jeweiligen Taferneninhaber, die es unter anderem als Austrag für den alten Wirt nutzten[25].
Ab 1706 erscheint Johann Kreitmayr als Wirt der Taferne Tuntenhausen. Außer den Giltzahlungen mußte er auch noch zwölf »Buttel« mit zweierlei Wein und Brot an das Kloster Beyharting abliefern[26].
Während der katholischen Barockfrömmigkeit des 17. und 18. Jahrhunderts erlebte die Wallfahrt einen Aufschwung, der jedoch im Zeitalter der Aufklärung und schließlich mit der Säkularisation 1803 sein Ende fand. Damit war vorerst auch die Blütezeit der Taferne vorüber.
1799 erhielt Alois Kreitmair[27] das Anwesen vom Kloster Beyharting noch auf Lebenszeit verliehen; 1803 wurde der Staat Obereigentümer der ehemals klösterlichen Besitzungen. Er bot den bisherigen Grunduntertanen die Möglichkeit, das Nutzungsrecht an Grund und Boden abzulösen. Aber erst 1836 machte Kreitmair von diesem Angebot Gebrauch und erhielt für die Summe von 550 Gulden das Wirts- und das Mayrgut als volles Eigentum[28]. Da der Staat auch die allgemeine Verwaltung übernommen hatte, wurden sämtliche Veränderungen eines Besitzes systematisch in den neugegründeten Katastern aufgezeichnet. Der Kataster von Tuntenhausen führt die Taferne als Haus Nr. 6, dessen Besitzverhältnisse sich von nun an lückenlos verfolgen lassen. Bis zum Jahre 1895 blieb die Taferne von Tuntenhausen im Besitz der Familie Kreitmayr. Eine größere Veränderung gab es 1845, als der Schulfond Tuntenhausen den Mayr-Zubau kaufte, der von da an als Schulhaus genutzt wurde[29]. Außerdem erwarb Maria Kreitmair 1871 das Kistleranwesen, Haus Nr. 10 in Tuntenhausen[30]: die Gaststätte war nach mageren Jahren zu Beginn des Jahrhunderts[31] wieder eine lohnende Einnahmequelle für ihre Besitzer geworden.
Die Ehe des nun folgenden Ignaz Kreitmair blieb anscheinend kinderlos, denn ein Jahr nach dem Tod seiner Gattin verkaufte der Wirt 1895 den gesamten Besitz für 106. 500 Mark an Abraham Mohr, einen Kaufmann aus München[32].
Noch im selben Jahr erwarb der Brauerei- und Gaststättenbesitzer[33] Ludwig Trappentreu aus Aibling[34] das Anwesen und verpachtete es weiter, so auch

an den Mühldorfer »Restaurateur« Josef Spenlinger. Dessen Wirtschaftsführung gab 1901 Anlaß zur Klage beim Bezirksamt in Aibling: Der Gendarm von Ostermünchen monierte, daß »die Reinlichkeit der Trinkgeschirre zu wünschen übrig läßt« und die Würste »fast nicht zum geniessen sind«. Bei Beschwerde werde der betreffende Gast »in einer nichts weniger als feinen Art abgefertigt«. Da bald darauf ein neuer Pächter erscheint, ist anzunehmen, daß Spenlinger aufgrund dieser Vorkommnisse seine Konzession verloren hatte[35].
Zwischen 1903 und 1931 wechselte die Wirtschaft öfter den Besitzer, wobei zweimal sogar die Bayerische Siedlungs- und Landbank von München den Besitz aufkaufte[36], offensichtlich wegen hoher Verschuldung.
Schließlich übergab im Herbst 1931 die Witwe Mathilde Hufnagl das Anwesen ihrer Tochter Rosina Schmid[37]; seither befindet sich das Wirtshaus von Tuntenhausen im Besitz der Familie Schmid. Nach Jahren der Verpachtung übernahm 1957 der gelernte Metzgermeister Hans Schmid den Betrieb der Gaststätte selbst, gemeinsam mit seiner Ehefrau Paula, einer Wirtstochter aus München. Der »Münchener Gastwirtsmetzgerverein« wallfahrtet auch dieser Tage noch nach Tuntenhausen, da die Wirtin des dortigen Gasthofes von München her bekannt ist. Seit 1988 führt nun Hans Schmid jun. das traditionsreiche Gasthaus in Tuntenhausen.

Bau- und Gewerbegeschichte

Das Recht, Gewerbe in Tuntenhausen zu verleihen, besaß die Hofmark[38] Beyharting von 1696[39] an. Da mit dem Wirtsgewerbe stets größere, technische Einrichtungen verbunden waren, blieb die Gewerbekonzession am Anwesen haften[40] und konnte auch nur zusammen mit diesem verliehen werden.
Seit dem Bestehen der Taferne hatte die Gewerbeberechtigung für den Betreiber persönlichen Charakter, d.h. er erhielt sie nur auf Lebenszeit verliehen[41], im Gegensatz zum realen Gewerbe, das verkauft und vererbt werden konnte. Ab 1706 aber verblieb die Taferne 190 Jahre lang im Besitz der Familie Kreitmair; sie muß das Anwesen bereits auf Erbrecht besessen haben. Nichts änderte sich jedoch an der Tatsache, daß sich jeder Besitzer um die erneute Verleihung der Gewerbekonzession bemühen mußte[42]. So erhielt Alois Kreitmair 1799 »samt seiner Erbschaft die Leibsgerechtigkeit auf dieses Anwesen«[43]. Und als einige Jahre nach der Säkularisation des Klosters ein Gewerbe-Steuer-Kataster für Tuntenhausen erstellt wurde, erscheint der Wirt sogar als Inhaber einer »realen TafernwirtsGerechtigkeit«[44]. Wann diese Änderung amtlich vollzogen wurde, bleibt ungeklärt.

Die erste Beschreibung der Baulichkeiten steht in einem Grundbuch von 1626: »Ein von Holzs, Wolerpauttes Zwaygadigs Hauß, sambt daran ... gemauerder Stogdel, mit alles gewondliches Zuegeheriges Zumern, sambt ... Stallungen unnd Stadl, Alles semnder Ainen Tach. ... Das Hauß ligt in

Einganng ... gegen der Khirchen ...«[45]. Der Neubau 1660 wurde aus Ziegeln errichtet (»15200 stain«)[46].
Die erste Abbildung der Taferne finden wir auf einer Votivtafel von 1679, die im rechten Seitenschiff der Wallfahrtskirche hängt.
Gestiftet wurde das Bild von Georg Zängl, Wirt von Tuntenhausen, als die dreijährige Tochter in den Brunnen gefallen und wenig später vom Hausknecht schlafend im Bett aufgefunden worden war.
Die bemalte Holztafel zeigt ein Zimmer der Taferne mit einer schön geschnitzten Holzdecke, Butzenscheiben in den Fenstern und die Wirtsleute in Sonntagstracht am Tisch sitzend. Interessant ist auch die Anordnung der abgebildeten Gebäude: Vom Haupthaus führt eine Treppe zu einem kleinen, zweigeschossigen Anbau, in dessen Untergeschoß sich der erwähnte Brunnen befindet. Die jetzige Wirtsfamilie kann sich noch an Erzählungen über einen Brunnen im Keller des Hauses erinnern, der jedoch um die Jahrhundertwende zugeschüttet wurde. Auch die Verbindungstreppe findet ihre Entsprechung in späteren Beschreibungen als gedeckter Gang zwischen Haupt- und Nebenhaus[47].
Es ist anzunehmen, daß im Hauptgebäude die Gast- und Fremdenzimmer untergebracht waren und im Anbau die Wohn- und Schlafräume der Wirtsfamilie.
Abbildungen aus dem 18. und 19. Jahrhundert und eine weitere Votivtafel von 1844 lassen erkennen, daß sich der Standort der Gaststätte seit dem Neubau von 1660 nicht geändert hat. Die Lage des Hauses mit der breitgelagerten Eingangsfront gegenüber der Kirche und des kleineren Anbaus hinter dem Haupthaus sind sogar heute noch unverändert.
Als zweites Gewerbe des Wirtes wird ab 1797 die Metzgerei[48] erwähnt, wovon ein Schlachthaus im Nebengebäude zeugt[49]. Die vor allem für den Hausgebrauch betriebene Metzgerei war für ein Landgasthaus genauso typisch wie die große Landwirtschaft mit Stadel, Stallungen und einem Grundbesitz, der 1878 annähernd 150 Tagwerk umschloß[50]. So konnte man im Gasthof vorwiegend die Produkte aus eigenem Anbau anbieten.
1885 erfolgte der Neubau eines Eiskellers[51]. Da der Wirt auch über einige Fischweiher verfügte[52], konnte er während des Winters Eis stechen, im Keller einlagern und hatte so im Sommer einen hervorragenden Kühlraum für Bier und Lebensmittel.
Ende des 19. Jahrhunderts gehörten noch Holzlege, Wagenremise, Waschhaus, Backofen, Käserei, ein Pflanzgarten mit Sommerhaus und eine Kegelbahn zum Anwesen[53]. Unmittelbar an die Kegelbahn[54], auch Kellerschenke genannt, schloß sich ein Biergarten an, in dem von Mai bis Oktober der Sommerausschank stattfand[55]. Sehr zum Bedauern der heutigen Besitzer der Wirtschaft mußte der Garten später einer neuen Straße weichen.
Als 1903 Jakob Forstner um die Erlaubnis zum Betriebe der Gastwirtschaft nachsucht, beschert uns eine Lokalitätenbesichtigung in diesem Zusammenhang eine genaue Beschreibung der Räumlichkeiten. Danach enthielt das zweigeschossige Hauptgebäude im Erdgeschoß fünf Gasträume, die

Küche mit Vorratskammer und die Wohnung des Wirtes. Im oberen Stock waren die Fremdenzimmer, ein großer Speisesaal und der Tanzboden untergebracht. Im Nebengebäude, noch immer über einen Holzgang erreichbar, befanden sich weitere Fremdenzimmer und Wirtschaftsräume[56].
Seither veränderten zahlreiche Um- und Neubauten das Innere der Wirtschaft. Obwohl bereits 1929 der Bezirksveterinär den Verkaufsraum der Metzgerei als »dunkles, viel zu niedriges Loch« beschrieb und die Räucherkammer mit einer »Rumpelkammer« verglich, nahm erst Felix Schmid 1940 die nötigen Umbauten in Angriff.
Konnten außerdem 1901 noch bis zu 70 Personen beherbergt werden[57], wurden aufgrund des Niedergangs der Wallfahrt in unserem Jahrhundert die Fremdenzimmer kontinuierlich bis zur völligen Aufgabe des Übernachtungsbetriebes abgebaut. Auch die Landwirtschaft wird heute nicht mehr betrieben.
Die ehemalige Taferne von Tuntenhausen führte nie einen spezifischen Namen, wie z.B. »Zur Post«, sondern wurde immer nach ihrem jeweiligen Besitzer tituliert: »Zellermeier'sche« oder »Kreitmaier'sche« Wirtschaft und in den heutigen Tagen »Gasthof Schmid«. Immer noch in der günstigen Verbindung mit einer Metzgerei (der Besitzer ist Metzgermeister) bietet die Gastwirtschaft gutbürgerliche Küche zu reellen Preisen und einen großen Saal für alle Arten von Veranstaltungen.

Bier- und Branntweinausschank

Nicht das Bier, sondern der Met war das eigentliche Volksgetränk im mittelalterlichen Bayern, und für gehobene Ansprüche diente Wein. Erst vom Ende des 15. Jahrhunderts datiert die Entwicklung Bayerns zum Bierland.
Natürlich gab es auch damals schon Probleme mit Betrunkenen: Infolge einer Visitation des Klosters Beyharting am 11. Januar 1657 erfährt man unter anderem, daß bei dem Wirt in Tuntenhausen große »scandala propter ebrietatem« (Skandale wegen Trunkenheit) geschahen[58].
In Bayern gab es den Bierzwang, d.h. die Wirte waren verpflichtet, ausschließlich das Bier ihrer Herrschaftsbrauerei auszuschenken. Für die Taferne in Tuntenhausen war das die Klosterbrauerei Beyharting. 1798 allerdings wurde dem Kloster dieses Recht von dem Grafinger Bierbrauer Joseph Grandauer streitig gemacht[59]. Der Wirt von Tuntenhausen war aufgrund des durch die Wallfahrt bedingten hohen Bierkonsums ein guter Abnehmer, den manche Brauerei wohl gern zu ihren Kunden gezählt hätte. Der Rechtsstreit wurde jedoch vorzeitig beendet, da am 20. Dezember 1799 der Bierzwang in ganz Bayern durch kurfürstlichen Erlaß aufgehoben wurde.
Das Werbeschild der Münchener Löwenbrauerei auf einer alten Photographie bleibt der einzige Hinweis auf weitere Bierlieferanten. Heute werden die Biere der Schloßbrauerei Maxlrain und der Spatenbrauerei aus München angeboten.

Über Preise und Konsum findet man nur wenig. In einem Büchlein zur Geschichte der Wallfahrt von 1815 wird von der »Sage« berichtet, daß der Wirt jährlich für 600 Gulden Suppe und »wochenliche 10 bis 15 Stück Rindvieh« zubereitet habe[60]. Um 1910 zahlte man für zwei Scheiben Milzwurst 40 Pfennig, für zwei Semmeln 5 Pfennig und die Maß Bier kostete 24 Pfennig[61]. Der Bierumsatz betrug 1925 720 hl pro Jahr[62].
Sogar Branntweinbrennereien wurden in Tuntenhausen betrieben: 1810 erhielt der Bäcker Johann Demmel sein Konzessionsgesuch befürwortet[63] (s. Quellenanhang); und auch das Gesuch des Alois Kreitmaier beim Landgericht Aibling um die Konzession für eine Schnapsbrennerei wurde ihm 1842 ohne weiteres gewährt[64].
Auch einige Branntweinschenken gab es in Tuntenhausen. Man hört davon bereits 1601, als Krämer und Branntweinschenken für Zwischenfälle mit Betrunkenen verantwortlich gemacht wurden[65]. Die Schankberechtigung galt zwar nur für dieses eine Getränk, aber in Blütezeiten der Wallfahrt waren damit anscheinend gute Umsätze zu erzielen. Denn 1808, bei Erstellung des Gewerbe-Steuer-Katasters, zählte man fünf »Branntweinschenksgerechtigkeiten« in Tuntenhausen; eine enorme Zahl für einen kleinen Ort. Der Verfall der Wallfahrt infolge Aufklärung und Säkularisation schmälerte auch die Verdienstmöglichkeiten erheblich: Zu Nepomuk Promberger, der neben der Schänke auch noch eine Krämerei auf dem Haus Nr. 5 in Tuntenhausen betrieb, findet man die Bemerkung: »ist sehr arm u. ohne Vorlag; die Familie besteht aus 9 Köpfen und bringt sich dürftig fort«[66]. 1931 erbat Katharina Promberger die Erlaubnis zum Ausschank von Kaffee, Wein, Branntwein und Limonade[67]; auch heute noch ist im ehemaligen Haus Nr. 5 ein Gemischtwarenladen mit einem kleinen Café untergebracht.

Quellenanhang

Branntweinbrennerkonzession für den Bäcker Demmel
(Staatsarchiv München, LRA 135409):

Bäcker Demmel beantragte eine Konzession zum Branntweinbrennen mit der Begründung, daß ihm das Einkommen aus der Bäckerei nicht ausreiche. Unter Auflagen wird ihm die beantragte Konzession vom königlichen Generalkommissariat des Isarkreises erteilt.

Betreff: Gesuch des Johann Demmel Bäck in Tuntenhausen um eine Brantweinbreuerskonzess.
Im Namen
Seiner Majestät des Königs
Auf die unterthänigste Bitte des Joh. Demel Bäckern
von Tuntenhausen um Verleihung einer Brandweinbren=
ners Konzeßion wird demselben in Erwägung, daß da=

selbst noch kein Brandweinbrenner vorhanden und die Bä=
kerei wegen geringen Absatz des Brods nur im kleinen
betrieben wird, eine Brandweinbrennerskonzeßion
als ein persönnl.es Recht gegen Entrichtung der Gewerbs=
Steuer und des normalmässigen Aufschlags allergdgst.
verliehen, indessen ist dem Bittsteller in Folge des
General Mandats v. 11. Feb. 1807 § 4 aller Minuto-
Verschleiß dieses Getränkes zu verbiethen.
Das k. Landgericht Rosenheim hat wegen Her=
stellung des zur Brandweinbrennerei nöthigen feuer=
festen Gebäudes das erforderl.e zu verfügen
und das k. Aufschlagamt hievon sogleich in Kent=
niß zu setzen. München den 31 Nbr. 1810.
Königl. GeneralComissariat des Isarkreis.

Quellen

Bayerisches Hauptstaatsarchiv (BayHStA)
- Altbayerische Landschaft 1999
- Gerichtsliteralien Faszikel (GL Fasz.) 61/7, 128 Nr. 108
- Klosterliteralien (KL) Beyharting 5, 6, 7, 8, 9, 20, 21, 22, 24, 27, 28, 29, 30, 42½
- Staatsverwaltung 1853
- Zivilakten Fasz.1114 Nr. 68

Staatsarchiv München (StAM)
- Finanzämter (FinA) 258
- Kataster 452, 454, 455, 458, 462, 467, 475.
- Landratsamtsakten (LRA) 108470, 108503, 135409, 135570, 135730
- Rentamt 40390

[1] G. Benker, S.178.
[2] Aventinus, Johannes, Baierische Chronik, hg. v. Georg Leidinger, erweiterte Neuausgabe München 1988, S.57-58.
[3] J. Schlicht: Blauweiß. Ein Bayernspiegel, hg. v. R. Sigl, Rosenheim 1973, S.68.
[4] Bei dieser Herrschaftsform bewirtschaftete der Eigentümer den Grund und Boden nicht selbst, sondern verlieh ihn an seine Grundholden. Diese waren verpflichtet, an den Grundherrn Abgaben zu leisten. Die Charakteristik der Grundherrschaft bestand im geteilten Eigen, d.h. daß mehrere Personen an einer Sache ein gestuftes Nutzungsrecht besaßen: der Grundherr hatte den Ober-, der Grundholde den Nutzbesitz.
[5] Th. Wiedemann, S.118.
[6] Th. Wiedemann, S.119-120.
[7] Th. Wiedemann, S.153-154.
[8] Th. Wiedemann, S.117.
[9] Th. Wiedemann, S.42, Anmerkung 203.
[10] In den Stiftbüchern wurden die Abgaben der Grundholden an den Grundherrn eingetragen. Sie geben Aufschluß über Höhe, Art und Zeitpunkt der Zahlungen.
[11] BayHStA, KL Beyharting 5, s), fol.13.
[12] BayHStA, KL Beyharting 6, fol.23.
[13] Th. Wiedemann, S.49.
[14] BayHStA, KL Beyharting 7 und 8.
[15] BayHStA, KL Beyharting 9, fol.22.
[16] Th. Wiedemann, S.57. Im Jahr 1598 wurde die Taferne vom Stift wieder zurückgekauft.
[17] Th. Wiedemann, S.61 u. 65.
[18] P. German-Bauer, S.3.

[19] Th. Wiedemann, S.70.
[20] BayHStA, KL Beyharting 30, fol.6; Wiedemann, S.70.
[21] BayHStA, KL Beyharting 22, fol.40.
[22] Th. Wiedemann, S.74.
[23] BayHStA, Zivilakten Fasz.1114 Nr. 68; KL Beyharting 24, fol.46.
[24] BayHStA, KL Beyharting 42½, fol.6/51 und KL Beyharting 27, fol.97: Ab 1707 wird das Mayrgut im Stiftbuch als Besitz des Wirtes von Tuntenhausen geführt, der dafür 25 Gulden an »Lechen« bezahlt. Außerdem bleibt der Keller »dem Closter außtrueklich Vorbehalten«.
[25] BayHStA, KL Beyharting 29, fol.230: Im Stiftbuch von 1780 wird dies für die Jahre 1747 und 1748 erwähnt.
[26] BayHStA, KL Beyharting 27, fol.97.
[27] Die originale, oft unterschiedliche Schreibweise der Eigennamen wurde übernommen.
[28] StAM, Kataster 454, fol.22 u. 26.
[29] StAM, Kataster 455.
[30] StAM, Kataster 462.
[31] StAM, Kataster 475, fol.2: »seit Verfall der Wallfahrt sehr reduziert, doch noch von Bedeutung, da noch einzelne Pilger kommen«. Diese Anmerkung zeigt, wie sehr der Gaststättenbetrieb von der Wallfahrt abhängig war.
[32] StAM, Kataster 462, fol.28.
[33] StAM, FinA 258 und LRA 108503.
[34] StAM, Kataster 462, fol.28 1/16.
[35] StAM, LRA 108503.
[36] StAM, Kataster 467, fol.19 1/4 und 19 1/6.
[37] StAM, Kataster 467, fol.19 1/7.
[38] Die Hofmark war das Gebiet, in dem das Kloster nicht nur die Grundherrschaft, sondern auch die niedere Gerichtsbarkeit über die Grundholden ausübte. Die Verleihung von Handwerks- und Gewerberechten war ein Teil dieser Jurisdiktion.
[39] BayHStA, KL Beyharting 42½, fol.31 und 53. Voher war das königliche Landgericht zuständig.
[40] Solche Gewerbe nannte man Ehehafte (von mittelhochdeutsch e-haft = gesetzlich); sie bildeten in Bayern die ältesten Realgewerbe. In neuerer Zeit hießen sie radizierte Gewerbe (von lat. radix = Wurzel).
[41] Auch Leibgeding oder Leibsgerechtigkeit genannt.
[42] Auch die Abgaben an den Grundherrn blieben weiterhin bestehen.
[43] StAM, Kataster 454, fol.22.
[44] StAM, Kataster 475, fol.2.
[45] BayHStA, KL Beyharting 30, fol.6.
[46] BayHStA, Zivilakten Fasz.1114 Nr. 68.
[47] StAM, Kataster 458, fol.57.
[48] StAM, Kataster 452, Lit.D, F.1, Nr. 25.
[49] StAM, Kataster 458, fol.57.
[50] StAM, Kataster 462, fol.28 1/6.
[51] StAM, Kataster 462, fol.28 1/8.
[52] Auch ein Fischrecht in der Moosach nannte er sein Eigen. StAM, Kataster 458.
[53] StAM, Kataster 462.
[54] Die Kegelbahn wurde 1900 demoliert! StAM, Kataster 467, fol.19½.
[55] StAM, LRA 108503.
[56] StAM, LRA 108503.
[57] StAM, LRA 108503.
[58] Th. Wiedemann, S.77.
[59] BayHStA, GL Fasz.128 Nr. 108.
[60] J. v. Kloeckel, S.62.
[61] Festschrift zur Fahnenweihe mit 75. jähr. Wiedergründungsfeier vom 9. bis 12. Juni 1983, hg. v. Burschenverein Tuntenhausen, S.11.
[62] StAM, LRA 108503.
[63] StAM, LRA 135409.
[64] StAM, LRA 135570.
[65] BayHStA, GL Fasz.61/7.
[66] StAM, Kataster 475, fol.3.
[67] StAM, LRA 108503.

Die Landwirtschaft in Tuntenhausen

Christoph Bachmann

Institutionen, die helfen können
- Gemeindeverwaltung (Gemeindearchiv)
- Staatsarchiv München, Schönfeldstr. 3, 8 München 22
- Bayerisches Hauptstaatsarchiv, Schönfeldstr. 5, 8 München 22
- Bayerische Staatsbibliothek (Handschriftenabteilung), Ludwigstraße 16, 8 München 22

Hilfsmittel und Nachschlagewerke
- Schlögl, Alois: Bayerische Agrargeschichte, München 1954
- Spindler, Max (Hg.): Handbuch der Bayerischen Geschichte, 4 Bde., München 1967-1988
- Haushofer, Heinz/Riedmüller, Sophia, Bayerische Agrar-Bibliographie München 1954
- Sandberger, Adolf: Altbayerische Studien zur Geschichte von Siedlung, Recht und Landwirtschaft (Schriftenreihe zur Bayerischen Landesgeschichte 74) München 1985
- Stutzer, Dietmar: Geschichte des Bauernstandes in Bayern, München 1988
- Schmeller, Johann A.: Bayerisches Wörterbuch, 2 Bde., Nachdruck der Ausgabe 1872-1877, München 1985

Tuntenhausen[1] gehörte in der Mitte des 19. Jahrhunderts zum Landgericht Aibling, das 105949 Tagwerk Fläche umfaßte. Die landwirtschaftlich genutzte Fläche betrug damals 62858 Tagwerk, die auf 2149 Besitzer aufgeteilt war. Auf Waldflächen entfielen 30552 Tagwerk[2].

Das benachbarte Chiemseevorland hat einen Niederschlagsdurchschnitt von 1364 mm/Jahr, eine durchschnittliche Jahresmitteltemperatur von 7,5 Grad Celsius und nur 171 frostfreie Tage im Jahr[3].

Diese Daten lassen darauf schließen, daß dieses Gebiet, selbst wenn man für die frühere Zeit geringere Niederschläge und wärmere Temperaturen annimmt, nie besonders gut für den Ackerbau geeignet war. Doch die Landwirte des vorindustriellen Zeitalters waren gezwungen, fast alle Nahrungsmittel, die zum Eigenverbrauch bestimmt waren, selbst zu produzieren. Dabei gehörte das Getreide und die daraus zubereiteten Mehlspeisen und Breie zum wichtigsten Nahrungsmittel der ländlichen Bevölkerung[4]. Diese Subsistenzwirtschaft ist durch die damalige mangelhafte Infrastruktur zu erklären. Getreide, das in günstigen Gebieten angebaut wurde, verteuerte sich durch den Transport in benachteiligte Gebiete so sehr, daß es für die meisten Bauern unerschwinglich war. Aus diesem Grund spielte der Getreidebau zur Eigenbedarfsdeckung auch in klimatisch benachteiligten Gebieten eine nicht zu unterschätzende Rolle.

26 *Der Zellerbauer von Emling beim Eggen mit dem Ochsengespann, dreißiger Jahre. Foto privat (Emerentia Schmid, Emling)*

Ackerbau

Den Abgaben der grunduntertänigen Bauern des 17. Jahrhunderts nach zu schließen (vgl. dazu das Kapitel Abgaben) baute man in Tuntenhausen an Getreide vornehmlich Korn (= Roggen), Hafer und Weizen an[5]. Dabei wurde in Tuntenhausen die sog. Dreizelgenbrachwirtschaft (Dreifelder-Wirtschaft) betrieben. Die Flur war in drei Teile annähernd gleicher Größe gegliedert, die in einem dreijährigen Kreislauf bestellt wurden. Die Zelge (= Feld), welche im vergangenen Jahr brach gelegen, d.h. nicht besät, jedoch gedüngt und gepflügt worden ist, wird in diesem Jahr die Winterzelge, d.h. mit Wintergetreide bestellt. Im nächsten Jahr wird die Winterzelge zur Sommerzelge, d.h. sie wird im Frühjahr mit Sommergetreide eingesät. Das übernächste Jahr liegt sie wieder brach[6]. In Tuntenhausen ist die Dreiteilung der Flur in den Grundbeschreibungen der Jahre 1588 und 1626 greifbar. Es handelte sich dabei um das Wierrain-Feld, das Burgkhrainer-Feld und das Urschlag-Feld[7]. Für das Jahr 1588 ist eine genaue Rekonstruktion dieses Systems möglich. Das Burgrainer-Feld war im Sommer 1588 »tradt« gelegen (Brachfeld) und war im Oktober 1588 bereits mit Roggen eingesät worden. Das Urschlag-Feld trug Hafer und war im nächsten Jahr für die Brache vorgesehen. Das letzte Feld, das Wierrain-Feld, hatte Roggen getragen und sollte 1589 mit Hafer bestellt werden[8]. Somit lag jedes Jahr ein Feld brach, wogegen die beiden anderen mit Hafer, Weizen und Roggen bestellt waren. Das Brachfeld diente jeweils als Viehweide; dadurch wurde es zugleich gedüngt.

Im Verlauf des 19. Jahrhunderts gingen die Tuntenhausener Bauern auf eine Sechs- oder Sieben-Felder-Wirtschaft über. Es wurden abwechselnd Sommer- oder Wintergetreide, Hafer, Luzernen, Kartoffeln, Rüben, Kraut und andere Feldfrüchte und Futterpflanzen angebaut.

Die Erträge der vorindustriellen Landwirtschaft waren im Vergleich zu heutigen Verhältnissen äußerst bescheiden. So lag die offiziell anerkannte Relation zwischen Aussaat und Ernte, zu Zwecken der Steuererhebungen, noch Anfang des 18. Jahrhunderts bei Hafer 1:3, bei Roggen und Gerste 1:4 und bei Dinkel 1:4,5[9]. Um 1900 lag der Ertrag bei Winterweizen im Bezirk Aibling bei ca. 12,5 dt/ha, bei Winterroggen um 14 dt/ha und bei Hafer um 11,5 dt/ha[10]. Zum Vergleich betrug 1982 der durchschnittliche Hektarertrag in Bayern an Winterweizen 49,2 dt, an Roggen 33,8 dt und an Hafer 39,1 dt[11]. Der Anstieg auf heutige Verhältnisse setzte erst nach dem Zweiten Weltkrieg ein und resultiert aus dem massiven Einsatz von Kunstdüngern[12].

1812 umfaßte die Ortsflur von Tuntenhausen ca. 1070 Tagwerk, davon ca. 430 Tagwerk Wiesen, 300 Tagwerk Acker und 100 Tagwerk Wald[13]. Um 1890 umfaßte die gesamte Gemeinde Tuntenhausen, bestehend aus über 20 Orten, eine Fläche von ca. 2332 ha[14], wovon auf Wiesen 738 ha, auf Äcker ca. 720 ha und auf Wälder 384 ha entfielen[15]. Die Äcker wurden in folgendem Verhältnis bestellt: Hafer 251 ha, Winterweizen 134 ha, Winterroggen

119 ha, Klee 111 ha und Sommergerste 75 ha. Kartoffeln, Rüben und Kraut spielten mit nur 20 ha eine untergeordnete Rolle[16]. 1969 entfielen von der landwirtschaftlichen Gesamtfläche (1543 ha) auf das Dauergrünland 1098 ha, auf das Ackerland nur noch 417 ha. Die Fläche des forstwirtschaftlich genutzten Areals hatte ebenfalls abgenommen. Sie umfaßte 1969 307 ha. Durch die Reduzierung der Transportkosten waren die Bauern nicht mehr gezwungen, fast alle Lebensmittel selbst zu produzieren, sondern es war nunmehr möglich, Getreide billig auf dem freien Markt zu kaufen. Dieses Getreide stammte dann aus Gegenden, die für den Getreideanbau besser geeignet waren. Die Landwirte in Tuntenhausen konnten sich nun auf die für ihre klimatischen Verhältnisse effizientere Viehzucht konzentrieren und vom größeren Gewinn den Getreideeinkauf bestreiten. Nach dem Siegeszug des Automobils und dem Bau der Autobahn München-Salzburg (1934-1938) konnte auch Frischmilch über weite Strecken hinweg transportiert werden, ohne zu verderben. Die Landwirte wurden auf diese Weise enger mit dem Markt verbunden[17].

Abgaben und Leiheform

Die Anwesen und das Land, das die Bauern bewirtschafteten, waren bis 1848, dem Jahr der Aufhebung der Grundherrschaft, in der Regel nicht ihr Eigentum, sondern gehörten einem Grundherrn (Kirche, Herzog, Adel), der das Land, den Hof und die dazugehörige Fahrhabe (= bewegliches Gut) an die Bauern zur Nutzung ausgab. Die Bauern hatten das Besitzrecht, wogegen den Grundherrn das Obereigentum zustand. Es gab vier Arten der bäuerlichen Leiheform: a) die Freistift; bei dieser Leiheform war der Leihevertrag nur auf 1 Jahr abgeschlossen. Der Bauer konnte auf diese Weise jedes Jahr abgestiftet, d.h. vom Hof abgelöst werden. b) das Leibgeding; diese Vertragsform sicherte dem Bauern den Besitz des ihm überlassenen Hofes auf Lebenszeit zu. c) das Erbrecht; hierbei konnte der Beständer den Übergang des Hofs auf seine Nachkommen beanspruchen. Das Erbrecht stellte die günstigste Leiheform für die Bauern dar[18]. d) die Neustift; bei der Neustift löste sich das Vertragsverhältnis beim Tod des Grundherrn auf[19]. In Tuntenhausen herrschte im Mittelalter die Freistift vor[20]; sie verschwand aber bis zur Mitte des 16. Jahrhunderts fast gänzlich und wurde durch das Leibrecht ersetzt[21]. Diese negativ erscheinenden, rein juristischen Definitionen, verloren aber in der Realität ihre vermeintlichen Härten. Sowohl der Grundherr, als auch der Beständer waren bemüht, eine Kontinuität in der Besitzerabfolge eines Hofes zu erreichen. Nur so war eine solide Bewirtschaftung des Anwesens gewährleistet. Daß dies fast immer so gehandhabt wurde, beweist ein Blick in das Häuserbuch Tuntenhausens; viele Höfe waren über Generationen in der Hand der gleichen Familie! Für die Nutzung des Gutes hatten die Bauern an den Grundherrn Abgaben zu leisten, die sie aus ihren Ernteerträgen aufbringen mußten. Tuntenhausen gehörte seit 1696 zur Klosterhofmark Beyharting und entrichtete demzufolge die

Abgaben an das Kloster. Sie bestanden zum Teil aus Geld, dem Zins, zum Teil aus Naturalien, der Gült[22]. In Tuntenhausen waren dies Weizen, Korn (= Roggen) und Hafer, außerdem mußten Gänse, Hühner, Lämmer, Schweine, Eier und Käse abgeliefert werden. Auch Scharwerksleistungen (Arbeitsverpflichtung der Bauern für den Grundherrn) waren von den grunduntertänigen Bauern zu erbringen. In Tuntenhausen bestanden diese Schwarwerksleistungen aus jeweils einem Tag Holzhacken, Mähen, Unkraut jäten und »Haarschwingen«[23] (wohl Flachsbrechen[24], da Haar= Flachs). Diese Schwarwerksleistungen waren aber bereits in Geld ablösbar[25].
Die Tuntenhausener Bauern mußten jedes Jahr um Martini in die Stift gehen[26].

Viehzucht

Aufgrund der Steuerbeschreibung von Bayern aus dem Jahr 1671 gab es in Tuntenhausen insgesamt 57 Rinder, 27 Jungrinder, 11 Kälber, 2 Stiere, 26 Pferde, 5 Fohlen, 44 Schafe, 11 Schweine (meist Zuchtsauen), 27 Frischlinge und 1 Bienenstock[27]. Auf das größte Anwesen, den Katzl (Haus Nr. 9) entfielen 4 Pferde, 2 Fohlen, 9 Rinder, 1 Stier, 3 Jungrinder, 2 Kälber, 1 Zuchtsau, und 6 Schafe[28]. Der kleinste Hof (Schneider, Haus Nr. 14), hatte 4 Rinder, 2 Jungrinder und 1 Schwein[29]. Für das Jahr 1768 liegen erneut Viehstandsbeschreibungen von Tuntenhausen vor. Sie führen aber nur den Pferdebestand und den Bestand an Zugochsen auf. Demnach gab es in Tuntenhausen zu dieser Zeit 24 Zugpferde, keine Reitpferde und 6 Mähochsen[30]. Die größten Bestände hatten der Wirt und der Huber mit je 4 Zugpferden. In dieser Beschreibung werden insgesamt 10 Pferdehalter aufgeführt; drei Anwesen (Sölden) hatten keine Pferde. Nach einer Statistik von 1797 gab es in Tuntenhausen 20 Zugpferde, sowie 7 trächtige oder 1-3jährige Pferde[31]. Die größten Pferdehalter waren die Anwesen Huber und Katzl mit je 3 Pferden. Für das Jahr 1809 liegen in der sogenannten Montgelasstatistik exakte Zahlen über den Viehbestand vor. Demnach gab es in Tuntenhausen bei 17 Anwesen 28 Pferde, 5 Fohlen, 2 Ochsen, 54 Kühe, 12 Jungrinder und Kälber sowie 12 Schafe[32].
Im Jahre 1875 gab es in Tuntenhausen 27 Pferde und 191 Rinder[33]. Für die folgende Zeit lassen sich leider keine Angaben mehr machen, da die offizielle Statistik dann nur noch Zahlen für die Bezirksämter insgesamt erhob. Ende des 19. Jahrhunderts wurden in Tuntenhausen vorwiegend das Simmentaler und das Pinzgauer Rind gehalten[34].
Der Viehbestand war also über mehrere Jahrhunderte hinweg relativ konstant. Im 20 Jahrhundert, besonders nach dem 2. Weltkrieg wurde die Viehzucht intensiviert, entsprechend stieg der Viehbestand. So wurden 1969 in der über 20 Orte umfassenden Gemeinde Tuntenhausen 2500 Rinder gehalten, davon waren 1255 Milchkühe; daneben gab es noch 931 Schweine und 3684 Hühner[35].

Moosnutzung, Obstanbau

Als Nebenerwerb diente zumindest noch im 19. Jahrhundert der Torfstich. 1895 gab es in der Gemeinde Tuntenhausen 246 ha Moosflächen, die zum Torfstich geeignet waren[36]. Im übrigen dienten die Filze und Moose zur Gewinnung von Einstreu. Dafür verwendete man geschnittenes Schilfrohr, Heidekraut und getrockneten Torf. Oft war das Einbringen erst im Winter möglich, wenn die Filze gefroren und mit Wägen oder Schlitten zu befahren waren. Indirekt diente so das Moos als Reservoir für Dünger.
Bemerkenswert für die Landwirtschaft in Tuntenhausen ist die relativ große Zahl von Obstbäumen in den Hausgärten der Bauern, zum Teil auch in der Flur. Eine Grundbeschreibung aus dem Jahre 1626 erwähnt im Garten des Katzlhofs 9 Obstbäume, darunter 6 Birnbäume[37]. 1672 hatte der Riepl (Haus Nr. 16) 2 Apfel-, 1 Birn- und 4 Kirschbäume[38]. Der Kramer (Haus Nr. 15) hatte im Jahre 1738 neben 7 Birn- und 19 Apfelbäumen auch noch 13 Zwetschgenbäume[39]. Da der Kramer eine Branntweingerechtigkeit besaß, ist anzunehmen, daß er die Ernte seiner zahlreichen Obstbäume zur Branntweinerzeugung verwendet hat. Für das Landgericht Aibling wird auch in einer der ersten statistischen Landesbeschreibungen Bayerns die Bedeutung des Obstbaus hervorgehoben[40]. Nach der Obstbaumzählung von 1965 gab es in der gesamten Gemeinde Tuntenhausen 4065 Obstbäume, von denen 3031 ertragsfähig waren. 1715 Apfelbäume, 768 Pflaumen- und Zwetschgenbäume und 413 Birnbäume wurden gezählt.[41]

Anwesen

Tuntenhausen war vom Mittelalter bis zu Beginn des 19. Jahrhunderts ein kleines Dorf.[42] Nach der Montgelasstatistik gab es Anfang des 19. Jahrhunderts in Tuntenhausen 17 Anwesen[43]. Im Jahre 1812, bei der ersten Katastervermessung Bayerns, zählte man in Tuntenhausen 18 Anwesen[44]. 1832 hatte Tuntenhausen ebenfalls 18 Höfe[45]. Im Jahre 1859, bei der zweiten Landesvermessung Bayerns, waren es wiederum 18 Anwesen[46]. 1867 gab es bereits 25 Gebäude[47], 1904 24 Wohngebäude[48], 1925 29 Wohngebäude[49]; 1950 hatte das Dorf 36 Wohngebäude, die Gemeinde bereits 198[50].

Hofgrößen

Die Anwesen waren zur steuerlichen Bewertung in Bayern seit dem 15. Jahrhundert in das sogenannte Hoffußsystem klassifiziert[51]. Ausgehend vom ganzen Hof unterteilte man in den halben Hof (= Hube), den viertel Hof (= Lehen), den achtel Hof (= Bausölde), den sechzehntel Hof (= Leersölde) und den zweiunddreißigstel Hof (= Bloßhäusl). Die Besitzer der Sölden und Leerhäusl übten zumeist ein Handwerk oder Gewerbe aus, so in Tuntenhausen der Schmid, Schneider, Kramer[52] und Weber[53]. Zu diesen Anwesen gehörten keine nennenswerten Ackerflächen; die Landwirtschaft bildete mehr oder weniger einen Nebenerwerb.

Aufgrund einer neueren Untersuchung, die die Steuerbeschreibung von 1671 analysiert, konnte das Hoffußsystem im Landgericht Rosenheim auf heutige Verhältnisse umgerechnet werden. Demzufolge lassen sich für die halben und viertel Höfe Größen von ca. 9,6 ha, bzw. 5,7 ha errechnen[54]. Es wird aber auch gezeigt, daß in anderen Gegenden Bayerns das sogenannte Hoffußsystem je nach Lage und Bodengüte, größere oder kleinere Flächen umfassen konnte. Die oben angegebenen Umrechnungen sind daher nur als Annäherungswerte zu betrachten.

1 An dieser Stelle sei Frau Dr. Gertrud Diepolder für wertvolle Hinweise und Hilfestellungen sehr herzlich gedankt.
2 Beiträge zur Statistik des Königreichs Bayern 7, München 1857, S. 6 f.
3 L. Schmitt, Landwirtschaftsgeographische Untersuchungen im Inn- und Chiemseevorland, S. 85-88.
4 G. Wiegelmann, Alltags- und Festspeisen. Wandel und Gegenwärtige Stellung (Atlas der deutschen Volkskunde NF, Beiheft 1) Marburg 1967, S. 37; W. Abel, Stufen der Ernährung (Kleine Vandenhoeck-Reihe 1467) Göttingen 1981, S. 33.
5 BayHStA KL Beyharting 26, fol. 89-101.
6 H. Jäger, Bodennutzungssystem (Feldsysteme) der Frühzeit, in: H. Beck/D. Denecke/H. Jankuhn (Hg.), Untersuchungen zur eisenzeitlichen und frühmittelalterlichen Flur in Mitteleuropa und ihrer Nutzung, Teil II (Abhandlungen der Akademie der Wissenschaften in Göttingen, philologisch-historische Klasse, 3. Folge Nr. 116) Göttingen 1980, S. 197-228, hier S. 212.
7 BayHStA KL Beyharting 30, fol. 2-6, 6-7', 233'-239, 239', 413'-416', 417-418, 418'.
8 BayHStA KL Beyharting 33, Grundbeschreibung des Klosters von 1572, fol. 29'-33, 33-33', 34-35, 37-41.
9 R. Beck, Naturale Ökonomie, S. 218.
10 L. Huber, Die Landwirtschaft in der Gegend von Rosenheim, S. 36.
11 Bayern-Daten von 1950 bis 1982. Festschrift zum 150jährigen Amtsjubiläum des Bayerischen Landesamts für Statistik und Datenverarbeitung, München 1983, S. 59.
12 F. W. Henning, Landwirtschaft und ländliche Gesellschaft in Deutschland, Bd. II (Uni-Taschenbücher 774) Paderborn 1978, S. 23 ff.
13 StAM Kataster 453.
14 W. Götz, Geographisch-Historisches Handbuch von Bayern, Bd. I, München 1895, S. 382.
15 Beiträge zur Statistik des Königreiches Bayern 60, München 1894, S. 66 f (Die Ergebnisse der Erhebung der landwirtschaftlichen Bodennutzung im Königreich Bayern im Jahre 1893).
16 Beiträge zur Statistik 60, S. 66 f.
17 Vgl. A. Sandberger, Die Landwirtschaft im westlichen Chiemgau, S. 342.
18 gute Zusammenfassung und Worterklärung bei: K. Enzinger, Das Graßlgut zu Bach. Geschichte eines Bauernhofs, in: Ainring. Heimatbuch, Ainring 1990, S. 235-259, hier S. 244-246.
19 F. Lütge, Geschichte der deutschen Agrarverfassung vom frühen Mittelalter bis zum 19. Jahrhundert (Deutsche Agrargeschichte 3) Stuttgart [2]1967, S. 164.
20 Vgl. den Beitrag von S. Janker.
21 StAM Steuerbücher 389, fol. 828', 830, 830', 831, 831', 832, 833, 835, 836.
22 Vgl. A. Memminger, Zur Geschichte der Bauernlasten mit besonderer Beziehung auf Franken und Bayern, S. 129-141; H. Bauernfeind, Ein Beitrag zum Bestand der bäuerliche Lasten in Altbayern vom 8. Jahrhundert bis zum Ausgang des Mittelalters mit hauptsächlicher Berücksichtigung der Dienste und Abgaben, Diss. München 1912.
23 BayHStA KL Beyharting 26, fol. 89-101.
24 Das Haus Nr. 16 1/3 wird auch als Brechstube bezeichnet, was auf den Flachsanbau, der in Tuntenhausen betrieben worden ist, hinweist.
25 BayHStA KL Beyharting 30, fol. 233.
26 BayHStA KL Beyharting 24, fol. 32.
27 StAM Steuerbücher 389, fol. 824', 828', 830, 830, 831, 831', 832, 833, 834, 835, 836.

[28] StAM Steuerbücher 389, fol. 831.
[29] StAM Steuerbücher 389, fol. 828'.
[30] StAM Pfleggericht Schwaben A 3.
[31] StAM Pfleggericht Schwaben A 3, Beilagen ad Nr. 15, Lit. 9.
[32] Cgm 6850/17; leider nicht nach den einzelnen Höfen spezifiziert.
[33] Vollständiges Ortschaftenverzeichnis des Königreiches Bayern, München 1877, Sp. 265; Auswertung der Volkszählung von 1875.
[34] L. Huber, Landwirtschaft um Rosenheim, S. 75.
[35] Beiträge zur Statistik Bayerns 288, München 1969.
[36] Götz, Geographisch-Historisches Handbuch von Bayern I, S. 381.
[37] BayHStA KL Beyharting 30, fol. 2-6.
[38] BayHStA KL Beyharting 30, fol. 233'-239.
[39] BayHStA KL Beyharting 30, fol. 413'-416'.
[40] J. von Hazzi, Statistische Aufschlüsse über das Herzogtum Bayern, Bd. 1, Nürnberg 1801, S. 243.
[41] Beiträge zur Statistik Bayerns 275, München 1966, S. 110.
[42] Vgl. Beiträge von Diepolder, Janker u. Immler
[43] Staatsbibliothek München, Cgm 6844/17.
[44] Flurplan von 1812, SO X, 15.
[45] A. Eisenmann/F. Hohn, Topographisch-Statistisches Lexikon vom Königreiche Bayern II, Erlangen 1832, S. 876.
[46] Flurplan von 1859, SO X, 15; vgl. auch StAM Kataster 460.
[47] Topographisch-statistisches Handbuch des Königreichs Bayern, München 1867, Sp. 248.
[48] Ortschaften-Verzeichnis des Königreichs Bayern (Beiträge zur Statistik des Königreichs Bayern 65) München 1904, Sp. 14.
[49] Ortschaftenverzeichnis für den Freistaat Bayern (Beiträge zur Statistik Bayerns 109) München 1928, Sp. 15-16.
[50] Amtliches Ortsverzeichnis für Bayern (Beiträge zur Statistik Bayerns 169), München 1952, Sp. 59.
[51] P. Fried, Historisch-statistische Beiträge zur Geschichte des Kleinbauerntums (Söldnertums) im westlichen Oberbayern, in: Mitteilungen der Geographischen Gesellschaft in München 51 (1966), S. 5-39, hier S. 12-14; G. Diepolder, Das Volk in Kurbayern zur Zeit des Kurfürsten Max Emanuel, in: H. Glaser (Hg.) Kurfürst Max Emanuel. Bayern und Europa um 1700, Band I, S. 387-405, hier S. 404, Anm 77.
[52] BayHStA KL Beyharting 26, fol. 97, 99.
[53] BayHStA GL Fasz. 61, Nr. 7.
[54] R. Schlögl, Bauern, Krieg und Staat, S. 124; vgl. auch P. Fried, Herrschaftsgeschichte der altbayerischen Landgerichte Dachau und Kranzberg, S. 186.

Flurnamen und Flurnamensammlung

Gunter Hack

Institutionen, die helfen können
- Verband für Orts- und Flurnamenforschung in Bayern e.V. (VOFB), Leonrodstr. 57, 8000 München 19
- Bayerische Staatskanzlei, Haus der Bayerischen Geschichte, Flurnamenprojekt, Liebigstr. 22, 8000 München 22

Hilfsmittel und Nachschlagewerke
- Bauer, Reinhard: Leitfaden zur Flurnamensammlung in Bayern, München 1980
- Bauer, Reinhard: Flurnamensammlung bayerischer Gemeinden im Archiv des Verbandes für Orts- und Flurnamenforschung in Bayern e. V., in: Blätter für oberdeutsche Namenforschung 15 (1978), S. 21-66
- Schnetz, Josef: Flurnamenkunde, 2. Aufl. München 1963
- Puchner, Karl: Namenforschung und Siedlungsgeschichte, in: H. Roth/H.W. Schlaich, Bayerische Heimatkunde, München 1974, S. 137-140
- Schmeller, Johann Andreas: Bayerisches Wörterbuch, 2 Bde., Nachdruck der Ausgabe 1872-77, München 1985
- Blätter für oberdeutsche Namenforschung (Zeitschrift, hg. v. VOFB, 1958ff.)
- Mitteilungen des Verbandes für Flurnamenforschung (Zeitschrift, hg. v. VOFB 1953-1975, Inhaltsverzeichnis erhältlich bei VOFB)
- Mitteilungen für Namenkunde (Zeitschrift, hg. v. VOFB 1957-1961/62, Inhaltsverzeichnis erhältlich bei VOFB)
- Die Flurnamen Bayerns. (Buchreihe, hg. v. VOFB 1938ff., Verzeichnis erhältlich beim Verband für Orts- und Flurnamenforschung)

Was sind Flurnamen?

Ebenso wie Menschen, Tiere, Pflanzen usw., hat auch das Land, auf dem wir leben, eigene Namen, eben Flurnamen[1]. Alle Eigennamen dienen der Kennzeichnung, Unterscheidung, Besitzbezeichnung und auch Erfassung. Flurnamen sollen vor allem den wichtigsten Besitz eines Bauern bezeichnen, nämlich sein Land: Äcker, Weiden, Wiesen, Gärten, Weinberge (= Flurnamen im engeren Sinn), Wälder, Forste, Gehölze, Gebüsche, Waldweiden, Lichtungen, Förstereien, Schneisen, Heiden, auffallende Bäume (= Wald- oder Forstnamen), Ströme, Flüsse, Bäche, Quellen, Brunnen, Kanäle, Gräben, Seen, Teiche, Weiher, Tümpel, Wasserfälle, Stromschnellen, Inseln, Halbinseln, Buchten, Mündungen, Landspitzen, Untiefen, Furten, Sümpfe, Moore, Torfe (= Gewässernamen), Straßen, Wege, Pfade, Brücken, Stege,

27 Folgende Doppelseite
Ortsflur Tuntenhausen mit Flurnummern und Bodengütezahlen nach der Revision von 1857

Tuntenhausen
Schmiedhauser Holz
Weiherwiesen
Boschwiesen
Fischerhalde
Kapellenfeld
Hartholzäcker
Breitschleipfner Feld
Weiherackern
Emlinger Feld
Lechner Graben

Tunnels, Stollen, Dämme, Einschnitte, Eisenbahnen, Flugplätze (= Verkehrswegnamen), Berge, Hügel, Täler, Mulden, Hänge, Felsen, Höhlen, Almen (= Bergnamen), einzelstehende Kirchen, Kapellen, Bildstöcke, Friedhöfe, Hügelgräber, Steingräber, Wegkreuze, Kreuzwege, Denkmäler, Denksteine, Schanzen, Befestigungsanlagen, Burgställe (= Kulturnamen), Mühlen, Kalköfen, Ziegeleien, Torfstiche, Köhlereien, Schmiedehämmer, Glashütten, Steinbrüche, Gruben, Bergwerke, Fabriken, Staudämme, Elektrizitätswerke, Öl- oder Gasförderanlagen usw. (= Wirtschaftsnamen, oft den Kulturnamen zugerechnet).[2]
Nicht als Flurnamen betrachtet werden die Namen aller bewohnten Örtlichkeiten, wie Städte, Märkte, Dörfer, Weiler, Einöden, Siedlungen, Ortsteile, Schlösser, Burgen, Klöster usw., die als Orts- oder Siedlungsnamen[3], und Namen größerer Gebiete, wie Landkreise, Bezirke, Gaue, Landschaften, Länder, Staaten, Erdteile usw., die als Raumnamen bezeichnet werden.
Eine gewisse Sonderstellung nehmen die Hausnamen[4] ein, da sie einerseits bewohnte Örtlichkeiten benennen, andererseits aber auch den viel wichtigeren, zum Haus gehörenden Besitz bezeichnen, weshalb auch vom Hofnamen gesprochen wird. Hausnamen zählen deshalb zu den Flurnamen.
Eine »Zwischenstellung« nehmen schließlich Gebäude und Anlagen ein, die bewohnt sein können, aber außerhalb von Orten liegen, wie Schlösser, Burgen, Burgruinen, Jugendherbergen, Gasthöfe, Rasthäuser, Tankstellen, Bahnhöfe, Haltestellen, Bahnwärterhäuser, Schrankenposten, Schleusenwärterhäuser, Bootsverleihe, Kioske, Andenkenläden, Zeltplätze, Aussichtsstellen, Wartehäuschen, Berghütten, Aussichtstürme, Gartenanlagen, Parks usw. Für alle diese Zweifelsfälle gilt: was im Amtlichen Ortsverzeichnis steht, sind Ortsnamen, und was nicht darin enthalten ist, sind Flurnamen. So können keine Lücken entstehen.
Flurnamen können von Ortsnamen abgeleitet sein (z.B. Hörmatinger Feld, Tuntenhausener Filze, Starnberger See), umgekehrt Ortsnamen von Flurnamen (z.B. Rott am Inn, Glonn, Tegernsee, Stuttgart, Amerang, Haag); ebenso können Flurnamen auf Wüstungen (abgegangene Orte) hinweisen (z.B. Mallertshofener Holz nördlich München, Ramsee-Denkmal am Ammersee-Südostufer).

Flurnamen im Alltagsleben

Namengeber der Flurnamen war und ist die örtliche Bevölkerung; deshalb wurden Flurnamen lange Zeit nur mündlich, also in der ortsüblichen Mundart gebraucht, und konnten als Teil der lebendigen Sprache neu gebildet, geändert, oder auch vergessen werden.[5] Da diese Namen am unmittelbarsten aus dem Volk selber stammen, sind sie ein einzigartiger Quellenreichtum für dessen Erfahrungswelt und Geisteshaltung.
Die ältesten, heute noch gebräuchlichen Flurnamen sind Flußnamen, die z. T. noch aus alteuropäischer/indogermanischer Zeit stammen, also vor der Ankunft der Kelten um 500 v. Chr. in unserem Land (z.B. Donau, Altmühl,

Amper, Isar, Würm, Loisach), und die von den Kelten übernommen wurden. Von den Kelten stammen weitere Namen (z. B. Lech, Inn, Alz), die wiederum von den Römern (um 218 v. Chr.) übernommen wurden. Eigenartigerweise gibt es in Bayern, im Gegensatz etwa zum Rheinland, kaum Flußnamen römischer Herkunft; dafür gaben die um 500 n. Chr. einziehenden Germanen wieder zahlreichen Flüssen Namen aus ihrer Sprache. Dies ist ein deutliches Zeichen dafür, daß zu dieser Zeit nur ein geringer Rest an romanischer Vorbevölkerung, meist in der Nähe der Römerstraßen, im Land geblieben war; germanische Flußnamen sind z. B. Mangfall, Vils, Rott, Salzach.[6]

Flurnamen im eigentlichen, engeren Sinn sind bereits in Handschriften des 8. Jahrhunderts zu finden, in alten Grenzbeschreibungen[7], Schenkungsnotizen und Urkunden, später auch in Urbaren, Steuerverzeichnissen, Nachlaßprotokollen, Prozeßakten und Dorfbeschreibungen, und im 19. Jahrhundert schließlich in Grundbüchern und Grundsteuer-Katastern. Diese halten den damaligen Stand fest, erlauben also eine ganz Bayern umfassende Betrachtung zu einem bestimmten Zeitpunkt; zudem nehmen sie amtliche Eigenschaft an, werden durch Fortschreibung an Veränderungen angepaßt, und durch Flurpläne ergänzt. Diese Flurpläne, im Maßstab 1:5.000 oder 1:1.000, verzeichnen Lage und Grenzen der Fluren, dann die zugehörigen Nummern: zunächst die Haus-Nummer des Besitzers, später auch die Flurstücks- oder Plan-Nummer, und schließlich nur noch diese.[8]

Leider wurden bei der amtlichen Erfassung der Flurnamen zu Beginn des 19. Jahrhunderts einige Fehler gemacht: da die Vermesser die Flurnamen in der örtlichen Mundart nicht immer richtig verstanden (z. B. Majestät statt Maierstätt, Zwerggewand statt Zwerchgwend, Bierbaum statt Birnbaum, Eichenäcker statt Eigenäcker, Heimat statt Heumahd, Moorbreiten statt Maierbreiten, Phönixgraben statt Pfennigsgraben, Warzenfeld statt Weizenfeld, Formweiher statt vor dem Weiher, Saubächleich statt das Aubächlein), sie als anstößig empfanden und eigenmächtig änderten (z. B. Arztkinn statt Arschkerbe für einen tief eingeschnittenen Hohlweg),[9] oder, um auch noch dem kleinsten Flurstück einen eigenen Namen zu geben, Zusätze und Ergänzungen beigaben, die im Volksmund nicht gebräuchlich waren (z. B. kleines Holzwiesenfeldäckerlein rechts der Bahn),[10] zudem oft Übertragungen in das Hochdeutsche versucht wurden (Plätzchen statt Platzl),[11] sind einige Flurnamen kaum zu deuten; oft hilft dabei die mundartliche Form, von einem alten, ortskundigen Bauern gesprochen und von einem Flurnamensammler in Lautschrift oder auf Tonband festgehalten, den ursprünglichen Sinn eines Flurnamens zu erkennen.[12]

Deutung von Flurnamen

Flurnamen sind meist aus zwei oder mehr Wortteilen zusammengesetzt, z. B. großer Emlingeracker. Das Grundwort bezeichnet den Hauptzweck (Acker), das unterscheidende Bestimmungswort ist hier von einem Ort

abgeleitet, nach dem zu der Acker gelegen ist (Emling), und das beigegebene Eigenschaftswort erlaubt eine weitere Unterteilung (groß).
Häufige Grundwörter sind: Acker, Breite, Feld, Land, Wiese, Anger, Fleck, Weide, Moos, Filz, Garten, Reut, Bruch, Grund, Holz usw. Diese Wörter können auch verkleinert werden: Ackerl, Äckerl, Breit(e)l, Wies(e)l, usw., miteinander vereint: Gartenacker, Wiesfleck, Filzmoos, Moosfilze, Reutholz, Holzwiesenacker usw., oder durch an das Bestimmungswort angefügte Endungen ersetzt werden: Boschet = Gebüsch, Stauderet oder Gstauderer = Gestaude = Gehölz, Wölfel = Wolfacker/Wolfwiese usw.[13]
Die Bestimmungswörter richten sich nach den örtlichen Gegebenheiten, wie etwa den umliegenden Orten, z.B.[14]: Schweizertingerfeld, Hörmatingeracker, Stettnerwiese, Bergerfeld, oder nach dem Hausnamen, Vor-, Familien-, Spitznamen, Beruf des früheren Besitzers: Davidwiese[15], Huberhölzl, Bäckerweiher, Bichlerwiese, Schulmeisterswiese, Wirtsgartenland usw., nach der Lage im Gelände, z.B.: Bergfeld, Bachlacker, Weiherwiese, Hartholzacker, Birnbaumacker usw., nach Bauwerken: Kapellenfeld, Fischbehalterwiese, Kreuzacker[16], Marteracker[17], Burgrainholz[18], Badwiese, Badstubenacker, nach der Nutzung: Krautland, Rubenackerl, nach besonderer Form: Spitzbreitl, Dreieckholz, Katzenschweif, nach ihrer Lage in der Flur: Mitterwiese, Oberlängacker, Plattenacker, Winkel, einschichtiges Ackerl[19], Hangrain, nach Tieren: Fuchsberg, Hennafleck, Gänsackerl, oder nach sonstigen besonderen Eigenschaften: Dirnacker[20], Griesacker[21], Stockacker[22], Schnepfenluckerholz[23], Gartenacker[24], Hagacker[25], Laufwiese[26], Herlwiese[27], Herrnfilze[28], Neugrund[29], Neubruch[30], Pfaffenreut[31], Wolfsgrubenacker, Anwendackerl[32], Landacker, Kurzacker, halber Acker, Trumakker[33], acht Äcker, usw.
Zu unterscheiden ist grundsätzlich zwischen den Namen der Felder, auch Zelgen, Großfluren[34] u.a. genannt und den Namen der Gewanne und Parzellen: Auf der Flurkarte sieht man, daß das Emlingerfeld als Gewanne mit diesem Namen eingetragen ist, die streifenförmigen Anteile der einzelnen Besitzer dagegen nur mit Nummern, wie etwa Nr. 188 = Wührrain, 189 = acht Aecker, 194 = Kreuzacker; Nr. 230 = langer Acker im Bretschleipfnerfeld[35]. Dieser letztgenannte Name enthält sowohl den Feld-Namen als auch den eigentlichen Flurnamen. In den meisten Fällen lassen sich beide Namensarten nicht auseinanderhalten.

Ungewöhnliche Flurnamen

Fast jeder Ort hat außer weit verbreiteten, immer wiederkehrenden Flurnamen auch ein paar, die ungewöhnlich sind, und sich deshalb von Ortsfremden kaum deuten lassen. In Tuntenhausen zählen dazu: Schemen (Anger im Schemen 47, Schemenwiese 53, im Flurplan Großflur-Name):[36] Im Bayerischen Wörterbuch findet sich das Wort für Herbstzeitlose[37], im Wörterbuch deutscher Pflanzennamen für Herbstzeitlose[38], Weißer Germer[39] und Schwarze Nießwurz[40]. Der Name wurde vermutlich über »Scamponie« aus

der griechischen Sprache entlehnt, wo »skammonia« die im östlichen Mittelmeergebiet heimische Purgierwinde (Convulvulus scammonia L.) bezeichnet, die, wie der Name sagt, purgierend wirkt, also abführend, in größeren Mengen auch tödlich. Ähnliche Wirkung haben die genannten heimischen Pflanzen, deren zu Pulver verriebene Wurzeln als Mittel gegen Läuse und anderes Ungeziefer allgemein bei Mensch und Vieh und im Haushalt, aber auch als Schnupftabakzusatz (Nießwurz!) verwendet wurde[41]. Welche der genannten Pflanzen hier gemeint ist, läßt sich nicht ohne weiteres sagen, da alle drei in Süddeutschland oft auf feuchten Wiesen, Flachmooren und Viehlagerstellen anzutreffen sind und ähnliche Wirkung haben. Der Name dürfte wohl von einem Arzt oder Apotheker des nahen Klosters gegeben, und von der Bevölkerung umgedeutet worden sein.
Boldl (Mahlpoldl 156 zu Haus-Nr. 5, Zuckerboldl 62 zu Haus-Nr. 1): Kann eine rundliche Erhebung sein [42], wohl kaum als »Waldl« zu verstehen, vielleicht auch vom Personennamen Leopold oder Luitpold abgeleitet, oder ein falsch verstandenes pointl = kleine eingezäunte Wiese. Zuckerboldl bezieht sich auf das Zuckergütl Haus Nr. 15.
Fischbehalter (Nr. 165 Fischbehälterwiese, Nr. 167 Fischbehalterwiese, Nr. 157 ff. Weiherwiese): Das Kramerbachl durchfließt hier den Bäckerweiher (Nr. 173) und einen anliegenden Teich, der 1812 noch nicht bestand und 1859 dem Wirt gehörte. Der Wirt hatte ein Fischrecht in der Moosach und nutzte den Teich, wie der Flurname sagt, als Fischkalter. In der Nähe lag Nr. 172 »Weiherwiese mit Wasserhäusl« und Nr. 60 »Badstube (Brechhaus)«. Die Badstube diente also auch zum Brechen des Flachses zur Leinenherstellung.

Vergessene Flurnamen

Südöstlich von Hörmating lag der Hörmatingerweiher (Nr. 281 ff.), z. T. schon vermoost, heute auf der Karte nicht mehr zu finden. Der Wolfgrubakker (Nr. 457) hat keine Fallgrube zum Fangen von Wölfen mehr in der Nähe. Das Flurstück Nr. 360 mit dem Namen »beim Pfarrer-Sommerhaus« hat längst ein anderes Gegenüber.

Zu den Hausnamen

Die Hausnumerierung wurde selbst in den Städten erst im 18. , auf dem Land erst zu Beginn des 19. Jahrhunderts eingeführt. Vorher war der Hausname[43] verbreitet, der meist von der Größe des Hofes, vom Vor-, Familien- oder Beinamen (= Spitznamen) des Besitzers, von dessen Beruf bzw. Tätigkeit, oder von der Lage des Hofes abgeleitet war. Diese Hausnamen wurden durch Instruktion vom 1. Februar 1760 (Mayrs Generaliensammlung von 1771, S. 132) auch behördlich anerkannt und schriftlich festgelegt; seither blieben diese Hausnamen weitgehend unverändert, bis sie etwa 50 Jahre später durch Hausnummern ersetzt wurden. Für die Zeit davor sind Änderungen keineswegs ausgeschlossen; Hausnamen sind also nicht unbedingt so uralt, wie gelegentlich behauptet wird. Einige Hausnamen scheinen erst von den Behörden geschaffen worden zu sein. Von den 18 Anwesen in Tuntenhausen lassen neun auf den Beruf oder ein Gewerbe schließen (Schmied, Weber, Wirt, Bäcker, Schneider, Kistler, Zuckerl, Eiertrager und Schulhaus), zwei bezeichnen die Hofgröße (1/4 Mair-Zubaugut und 1/2 Huberhof)[44], und vier sind von Vor- oder Familiennamen eines Vorbesitzers abgeleitet (Pichler, Katzl, Sixt und Riepel). Der Wimmer erklärt sich daraus, daß das Anwesen das ursprüngliche Pfarrwidum[45] war, das bei der Inkorporation an Kloster Beyharting kam und wie jedes andere Anwesen verstiftet wurde. Ein Hausname ist schwer zu deuten (Steingütl, füher beim Schulmeister), wobei Stein der Name eines Vorbesitzers sein, auf die Bauart des Hauses oder auf die steinige Oberfläche der zugehörigen Äcker hinweisen könnte.

Wert der Flurnamen

Die genannten Flurnamen von Tuntenhausen überliefern den Zustand des Dorfes und seiner umgebenden Fluren zur Mitte des 19. Jahrhunderts, lassen aber auch Verhältnisse der früheren Jahrhunderte erkennen. Ein Vergleich alter und neuer Flurkarten zeigt, daß sich im Ort die Flurstücke vermehrt haben, verursacht durch Aufteilung von Fluren und z. T. anschließende Bebauung, während sich außerhalb des Ortes die Zahl der (eigentlichen) Flurnamen beträchtlich vermindert hat, z. T. durch die Ausbreitung der Siedlung, zum größten Teil aber durch die Flurbereinigung[46], die vorhandene Fluren zusammengelegt und so vergrößert hat. Durch die Zusammenfassung von Besitz an wenigen Stellen und die damit mögliche großräumige Bewirtschaftung mit mehr Maschinen und sehr viel weniger Arbeitskräften gerieten und geraten viele Flurnamen in Vergessenheit.
Es ist wichtig, die alten Flurnamen jetzt noch zu sammeln und auszuwerten,[47] solange am Ort die Erinnerung daran noch lebendig ist.[48] Schon in ein paar Jahren kann es dafür zu spät sein.

Flurnamensammlung

A	Acker
Ausbr	Ausbruch; aus einem verkleinerten oder aufgelösten Hof abgetrennt
B	walzender Besitz (vor der Flurstücks- bzw. Plannummer stehend), d.h. nicht zum ursprünglichen Zubehör des Hofes gehörend, meist später gekauft, eingetauscht oder bei der Verteilung der Gemeindegründe erhalten
Geb	Gebäude
Ga	Garten
Gt	Gemeindeteil (ehemals)
U	Unsteuerbarer Grund (Weg, Gewässer, usw.)
Wa	Wald
Wi	Wiese
N, NO, NW O, S, SO SW, W	Himmelsrichtungen, von der Kirche aus gesehen.

a) nach Plan- und Flurstücksnummern geordnet

Teil 1:
Ortsbereich Tuntenhausen

Plan-nummer	*Amtliche Bezeichnung*	*Kulturart*	*Haus-nummer*
1	Wohnhaus ...Pichlergütel	Geb	1
2	Hausgarten ...	Ga/Geb	1
3	Wohnhaus ... Schmiedgütel	Geb/Ga	2
4	Hausgarten ...	Ga/Geb	2
5	Wohnhaus ... Wimmerhof	Geb	11
6	Wimmergarten	Ga	11
7	Hausanger	Wi	2
8	Hausgarten	Ga	3
9	Wohnhaus ... Pfarrwiddum	Geb/Ga	4
10	Hausgarten	Ga/Geb	3
11	Wohnhaus ... Webergütl/Krämer	Geb	5
12	Hinter dem Hause ...	Ga/Geb	5
13	Wohnhaus ... Wirthsgütl	Geb	6
14	Wirthsgarten	Ga	11
15	Hausgarten ...	Ga/Geb	6
16	Pflanzgarten ...	Ga/Geb	6

Plan-nummer	Amtliche Bezeichnung	Kulturart	Haus-nummer
17a	Wohnhaus Schneidergütel	Geb	8
17b	Wurzgärtl	Ga	8
18	Kirche mit Friedhof ...	Friedhof	4 ½
19	Ortsweg U	Weg	½
20a	Wohnhaus ... Katzlhof	Geb	9
20b	Hausgarten	Ga	9
21	Hausgarten	Ga	9
22a	Wohnhaus ... Kistlerhäusl	Geb	10
22b	Hausgarten	Ga	10
23	Wohnhaus ... Sixthof	Geb	11
24	Hausgarten	Ga	11
25	Wohnhaus ... Steingütl/Krämer	Geb	14
26	Hausgarten	Ga	14
27	Wohnhaus ... Rieplhof	Geb	16
28	Hausgarten ...	Ga/Geb	16
29	Hausgarten	Ga/Geb	13
30	Wohnhaus ... Huberhof	Geb	13
31	Hausgarten	Ga	13
32	Hausgarten ...	Ga/Geb	13
33	Wohnhaus ... Schulhaus	Geb/Ga	12
34	Hausgarten	Ga	12
35	Maiergarten	Ga	11
36	Wohnhaus ... Bäckergütl	Geb	7
37	Hausgarten	Ga	7
38	Krautland	A	7
39	beim Bäckergarten Gt	Wi	15
40a	Stadel ...	Geb	3
40b	Wiesfleckl	Wi	3
41	Wohnhaus ... Zuckergütl/Weber	Geb	15
42	Hausgarten ...	Ga	15
Ab Nr. 43:	Außenbereich, Teil 2; Gebäude im Außenbereich:		
60	Badstube (Brechhaus)	Geb	½
95	Wohnhaus ... Eierträgerhäusl	Geb	16 ½
96	beim Haus	A	16 ½
97	beim Haus	Wi/A	16 ½

Teil 2:
Ortsangrenzender Außenbereich

43	Zuckerwiesl	Wi	S 11
44	Davidwiese	Wi/A	SW 14
45	Zuckergarten	Wi	SW 9
46	Wierwiese	Wi	SW 13
47	Anger im Schemen (Rieplhofausbruch)	Wi	SW 15
48	Niedergartenacker	A	W 6

Plan- nummer	Amtliche Bezeichnung	Kulturart	Haus- nummer
49	Feldweg in der Herrnfilze U	Weg	NW ½
50	Wirthsgartenland	A	NW 9
51	Wirthswiese	Wi	NW 9
52	Scheuerlwiese	Wi	NW 4
53	Schemenwiese	Wi	W 13
54	Pfarrwiese	Wi	W 2
55	Wöhrwiese	Wi	W 6
56	Wierwiese	Wi/A	SW 11
57	Wierbreite	A	SW 11
58	Gemeindefleckl bei der Badstube Gt	Wi	SW 6
59	Gemeindefleck am Kramerbachl Gt	Wi	SW 2
60	Badstube (Brechhaus)	Geb	SW ½
61	Gemeindefleck bei der Badstube Gt	Wi	SW 15
62	Zuckerboldl	A	SW 1
63	Gemeindefleck am Kramerbachl Gt	Wi	SW 1
64	Lechnergraben U	Gewässer	SW ½
65	kleiner Gemeindetheil Gt	Wi	SW 11
66	Gemeindefleck am Kramerbachl Gt	Wi	SW 3
67	Gemeindefleck Gt	Wi/A	SW 5
68	Gemeindefleck am Kramerbachl Gt	Wi/A	SW 7
69	Gemeindefleck am Kramerbachl Gt	Wi/A	SW 9
70	Gemeindefleck am Kramerbachl Gt	A/Wi	SW 10
71	Gemeindefleckl am Kramerbachl Gt	Wi	SW 13
72	Badacker Gt	A	SW 14
72 ½	Badacker Gt	A	SW 8
73	in den Hartholzäckern	A	SW 13
74	in den Hartholzäckern	Wi	SW 13
75	Hartholzacker	A	SW 8
76	in den Hartholzäckern	Wi/A	SW 13
77	in den Hartholzäckern	A	SW 13
78	Hartholzacker	A/Wi	SW 3
79	Hartholzacker	A/Wi	SW 6
80	Gemeindeweg v. Tuntenhausen nach Beyharting U	Weg	SW ½
81	Neubruchacker	A	SW 6
82	Neubruchwiese	Wi	SW 6
83	Mitterwiese	A	SW 7
84	Mitterwiese	Wi	SW 7
85	Mitterwiese	A	SW 7
86	Mitterwiese	A	SW 7
87	Neubruch an der Straße	A	SW 6
88	Neubruch an der Straße	A/Wi	SW 6
89	Neubruchwiesl	Wi	SW 6
90	Mitterwiese Gt	Wi	SW 13
91	Mitterwiese Gt	Wi	SW 9
92	an der Mitterwiese Gt	Wi	SW 5
93	Boschetwiese Gt	Wi	SW 11

Plan-nummer	Amtliche Bezeichnung	Kulturart	Haus-nummer
94	Thorhausenwiese	Wi	SW 12
95	Wohnhaus ... Eierträgerhäusl	Geb	SW 16½
96	Beim Haus	A	SW 16½
97	Beim Haus	Wi/A	SW 16½
98	Schinderjacklwiese Gt	Wi	SW 8
99	Stureinwiese (auswärtiger Besitzer) Gt	Wi	SW 94
100	Thorhausenwiese mit dem walzenden Gt	Wi	SW 6
101	Thorhausenwiese Gt	Wi	SW 2
102	Thorhausenwiese Gt	Wi	SW 14
103	Thorhausenwiese Gt	Wi	SW 7
104	Krautgartenwiese	Wi	SW 7
105	Krautgartenwiese	Wi	SW 6
106	Krautgartenwiese	Wi	SW 11
107	Boschet Gt	Wi	SW 3
108	Thorhausenwiese mit Heustadel Gt	Wi/Geb	SW 15
109	Boschwiese Gt	Wi	SW 8
110	Thorhausenwiese Gt	Wi	SW 16
111	Boschwiese Gt	Wi	SW 1
112	Schmidhauserholz	Wa	SW 11
113	Schmidhauserhölzl	Wa	13
114	Schmidhauserholz	Wa	6
115	Holzweg ins Schmiedhauser Holz U	Weg	S ½
116	Schmiedhauserholz	Wi	6
117	Schmiedhauserholz	Wa	6
118	Querweg Aibling-Tuntenhausen zur Distriktsstraße Rosenheim-Ebersberg U	Weg	SW ½
119	Neugrund	Wi	9
120	Neugrund	A	9
121	Schmidhauserholz	Wa	9
122	Dreieckholz	Wa	S 13
123	Huberhölzl	Wa	SW 9
124	Schnepfenluckerholz	Wa	S11
125	Schnepfenluckerholz	Wa	S 11
126	Schmidhauserholz	Wa	7
127	Schmidhauserholz	Wi	7
128	Schmidhauserholzwiese	Wi	12
129	Schmidhauserholz	Wi	16
130	Schmidhauserholz	Wa	16
131	Häuselwühr mit dem walzenden Gemeindefleck	Wi	SO 16
132	Häuselwühr	Gehölz	16
133	Häuselwühr	Wi/Gehölz	13
134	Häuselwühr	Wa	13
135	Häuselwühr	Wa	SO 12
136	Emlingerwiese	Wi	7
137	Katzenschweif	Wi	13
138	Pfaffenreuthholz	Wa	13

Plan-nummer	Amtliche Bezeichnung	Kulturart	Haus-nummer
139	im Pfaffenreuth (Riepelhofsausbruch)	Wa	44
140	Pfarrenreut	Wa	3
141	Pfarrenreut	Wi	3
142	Pfarrenreut	A	3
143	Pfarrenreut	Wi	3
144	Pfarrenreuterwiese	Wi	16
145	?		
146	Pfarrenreuterwiese	Wi	16
147	Häuselwühr	A	SO 12
148	am Krautgarten	A	SO 5
149	am Krautgarten	Wi	SO 5

b) nach Haus- und Besitznummern geordnet

Gemarkung Tuntenhausen *Flur* Tuntenhausen
Hausname Pichler *Besitzer* Franz Bachmeyr
Haus-Nr. 1

Flurstück-Nr.	Amtliche Bezeichnung	Kulturart	Lage
1	Wohnhaus ... Pichler	Geb	
2	Hausgarten, Backofen	Ga/Geb	
62	Zuckerboldl	A	SW
176	Birnbaumacker	A	SO
186	Wiereinacker	A	SO
229	Langeracker	A	NO
232	Griesackerl	A	NO
257	Bergacker	A	NO
298	Trumackerl	A	NO
312	Kreuzfleckl	Wi	NO
340	Kirschbaumacker	A	N
342	Bergacker	A	N
345	Bachlacker	A	N
416	Tuntenhausener Moos mit Heustadel	Wi/Geb	NW
456	Bachlacker	A	N
464	Hörmatingeracker	A	NO
371	Wierwiese	Wi	NW
B63	Gemeindefleck am Kramerbachl Gt	Wi	SW
111	Boschwiese Gt	Wi	SW
163	Weiherwiese Gt	Wi	S
386	Sturainmoos Gt	Filze	W
389	Sturainmoos Gt	Fi/Geb	W

Gemarkung	Tuntenhausen	*Flur*	Tuntenhausen
Hausname	Schmiedgütel	*Besitzer*	Peter Eder
Haus-Nr. 2			

Flurstück-Nr.	*Amtliche Bezeichnung*	*Kulturart*	*Lage*
3	Wohnhaus ... Schmied	Geb	
4	Hausgarten mit Holzschupfe	Ga/Geb	
7	Hausanger	Wi	N
54	Pfarrwiese	Wi	W
177	Birnbaumacker	A	SO
185	Wührrainacker	A	SO
231	Rieplacker	A	NO
272	Weiheracker	A	NO
299	Halbacker	A	NO
326	Winkelacker	A	N
341	Bergacker	A	N
346	Reidlacker	A	N
370	Krautgartenwiese	Wi	
372	Schulmeisterswiese	Wi	
415	Tuntenhausener Moos mit Heustadel	Wi/Geb	
457	Wolfgrubacker	A	
458	Fuchsberg	Wa	
Auswärtiger Besitz: Aßling LG Ebersberg 1768.			
B59	Gemeindefleck am Kramerbachl Gt	Wi	SW
101	Thorhausenwiese Gt	Wi	SW
164	Weiherwiese Gt	Wi	SW
212	Gstauderet Gt	A	
213	Gstauderet Gt	A/Wi	
304	Hartacker BSA	A	NO
309	Griesacker BSA	A	NO
339	Kirschbaumacker im Bergfeld BSA	A	NO
343	Bergacker BSA	A	N
	(BSA = Bretschleipfner-Schmidguts-Ausbrüche)		
397	Sturainfilze Gt	Wi	
398	Sturainfilze Gt	Filze	

Gemarkung	Tuntenhausen	*Flur*	Tuntenhausen
Hausname	Wimmerhof	*Besitzer*	Sebastian Jäggl
Haus-Nr.	3		

Flurstück-Nr.	*Amtliche Bezeichnung*	*Kulturart*	*Lage*
5	Wohnhaus ... Wimmer	Geb	
8	Hausgarten	Ga	
140	Pfaffenreut	Wa	
141	Pfaffenreut	Wi	
142	Pfaffenreut	A	
143	Pfaffenreut	Wi	
153	Häuselwührwiese	Wi	SO
183	Wierrainacker	A	SO
202	große Breite	A	O
204	Rubenackerl	A	
219	Huberacker	A	O
221	Die fünf Aecker	A/Wi	O
254	Einschichtiges Ackerl	A	
256	Plattenacker	A	NO
268	Marterbreite	A	NO
280	Weiheracker	A	NO
289	Weiheracker	A	NO
307	Kirschbaumacker	A	NO
315	Kreuzacker	A	NO
318	Gartenacker	A	N
327	Haagacker	A	N
336	Bergacker	A	N
344	Dirnacker	A	N
361	Laufwiese	Wi	NW
418a	Mooswiese mit Heustadel	Wi/Geb	
418b	Mooswiese mit Heustadel	Wi	
444	Schiffleitenholz	Gehölz	
445	Schiffleitenacker	A	
463	Reitlacker	A	
467	Sandgrubenacker	A	
470	Bachelfeld	A	
559	Spitzhölzl	Gehölz	
564	Drei Äcker im Hörmating	A	
Auswärtiger Besitz: Aßling LG Ebersberg 1688.			
B40a	Stadel mit Hofraum	Geb	
40b	Wiesfleckl	Wi	
66	Gemeindefleck am Kramerbachl Gt	Wi	SW
78	Hartholzacker	A/Wi	
107	Boschet Gt	Wi	
165	Fischbehälterwiese Gt	Wi	S
402	Tuntenhausenerfilze Gt	Filze	
412	Tuntenhausenerfilze Gt	Wi	

Gemarkung	Tuntenhausen	*Flur*	Tuntenhausen
Hausname	Pfarrwiddum	*Besitzer*	Staat
Haus-Nr.	4		

Flurstück-Nr.	*Amtliche Bezeichnung*	*Kulturart*	*Lage*
9	Wohnhaus ... Pfarrwiddum	Geb	
10	Hausgarten, Waschhaus	Ga/Geb	
52	Scheuerlwiese	Wi	NW

Auswärtiger Besitz: Beyharting 420.

Gemarkung	Tuntenhausen	*Flur*	Tuntenhausen
Hausname	Pfarr- und Wallfahrtskirche	*Besitzer*	Staat
Haus-Nr.	4 ½		

Flurstück-Nr.	*Amtliche Bezeichnung*	*Kulturart*	*Lage*
18	Kirche, Friedhof ...	Geb/Friedhof	

Gemarkung	Tuntenhausen	*Flur*	Tuntenhausen
Hausname	*Webergürtel/Krämer*	*Besitzer*	Nikolaus Pronberger
Haus-Nr. 5			

Flurstück-Nr.	*Amtliche Bezeichnung*	*Kulturart*	*Lage*
11	Wohnhaus ... Weber	Geb	
12	Hinter dem Hause mit Backofen	Ga/Geb	
148	Am Krautgarten	A	SO
149	Am Krautgarten	Wi	SO
156	Mahlboldl	A/'Wi	SO
217	Bretschleipfneracker	A	O
220	Bretschleipfneracker	A	O
301	Im Hörmatingerfeld	A	NO
446	Am Fuchsberg	A	N
B67	Gemeindefleck Gt	Wi/A	SW
92	An der Mitterwiese Gt	WI	SW
162	Weiherwiese Gt	Wi	SO
382	Seefilze Gt	A	
383	Seefilze Gt	Wi	
392	Seefilze Gt	Filze	

Gemarkung	Tuntenhausen	*Flur*	Tuntenhausen
Hausname	Wirth/Mair-Zubaugut	*Besitzer*	Alois Kreitmayr
Haus-Nr.	6		

Flurstück-Nr.	*Amtliche Bezeichnung*	*Kulturart*	*Lage*
13	Wohnhaus ... Wirth	Geb	
15	Hausgarten mit Waschhaus und Backofen	Ga/Geb	
16	Pflanzgarten mit Sommerhaus	Ga/Geb	
48	Niedergartenacker	A	W
55	Wöhrwiese	Wi	W
81	Neubruchacker	A	SW
82	Neubruchwiese	Wi	SW
87	Neubruch an der Straße	A	SW
88	Neubruch an der Straße	A/Wi	SW
89	Neubruchwiesl	Wi	SW
100	Thorhausenwiese mit dem walzenden Gt	Wi	
105	Krautgartenwiese	Wi	
114	Schmiedhauserholz	Wa	
116	Schmiedhauserholz	Wi	
117	Schmiedhauserholz	Wa	
168	Neubruch an der Straße	A	SW
169	Neubruch an der Straße	A	SW
170	Neubruchwiese mit dem walzenden Gt	Wi	SW
172	Weiherwiese mit Wasserhäusl (Wasserwerk) u. d. walz. Gt	Wi	SW
173	Bäckerweiher m. d. walz. Gt u. d. walz. Bäckerweiher	Weiher	SO
174	Weiheracker	A	SO
184	Acht Aecker oberm Weiher	A	SO
195	Kreuzacker	A	SO
218	Drei Aecker im Bretschleipfnerfeld	A	O
230	Langer Acker im Bretschleipfnerfeld	A	NO
247	Heindlwiese	Wi	NO
248	Heindlwiese	Wi	NO
264	Spitzacker	A	NO
267	Marterbreite	A	NO
269	Langer Acker im Bergerfeld	A	NO
274	Zwei Aecker am Hörmatinger Weiher	A	NO
286	Kleiner Weiheracker	A	NO
292	Vier Aecker im Hörmatingerfeld	A	NO
295	Vier Winkeläcker	A	NO
310	Hengrainacker	A	NO
324	Winkelacker	A	N
329	Bachlfeld	A	N

Flurstück-Nr.	Amtliche Bezeichnung	Kulturart	Lage
347	Fuchsberg	A/Wi	NW
357	Moosacker	A	NW
360	Beim Pfarrers-Sommerhaus	A	NW
365	Herrnfilzenwiese	Wi	NW
366	Herrnfilzenwiese	Gehölz	
423	Bachlmoos mit Heustadel	Wi/Geb	
433	Große Breite im Bachlfeld	A	
434	Bachlfeldhölzl	Gehölz	
441	Fuchsberghölzl	Gehölz	
450	Bachlbreite	A	
459	Bergbreitl	A/Wi	
466	Sandgrubenbreite	A	
555	Mayracker	A	
Auswärtiger Besitz: Beyharting 485, 421, 424, 425.			
B58	Gemeindefleckl bei der Badstube Gt	Wi	SW
79	Hartholzacker	A/Wi	
384	In den Seefilzen Gt	Wi	
391	In den Seefilzen Gt	Filze	
403	Tuntenhausenerfilze mit Heustadel	Filze	
411	Tuntenhausenerfilze mit Heustadel	Wi/Geb	
3090	Schildhauerwiese (Schildhauerhofausbruch) Fischrecht	Wi	

Gemarkung Tuntenhausen *Flur* Tuntenhausen
Hausname Bäcker *Besitzer* Ignaz Demmel
Haus-Nr. 7

Flurstück-Nr.	Amtliche Bezeichnung	Kulturart	Lage
36	Wohnhaus ... Bäcker	Geb	
37	Hausgarten	Ga	
38	Krautland	A	
83	Mitterwiese	A	
84	Mitterwiese	Wi	
85	Mitterwiese	A	
86	Mitterwiese	A	
104	Krautgartenwiese	Wi	
126	Schmidhauserholz	Wa	
127	Schmidhauserholz	Wi	
136	Emlingerwiese	Wi	
175	In den Weiheräckern	A	S
193	Wiereinacker	A	SO
215	Gstauderer	A	

Flurstück-Nr.	Amtliche Bezeichnung	Kulturart	Lage
293	Hörmatingeracker	A	
337	Bergbreite	A	N
350	Adlfurch	A	NW
351	Adlfurch	Wi	NW
373	Schulmeisterwies	Wi	
424	Mooswiese mit Heustadel	Wi/Geb	
427	Neubruch	Gehölz	
428	Neubruch	A/Wi	
429	Neubruch	Wi	
430	Neubruch	A	
B68	Gemeindefleck am Kramerbachl Gt	Wi/A	SW
103	Thorhausenwiese Gt	Wi	
161	Weiherwiese Gt	Wi	SO
381	Streuwiese Gt	Wi	
392	Streufilze mit Heustadel Gt	Filze/Geb	
3089	Schildhauerbreite (Schildhauerhofsausbruch)	A	
3135	In den Emlingeräckern	A	

Gemarkung Tuntenhausen *Flur* Tuntenhausen
Hausname Schneider/Krämer *Besitzer* Joseph Hecher's Witwe Anna
Haus-Nr. 8

Flurstück-Nr.	Amtliche Bezeichnung	Kulturart	Lage
17a	Wohnhaus ... Schneider	Geb	
17b	Wurzgärtl	Ga	
375	Krautgartenwies	Wi	
Auswärtiger Besitz: Beyharting 1072.			
B72½	Badacker Gt	A	SW
75	Hartholzacker	A	
98	Schinderjacklwiese Gt	Wi	
109	Boschwiese Gt	Wi	
157½	Weiherwiese Gt	Wi	SO
385	Sturrainmoos mit Heustadel Gt	Wi	
390	Sturrainmoos mit Heustadel Gt	Filze/Geb	
553	Maieracker (Maierhofausbruch)	A	
2975	Bretschleipfneräcker (Schildhauerhofausbruch)	A	
2976	Bretschleipfneräcker (Schildhauerhofausbruch)	A	
2978	Bretschleipfneräcker (Schildhauerhofausbruch)	A	
2979	Bretschleipfneräcker (Schildhauerhofausbruch)	A	
3113	Weiheracker (Schildhauerhofausbruch)	A/Wi	

Gemarkung	Tuntenhausen	*Flur*	Tuntenhausen
Hausname	Katzlhof	*Besitzer*	Joseph Hager
Haus-Nr.	9		

Flurstück-Nr.	*Amtliche Bezeichnung*	*Kulturart*	*Lage*
20a	Wohnhaus ... Katzlhof	Geb	
20b	Hausgarten	Ga	
21	Hausgarten	Ga	
45	Zuckergarten	Wi	SW
50	Wirthsgartenland	A	W
51	Wirthswiese	Wi	SW
119	Neugrund	Wi	
120	Neugrund	A	
121	Schmidhauserholz	Wa	
123	Huberhölzl	Wa	SW
171	Am Kramerbachl	Wi	SW
180	Huberacker	A	SO
182	Wirthsacker	A	SO
189	Acht Aecker	A	SO
200	Oberer Gartenacker	A	SO
203	Oberer Gartenacker	A	
218½	Rüplackerl	A	O
224	Rüplland	A	O
237	Gstauderacker	A	NO
239	Anwendackerl	A	
259	Wiesenacker	A	
266	großer Acker	A	NO
290	Wolfsgrubenacker	A	NO
317	Griesacker	A	N
322	Hennafleckl	Wi	NW
333	Bergacker	A	N
349	Moosacker	A	NW
352	Filzenwies	Wi	NW
353	Filzenwies	Gehölz	
358	Bachlfeldwegacker	A	
376	Wierwiese mit Heustadel	Moos	
377	Wierwiese mit Heustadel	Wi/Geb	
378	Wierwiese mit Heustadel	Wi	
400	Neufleck	Filze	
417	Kleine Mooswiese mit Heustadel	Wi/Geb	
439	Holzacker	A	
440	Burgrainholz	Gehölz	
448+	Sandgrubenholz (½ Anteil, ganze Fläche mit Hs. Nr. 16)	Gehölz/ Kiesgrube	
448½	Sandgrubenholz	Gehölz	
449	Fuchsbergacker	A	
460	Sandgrubenhölzl	Gehölz	

Flurstück-Nr.	Amtliche Bezeichnung	Kulturart	Lage
469	Hörmatingeracker	A	
570	Wirthsacker	A	
B69	Gemeindefleck am Kramerbachl Gt	Wi/A	SW
91	Mitterwiese Gt	Wi	SW
160	Weiherwiese Gt	Wi	SO
399	Filzengrund am Lechnergraben Gt	Wi/Gehölz	

Gemarkung	Tuntenhausen	*Flur*	Tuntenhausen
Hausname	Kistlerhäusl	*Besitzer*	Christian Müller
Haus-Nr.	10		

Flurstück-Nr.	Amtliche Bezeichnung	Kulturart	Lage
22a	Wohnhaus ... Kistler	Geb	
22b	Hausgarten	Ga	
B70	Gemeindefleck am Kramerbachl Gt	A/Wi	SW
159	Weiherwiese Gt	Wi	SO
281	Hörmatingerweiher	Weiher	NO
282	Hörmatingerweiher	Moos	NO
283	Hörmatingerweiher	Weiher	NO
313	Bichlerwiese (Wirthsgutausbruch)	Wi	
395	Seefilze Gt	Filze	
396	Seefilze Gt	Wi	

Gemarkung	Tuntenhausen	*Flur*	Tuntenhausen
Hausname	Sixthof	*Besitzer*	großjährige Kinder des Jakob Ettenhuber
Haus-Nr.	11		

Flurstück-Nr.	Amtliche Bezeichnung	Kulturart	Lage
23	Wohnhaus ... Sixthof	Geb	
6	Wimmergarten	Ga	
14	Wirthsgarten	Ga	
24	Hausgarten	Ga	
35	Maiergarten	Ga	
43	Zuckerwiesl	Wi	SW
56	Wierwiese	Wi/A	SW
57	Wierbreitl	A	SW

Flurstück-Nr.	*Amtliche Bezeichnung*	*Kulturart*	*Lage*
106	Krautgartenwiese	Wi	
112	Schmidhauserholz	Wa	
124	Schnepfenluckerholz	Wa	S
125	Schnepfenluckerholz	Wa	S
178	Breite	A	S
194	Kreuzacker	A	SO
223	Oberlängacker	A	O
236	Unterlängacker	A	NO
246	Herlwiese	Wi	NO
263	Marteracker	A	NO
279	Weiherland	A	NO
287	Spitzackerl	A	NO
291	Äusserer Winkelacker	A	NO
294	Schneideracker	A	NO
306	Großer Kreuzacker	A	NO
308	Kleiner Kreuzacker	A	NO
314	Badstubenacker	A	NO
319	Wimmeracker	A	N
325	Im Winkel	A	N
328	Haagacker	A	N
334	hoher Bergacker	A	NW
354	Herrnfilze	Gehölz	
355	Herrnfilze	Wi	
356	Herrnfilze	A	
364	Laufwiese	Wi	NW
422	Großes Moos mit 2 Heustädeln	Wi/Geb	
431	Burgrainholz	Gehölz	
432	Burgrainacker	A	
451	Am Bachl	A	
452	Am Bachl	Wi	
461	Bachlberg	A	
468	Langer Acker	A	NO
556	Mairacker	A	
568	Mitteracker	A	
B65	Kleiner Gemeindtheil Gt	Wi	SW
93	Boschetwiese Gt	Wi	SW
167	Fischbehälterwiese Gt	Wi	S
404	Kleines Moos mit Heustadel Gt	Filze	
410	Kleines Moos mit Heustadel Gt	Wi/Geb	

Gemarkung	Tuntenhausen	*Flur*	Tuntenhausen
Hausname	Schulhaus	*Besitzer*	Schulgemeinde
Haus-Nr.	12		Tuntenhausen

Flurstück-Nr.	*Amtliche Bezeichnung*	*Kulturart*	*Lage*
33	Wohnhaus ... Schulhaus	Geb	
34	Hausgarten	Ga	
94	Thorhausenwiese	Wi	
128	Schmiedhauserholzwiese	Wi	
135	Häuselwühr	Wa	SO
147	Häuselwühr	A	SO
380a	Seefilze	Wi	
380b	Seefilze	Wi	
394	Seefilze	Filze	

Gemarkung	Tuntenhausen	*Flur*	Tuntenhausen
Hausname	Huberhof	*Besitzer*	Georg Eheberger's
Haus-Nr.	13		Witwe Maria und Kinder

Flurstück-Nr.	*Amtliche Bezeichnung*	*Kulturart*	*Lage*
30	Wohnhaus ... Huber	Geb	
29	Hausgarten mit Backofen	Ga/Geb	
31	Hausgarten	Ga	
32	Hausgarten mit Holzschupfe	Ga/Geb	
46	Wierwiese	Wi	SW
53	Schemenwiese	Wi	W
73	In den Hartholzäckern	A	SW
74	In den Hartholzäckern	Wi	
113	Schmidhauserhölzl	Wa	
122	Dreieckholz	Wa	S
133	Häuselwühr	Wi/Gehölz	
134	Häuselwühr	Wa	
137	Katzenschweif	Wi	
138	Pfaffenreuthholz	Wa	
152	Stettnerwiese	Wi	SO
155	Gänseackerl	Wi/A	SO
179	Gartenacker	A	SO
181	Drei Äcker in den Weiheräckern	A	SO
190a	Pfaffenreuthwiese	Wi	SO
190b	Pfaffenreuthwiese	Wi	SO
191	Wührrainacker	A	SO
196	Kreuzacker	A	SO
207	Wölflwiese	Wi	

Flurstück-Nr.	*Amtliche Bezeichnung*	*Kulturart*	*Lage*
209	Wölflacker	A/Wi	
216	Staudererwiese	Wi	
226	Hagacker	Wi	
227	Hagacker	A	
228	Hagacker	Wi	
233	Staudereracker	A	NO
235	Staudereracker	A	NO
245	Herlwiese	Wi	
249	Herlwiese	Wi	
255	Katzlacker	A/Wi	
258	Längwiese	Wi	NO
261	Rieplacker	A	NO
265	Stockacker	A	NO
275	Weiherwiese	Wi	NO
276	Anschlagacker	A	NO
278	Weiheracker	A	NO
300	Vier Aecker im Hörmatingerfeld	A	NO
303	Drei Aecker im Hörmatingerfeld	A	NO
316	Griesbreitl	A	N
320	Hinterer Angeracker	A	N
338	Bergacker	A	N
359	Laufwiese	Wi	
363	Laufwiese	Wi	
419	Tuntenhausener Moos	Wi	
435	Holzbreite	A	
436	Burgrainholz	Gehölz	
453	Bachlholz	Wi	
454	Bachlholz	Gehölz	
455	Bachlbreite	A	
471	Hörmerbreite	A	
571	Spöckmaieracker	A	
Auswärtiger Besitz: Beyharting 300.			
B 71	Gemeindefleckl am Kramerbachl Gt	Wi	SW
76	In den Hartholzäckern	Wi/A	
77	In den Hartholzäckern	A	
90	Mitterwiese Gt	Wi	
158	Weiherwiese Gt	Wi	SO
387 a	Sturrainfilzen Gt	Wi	
387 b	Sturrainfilzen Gt	Wi	
388	Sturrainfilzen Gt	Filze	

Gemarkung	Tuntenhausen	*Flur*	Tuntenhausen
Hausname	Steingütl/Krämer	*Besitzer*	Joseph Hecher's
Haus-Nr.	14		Witwe Anna

Flurstück-Nr.	*Amtliche Bezeichnung*	*Kulturart*	*Lage*
25	Wohnhaus ... Steingütl	Geb	
26	Hausgarten	Ga	
44	Davidwiese	Wi/A	SW
192	Wierrainacker mit dem walzenden Schneiderackerl	A	SO
234	Langacker	A	NO
296	Weiheracker	A	NO
330	Bergacker	A	N
374	Schulmeisterkrautgartenwiesel	Wi	
B72	Badacker Gt	A	SW
102	Thorhausenwiese Gt	Wi	
157	Weiherwiese Gt	Wi	SO
405	Kleine Mooswiese mit Heustadel Gt	Filze	
406	Kleine Mooswiese mit Heustadel Gt	Wi	
409	Kleine Mooswiese mit Heustadel Gt	Wi/Geb	

Gemarkung	Tuntenhausen	*Flur*	Tuntenhausen
Hausname	Zuckergütl/Weber	*Besitzer*	Kaspar Sedlmayr
Haus-Nr.	15		

Flurstück-Nr.	*Amtliche Bezeichnung*	*Kulturart*	*Lage*
41	Wohnhaus ... Zuckergütl	Geb	
41	Hausgarten ... z. T. Gt	Ga	
B39	Beim Bäckergarten Gt	Wi	SW
47	Anger im Schemen RHA (RHA = Rieplhofausbruch)	Wi	SW
61	Gemeindefleck bei der Badstube Gt	Wi	SW
108	Thorhausenwiese mit Heustadel Gt	Wi/Geb	SW
166	Weiherwiese Gt	Wi	S
407	Tuntenhausenerfilze Gt	Filze	
408	Tuntenhausenerfilze Gt	Wi	

Gemarkung	Tuntenhausen	*Flur*	Tuntenhausen
Hausname	Riepelhof	*Besitzer*	Georg Krähbichler
Haus-Nr.	16		

Flurstück-Nr.	*Amtliche Bezeichnung*	*Kulturart*	*Lage*
27	Wohnhaus ... Riepl	Geb	
28	Hausgarten ...	Ga/Geb	
129	Schmiedhauserholz	Wi	
130	Schmiedhauserholz	Wa	
131	Häuselwühr mit dem walzendem Gt.	Wi	SO
132	Häuselwühr	Gehölz	
144	Pfaffenreuterwiese	Wi	
146	Pfaffenreuterwiese	Wi	
187	Wührrain	Wi	SO
188	Wührrain	A	SO
197	Kreuzacker	A	SO
198	Kreuzacker	A	SO
201	Obere Gartenbreite	A	
205	Emlingerwegacker	A	
206	Emlingerwegwiese	Wi	
208	Im Wölfel	A	
210	Bretschleipfnerwiese	Wi	
222	Spitzbreitl	A	
225	Hausbreitl	A	O
238	Längacker	A	O
240	Gstaudert	Wi	
241	Gstaudert	A/Wi	
243	Am Bergweg	A	NO
244	Herlwiese	Wi	
250	Bergerwegacker	A	
251	Am Bergerweg	Wi	
252	Am Bergerweg	A	
253	Am Bergerweg	A	
260	Hubergartenacker	A	
262	Plattenäcker	A	NO
270	Weiheracker	A	NO
271	Weiheracker	Wi/A	NO
273	Weiheracker	A	NO
297	Schneideracker	A	
302	Weberacker	A	NO
305	Marterbreite	A	NO
331	Bergacker	A	NO
332	Bergacker	A	NO
335	Bergbreite	A	NO
362	Laufwiesl	Wi	
420	Tuntenhausener Moos mit Heustadel	Wi/Geb	
437	Hörmatingerhölzl	Gehölz	

Flurstück-Nr.	Amtliche Bezeichnung	Kulturart	Lage
438	Holzacker	A	
441	Kleiner Holzacker	A	
448*	Sandgrubenholz:		
	½Anteil mit Hs. Nr. 9	Gehölz/	
	Ostermünchen	Kiesgrube	
462	Reitlacker	A	
465	Schmidackerl	A	
472	Spöckmaieracker	A	
567	Huberacker		
Auswärtiger Besitz: Beyharting 1089			
B110	Thorhausenwiese Gt	Wi	
401	Sindelhausenerfilze Gt	Filze	
414	Sindelhausenerfilze Gt	Wi	

Gemarkung Tuntenhausen — *Flur* Tuntenhausen
Hausname Das Eierträgerhäusl mit Gründen — *Besitzer* Maria Niedermayr
Haus-Nr. 16 ½

Flurstück-Nr.	Amtliche Bezeichnung	Kulturart	Lage
95	Wohnhaus ... Eierträger	Geb	
96	beim Haus	A	
97	beim Haus	Wi/A	

Gemarkung Tuntenhausen — *Flur* Tuntenhausen
Hausname (Gemeindebesitz) — *Besitzer* Ortsgemeinde Tuntenhausen
Haus-Nr. ½

Flurstück-Nr.	Amtliche Bezeichnung	Kulturart	Lage
60	Badstube (Brechhaus)	Geb	SW
323	im Winkel	Wi	NW

Gemarkung	Tuntenhausen	*Flur*	Tuntenhausen
Hausname		*Besitzer*	Pfarrer Felix Schneider
Haus-Nr.	Besitz-Nr. 1/3		

Flurstück-Nr.	*Amtliche Bezeichnung*	*Kulturart*	*Lage*
B367	Herrnfilze mit Heustadel	Gehölz	
368	Herrnfilze mit Heustadel	Wi/A	
369	Herrnfilze mit Heustadel	Wi	

Quellen

Staatsarchiv München (StAM)
– Kataster 460

Vermessungsamt Rosenheim
– Revidierte Flurkarte 1857/59

[1] Nach J. Schnetz, Flurnamenkunde, S. 7 ff., und R. Bauer, Leitfaden zur Flurnamensammlung, S. 1 f.
[2] Flurnamen i.e.S., Wald-, Gewässer- und Bergnamen werden auch unter dem Begriff Naturnamen, die Verkehrswegnamen, Gebäudenamen und Wirtschaftsnamen unter Kulturnamen zusammengefaßt; J. Schnetz, Flurnamenkunde, S. 9.
[3] R. Bauer, Leitfaden zur Flurnamensammlung, S. 2.
[4] R. Bauer, Leitfaden zur Flurnamensammlung, S. 2; A. Sandberger, Hausnamen in Altbayern, passim.
[5] R. Bauer, Leitfaden zur Flurnamensammlung, S. 3.
[6] W. A. v.Reitzenstein, Lexikon, entsprechende Stichworte, und R. Bauer, Leitfaden zur Flurnamensammlung, S. 3.
[7] R. Bauer, Die ältesten Grenzbeschreibungen in Bayern, passim.
[8] Die örtlichen Flurpläne können meist bei der Gemeindeverwaltung eingesehen werden. Flurpläne sind beim zuständigen Vermessungsamt zu kaufen, wo auch Auskunft über alte Pläne erteilt wird.
[9] R. Bauer, Leitfaden zur Flurnamensammlung, S. 5.
[10] Derartige Namensungetüme fand ich in Freilassing.
[11] Nach R. Bauer, Leitfaden zur Flurnamensammlung.
[12] ebd, S. 17 ff.
[13] Zur Personifikation siehe J. Schnetz, Flurnamenkunde, S. 19; dort auch Beispiele für die Anwendung von Geschlechtsworten: der Altheimer = Altheimer Acker, die Weiherin=Weiherwiese. Das sächliche Geschlecht scheint für Waldnamen gebräuchlich zu sein.
[14] Alle Beispiele aus Tuntenhausen, aus dem Grundsteuer-Kataster und dem Flurplan; die Deutungen nach J. Schnetz.
[15] Ein Vorbesitzer des Zuckergütls hieß David Finauer; Kataster.
[16] Nr. 194 ff., nahe einer Straßengabelung, wo oft ein Feldkreuz steht.
[17] Marterl = Bildstock; J. Schnetz, Flurnamenkunde, S. 86.
[18] Rain = Grenze, Rand; J. Schnetz, Flurnamenkunde, S. 31; Burgrainholz und Burgrainacker liegen am Fuchsberg bei Hörmating..
[19] Einschichtig = abseits gelegen, einzelstehend.
[20] Dürrer Boden.
[21] Steiniger Boden.
[22] Die Wurzelstöcke der Bäume verblieben nach der Rodung im Boden und störten noch Jahrzehnte später beim Ackern.
[23] Lucke = Einsenkung; J. Schnetz, Flurnamenkunde, S. 34.
[24] Garten = eingezäuntes Feld; J. Schnetz, Flurnamenkunde, S. 70.
[25] Hag = eingehegtes (mit Hecke umgebenes) Feld; J. Schnetz, Flurnamenkunde, S. 70. Zäune und Hecken schützten vor eindringendem Weidevieh.
[26] Schmales, aber langes Stück Land, meist Wiese; Auslauf für Vieh. Oft entlang von Wegen; früher meist Bestandteil der Viehtriebwege und später von ihnen abgetrennt.
[27] Herl bezieht sich oft auf den Herrn Pfarrer; J. Schnetz, Flurnamenkunde, S. 74.
[28] Herren bezieht sich meist auf den Grundherrn, der dieses Stück selbst behielt, J. Schnetz, Flurnamenkunde, S. 74; hier möglicherweise die Augustiner-Chorherren von Kloster Beyharting. Nicht auszuschließen ist auch, daß der Flurname vom Domkapitel Freising oder von den Brettschleipfern herrührt, die vor dem Kloster Beyharting Grundherren über die Anwesen waren, zu denen die Herrenfilze gehörte.
[29] Rodungsland.
[30] Ebenfalls Rodung, wohl von den Herren im Kloster Beyharting veranlaßt.
[31] Rodung des Pfaffo = frühmittelalterliche Bezeichnung für den Ortsgeistlichen.
[32] Anwend = zum Wenden des Pfluges, kleiner Acker quer zu einem großen; J. Schnetz, Flurnamenkunde, S. 61.
[33] Lang und schmal wie ein Balken.
[34] Über Felder oder Zelgen (Großflur), Flurzwang (Anbau der gleichen Feldfrucht in einer Flur) und Dreifelderwirtschaft (Fluren jährlich wechselnd mit Sommergetreide und Wintergetreide bebaut und im dritten Jahr brach liegen gelassen), siehe J. Schnetz, Flurnamenkunde, S. 25.
[35] Im Text genannte Nummern sind Flurstücks- bzw. Plan-Nummern, sofern nicht anders angegeben.
[36] Vgl. Anm. 34.
[37] J. A. Schmeller, Bayerisches Wörterbuch, Bd. 2, S. 419.

[38] H. Marzell, W. Wissmann, Wörterbuch der deutschen Pflanzennamen, Bd. 1, S. 1070.
[39] Ebd., Bd. 4, S. 1015 ff.
[40] Ebd. Bd. 2, S. 804.
[41] Ebd. Bd. 4, S. 1020 ff.
[42] Zu Bolle = Knospe, siehe J. Schnetz, Flurnamenkunde, S. 29.
[43] Zu den Hausnamen siehe A. Sandberger, Die Hausnamen in Altbayern, passim.
[44] Alte Steuereinheiten, sogenannter Hoffuß.
[45] Der Pfarrei gewidmet, zum Stiftungsgut der Pfarrkirche gehörig; J. Schnetz, Flurnamenkunde, S. 86. Als das Kloster Beyharting 1803 aufgehoben wurde, bekam die Pfarrei Tuntenhausen ihr altes Widumgut, den Wimmer, nicht zurück. Sie war also ohne Vermögen und mußte vom Staat dotiert werden. Der bisherige Pfarrhof galt nun als Widum; Grundbesitz konnte dazu erworben werden.
[46] Eine Flurbereinigung hat in Tuntenhausen stattgefunden.
[47] Seit 1920 erfaßt der Verband für Flurnamensammlung in Bayern, jetzt Verband für Orts- und Flurnamenforschung in Bayern, mit freiwilligen Mitarbeitern die alten Flurnamen in Bayern, wobei aber immer noch in Altbayern eine große Lücke klafft. Seit September 1987 arbeiten Wissenschaftler am Haus der Bayerischen Geschichte an der Sammlung und Auswertung der Flurnamen. Begonnen wurde mit den Gemeinden des Landkreises Rosenheim, wozu auch Tuntenhausen gehört.
[48] Dringend gesucht werden noch örtliche Gewährsleute, denen die alten Flurnamen und deren Lage noch vertraut sind.

Kirche und Kunst im Dorf
Zur Wallfahrt und Wallfahrtskirche (mit Krippe) in Tuntenhausen

Sabine Rehm

Institutionen, die helfen können
- Pfarramt (Pfarrarchiv)
- Gemeindeverwaltung (Gemeindearchiv)
- Kreisheimatpfleger
- Bezirksheimatpfleger für Oberbayern, Maximilianstr. 39, 8 München 2
- Bayerisches Landesamt für Denkmalpflege, Pfisterstr. 1/2, 8 München 1
- Archiv der Diözese (Erzbistum München und Freising) Pacellistr. 1, 8 München 2
- Staatsarchiv München, Schönfeldstr. 3, 8 München 22
- Bayerisches Hauptstaatsarchiv, Schönfeldstr. 5, 8 München 22
- Bayerische Staatsbibliothek, Ludwigstr. 16, 8 München 22
- Bayerischer Landesverein für Heimatpflege, Ludwigstr. 27, 8 München 22

Hilfsmittel und Nachschlagewerke

- Bauer, Hermann (Hg.): Corpus der barocken Deckenmalerei in Deutschland: Freistaat Bayern, München 1976ff
- Bauerreiss, Romuald: Kirchengeschichte Bayerns, 7 Bde., St. Ottilien 1950-1974
- Brems, Franz Josef: Marien-Wallfahrtsstätten in Oberbayern, München 1988
- Dehio, Georg/Gall, Ernst: Handbuch der deutschen Kunstdenkmäler, Bayern, Bd. 4: München u. Oberbayern, München 1990
- Dischinger, Gabriele: Zeichnungen zu kirchlichen Bauten bis 1803 im Bayerischen Hauptstaatsarchiv, 2 Bde., Wiesbaden 1988
- Karlinger, Hans: Bayerische Kunstgeschichte, Altbayern und Bayerisch-Schwaben, München 1961
- Kriß, Rudolf: Die Volkskunde der Altbayerischen Gnadenstätten, Bde. 1-3, München 1953 bis 1956
- Die Kunstdenkmäler von Bayern, hrsg. vom Bayerischen Landesamt für Denkmalpflege, München 1895 ff
- Petzet, Michael (Hg.): Denkmäler in Bayern, München 1985 ff.
- Schindler, Herbert, Große Bayerische Kunstgeschichte, 2 Bde., München 1963
- Spindler, Max (Hg.): Handbuch der Bayerischen Geschichte, 4 Bde., München 1967-1988
- Wallfahrt kennt keine Grenzen, Themen zu einer Ausstellung des Bayerischen Nationalmuseums und des Adalbert Stifter Vereins, München, hg. von Lenz Kriss-Rettenbeck und Gerda Möhler, München 1984
- Wichmann, Hans: Bibliographie der Kunst in Bayern, 5 Bde., Wiesbaden 1961-1983

Die Geschichte der Wallfahrt

»Anno 1441. Ein Weib von Prötschlaipffen/ Tundenhauser Pfarr/ hatte ailff gantzer Jahr einen geschwolnen Bauch, neben steten vnaußsprechlich grossen schmertzen/ weilen dann kein Menschlichs mittel zuverhoffen/ rueft sie die gnadenreiche helfterin Mariam die Mutter Gottes an/ welche ihr ainsmal im Schlaf fürkombt/ und ermahnet/ wann sie wölle gesund werden/ solle sie drey Sambstag nach einander nach Tundenhausen gehn/ alldort sovil Garn opftern/ darauß ein Altartuch möchte gewürckt werden. Weil aber das arme Weib solches ins Werck zusetzen verschoben/ ist dieselbe das andermal ernstlicher im Schlaf ermahnet/ auch von ihrem aignen Mann/ deme sie es erzehlt/ dahin gehalten worden: Sie hat kaum das letzte mal diß Gotteshaus besucht/ vnd das Opfter verricht/ ist die Geschwulst vnd aller Schmertzen vergangen.«[1]

So wird das erste in Tuntenhausen bekannte Mirakel in dem Mirakelbuch von 1646 überliefert. Ab diesem Zeitpunkt blühte die Wallfahrt rasch auf, worauf auch Ablässe, Messenstiftungen, Kirchenneubau und -ausstattung und die Vergrößerung des Kirchenbesitzes hinweisen. Schon 1506 erschien das erste der zahlreichen Mirakelbücher, in denen die wunderbaren Heilungen und Gebetserhörungen aufgezeichnet wurden, und die der Verbreitung des Ruhmes der Wallfahrt dienten. Bereits für das Jahr 1527 ist von über 100 Pfarrbittgängen die Rede.

Die Marienwallfahrt nach Tuntenhausen scheint schon vor 1441 bestanden zu haben. Der Überlieferung nach kam im Jahr 1350 ein Pilgerzug von Obertaufkirchen, also kurz nach der Schaffung des ersten Gnadenbildes 1334. Die Inkorporation der Pfarrkirche ins verarmte Kloster Beyharting im Jahre 1221 weist auf die wirtschaftliche Bedeutung Tuntenhausens noch vor der Entstehung der eigentlichen Wallfahrt hin, die diese steigerte und einen regelrechten Aufschwung und Bedeutungszuwachs auslöste.

Die Entwicklung des aufblühenden Wallfahrtsortes wurde erstmals nachhaltig durch den Brand der Kirche am 28. April 1548 beeinträchtigt. Hinzu kamen die religiösen und politischen Wirren im Zeichen von Reformation und Gegenreformation. Die protestantischen Territorien in Haag, Hohenwaldeck und Aschau beeinträchtigten die Pilgerzüge nach dem naheliegenden Wallfahrtsort, die deutlich abnahmen. Die Zahl der Wallfahrer stieg schließlich im Zuge der Gegenreformation nach dem Konzil von Trient wieder an.

Gefördert und gepflegt wurde die Wallfahrt nach Tuntenhausen sehr stark von den Angehörigen des Wittelsbachischen Hauses. So verlobten sich zum Beispiel Herzog Albrecht V. und seine Gemahlin Anna und Herzog Wilhelm V. und seine Gemahlin Renata von Lothringen nach Tuntenhausen. Herzog Ferdinand löste sein im Kölner Krieg gegebenes Gelübde 1584 ein. Sein Kämmerer Andreas von Ettling stiftete nach einer überstandenen Kopfverletzung aus demselben Krieg 1586 ein Votivbild, das das heute älteste erhaltene in der Kirche in Tuntenhausen ist. Die Votivtafel in Form eines Flügelaltares stellt auf den Innen- und Außenseiten der Flügeltüren in acht Feldern die Krankheitsgeschichte des Kämmerers dar. Nach zahlreichen Schädeloperationen wurde er aufgrund eines Verlöbnisses nach Tuntenhausen völlig geheilt. In geöffnetem Zustand ist im Mittelfeld eine Marienkrönung mit dem knienden Votanten in Ritterrüstung zu sehen. In einem kleinen Fach in der Predella befanden sich ursprünglich die bei den beschriebenen Operationen verwendeten chirurgischen Geräte.

Von hundert fünffzig
Aus vil tausend Gutthaten,
Welche
Die Wunderbarliche
Mutter GOttes/
und
Mächtige Jungfrau
MARIA
Durch
Ihr Heil. Gnaden-Bild/
in dem Löbl. weit-berühmten, und
dem Regulirten S. AUGUSTINI Chor-
Herren-Stüfft zu Beyharting einver-
leibten GOtts-Hauß und Pfarr-Kirchen
zu Tuntenhausen/
Denen andächtigen Wallfahrteren
erwisen hat.
In Druck gegeben.
Mit Genehmhaltung der Obern.

München/ gedruckt bey Maria Magd. Riedlin/
Wittib/ Anno 1738.

Kann man zu Notzeiten im allgemeinen eine Zunahme von Verlöbnissen und Wallfahrten beobachten, so trifft dies in besonderem Maße für den Dreißigjährigen Krieg zu. Ganz bewußt und gezielt scheint die Wallfahrtsbewegung im Sinne der innerkirchlichen Erneuerung und der Festigung der Gegenreformation gestärkt und gefördert worden zu sein, als 1624 die Erzbruderschaft des hl. Rosenkranzes gegründet und von 1628 bis 1630 die Wallfahrtskirche mit kurfürstlichen Mitteln umgebaut wurde. Eine deutliche Zunahme der Wallfahrten war im Jahr 1634 die Folge der in Bayern wütenden Pest. Kurfürst Maximilian, der die Wallfahrt in Tuntenhausen durch großzügige Stiftungen unterstützte, wandte sich schließlich in einem Befehl gegen den weit verbreiteten Aberglauben, nach dem Menschen, hauptsächlich Soldaten und Bauern, die sich nach der »Virgo Potens«, der »Mächtigen Jungfrau« zu Tuntenhausen verlobten, »gefroren«, d.h. unverwundbar seien.[2]

28 Titel und Titelkupfer eines Mirakelbuches von 1738

Tuntenhausen war bis zum Tode Maximilians I. der bedeutendste wittelsbachische Wallfahrtsort, zu dem jeder bayerische Herzog und Regent mindestens einmal im Jahr pilgerte. Erst unter Ferdinand Maria (1651-1679) wurde Altötting bevorzugt, das schließlich gegenüber Tuntenhausen an Bedeutung gewann.[3]

Dennoch kamen auch im 18. Jahrhundert über 120 Pfarreien jährlich zum Gnadenort. Auch in diesem Jahrhundert blieben Gefahren und Beeinträchtigungen des Wallfahrtslebens nicht aus. Am 21. Juli 1704 wurde das Gnadenbild von Tuntenhausen nach München gebracht, um es vor den Wirren des Spanischen Erbfolgekrieges zu schützen. Erst am 19. Oktober 1704 wurde das Gnadenbild nach seinem Aufenthalt in der Füllschen Hauskapelle und der Frauenkirche wieder auf dem Hauptaltar in Tuntenhausen aufgestellt.

Während des Spanischen und Österreichischen Erbfolgekrieges unterblieben zudem in den Jahren 1703/04 und 1741/43 die Wallfahrtszüge aus Tirol. Ende des 18. Jahrhunderts tauchten dann die ersten Vorboten der 1803 erfolgten Säkularisation auf. Auf Verordnung des aufgeklärten Kurfürsten Karl Theodor wurden die werktäglichen Wallfahrt-Bittgänge untersagt. Auf Gesuch des Propstes Georg Lachner von Beyharting wurden die Tuntenhausener Kreuzgänge, wie die nach Altötting und Andechs, von dem Gesetz ausgenommen.

Die Säkularisation hatte tiefgreifende Folgen für die Wallfahrt in Tuntenhausen: Durch die Aufhebung des Stiftes Beyharting verlor Tuntenhausen seine Wallfahrtsseelsorger. Materiellen Schaden stellten der Einzug des Rosenkranzbruderschaftsvermögens und die Beschlagnahme von Weihegaben und von drei Festkleidern des Gnadenbildes dar. Ferner wurden die Kirchenglocken konfisziert und die Wachs-Votivfiguren zerstört, darunter lebensgroße Votivfiguren und wohl auch Wachsbilder der Regenten des 16. und 17. Jahrhunderts. Ein neues Bittgangsverbot der Regierung ließ die Wallfahrt weiter absinken.

Erst 1806 wurde der Pfarrsitz nach Tuntenhausen zurückverlegt. Von da an übernahm der Pfarrer neben seinen normalen Aufgaben auch die Wallfahrtspflege. Noch 1808 mußten die Votivtafeln, auf denen unterschiedliche Unglücksfälle als Votationsanlässe dargestellt sind, weggeräumt werden; bleiben durften immerhin die Votivkerzen und der Mirakelzyklus an der Außenwand der Kirche. Ab 1820 lebte die Wallfahrt wieder auf. Unter Pfarrer Felix Johann Schneider (1840-1863) kam es sogar zu einer Neublüte der Wallfahrt. Um 1840 wurden durch die Pfarreien deren Votivkerzen erneuert, 1841 ebenso die Bruderschaftsprozessionen.

Über die Wallfahrer, ihre Herkunft, ihre Anliegen und Votivgaben geben die Mirakelbücher und die Aufzeichnungen seit dem 15. Jahrhundert aus dem

29 Tuntenhausen im kurbayerischen Landgericht (Markt) Schwaben. Ansicht der gotischen, 1628/29 frühbarock neugestalteten Wallfahrtskirche, von Nordosten gegen Schloß Maxlrain und gegen Kloster Beyharting (im Hintergrund rechts) gesehen, Dorf und Kirche Tuntenhausen in die hügelige Voralpenlandschaft eingebettet.

30 Wallfahrer mit Kreuz und Fahnen in Tuntenhausen, 1974. Foto privat

Pfarrarchiv Auskunft. Die zahlreich erhaltenen Mirakelbücher, eine Besonderheit Tuntenhausens, erschienen im 16. Jahrhundert jährlich, gegen Ende des 16., im 17. und 18. Jahrhundert wurden sie in größeren Zeitabschnitten und in entsprechend umfangreicheren Bänden veröffentlicht.
Menschen jeden Alters und Geschlechts, aller Klassen und Stände, Kurfürst und Adelige, Geistliche und Mönche, Bürger und Bauern, kamen nach Tuntenhausen.
Oft wurde die Wallfahrt unter erschwerenden Bedingungen ausgeführt. Nacktwallfahrten[4], Wallfahrten in Wolle, bei Wasser und Brot, auf bloßen Knien, in Gesellschaft mehrerer Personen, besonders von Jungfrauen, bedeuteten eine Verstärkung des Gelübdes. Nicht selten begleiteten weißgekleidete, Kerzen tragende Jungfrauen, »Weißprangerinnen« genannt, die Wallfahrer, wie aus den Mirakelbüchern hervorgeht. So sollte mit größerer Sicherheit Hilfe herbeigeführt werden.
Die Wallfahrer kommen traditionsgemäß aus der näheren Umgebung, aus dem altbayerischen Kernland und aus Tirol. Noch heute ist Tuntenhausen ein beliebter und oft besuchter Gnadenort, wovon über hundert jährliche Bittgänge zeugen. Man sollte sich immer wieder bewußt machen, daß Tuntenhausen eine der berühmtesten und ältesten Wallfahrten Bayerns ist, älter noch als Altötting, das 1989 sein 500jähriges Jubiläum feierte.

Die Wallfahrtskirche

Zielpunkt dieser jahrhundertelangen Wallfahrt nach Tuntenhausen ist das Gnadenbild in der Kirche Mariae Himmelfahrt, die 1942 durch Papst Pius XII. zur Basilica minor erhoben wurde.
Nach Entstehung und Aufblühen der Wallfahrt genügte die alte, wohl romanische Kirche dem ansteigenden Wallfahrerstrom nicht mehr. In der Vorrede zum Mirakelbuch von 1527 heißt es, daß »in kurtzer zeyt hernach [nach 1441] ein schöns Gotzhauß gepaut ist worden«.[5] Diesem spätgotischen Neubau der Kirche um 1470/80 wurde in den Jahren zwischen 1513 und 1533 die Zwillingsturmfassade, das Wahrzeichen Tuntenhausens, angebaut.
Im April 1548 zerstörte ein Brand diesen Bau. Auch das Gnadenbild, nach Beyhartinger Überlieferung ein Werk des Meisters Kunz aus Rosenheim von 1334, wurde ein Opfer der Flammen. Das heutige Gnadenbild, das sich vermutlich stark am verlorengegangenen orientiert, ist ein Werk der Frührenaissance um 1548.
In den Jahren 1628/29 wurde unter Beibehaltung der Turmfassade und einer Abänderung des gotischen Choroktogons die heutige dreischiffige Hallenkirche mit Chorumgang, mit östlich anschließender Sakristei und darüberliegender Kapelle der Rosenkranzbruderschaft errichtet. Diesen 1630 von Fürstbischof Veit Adam von Gepeck geweihten Bau führte der Münchner Bürger und Maurermeister Veit Schmidt aus, der 1620 die Münchner Augustinerkirche und 1622 die Pfarrkirche Neuötting gewölbt hatte. Wahr-

scheinlich beteiligte sich auch der Beyhartinger Klosterbaumeister Kaspar Pfisterer an Planung und Ausführung. Um Bau und Ausstattung machten sich besonders Kurfürst Maximilian I., General Tilly und Hofkammerpräsident Oswald Schuß verdient. Die Totenkapelle an der Südseite des Turmuntergeschosses wurde ebenfalls im 17. Jahrhundert angebaut. Die neugotische Gruftkapelle der Grafen Arco-Zinneberg auf der Nordseite stammt aus dem Jahr 1876.
Das äußere Erscheinungsbild der Pfarr- und Wallfahrtskirche wird durch den auffallenden, hochaufragenden Doppelturm bestimmt – ein Motiv, das wohl von St. Peter in München herrührt. Die bestehenden Spitzhelme lösten um 1890 die welschen Hauben ab, die auf älteren Darstellungen Tuntenhausens zu sehen sind. An den Außenwänden der Kirche erzählt ein Bilderzyklus von verschiedenen Mirakeln. Neben dem Nordportal der Kirche befindet sich die 1940 von Waldemar Kolmsperger ausgeführte Darstellung der ersten überlieferten Gebetserhörung aus dem Jahre 1441.

Im Inneren tragen schlanke, in breiten Abständen aufgestellte Achteckpfeiler die Stichkappentonne des weiträumigen, lichtdurchfluteten Langhauses und teilen es in drei Joche. Der Kirchenraum ist mit einer herausragenden, in zarten Pastelltönen gehaltenen Stukkatur von 1629/30 ausgeschmückt, die an Arbeiten in der Münchner Residenz, in der Michaelskirche und im Schleißheimer Alten Schloß erinnert: Quadraturen mit Blatt-, Eier-, Perlstäben, Fruchtgehängen, Rosetten und weiblichen Masken mit Tuchgehänge zieren das Gewölbe.
Vorbei an der reich geschnitzten Kanzel und am Kanzelkreuz, einer Stiftung des Hofkammerpräsidenten Schuß von 1630, gelangt man zum Chorbereich, dem Kernpunkt der Wallfahrtskirche. Die fünf Achteckseiten des alten Chores wurden mit Ausnahme der östlichen Schlußwand durchbrochen, so daß eine Verbindung mit dem für Wallfahrtskirchen typischen Chorumgang hergestellt wurde. Hinter dem Chorgitter paßt sich der viersäulige Renaissanceaufbau des von Kurfürst Maximilian gestifteten Hochaltars dem spätgotischen Chorschluß an. In der Mitte des Altars befindet sich das bekleidete Gnadenbild der thronenden Muttergottes unter einem Baldachin, umgeben von einer Strahlengloriole mit der Taube des hl. Geistes, Engeln, Wolken und vier Inschriftkartuschen. Im Chorbogen darüber sitzt Maria als Patrona Bavariae, eine weitere Stiftung Maximilians um 1630.
Die Chorbogenaltäre stammen ebenfalls aus dieser Zeit. Der linke, ursprünglich ein Andreas-Altar, heute der Altar der Rosenkranzbruderschaft, trägt das Wappen seines Stifters, des Grafen Tilly. Das Bild des rechten Chorbogenaltars, der der hl. Anna geweiht war, stammt aus dieser Stiftung; es zeigt das Martyrium des hl. Andreas.
Die Seitenaltäre im Chorumgang standen bis 1877 an den Mittelschiffpfeilern. Der Mariä-Heimsuchungs-Altar auf der Nordseite entstand zwischen 1638 und 1645, der St.-Sebastians-Altar im Süden um 1634. Die Apostel-

reihe in den Seitenschiffen, die sich im Chorumgang fortsetzt, stammt aus der ersten Hälfte des 17. Jahrhunderts.
Hinter dem Hauptaltar führt eine reich geschnitzte Türe in die Sakristei, die mit herrlichem Schrankwerk von 1647 ausgestattet ist. Über einen Treppenturm gelangt man in die Bruderschaftskapelle im Obergeschoß.
Zu den Besonderheiten der Kirche in Tuntenhausen zählen neben dem als Memento mori für das Beinhaus geschaffenen Tafelbild des sog. »Tuntenhausener Todes«, der seinen Pfeil auf den Betrachter richtet, die zahlreichen großen Votivkerzen, die früher in der Turmvorhalle untergebracht waren und heute über den Gittern des Choraltars und über der Sakristeitür aufgestellt sind. Die älteste erhaltene Kerze des Marktes Rosenheim ist 1660 datiert.
In der spätgotischen Turmvorhalle ruht ein Netzgewölbe auf Konsolen in Form menschlicher Köpfe. Schlußsteine mit Halbfiguren besetzen die Rippenschnitte der zwei Joche, je Joch 21, darunter Christus, Maria, Adam und Eva, die Apostel und die Kirchenväter.
Von den Votivgaben aus der Zeit vor der Säkularisation haben sich einige wenige erhalten. Die älteste ist das Flügelaltärchen des Andreas von Ettling. Im Jahre 1679 stiftete Georg Zängl, Wirt von Tuntenhausen, ein großes Votivbild. Ein Holzrelief stammt aus dem Jahr 1697, der »Söller Bauer«, eine Votivgabe aus Söll in Tirol, aus der zweiten Hälfte des 18. Jahrhunderts. Franz Dum Neureiter stiftete im Jahr 1800 ein Votivbild in einem aufwendig geschnitzten Rokokorahmen.
Die Kirche in Tuntenhausen steht beispielhaft als einer der Bauten des frühen 17. Jahrhunderts in Bayern, die auf die Form der spätgotischen Hallenkirche zurückgreifen und diese in »moderner«, zeitgenössischer Weise ausstatteten. Geschickt wurden dabei in Tuntenhausen die alten Bauteile, Chor und Turmfassade, in den Neubau integriert.
Die Bedeutung Tuntenhausens als Hauswallfahrt der Wittelsbacher drückt sich in den zahlreichen Stiftungen aus, die den Umbau mitfinanzierten, sowie in den Künstlern, die zumeist aus München stammten. In den Notzeiten des Dreißigjährigen Krieges konnte so ein herausragendes, an der Hofkunst sich orientierendes Kunstwerk geschaffen werden, das bis heute nicht nur Anziehungspunkt für Wallfahrer und Gläubige, sondern auch für geschichtlich und kunstgeschichtlich Interessierte ist.

Quellenanhang

Schilderung der Geschichte von Kirche und Wallfahrt Tuntenhausen aus dem Mirakelbuch von 1646
(Pfarrarchiv Tuntenhausen)

Die Kirche in Tuntenhausen ist samt allen zugehörigen Besitzungen und Filialen im Jahr 1221 von Bischof Gerold von Freising an das Kloster Beyharting übergeben worden. 1441 hat sich nach Wissen das erste Mirakel ereignet. 1513 haben die bayerischen Herzöge Wilhelm und Ludwig die Kirche mit hohen Türmen zieren lassen. 1548 brannte die Kirche aus. Propst Lucas Wagner hat die Kirche wieder instand setzen lassen. Seit der Gründung der Rosenkranz-Bruderschaft, 1624, hat die Wallfahrt stark zugenommen.

Von Incorporation vnd auffnemmen dises Gottshauß.
Dises lobliche Gottshauß Tundenhausen (so von dem Closter Beyharting ein kleine halbe Stund entlegen) dessen Vrsprung/ oder zu was Zeit vnd Jahr/ auch von weme es erbawt worden/ man Alters/ vnd deß hernach gemelten Fewrschadens halber nicht wissen kan/ ist Anno Christi aintausent zweyhundert ain vnd zweintzig/ durch Herrn Ordinarium Geroldum Bischofen zu Freysing/ vorbesagten Closter Beyharting (welches Anno aintausent ainhundert vnd dreyssig vorhero erbawt vnd gestifft worden) zu mehrer vnderhaltung der dahin eingesetzten Canonicorum Regularium Ordinis S. Augustini, sampt den darzu gehörigen Filialn, auch allen andern Gütern vnd Gerechtigkeiten vbergeben vnd incorporiert, auch von Bäpstl. Heyl. Lucio tertio, vnnd mehr nachgefolgten Bäpsten confirmiert worden. Von welcher zeit an dises liebe Gottshauß angefangen in auffnehmmen zukommen (vnd von vilen Gottliebenden Christen besucht/ vnd verehrt zuwerden. Im Jahr 1441. hat sich/ nach vnser wissenschafft/ das erste Miracul/ so geoffenbart worden/ an einer Weibsperson von Prätschlaipffen/ vnd seythero vnzahlbare andere begeben. Anno 1513. haben mehrbesagtes Gottshauß/ die Durchleucheigiste Fürsten vnd Herrn / Herrn Wilhelm vnd Ludwig gebrüder/ Herzogen in Bayrn / etc. mit den grossen Thürmen zieren lassen/ massen solches auß einer in auff Marmerstain gehauten Schrifft allhie zusehen. Den acht vnd zwaintzigisten Tag Aprilis/ im fünfzehenhundert acht vnd viertzigisten Jahr/ vmb ain Uhr in der Nacht/ hat ein vnvorsehens außkommens Fewr/ die Kirchen zersprengt/ vnd die Glocken in den Thürnen zerschmolzen/ dazumalen auch alle verhanden geweßte alte documenta im Rauch auffgangen: Es hat aber der dazumalen geweßte Bropst Lucas Wagner/ solchen schaden alßbalden widerumb ersetzen/ die Kirchen vnd die Glocken repariern lassen. Also/ daß die nunmehr erwachsene Wallfahrt/ nit ab/ sondern die lieb/ eyser vnd andacht zu der Mutter Gottes le länger je mehr auff/ vnd seyt Anno sechzehenhundert vier vnd zwaintzig/ damalen die Lobl. deß heiligen Rosenkrantzs Ertz Bruderschafft allda eingesetzt worden/ dermassen zugenommen/ daß dises lobwürdige Gottshauß zu disen zeiten Jährlichen ainhundert vnd zehen/ vnd jemalen mehrer Pfarren mit ihren ordinari Creuzgängen besuchen / ausser was von andächtigen Christen geschicht / die Sommerszeiten hauffenweiß dahin kommen / und das ganze Jahr fast täglich sich frembde Wallfahrer allda befinden.

Die Tuntenhausener Krippe

Zu den Besonderheiten der Tuntenhausener Kirche gehört die Krippe. Anläßlich der Wiederentdeckung, der zur Zeit laufenden Restauration und der geplanten Aufstellung seien hier vor der Darstellung der Geschichte der Krippe einige allgemeine Anmerkungen zu barocken Krippen in Bayern erlaubt.

Krippen, die einen festen und wesentlichen Bestandteil des weihnachtlichen Brauchtums darstellen, sind »szenisch aufgebaute Figuren oder Figurengruppen in einer künstlich erstellten, illusionistischen Landschaft, meist einem Berg mit Stall, Grotte oder Ruine«.[6] In der zeitlich begrenzt aufgestellten Krippe sind deren Figuren und Bestandteile nicht ortsgebunden, sondern können je nach den liturgisch oder brauchtümlich festgelegten Zeitpunkten verändert werden.

Der Typus der vielfigurigen, veränderbaren Weihnachtskrippe, in der verschiedene Themen aus dem Weihnachtszyklus dargestellt werden, entwikkelte sich aus unterschiedlichen Wurzeln[7] seit der Mitte des 16. Jahrhunderts. Die verschiedenen Darstellungen einer Krippe begannen meistens mit der Verkündigung an Maria. Es folgten der Gang übers Gebirge, die Herbergssuche, die Geburt Christi, die Verkündigung an die Hirten, Zug und Anbetung der Könige und Hirten. Schließlich konnte der Zyklus noch durch den Kindermord zu Bethlehem, die Flucht nach Ägypten, die Beschneidung, den Tempelgang und die Hochzeit zu Kanaa erweitert werden.

Neben diesem Typus der Weihnachtskrippe, dessen Wurzeln Bildwerke zum Thema der Menschwerdung Christi, Zeugnisse des religiösen Brauchtums und einzelne Züge des religiösen Volksschauspiels sind, können außerdem folgende Typen auftreten:

Wurde im Mittelalter unter dem Begriff der Krippe nur der Trog ohne Christuskind verstanden, sind sog. »Bethlehem«-Darstellungen szenisch aufgebaute, in sich nicht bewegliche kleinformatige Figurengruppen mit weihnachtlichen Themen. Eine Übergangsform zur eigentlichen Krippe bilden die sog. »Kastenkrippen«, in denen einzelne, technisch voneinander unabhängige Figuren noch unveränderbar bleiben. Ab der Mitte des 16. Jahrhunderts entstanden vereinzelt Krippenautomaten, deren Figuren mehr oder weniger komplizierte Bewegungen ausführen konnten und die im allgemeinen große Bewunderung hervorriefen, wie z.B. eine Krippe in Haching bei München, die sich in den Jahren 1680 und 1683 sogar der Kurfürst und die Prinzen ansahen.[8]

Der Krippenbau spielte sich vorerst hauptsächlich in Kirchen und Klöstern ab. Besonders häufig sind hier Beispiele aus dem 17. und frühen 18. Jahrhundert in Jesuitenkirchen und -klöstern zu finden, da dieser Orden die pädagogische Nutzbarkeit der Krippe, wie auch die des religiösen Schauspiels in seine Dienste nahm. Aber auch der Franziskanerorden trug entscheidend zur Verbreitung der Krippe bei. Die Verbreitung der Krippe führte über die

Kirchen und Klöster in den privaten Bereich der Herrscherhäuser, weiter in den hohen und niederen Adel, ins Bürgerhaus und schließlich in den bäuerlichen Bereich.

Der realistische und somit volkstümlichere Krippenbau, in den vertraute Genreszenen Eingang fanden, tritt in Süddeutschland erst im zweiten Drittel des 17. Jahrhunderts auf.

Die ersten bekleideten Krippenfiguren können am Münchner Hof für das Jahr 1629 nachgewiesen werden, doch zeugen schon ältere Rechnungen und Briefwechsel vom Gebrauch von Krippen.[9]

In bayerischen und tirolischen Krippen sind nur selten orientalische Darstellungen des Weihnachtsgeschehens im Heiligen Land, und dann erst seit dem 19. Jahrhundert zu finden. Vielmehr sind die in der Regel holzgeschnitzten Krippenfiguren, die durch eingezogene Drähte oder hölzerne Kugelgelenke bewegt werden konnten, mit echten Textilien im Stil der heimischen Tracht bekleidet. Im Gegensatz zu den so gestalteten Hirten und anbetenden Menschen boten die Könige und ihre Gefolge die Möglichkeit, prachtvolle Kleider und Schmuck phantasiereich zu gestalten.

Ihre Blütezeit erlebte die Krippe im 18. Jahrhundert. Nur selten sind Bestandteile einer vor 1700 entstandenen Krippe erhalten, da die Krippenfiguren einer starken Abnutzung unterworfen waren.

Zu den frühen Zeugnissen von Weihnachtskrippen gehören unter anderem Figuren der sog. Maxenbauernkrippe in Thaur (bei Innsbruck), der Krippen von St. Walburga in Eichstätt, von Frauenchiemsee, aus der Stiftskirche in Laufen und der Domkrippe zu Eichstätt[10] – und der Krippe von Tuntenhausen!

Nach örtlicher Überlieferung geht die Krippe auf eine Stiftung des Kurfürsten Ferdinand Maria nach dem Tode seiner Gemahlin Henriette Adelaide von Savoyen zurück.

Die Krippenfiguren wurden in einer großen, schweren Reisetruhe aufbewahrt – und vermutlich auch transportiert –, in deren Deckel sich das bayerische Wappen mit der Umschrift »Ferdinand Maria H.B. 1678« befindet. Sollte es sich bei der Krippe vielleicht um diejenige handeln, die der Kurfürst 1671 von Gottfried Langenpuecher herstellen ließ? 1673 wurde diese Krippe durch Langenpuecher vergrößert und 1674 fertigte Mathias Schütz Ochs und Esel, zwei stehende Kindlein und 10 Paar Händlein aus Holz. Aufstellungsort dieser Krippe war vermutlich die Hofkapelle. Eine dort befindliche Krippe wurde nämlich 1689 und 1697/98 durch den Maler Dominikus Schöfflhuber und einen Bildhauer erweitert. Erst 1708 fertigte Schöfflhuber für die Prinzen am Münchner Hof eine neue Krippe.[11]

Die hohe Qualität vieler Köpfe, die prachtvollen Gewänder und die handwerkliche Präzision weisen auf eine Werkstatt im höfischen Bereich. Doch mit Ausnahme von einigen Wachsköpfchen aus der Zeit um 1680 scheint die Krippe im wesentlichen aus dem 18. Jahrhundert zu stammen. Laut Aufzeichnungen im Pfarrarchiv wurde die Rückwand 1739 angefertigt, weitere Datierungen nennen die Jahre von 1742 bis 1789. Vermutlich handelt

es sich hier um spätere Erweiterungen und Ergänzungen einer früheren, vielleicht vom Kurfürsten gestifteten Krippe.
Die Krippe umfaßt insgesamt 250, etwa 20-27 cm hohe Figuren, von denen 130 aus derselben Werkstatt stammen.
Die Figuren weisen zum Teil einfache Holzkörper mit Drahtmontierungen für Arme und Beine auf, hauptsächlich handelt es sich jedoch um sorgfältig gearbeitete Gliederpuppen mit Gelenken an Schultern, Ellbogen, Händen, Hüften und Knien. Die Hände und Füße sind fast immer holzgeschnitzt, ebenso die individuell charakterisierten Köpfe.
Die Hirten und Bauern der Krippe tragen heimische Tracht mit Kniehosen und Jankern, zum Teil mit rotem Brustfleck und federkielgesticktem Gürtel. Unter den Figuren befinden sich auch drei Teufel mit Drachenflügeln und spitzen Marterwerkzeugen. Prächtige Silberstickerei zeigen die seidenen Gewänder von sechs Engeln. Besonders prachtvoll ist die Gefolgschaft der Könige und natürlich besonders letztere sind in Seide, Goldspitzen, Brokat, Silber- und Goldstickerei ausgestattet. Samtene und seidene Kleidung, verziert mit Hermelin und Silberstickerei, tragen außerdem die Musikanten einer Kapelle, die ihre Instrumente mit sich führen. Dem Gefolge der Könige gehören ferner Kamele, Elefanten und Pferde an.
Eine Besonderheit der Tuntenhausener Krippe stellt die große Anzahl der erhaltenen Kulissen in Form von Burgen, Schlössern, Seen, Häusern, Kramerläden und Marktständen dar. Sie sind mit zahlreichem Zubehör wie Haushaltsgeräten, Handwerkszeug, Körben, Fleisch und Fisch aus Wachs bereichert. Sogar drei Schifferboote mit ca. 70 cm Länge gehören zu der überaus reichen Ausstattung.
Sprechen die meisterlich in Spreng-, Hoch- und Flachanlegetechnik ausgeführten Gold- und Silberornamente, die feine und individualistische Gestaltung der Figuren, die Vielzahl an Figuren und Kulissen sowie die Reisetruhe des Kurfürsten Ferdinand Maria für eine wittelsbachische Stiftung an die Hauswallfahrt in Tuntenhausen, so weist eine Fahne der Krippe mit dem königlichen Wappen von Savoyen in die gleiche Richtung.
Die Tuntenhausener Krippe wurde in insgesamt 16 Szenen im Kirchenraum aufgestellt, wie aus einer handschriftlichen Anweisung aus dem Jahr 1840 hervorgeht. Die dargestellten Szenen begannen mit der Herbergssuche am Vorabend der Geburt Christi und endeten mit der Heilung des Blinden am Sonntag Quinquagesima in der Vorfastenzeit.
Schon etwa 60 Jahre nach dieser Anweisung wurde die Krippe in Tuntenhausen nicht mehr aufgestellt und geriet bald in Vergessenheit. Pfarrer Hamberger stellte erst 1922 wieder einige Szenen auf, und 1925 fanden etwa 40 Figuren in einer Vitrine im Flur des Pfarrhofes auf Initiative Pfarrer Lampls ihren Platz.
Die Krippe verstaubte schließlich auf dem Pfarrhofspeicher. Ungeziefer befiel die Krippengewänder. Unterbrochen wurde ihr »Dornröschenschlaf« 1953 durch die Bestandsaufnahme Georg Ulrichs, beendet letztendlich durch die Inventarisierung des Erzbischöflichen Kunstreferats 1985 und die

noch laufende Restauration im Auftrag des Bayerischen Landesamtes für Denkmalpflege.[12]
Im Jahr 1991 soll die Tuntenhausener Krippe im Untergeschoß des künftigen Pfarrheims aufgestellt werden. Bis dahin sollen die Figuren, Gewänder und Kulissen wieder hergestellt und die Schachteln voller Hände, Füße, Köpfe und Kleider geordnet sein.
Viel Arbeit wartet also noch, bis es zur neuen Aufstellung der Tuntenhausener Krippe kommen kann – doch es lohnt sich, da diese so überaus reich und vielfältig gestaltete Krippe, die aus dem Umkreis des wittelsbachischen Hofes in München stammt, zu den ältesten gehört, die in Bayern erhalten sind.

Die Aufstellung der Krippe nach dem Verzeichnis von 1840

– Am Vorabend der Geburt Christi:	Herbergssuche
– In der Heiligen Nacht:	Geburt Christi Moses vor dem Dornbusch
– Stephanstag:	Anbetung der Hirten Steinigung des hl. Stephanus Moses vor dem brennenden Dornbusch
– Johannestag:	Anbetung des Kindes Hl. Stephanus Moses und die Eherne Schlange (?)
– Tag der Unschuldigen Kinder:	König Herodes; Kindermord Flucht nach Ägypten Auffindung des kleinen Moses (?)
– Sylvester	König Herodes in der Hölle
– Neujahr:	Beschneidung im Tempel Szenen mit Moses
– Heiligdreikönig:	Anbetung der Könige
– 1. Sonntag nach Heiligdreikönig:	Der Jesusknabe im Tempel Letzte Zusammenkunft mit Saul Das Urteil Salomons
– 2. Sonntag nach Heiligdreikönig:	Hochzeit zu Kanaa
– 3. Sonntag nach Heiligdreikönig:	Heilung des Hauptmannsknechts Abraham opfert Isaak Geschichte vom Ägyptischen Joseph
– 4. Sonntag nach Heiligdreikönig:	Schifflein Christi Darbringung im Tempel Dult Schlacht der Philister

31 *Tuntenhausen, Dorf und Wallfahrtskirche im Jahre 1963. Foto E. Groth-Schmachtenberger*

– 5. Sonntag nach Heiligdreikönig:	Gleichnis vom guten Samen und Unkraut Ägyptischer Joseph
– Sonntag Septuagesima:	Die Arbeiter im Weinberg Rebekka-Geschichte
– Sonntag Sexagesima:	Gleichnis von den verschiedenen Äckern Rebekka-Geschichte
– Sonntag Quinquagesima:	Predigt von der Kanzel Kreuz und Leidenswerkzeuge Heilung des Blinden

QUELLENANHANG

Die Krippe in der Heiligen Nacht und am Sonntag Quinquagesima 1840
(Pfarrarchiv, Chronik der Weihnachtskrippe)

In der hl: Nacht die geburth Christy in den Stall das kindt im körblein die Mutter Gottes siezent neben den kindt der ox und Esel bey den kindt in schnaufen auf das kindt hinn die scharr der Engell in stall und foraust den stall aufgestellt. In fodern Theill die 3 hierten mit ihren schafen 2 hundt der Engell in der glory steht vor ihm ein brunn ein griener zaun. Das Wierdthaus und baum gesezt. In hiendern Theill der dorn Busch Moßes mit Schaf und die haum unter jex und die ruthe in der handt. Auch der röhr brunen in Eck darin und viele Baum gesezt. (...)
Am Sontag Gwiengwagesima. In der Mitte der Speißsall hinauf die Musikanten rechts näben den Speißsal an der bergwandt die Kanzell angemacht und der Geistliche in der Kanzell zum Preng' und herunten vieles volck. Das Creuz und die Leides-instrumenten eine frrau und der blaue Engell zur einladung in fordern theill der Blünde an weg süzzent. Jesus und seine Apostell und noch mehres volck in der hinteren seite anfangs das blaue Thieschl und der Lobytium darauf gestelt und das Tanzente volck rings herum. Der Bier kelller, das Wiert haus und bey den wierthaus die Kartenspieler und hervorn der Teufell zur einladung.

Quellen
Pfarrarchiv Tuntenhausen
– Mirakelbücher
Archiv der Erzdiözese München und Freising (AEM)
– PfA und PfB Tuntenhausen und Beyharting
– Nachlaß von Pfarrer Anton Bauer
Bayerisches Hauptstaatsarchiv
– Kurbaiern Äuß. Archiv 4086 (früher KL Beyharting 43), 4188 (früher Staatsverwaltung 2954)
– Klosterliteralien Beyharting (KL) 35, 36, 37, 38, 39, 40, 41, 42, 134/1, 135/15, 136/17, 138/23
– Kurbayern Hofkammer Nr. 228-247 (Protokolle 1624-1629)
Bayer. Staatsbibliothek
– Cgm 1765

32 *Wallfahrts- und Pfarrkirche Tuntenhausen, 1627-1630 von Valentin Schmidt, München, frühbarock umgebaut und stukkiert mit gleichzeitiger Altarausstattung. Foto v. d. Mülbe*

[1] M. Tremmel, Wallfahrtswesen in Tuntenhausen, S. 44, 45.
[2] R. Kriß, Volkskunde der Altbayerischen Gnadenstätten, Bd. 1, S. 209.
[3] M. Tremmel, Wallfahrtswesen in Tuntenhausen, S. 20-29.
[4] In den Mirakelbüchern von 1527 bis 1614 werden 26 Verlöbnisse zu Nacktwallfahrten genannt. Durchgeführt wurden Nacktwallfahrten nur von Männern, auch stellvertretend für deren Frauen. Die Wallfahrer gingen sicher nicht völlig nackt auf Pilgerfahrt, vielmehr trugen sie zumindest eine Lendenbekleidung. Tremmel, Wallfahrtswesen in Tuntenhausen, S. 40-41. F. Zoepfl, Nacktwallfahrten, S. 266-272.
[5] P. Pfister/H. Ramisch, Marienwallfahrten, S. 136.
[6] N. Gockerell, Krippen im Bayerischen Nationalmuseum, S.5.
[7] Ausführliche Erläuterungen zu den Wurzeln der Krippe u.a. bei: R. Berliner, Weihnachtskrippe; N. Gockerell, Krippen im Bayerischen Nationalmuseum; O. Kastner, Die Krippe, passim.
[8] N. Gockerell, Krippen im Bayerischen Nationalmuseum, S. 9-13.
[9] U. Pfistermeister, Barockkrippen, S. 10; R. Berliner, Weihnachtskrippe, S. 95; A. Mitterwieser, Weihnachtskrippen in Altbayern, passim.
[10] R. Berliner, Weihnachtskrippe, S. 77-81 u. S. 92-96; W. Döderlein, Alte Krippen, S. 30-33.
[11] U. Pfistermeister, Barockkrippen, 133-134, geht davon aus, in der Tuntenhausener Krippe eine Stiftung Kurfürst Ferdinand Marias von 1678 vor sich zu haben und identifiziert sie mit der 1673/74 hergestellten Krippe in der Münchner Residenz. Nach R. Berliner, Weihnachtskrippe, S. 95, war diese Krippe von 1673/74 noch 1698 in der Hofkapelle der Residenz. Erst 1708 sei eine neue Krippe in Auftrag gegeben worden. Die neueren Untersuchungen (P. Germann-Bauer, Tuntenhausen, S. 21) datieren die Krippe im wesentlichen in das 18. Jahrhundert. Es ist also nicht auszuschließen, daß der Grundstock der Krippe eine Stiftung Ferdinand Marias (1651-1679) nach dem Tod seiner Gemahlin Henriette Adelaide von Savoyen († 1676) ist, da die Krippen in der Münchner Residenz anhand der Rechnungen nicht identifiziert werden können. Nachzugehen wäre noch der Herkunft der qualitätvollen Figuren des 18. Jahrhunderts, die auf eine höfische Werkstatt im bayerischen Raum zurückzuführen sind. Handelt es sich auch hier um kurfürstliche Stiftungen? Was geschah mit der Krippe des 17. Jahrhunderts, von der noch die Reisetruhe und Wachsköpfchen zeugen? Diese Fragen gilt es noch anhand von Quellenarbeit und mit Hilfe der Erkenntnisse aus der noch laufenden Restauration zu klären.
[12] Ausführungen zur Tuntenhausener Krippe: P. Germann-Bauer, Tuntenhausen, S. 21; U. Pfistermeister, Barockkrippen, S. 11, 133, 134, Abb. 129-135; G. Ulrich, Kirchenkrippe in Tuntenhausen, S. 21, 22.

Die Pfarrei Tuntenhausen von 1806 bis 1989

Birgit Gruber-Groh

Institutionen, die helfen können
- Pfarramt (Pfarrarchiv)
- Archiv der Diözese (München und Freising, Pacellistr. 1, 8 München 2)
- Verein für Diözesangeschichte (Adresse siehe Archiv der Diözese)
- Staatsarchiv München, Schönfeldstr. 3, 8 München 22
- Bayerisches Hauptstaatsarchiv, Schönfeldstr. 5, 8 München 22

Hilfsmittel und Nachschlagewerke
- Hausberger, Karl/Hubensteiner, Benno: Bayerische Kirchengeschichte, München 1985
- Spindler, Max (Hg.): Handbuch der Bayerischen Geschichte, Bd. 4, verb. Neudruck München 1979
- Anton Mayer: Statistische Beschreibung des Erzbistums München und Freising, München 1874[1]

Erhaltung der Pfarrei Tuntenhausen

Die alte Pfarrei Tuntenhausen war in ihrem Fortbestand gefährdet, als 1803 das Kloster Beyharting im Zuge der Säkularisation aufgehoben wurde. Da das Kloster Beyharting über viele Jahrhunderte Herr über die Pfarrei Tuntenhausen gewesen war und die Pfarrer aus den Reihen der Konventualen gestellt hatte, mußte nach 1803 die Seelsorge in Tuntenhausen neu organisiert werden. Der zuständige Landrichter plante sogar den Abbruch der Tuntenhausener Kirche. Beyharting sollte zum Sitz der Pfarrei erhoben werden. Dem Tuntenhausener Hilfspriester Bernhard Grainer wurde deshalb 1805 befohlen, die pfarrgottesdienstlichen Verrichtungen in der ehemaligen Beyhartinger Stiftskirche vorzunehmen.[2] Jedoch Beyharting lag im Gegensatz zu Tuntenhausen an der Pfarrgrenze. Aufgrund zahlreicher Bitten aus Tuntenhausen und des erzbischöflichen Generalvikariats wurde 1806 der Sitz der Pfarrei von Beyharting wieder nach Tuntenhausen verlegt.[3] Gleichzeitig wurde auch ein neuer Pfarrer für Tuntenhausen ernannt, nämlich der Beyhartinger Bernhard Grainer. Dieser vertauschte wegen Gebrechlichkeit und seines hohen Alters das Amt mit Anton Gsellhofer, der damit erster Pfarrer der neuorganisierten Pfarrei Tuntenhausen wurde.[4]

Umfang der Pfarrei

Im Jahr 1841/1842 pfarrte man die Einöde Thalacker von Tuntenhausen nach Aibling[5]. Ende des 19. Jahrhunderts betrug der Umfang des Tunten-

hausener Pfarrsprengels ca. vier Fußstunden; es wurden 963 Seelen in 147 Häusern gezählt[6]. 1907 wurde Beyharting eine eigene Pfarrei und somit von Tuntenhausen ausgegliedert (siehe auch Kap. 3: Seelsorge). 1934 sind die beiden Anwesen der Gebrüder Hausruckinger in Beyharting von der Pfarrei Tuntenhausen zur Pfarrei Beyharting gekommen[7].
Zum Pfarrsitz Tuntenhausen gehörten 1989 die Orte und Weiler Brettschleipfen, Emling, Hörmating. Der Filiale Hilperting waren Alsterloh, Ametsbichl, Bach, Buchrain, Ester, Gröben, Gutmart, Linden, Mühlbach, Oedenhub, Ried und Stolz zugeordnet. Zur Filiale Jakobsberg gehörten Fischbach, Holzhausen, Kronbichl, Maxlrain und Schmidhausen.

Seelsorge

Vor der Säkularisation stellte das Kloster Beyharting die Pfarrer in Tuntenhausen und versorgte sie auch. Deshalb war dem Pfarrhof in Tuntenhausen seit der Inkorporation keine Ökonomie mehr angeschlossen. Nach der Klosteraufhebung war der Pfarrer somit nicht in der Lage, sich selbst zu versorgen. Das Rentamt übernahm daher seine Bezahlung. Sein jährliches Gehalt betrug die üblichen 600 Gulden. Als Stolgebühren und für besondere Dienstverpflichtungen erhielt der Tuntenhausener Pfarrer Anfang des 19. Jahrhunderts 215 Gulden und 54 Kreuzer. Einnahmen aus sechs Tagwerk verpachteten Gründen brachten ihm zur selben Zeit jährlich 60 Gulden ein. Zur Verköstigung von Aushilfen erhielt er vom Rentamt 100 Gulden im Jahr. Für die Baufälle am Pfarrhof ist seit der Säkularisation der Staat zuständig. Da das aufgelassene Kloster Beyharting auch keine Pfarrer mehr ernennen konnte, lag seit Beginn des 19. Jahrhunderts bis zum bayerischen Konkordat von 1925 das Vorschlagsrecht beim bayerischen König und die Installation des Pfarrers beim jeweiligen Landgericht. Dies änderte sich erst mit dem bayerischen Konkordat. Seit 1925 hat die Kirche bei der Besetzung von kirchlichen Ämtern völlig freie Hand.

Die 1806 neuorganisierte Pfarrei Tuntenhausen umfaßte den Pfarrsitz Tuntenhausen, sowie die Filialkirchen Hilperting und Jakobsberg. Zu letzterer gehörte bis 1865 auch Beyharting. Anfang des 19. Jahrhunderts hatte die Pfarrei einen Pfarrer, der in Tuntenhausen wohnte, und einen Hilfspriester, der seine eigene Wohnung in Beyharting hatte und sein Gehalt vom Rentamt erhielt. Der Kooperator mußte neben Beyharting auch die Filialen Hilperting und Jakobsberg versorgen. Seit 1827 versuchte der Tuntenhausener Pfarrer unermüdlich, eine zweite Hilfspriesterstelle zu bekommen. 1834 lehnte das Innenministerium eine solche mit der Begründung ab, daß eine zweite Hilfspriesterstelle in Tuntenhausen vor allem wegen der Wallfahrt nötig sei, jedoch eine »Verbindlichkeit des Staates zur Dotierung von Wallfahrtsanstalten nicht anerkannt werden kann«.[8] Erst 1838 hat der König der Pfarrei Tuntenhausen einen zweiten Hilfspriester bewilligt, der im Pfarrhof wohnte und jährlich mit 300 Gulden aus dem Kultusetat bezahlt wurde.

Die Stelle des Hilfspriesters in Tuntenhausen ist seit 1.5.1954 wegen Pfarrermangels unbesetzt. Tuntenhausen hatte ursprünglich einen eigenen, vom Rentamt besoldeten und von der Regierung von Oberbayern berufenen Mesner, der im Mesnerhaus wohnte, für welches der Staat die Baupflicht hatte.[9] Heute wird der Mesnerdienst in Teilzeit versehen. Bezahlt wird der Mesner von der Kirchenstiftung. Für den Cantordienst war in Tuntenhausen der Lehrer zuständig. Heute ist für den Kirchenchor Albert Ehberger verantwortlich. In Hilperting und Jakobsberg kümmerte sich ein Bauer um den Mesner- und Cantordienst. Auch heute noch versieht dort ein Ortsansässiger den Mesnerdienst. In der Schloßkapelle in Maxlrain ist ein Bediensteter der Gutsherrschaft für die Mesnertätigkeit zuständig.

Schon seit den zwanziger Jahren des 19. Jahrhunderts baten die Beyhartinger immer wieder um die Errichtung einer Expositur an ihrem Ort. 1865 schließlich erhielt Beyharting fast alle Rechte einer Expositur.[10] Das bedeutete, daß der Kooperator von Beyharting an besonderen Tagen obligat und bei besonderen Anlässen auf Ansuchen des Pfarrers in Tuntenhausen aushelfen mußte. Dagegen war seine Aushilfe in Jakobsberg freiwillig.[11] Mit Wirkung zum 21. Juni 1907 wurde Beyharting zur Pfarrstelle erhoben und somit von der Pfarrei Tuntenhausen losgelöst.
Die Errichtung eines Pfarrverbandes auf der Grundlage der politischen Gemeinde war in den 1980er Jahren im Gespräch. Doch seit Beginn der 90er Jahre wurde die Betreuung der Wallfahrt vermehrt als zentrale Aufgabe des Pfarrers von Tuntenhausen erkannt.

Benefizien und Stiftungen

Benefizien:[12]
In der Pfarrei Tuntenhausen gibt es zwei Benefizien:
a) Das Inkuratbenefizium
Es wurde am 3. Oktober 1869 von Pfarrangehörigen gestiftet. Der Benefiziat soll an allen Samstagen die Messe in Tuntenhausen lesen und an allen Sonn- und Feiertagen den Frühgottesdienst.[13] Für den Benefiziaten wurde von den Stiftern ein neues Wohnhaus mit Brunnen und Garten erbaut.[14] Seit 1978 ist die Stelle des Benefiziaten verwaist.
b) Schloßbenefizium Maxlrain
Es wurde 1755 von Max Franz Graf von Tattenbach und seiner Frau gestiftet. Vom Benefiziaten sind fünf Wochenmessen, alle Samstag ein Rosenkranz und bei drohenden Gewittern ein Wettersegen in der Schloßkapelle zu lesen. Zum Benefizium gehört ein eigenes Haus.[15] Das Benefizium in Maxlrain ist bis heute besetzt. Der Benefiziat hält täglich Messe.

Stiftungen:
1830 waren in Tuntenhausen drei Meßstiftungen abzuhalten.[16] 1870 waren es sechs Jahrtagsstiftungen,[17] ebenso viele sind es heute noch.

Im Jahr 1827 wurde Josef Aquilinus Kainz zum Pfarrer von Tuntenhausen ernannt. Mit der Ernennung zum Pfarrer verlor der ehemalige Konventuale des Klosters Beyharting seine Klosterpension. Im Juli 1840 bat Pfarrer Kainz um den Rücktritt in den Stand des Pensionärs.[18] Sein Nachfolger wurde Johann Felix Schneider, der bisher Pfarrer von Fischbachau war.[19] Nach dessen Tod 1863 wurde der Kooperator von Oberbergkirchen, Pius Gogg, 1864 sein Nachfolger. Jedoch Pfarrer Gogg wurde bereits im November 1870 als Pfarrer nach Moosen im Landkreis Erding berufen. Für die vakante Pfarrstelle in Tuntenhausen schlug der König den Pullacher Schulbenefiziat Gallus Hosemann vor. Das erzbischöfliche Ordinariat sprach sich gegen Hosemann aus, da er die ersten Jahre seines Priesteramtes im Ordensstand zubrachte und erst seit 1866 in der Diözese Freising tätig sei.[20] Trotzdem erhielt Pfarrer Hosemann 1871 die Tuntenhausener Pfarrei. Pfarrer Hosemann bekannte sich öffentlich zum Altkatholizismus, d. h. er erkannte das kirchliche Dogma der Unfehlbarkeit des Papstes nicht an. Aus diesem Grund wurde er vom damaligen Erzbischof Gregor von Scherr, der persönlich nach Tuntenhausen kam, von der katholischen Kirche exkommuniziert.[21] Von da ab wurden seine Gottesdienste von den Tuntenhausenern boykottiert. Pfarrer Hosemann beklagte sich deshalb 1872 beim Bezirksamt Rosenheim, daß er an der Ausübung seiner Pfarrertätigkeit gehindert wurde und ihm dadurch alle Stolgebühren entgehen und er nur noch sein Priestersalär in Höhe von 600 Gulden habe.[22] Obwohl Pfarrer Hosemann bereits 1871 exkommuniziert wurde, betrachtete ihn die Staatsregierung noch als rechtmäßigen Pfarrer, denn die bayerische Regierung schützte noch bis 1890 die Altkatholiken. 1873 wurde Pfarrer Hosemann von der weltlichen Behörde nahegelegt, die Pfarrei Tuntenhausen abzugeben, was er dann auch tat.[23] In der Amtszeit von Gallus Hosemann, zwischen 1871 und 1873, nahm der Benefiziat in Tuntenhausen, der freiwillig resignierte Pfarrer von Rohrdorf, Johann Wirthensohn, die Aufgaben des Pfarrers wahr. Nachdem Pfarrer Hosemann die Pfarrei aufgegeben hatte, wurde am 17. November 1873 Michael Glockshuber zum Pfarrer von Tuntenhausen ernannt. Er resignierte 1887, blieb aber weiterhin als freier Pfarrer in Tuntenhausen. Vom 15. März 1888 bis zu seinem Tod am 7. Dezember 1892 war Josef Loderer Tuntenhausener Pfarrer und vom 14. April 1893 bis zu seinem Tod am 15. August 1919 Josef Brunner; ihm folgte Franz Xaver Hamberger, der am 21. April 1920 die Pfarrei übernahm und bis zu seinem Ableben am 19. Mai 1925 führte. Am 15. Juli 1925 trat Josef Kreuzer, der vorher Pfarrer in Ohlstadt war, seine Nachfolge an, bis zu seiner Resignation im Jahr 1931, als er Pfarrer in Haslach bei Traunstein wurde. Die Pfarrei Tuntenhausen wurde zum 1. September dem Spiritual in Tutzing, Innozenz Lampl, übertragen, den erst am 1. November 1950 Pfarrer Kaspar Roßnagl ablöste.[24] Nach 34jähriger Tätigkeit als Pfarrer von Tuntenhausen resignierte Kaspar Roßnagl 1984 aus gesundheitlichen Gründen. Nachfolger wurde Josef Vogt.

Denckwürdige Miracula vnnd Wunderzaichen / in zwölff vnderschidliche Ordnungen außgethailt / mit welchem / das Lobwürdig vnd weit berühmbte vnser Lieben Frawen Gottshauß vnd Pfarrkirchen zu Tundenhausen / welche GOtt der Allmächtig auß Fürbitt / der allerseligisten Jungkfrawen MARIÆ, von mehr dann zweyhundert Jahren hero allda gewirckt hat.

Vnder Verwaltung der zeit deß Ehrwürdigen in Gott Herrn / Herrn Christian Bropsten zu Beyharting in Truck verfertigt.

Permissu Superiorum.

Getruckt zu München / durch Nicolaum Henricum.

M. DC. XLVI.

33 *Titelseite des Mirakelbuches von 1646, gedruckt bei Nikolaus Heinrich in München*

Pfarrer der organisierten Pfarrei Tuntenhausen:

(Reihenfolge der Angaben: Name, Dienstjahre in Tuntenhausen, Geburts- und Sterbedaten)

1 Anton Gregor Gsellhofer 1807-1826
* 20. 1. 1776 in Cham; † 1. 11. 1826 in Tuntenhausen

2 Josef Aquilinus Kainz 1827-1840 (Resignation)
* 14. 1. 1777 in Albaching; † 17. 11. 1840 in Tuntenhausen

3 Johann Felix Schneider 1840-1863
* 10. 9. 1805 in Waldmößing/Württemberg; † 17. 10. 1863 in Tuntenhausen

4 Pius Gogg 1864-1870 (Resignation)
* Juli 1815; † 3. 3. 1878 in Moosen

5 Gallus Hosemann 1871-1873

6 Michael Glockshuber 1873-1887 (Resignation)
* 22. 9. 1825; † 4. 8. 1890 in Tuntenhausen

7 Josef Loderer 1888-1892
* 1. 3. 1848 in Flintsbach; † 7. 12. 1892 in Tuntenhausen

8 Josef Brunner 1893-1919
* 9. 6. 1858 in Neumarkt/R.; † 15. 8. 1919 in Tuntenhausen

9 Franz Xaver Hamberger 1920-1925
* 16. 10. 1870 in Altomünster; † 19. 5. 1925 in Tuntenhausen

10 Josef Kreuzer 1925-1931 (Resignation)
* 22. 10. 1870 in München; † 8. 8. 1936 in Aibling

11 Innozenz Lampl 1931-1950
* 9. 8. 1881 in Pfaffenhofen/Glonn; † 23. 6. 1961 begraben in Tuntenhausen

12 Kaspar Roßnagl 1950-1984
* 30. 4. 1905 in Kirchdorf/Hart; lebt heute in Kirchdorf bei Bruckmühl.

13 Josef Vogt seit 1. 3. 1985
* 11. 4. 1930 in Lippertskirchen bei Feilnbach

34 Titelminiatur zur Sterbematrikel (Nekrolog) des Augustinerchorherrenstifts Beyharting von 1670 (Bayerische Staatsbibliothek clm 1053): »Schema Mortalitatis sive Necrologium Monasterii S. Joan. Bapt. in Beyharting C.R.R.S. Augustini formatum Anno M.D.C.LXX.« Hier sind auch die Seelsorger der Wallfahrt Tuntenhausen eingetragen.

Arcum suum tetendit,
et parauit illum, Psalm. 7.
Breues
dies homi
nis sunt.
Iob. 14.
SCHEMA
MORTALITATIS
Siue
NECROLOGIVM
formatum

35
Primizfeier des Hermann Tomanek mit dem Primizaltar vor der Scheune des »Bäckeranwesens«, 1929. Foto privat

36
Innozenz Lampl, Pfarrer in Tuntenhausen, 1936. Foto privat

Ungedruckte Quellen

Bayerisches Hauptstaatsarchiv (BayHStA)

- Akten des Kultusministeriums (MK) 28269 (Pfarrei Tuntenhausen 1805-1931), 28270 (Beneficium Tuntenhausen 1868-1934)

Staatsarchiv München (StAM)

- Finanzämter 142 (Inkammerierung der Pfarreien Beyharting und Tuntenhausen 1803-1811), 143 (Inkammerierung der Rosenkranzbruderschaft Tuntenhausen 1804-1815)
- Landratsamtsakten (LRA), 47092 (Kirche und Staat während des Nationalsozialismus), 118599 (Umpfarrung verschiedener Gemeinden 1934-1959), 118633 (Die kirchlichen Verhältnisse in Tuntenhausen 1872/73), 118634 (Funktion des Pfarrers Hosemann in Tuntenhausen 1871), 118662 (Kirchenstiftungen, Pfarrkirche Tuntenhausen 1871-1879), 118778 (Besetzung des Mesnerdienstes bei der Pfarr- und Wallfahrtskirche Tuntenhausen 1869 bis 1870), 119166 (Pfarrei Tuntenhausen Pfarrkirche 1869-1874), 119171 (Baufallschätzung beim Pfarrgebäude in Tuntenhausen 1826), 119175 (Bestimmung des Sitzes der Pfarrei Tuntenhausen 1806), 119176 (Pfarr-Sitz und Bezirk Tuntenhausen 1808-1810), 119177 (Die Kooperatur der Pfarrei 1839-1876), 119178 (Wiederbesetzung der Pfarrei 1840), 119189 (Widdumsbesichtigungen der kath. Pfarrei Tuntenhausen 1888-1951), 119197 (Errichtung eines Kapuzinerhospitiums in Tuntenhausen 1851/52)
- Regierungsakten (RA) 249/14 (Akten über Bauten im Rentamtsbez. Aibling Tom. 14: Pfarrkirche Tuntenhausen 1807/08), 2049 (Kirche in Tuntenhausen 1822), 8876 (Schenkung des Jos. Huber zur Verbesserung des Glockengeläutes in der Pfarrkirche zu Tuntenhausen 1841), 10019 (Tuntenhausen Pfarrei und Beyharting Expositur 1805-1814), 34698 (Errichtung eines Kapuzinerhospitiums 1852), 52962 (Tuntenhausen Pfarrei 1821-1871), 52963 (Tuntenhausen Pfarrei 1871/72)

Archiv des Erzbistums München und Freising (AEM)

- Pfarrakten
  1) Akten vermischten Inhalts: Beantragte Umpfarrung des Leitlbauern in Thaldorf zur Pfarrei Aibling 1840/41
     Differenzen wegen des Wegerechts 1852/53
  2) Kirchen- und Pfarrhofbauten: Baumaßnahmen ca. 1850-1930
  3) Pastoral- und Kultusgegenstände: Jahrtags- und andere Stiftungen 1698-1920
  4) Filial- und Nebenkirchen:
     Hilperting 1768-1827, Stiftungen 1722, 1864-1921
     Jakobsberg 1678-1882, Stiftungen 1854-1909
     Kapellen: Schloßkapelle Maxlrain 1713-1881
     Feldkapelle zwischen Tuntenhausen und Beyharting 1872
     Geplante Errichtung eines Kapuzinerhospizes 1851/52
- Pfarrbücher (sehr wichtig für Familienforschung!)
  Engere Pfarrei; ab 1806 Gesamtpfarrei:
  Taufen: 1617-1623; 1626-1674; 1674-1884
  Trauungen: 1704-1888
  Sterbefälle: 1705-1883
  Firmungen: 1786-1799; 1827-1873
- Pfarrbücher der Filiale Jakobsberg:
  Taufen: 1682-1806
  Trauungen: 1682-1805
  Sterbefälle 1682-1806

Verein für Diözesangeschichte

- Der Nachlaß von Pfarrer Anton Bauer gehört dem Verein für Diözesangeschichte und liegt in Freising. Der Nachlaß kann im Diözesanarchiv in München bestellt werden und wird dann zur Einsicht in der Dombibliothek in Freising bereitgestellt. Der Nachlaß beinhaltet Schriften zu den Themen Wallfahrt, Schule in Tuntenhausen, Mesner und Geistliche aus Tuntenhausen, sowie Photos und eine Mirakelkartei.

Pfarrarchiv Tuntenhausen

- Pfarrmatrikel nach 1885
- Bruderschaftsbücher der Rosenkranzbruderschaft

Gedruckte Quellen

1. Gesetzessammlungen
   - Königlich-Baierisches Regierungsblatt 1806-1817
   - Regierungsblatt für das Königreich Baiern 1818-1873
2. Öffentliche Mitteilungsblätter
   - Allgemeines Intelligenzblatt für das Königreich Baiern, München 1818-1820
   - Königlich-Baierisches Intelligenzblatt für den Isarkreis, München 1817-1837
   - Königlich-Baierisches Intelligenzblatt für Oberbayern, München 1838-1853
   - Schematismus der Geistlichkeit d. Erzbistums München und Freising, München 1824 ff.

[1] Für oberbayerische Orte, die in der Diözese Augsburg liegen: A. v. Steichele, Das Bisthum Augsburg. Historisch u. statistisch beschrieben, Bd. 1-4; Bde. 5-8 fortgeführt von A. Schröder, 1861-1932; Bde. 9 u. 10 (2 Liefg.) fortgeführt von F. Zoepfl, 1934-1940; für obbay. Orte, die im Bistum Eichstätt liegen: F. X. Buchner, Das Bistum Eichstätt. Historisch-statistische Beschreibung, 2 Bde., Eichstätt 1937/38.

[2] J. B. Mehler, Unsere Liebe Frau von Tuntenhausen, Tuntenhausen 1901, S. 123.

[3] StAM, LRA Nr. 119 175 und RA Nr. 10019.

[4] StAM, Finanzämter Nr. 142.

[5] StAM, RA Nr. 52962.

[6] A. Mayer, Statistische Beschreibung des Erzbistums München und Freising, Bd. I, München 1874, S. 72/3 und StAM, Finanzämter Nr. 142.

[7] StAM, LRA Nr. 118 599.

[8] StAM, RA Nr. 52962.

[9] A. Mayer, Stat. Beschreibung, S. 73, und StAM, LRA Nr. 118778.

[10] Festschrift zur 350-Jahrfeier von Mariä Himmelfahrt in Tuntenhausen, hrsg. v. Pfarramt Mariä Himmelfahrt in Tuntenhausen, Tuntenhausen 1980, S. 17.

[11] A. Mayer, Stat. Beschreibung, S. 75.

[12] Siehe auch BayHStA, MK Nr. 28270.

[13] A. Mayer, Stat. Beschreibung, S. 74.

[14] J. B. Mehler, Unsere Liebe Frau von Tuntenhausen, S. 143.

[15] A. Mayer, Stat. Beschreibung, S. 74.

[16] StAM, RA Nr. 52962.

[17] A. Mayer, Stat. Beschreibung, S. 74; siehe auch StAM, LRA Nr. 118 662.

[18] StAM, RA Nr. 52962.

[19] Regierungsblatt f. das Königreich Bayern Nr. 44, München 1840, Sp. 915.

[20] StAM, RA Nr. 52962.

[21] J. B. Mehler, Unsere Liebe Frau von Tuntenhausen, S. 143.

[22] StAM, LRA Nr. 118 633.

[23] J. B. Mehler, Unsere Liebe Frau von Tuntenhausen, S. 145.

[24] StAM, LRA Nr. 119 189.

Schule und Lehrer in Tuntenhausen

Margret Meggle

Institutionen, die helfen können
- Ehemalige und derzeitige Lehrer
- Gemeinde (Gemeindearchiv)
- Staatsarchiv München, Schönfeldstraße 3, 8 München 22
- Bayerisches Hauptstaatsarchiv, Schönfeldstraße 5, 8 München 22
- Bayerisches Schulmuseum, Schloßplatz 3, 8873 Ichenhausen/Landkreis Günzburg

Hilfsmittel und Nachschlagewerke
- Dzambo, Jozo: Erziehung, Bildung, Schule im Wandel der Geschichte. Eine Auswahlbibliographie (Schriftenreihe zum Bayerischen Schulmuseum Ichenhausen, Bd. 5) Bad Heilbrunn/Obb. 1987
- Spindler, Max (Hg.): Handbuch der Bayerischen Geschichte, Bd. 4, verb. Neudruck München 1979, S. 950-985.

Anfänge der Schule in Tuntenhausen

Pfarrer und Lehrer waren über Jahrhunderte die wichtigsten Personen für das kulturelle Leben in Tuntenhausen. 1560 heißt es in einem Visitationsprotokoll des Klosters Beyharting, als von der Pfarrei Tuntenhausen die Rede ist: »Hat [= Tuntenhausen] ain Schuelmeister beim Closter, ist erst bei 2 Jarn aufgericht worden. Prelat gibt dem schuelmeister für die Jungen 16 fl. und den Tisch.« Damit kann man den Beginn einer Schule in Tuntenhausen 1558 ansetzen. Ob von da an durch alle Jahre nun ein kontinuierlich-regelmäßiger Unterricht stattfand, kann nicht festgestellt werden. Die Pfarrei Tuntenhausen gehörte bis zur Säkularisation zum Kloster Beyharting. Das Kloster schickte Pfarrer und Lehrer nach Tuntenhausen. Das Schwergewicht des Unterrichts wird deshalb wohl auf der religiösen Erziehung gelegen haben. Der erste Lehrer, der in den Akten richtig greifbar ist, heißt Anton Eder. Er war vor der Säkularisation noch in Diensten des Klosters Beyharting. Matthäus Heiser, ein ehemaliger Pater von Kloster Beyharting, errichtete in Tuntenhausen eine Feiertagsschule. Er wirkte als Prediger in Tuntenhausen[1]. Aus dem Jahre 1803 sind mehrere Briefe überliefert, in denen er um Geld bittet für Feder, Tinte, Papier, Brennholz, die Schulreinigung und das jährliche Schulfest. Besonders wichtig ist ihm die Unterstützung ärmerer Kinder und die Beschaffung der Bücher. Er wird nicht müde, Bettelbriefe zu schreiben, um die benötigten »biblischen Geschichten I. und II. Bändchen« kaufen zu können. Bis nach dem Zweiten Weltkrieg war die Sonn- und Feiertagsschule eine feste Einrichtung. Nach dem sonntäglichen Gottesdienst mußten die schon aus der Werktagsschule entlassenen Jugendlichen wieder die Schulbank drücken. Anfangs bedeutete das vor allem die Christenlehre: religiöse Unterweisung. Später erteilten die Lehrer den Unterricht: in Fragen der Landwirtschaft, über die Nutzung des Hausgartens und für die Mädchen speziell in Kinderpflege und Haushaltsführung. Damit war die Sonntagsschule ein Vorläufer der landwirtschaftlichen Berufsschule.

Raumverhältnisse

1804 baute die Gemeinde das Bruderschafts-Geräte-Behältnis im Pfarrhause zu einem Schulraum aus. Doch schon ab 1807 bitten der Lehrer Anton Eder und der Pfarrer wiederholt die königliche Regierung um die Erbauung eines eigenen Schulhauses. Am 21. Juli 1807 wird auf »allergnädigsten Befehl« das Votivwachs der Wallfahrtskirche Tuntenhausen verkauft. Das waren beinahe 12 Zentner Wachs, die einen Erlös von über 1.300 Gulden erbrachten. Dieses Geld wurde in einen Localschulfond umgewandelt. Jetzt meint der Pfarrer:

»Das nützlichste wozu dieses erlöste, u. nun einmal zum Schulfond bestimmte Wachsgeld könnte angewendet werden, ist unstreitig die Erbauung eines Schulhauses. Hier ist zwar ein Schullehrer, und eine Schule; erster aber jetzt aus Mangel eines Schulhauses in einem dem hiesigen Wirth gehörigen Zuhause in der Herberge, und die zweyte ist in einem kleinen Zimmer des Pfarrhofes, in welchem die Schüler wie Häringe aufeinander sitzen müssen ...«[2]

1807[3] hat die Schule von Tuntenhausen 46 Werktags- und 36 Sonntagsschüler. 1822 verschlimmert sich die Situation noch weiter: Zu den 60 Tuntenhausener Schülern kommen noch die Kinder aus Ostermünchen dazu. Jetzt sind es 90 Schüler. 1825 bittet der Pfarrer von Tuntenhausen wieder einmal um das dringend benötigte Schulhaus. Resignierend stellt er fest, daß er nun »durch mehr als zehn Jahre« vergeblich bitte. Das Protokoll einer Ortsbesichtigung durch das königliche Landgericht vermittelt ein anschauliches Bild vom Aussehen des Schulzimmers:

»... in Nord-westlicher Seite [des Pfarrhauses] befindet sich das Schulzimmer kümmerlich 18 Fuß [circa 5,40 m] in der Breite 16 Fuß [circa 4,80 m] in der Seite. In diesem Zimmer sind 4 Fensterstöcke, selbes ist mit einem weiß angestrichenen Gedäfer statt einer Weißdecke versehen, u. Schulbänke befinden sich in diesem Locale 8, u. in jeder dieser Bänke können 4 Schreibende sitzen.

Mehr Leute lassen sich gar nicht anbringen, weil auf der rechten Seite der Ofen, u. auf der linken Seite die Kanzel des Lehrers etwas viel Platz einnehmen.

Der Eingang ist westlich u. gerade auf einem Punkt, wo das Abfall-Wasser aus der Pfarrhofküche hinunter rinnt, u. den ganzen Winter. Es verursacht, sohin das Fallen der Kinder nicht leicht vermieden werden kann... Es ist

ferners auffallend gefunden worden, daß bey diesem Schullokale gar kein Abtritt [= Abort] besteht, u. keiner angebracht werden kann...«
Man kann sich leicht die schlechte Luft vorstellen, wenn 70 Kinder (Zahl im Protokoll erwähnt) in einem circa 26 qm großen Raum zusammengepfercht waren. Der Vertreter des Landgerichts hält einen Neubau für unumgänglich. In den Akten[4] findet sich auch schon der Bauplan, doch aus Geldmangel kann nicht gebaut werden.
Erst 1843 kann der alte und kranke Lehrer Eder noch eine eigene Schule erleben: Die Gemeinde kaufte von den Wirtsleuten das sogenannte »Mayer-Haus« samt Stadel, Hofraum und Garten.[5] Es stand am gleichen Platz, an dem heute ein Nachfolgebau als ehemaliges Schulhaus steht. Doch am 31. Juli 1844 brennt dieses Haus beim großen Dorfbrand ab. Die durch den Kauf schon finanziell belastete Gemeinde muß jetzt nach dem großen Brand neu bauen. Um Kosten zu sparen, wollen die Bürger die alte Etagenhöhe beibehalten, und nicht, wie vorgeschrieben, einen Schuh höher bauen.
Um diese Frage zu klären, entsteht ein langwieriger Schriftwechsel[6], so daß erst 1847 gebaut werden kann. Für die Überbrückungszeit stellte der Pfarrer ein Zimmer seiner Wohnung als Schulsaal zur Verfügung. Die Baukosten legte man größtenteils anteilsmäßig auf die 69 Familien der Schulgemeinde um. Mit den steigenden hygienischen Ansprüchen waren im Lauf der Jahre einige Umbauten notwendig: 1863 wird der Kuhstall des Lehrers erweitert und der Abtritt von innen nach außen verlegt. 1898 werden neue Aborte gebaut.
Die stetig steigende Schülerzahl[7] erfordert einige Erweiterungen und Umbauten: 1887 wurde der Schulsaal in der Länge um ein viertes Fenster erweitert. 1912 entscheidet das königliche Bezirksamt nach einer Ortsbesichtigung, daß das feuchte, unhygienische Haus »nicht mehr zu sanieren«[8] sei. Da aber ein Neubau in jener Zeit unbezahlbar ist, verlängert die Gemeinde das Schulzimmer noch einmal um die Garderobe und renoviert so gut als möglich.
Während des Zweiten Weltkrieges wird der Neubau des Schulhauses als nicht kriegswichtig weiter verschoben. Aber 1947 kann man das Bauen nicht mehr aufschieben. Dipl.-Ingenieur H. Steinmayer aus Bad Aibling plant den Um- und Erweiterungsbau. Die schlechte Zeit bringt besondere Auflagen mit sich: Die Höchstmenge von 14,0 Tonnen Zement und 39,2 cbm Holz darf nicht überschritten werden. Obwohl die Notzeit zum Sparen zwingt, wird das Gebäude um fast ein Drittel verlängert und erhält zwei Schulzimmer. Damit waren die Voraussetzungen geschaffen, nun die Kinder nicht mehr einklassig alle zusammen zu unterrichten, sondern sie konnten in zwei Klassen aufgeteilt werden.
In den 50/60er Jahren wurde in der Diskussion zunehmend betont, durch dieses System würden die Landkinder benachteiligt. Die Stadtkinder sah man mit acht einzelnen Jahrgangsstufen als bessergestellt an. Das Schulverbandsgesetz von 1961 schuf dann die Voraussetzung für die Zusammenlegung kleinerer Schulen. Mit dem Schuljahr 1965/66 wurde der Schulspren-

gel Tuntenhausen durch einen Regierungsentschluß aufgelöst und dem Schulsprengel Ostermünchen einverleibt. Im Schulhaus von Tuntenhausen wurden bis 1980 zwei Klassen untergebracht. In diesem Jahr bezog man die zentrale Hauptschule in Ostermünchen. Das Schulgebäude in Tuntenhausen wurde verkauft. Heute befinden sich darin eine Buchbinderei und Privatwohnungen. Seit dem Schuljahr 1988/89 ist die Volksschule in Ostermünchen untergebracht. In der politischen Gemeinde Tuntenhausen gibt es also heute die »Volksschule Tuntenhausen«, die sich in Ostermünchen befindet. Diese Regelung setzt einen Schlußstrich unter die Rivalitäten der Orte Ostermünchen und Tuntenhausen: In Tuntenhausen ist das Rathaus und in Ostermünchen die Schule.

Situation des Lehrers

Die Situation des Lehrers war eng verbunden mit der des Schulhauses. Der erste Lehrer im 19. Jahrhundert, Anton Eder, hatte mit besonderen Schwierigkeiten zu kämpfen: Da Tuntenhausen kein Schulhaus besaß, hatte er auch keine Dienstwohnung. Auf einem Dorf wie Tuntenhausen gab es auch keine Mietwohnungen, so mußte er sich beim Wirt einmieten. Dort wohnte er in einem feuchten Zubau. 1816 wird der Druck der Not offenbar so groß, daß er versucht, mit Hilfe eines Advokaten beim Landgericht Rosenheim eine Wohnung zu erlangen. Doch auch das ist vergeblich. Die Distriktsschulinspektion schlägt vor, dem Lehrer eine eigene Wohnung zu beschaffen, indem man Mesner- und Schuldienst vereinigt. Das Problem soll also einfach durch zusätzlich Arbeit für den Lehrer gelöst werden. Als Mesner hätte er dann Anrecht auf die Mesnerwohnung gehabt. Doch dagegen wehrt sich der Pfarrer: Diese Arbeit ist für eine Person einfach zu viel. Doch 1820, als die Mesnerstelle erneut frei wird, bewirbt sich Eder um die Stelle, vor allem um die Mesnerwohnung zu bekommen. Daneben möchte auch der Lehrer von Beyharting für seine 10 unmündigen Kinder gerne den Mesnergehalt. In der Wallfahrtskirche Tuntenhausen fällt aber eine solche Menge Arbeit an, daß doch ein eigener Mesner eingestellt werden muß. Die gerichtlichen Bemühungen Eders von 1816 hatten ein Nachspiel: Das Landgericht wies die Gemeinde Tuntenhausen an, sie solle den Mietzins für ihren Lehrer bezahlen. Daraufhin berief man eine Gemeindeversammlung ein. Darüber berichtet Eder an die Regierung in einem Brief vom 10. 11.1817: »... das Resultat ihrer [= Gemeindeversammlung] Erklärung war, nachdem man über mich weidlich geschimpft, geschmäht und gelästert hatte, daß man für mich nie weiter was bezahlen werde...« Noch 1818 muß Eder die »wirkliche Bezahlung der Miete«[9] anmahnen. Erst mit einem eigenen Schulhaus verbessert sich die Lage.
Dieser Vorfall wirft ein Schlaglicht auf die Situation der Lehrer im 19. Jahrhundert: Schlecht ausgebildet waren sie in verschiedene Richtungen abhängig. Materiell schlecht gestellt waren sie von der Gunst der Regierung und der Gemeinde abhängig. Als Untertanen in königlichen Diensten durf-

ten sie sich nicht freidenkerisch oder demokratisch äußern. Der Pfarrer als Lokalschulinspektor überwachte den Lehrer. Wenn sich nun Pfarrer und Lehrer als einzige intellektuelle Berufe im Dorf nicht verstanden, konnte es sein, daß der Lehrer ganz isoliert dastand. In Visitationsberichten sind moralische Kategorien wie sittliches Betragen, Untertanentreue oder Fleiß viel wichtiger als etwa fachliche Qualifikation des Lehrers.
Sein geringes Einkommen muß er durch zusätzliche Arbeiten aufbessern: So kommt zur Schularbeit noch der Dienst als Cantor und Organist hinzu und die Gemeindeschreiberei. Außerdem gehören zur Schulstelle noch Grundstücke, die der Lehrer selbst bewirtschaften muß oder verpachtet.[10] Auch Simon Decker, als letzter Lehrer von Tuntenhausen, war Organist. Wie er während der Unterrichtszeit das Orgeln mit dem Schulhalten vereinbarte, erzählt er: »Da hats geläutet. Die Wallfahrer sind eingezogen. Kurz darauf kam a Ministrant und hat g'sagt: «Herr Lehrer, d'Wallfahrer sin'do.» Und dann hab ich eben schnell eine Stillarbeit gegeben... Die Kinder waren ja eigentlich brav: Da hat man nicht gemerkt, daß der Lehrer nicht da war«.[11] Heute noch, als alter Mann, spielt Simon Decker regelmäßig bei den Werktagsgottesdiensten die Orgel.
Als Anton Eder alt und krank wird und seine Schularbeit nicht mehr schafft, soll er auf seine Kosten einen Hilfslehrer halten. Obwohl diese Hilfskraft kaum etwas verdient, kann sie Eder nicht allein unterhalten. Jedes Jahr von neuem schreibt er Bittbriefe um einen Zuschuß. Die Nachfolger Eders wurden dann entweder ordentlich pensioniert oder von Tuntenhausen wegversetzt.

Zur Situation des ersten königlich-bayerischen Lehrers von Tuntenhausen findet sich in den Akten am meisten, wohl deshalb, weil sein Status noch nicht so genau mit festen Vorschriften bestimmt war. Vor der Säkularisation war Anton Eder vom Kloster Beyharting angestellt und durfte nicht heiraten. Als er nun in königliche Dienste eintritt, will er sich verehelichen und stellt »unterthänigst« einen Antrag um Heiratserlaubnis beim König. Jetzt aber funkt die Gemeinde dazwischen[12]: Sie befürchtet, daß sich die Schullehrersfamilie von dem geringen Einkommen nicht selbst ernähren kann und deshalb die Gemeinde für den Unterhalt zuständig sein wird. Das ist der Gemeinde jedoch zu teuer. So fordert sie, daß dem Lehrer Eder entweder die Heiratserlaubnis wieder entzogen wird, oder daß er verspricht, »daß weder er noch seine Familie unter was immer für einem Vorwand auf irgend eine Alimentation von unserer Seite Anspruch erheben wollen«.[13]
In einem zweiten Brief wiederholt die Gemeinde eindringlich diese Forderung. Ein besonderes Anliegen ist ihr, daß sie »nur mit des Schullehrers Ofen, und seyner Wohnung allergnädigst verschont bleiben«[14] will. Zusätzlich macht auch noch der Lehrerkollege von Ostermünchen Eder schlecht. In einem Brief an die Landesdirektion führt er etwa folgende Gründe an: »... 1. ist dieser Mann ohnehin schon ein Sceleton... Seine Gesundheitsumstände lassen bald eine Wittwe, und ein oder zwey Kinder hoffen.«[15]

Weiter vergleicht er ihn mit Don Quichotte. Besonders der fünfte Vorwurf zeigt den Futterneid des Kollegen:
»... Die Cassa würde gewinnen, wenn dieser Mensch unter welch immer einem Vorwande in ein weit entferntes Ort versetzt würde. ... Die Pension des Schullehrers könnte versparret, oder ein Theil davon zum Schulhausbau in Ostermünchen aufbewahrt werden. Ziehet der Schullehrer von Beyharting das Schulgeld von Tuntenhausen und die dortigen Kirchen accidentien; so hat er besseres Auskommen.« Trotz allem kann Anton Eder doch noch die amtliche Heiratslizenz erlangen. Allerdings unter der Bedingung, daß seine Frau den Kindern in praktischen Dingen Unterricht erteilt.

Für das Jahr 1859 findet sich im oberbayerischen Kreisamtsblatt[16] die öffentliche Ausschreibung des Schul-, Cantor- und Organistendienstes zu Tuntenhausen, der mit 350 fl. (Gulden) vergütet wurde. Schullehrer Ludwig Zangerl tritt diese Stelle zum 11. Januar 1860 an[17], doch schon zehn Jahre später findet sich diese Stelle erneut ausgeschrieben.[18] Der Leser entnimmt dieser Kreisamtsblattnotiz, daß die Schule zu Tuntenhausen im Jahre 1870 65 Werks- und 22 Feiertagsschüler zählte, und sich die Einkünfte des Lehrers auf 379 fl. 51 kr. (Kreuzer) beliefen. Mit der Übertragung der Gemeindeschreiberei gemäß Artikel 132 der Gemeindeordnung wurde sein Jahresgehalt um weitere 50 fl. aufgestockt. Zur Nutznießung, so erfährt man, überließ ihm der Schulfond 30 Tagwerk Grund (davon 10 Tagw. 12 Dez. Wiesen, 14 Tagw. 27 Dez. Waldung, 5 Tagw. 39 Dez. Ödungen und 22 Dez. Garten), der wohl aus der Verteilung der Gemeindegründe von 1803 herrühren wird. Am 7. Juni 1870 trat Schullehrer Schauer aus der Oberpfalz die Stelle zu Tuntenhausen an.[19]

Bedingt durch die Kombination von mehreren öffentlichen Funktionen, die die Lehrer im Dorf ausübten, verbesserte sich in der zweiten Hälfte des 19. Jahrhunderts in Tuntenhausen ihre Lage. Das erleichterte die positive Identifikation der Lehrer mit ihrem Wirkungsort, für den sie sich auch über den engeren schulischen Bereich hinaus engagierten. So schreibt z.B. Anton Eder:
»... ich habe nebst meinem ersprieslichen Unterricht in der Obstbaumzucht zwölf sehr schöne edle Kirsch-Bäume an der Landstraße gepflanzt und überdies noch einen Moosgrund zu 1 Tagwerk in besten Kulturs-Stand gesetzt.«[20] In einer Qualifikationsliste[21] für den Lehrer Isidor Sedlmayer von 1891 zählt die Obstbaumzucht neben Turnen, Fortbildungsschule, Freiwilliger Feuerwehr und Landwirtschaft zu den gemeinnützigen Unternehmungen eines Lehrers. Obst- und Gartenbau ist eine ganz typische Tugend für den Lehrer. In gut aufklärerischer Gesinnung hilft er so mit, durch vernünftiges Handeln die Lebensverhältnisse auf dem Dorf zu verbessern. In dieser Tradition steht auch Simon Decker, der lange Vorsitzender des Obst- und Gartenbauvereins Tuntenhausens war und die Süßmosterei dort einführte.

37 *Volksschule Tuntenhausen im Jahre 1936 mit sämtlichen sieben Klassen. Foto privat*

ENTWURF: ARCHITEKT
DIPL. ING.
BAD AIBLING, IM APRIL 1947

38 Schulhauserweiterung. Plan von Architekt Steinmayer, Bad Aibling, 1947. Staatsarchiv München LRA 108 407

Schulalltag

Wie sah nun der Schulalltag der Tuntenhausener Kinder aus? Zu dieser Frage bieten die Akten leider nur einige spärliche Hinweise. Anton Eder berichtet[22] 1840, er halte vormittags von 8-10 Uhr Schule, mit einer halben Stunde Singen bis 10.30 Uhr zusätzlich. Nachmittags dauerte die Schule von 12-15 Uhr. 1879[23] liegen die Verhältnisse ähnlich: Nur im Sommer sind lediglich 4 Unterrichtsstunden von 7.30-11. 30 Uhr. Der Schulalltag begann davor mit einer Schulmesse im Winter um 8 Uhr und im Sommer um 7 Uhr. Nach Aussage Simon Deckers wurde erst im »Dritten Reich« der Nachmittagsunterricht abgeschafft.

Die Sommerschule dauerte 1879 von Mai bis Ende Juli. Darauf folgten Schulferien bis Mitte September. Der Donnerstag war schulfrei (aber der Samstag galt noch als normaler Werktag). Anfang Mai fand eine Schulprüfung statt. Die Kinder aller Altersstufen waren in einer Gruppe zusammengefaßt. Bis 1816 dauerte die Schulpflicht 6 Jahre, 1856 kam ein 7. Jahr dazu. 1913 wurde ein 8. Schuljahr eingeführt; aber erst 1938 wurde es verpflichtend. 1969 schließlich führte man das 9. Volksschuljahr ein. Obwohl alle Kinder in einer Klasse vereinigt waren, gab es Stufungen: 1867 gab es »die Vorbereitungsklasse vom 6.-7. Jahre, die I. Classe Unterabtheilung vom 7.-8. Jahre, I. Classe Oberabtheilung vom 8.-9. Jahre, II. Classe ohne Abtheilung vom 9.-11. Jahre und III. Classe ohne Abtheilung vom 11.-13. Jahre«.[24]

Wie ein Lehrer die verschiedenen Alters- und Wissensstufen gleichzeitig unterrichten konnte, erzählt Simon Decker[25]: Der Lehrer mußte die 60 Minuten einer Stunde genau im voraus geplant haben. Nur ein Teil der Schüler hatte Unterricht an der Tafel. Die anderen Kinder mußten währenddessen eine Stillarbeit machen. Der Lehrer konnte sich auch größere Mädchen anlernen, die dann als Hilfslehrer den kleineren Kameraden halfen. Somit lernten die Kinder früh, selbständig und diszipliniert zu arbeiten. Die schwächeren Schüler hatten immer wieder Gelegenheit, den ihnen gemäßen Stoff zu wiederholen. Der inhaltliche Schwerpunkt lag nicht auf der Vermittlung von viel Spezialwissen, sondern auf solider Beherrschung von Lesen, Schreiben und (Kopf-)Rechnen.

In der Schule von Tuntenhausen kamen die Kinder aus Tuntenhausen selbst, Schmidhausen, Emding, Hörmating, Pretschlaipfen, Hilbarting, Lach, Mihlbach, Luchrein, Alsterloch und zeitweise aus Ostermünchen zusammen. Alle diese Kinder mußten zu Fuß in die Schule gehen. Die Schule war damit ein Ort, wo sich die Kinder der verschiedenen Weiler kennenlernten. Die gemeinsame Schulzeit trug dazu bei, eine Dorfgemeinschaft entstehen zu lassen. Alle Kinder verfügten über einen gewissen gemeinsamen Consens kulturellen Wissens. Der Lehrer konnte auch für die Erwachsenen noch eine Integrations- und Leitfigur sein, die jeder kannte. Heute haben andere Einrichtungen, wie z.B. die Vereine oder die Pfarrgemeinde die Aufgabe, diese Funktion der Schule zu übernehmen.

Die Lehrer von Tuntenhausen[26]

Dienstzeit in Tuntenhausen	Name
1789–† 26. 6. 1859	Anton Eder

Schulgehilfen als Vertreter für den alten und kranken Lehrer Eder:

1840–30. 11. 1841	Jakob Hölzle, Schulgehilfe
30. 11. 1841–30. 10. 1844	Joseph Krametsvogl, Schuldienstinspektant
30. 10. 1844	Leonhard Antretter, Schuldienstinspektant
29. 1. 1850– 9. 11. 1854	Alois Haindl, Schulgehilfe
1854–16. 1. 1860	Johann Maier, Hilfslehrer
11. 1. 1860–15. 5. 1865	Ludwig Zangerl
15. 5. 1865– 5. 5. 1870	Johann Baptist Strasser
7. 6. 1870–31. 12. 1882	Johann Schauer
1. 1. 1883– 1. 8. 1891	Isidor Sedlmayer
1. 8. 1891–15. 1. 1892	?
16. 1. 1892–30. 6. 1892	Theodor Galitz, Schulgehilfe als Vertreter
1. 6. 1892–19. 1. 1899	Josef Krätz
1. 2. 1899–17. 3. 1899	Karl Weigl, Schulpraktikant als Aushilfe
17. 3. 1899–12. 1. 1912	Josef Neumeier
1. 2. 1912–16. 3. 1912	Karl Kagerer, Schulpraktikant als Aushilfe
16. 3. 1912–16. 10. 1915	Ludwig Wühr
15. 10. 1915–31. 12. 1927	Max Braun

Aushilfen für Max Braun, der zum Zeitpunkt seiner Berufung noch im Heeresdienst war:

1. 8. 1915–14. 1. 1916	Johann Hägler, Kandidat des Volksschuldienstes
24. 1. 1916–17. 2. 1916	Johann Belstler, Aushilfslehrer
30. 4. 1916–12. 5. 1916	Johann Belstler, Aushilfslehrer
17. 2. 1916–30. 4. 1916	Franz Xaver Gottschaler,
12. 5. 1916– 1. 7. 1916	Kandidat des Volksschuldienstes
1. 1. 1928– 1. 12. 1931	Josef Koller
1. 12. 1931–16. 1. 1940	Matthias Vogl, Hauptlehrer
1940–1966	Simon Decker, Hauptlehrer

Quellenanhang

Bitte um eine Heirats-Lizenz von 1807

(Staatsarchiv München, LRA 16065)

Der Lehrer Anton Eder bitte die königlich bayerische Landesdirection um die Erlaubnis zur Verheiratung. Er hat bereits eine geeignete Gattin gefunden, die ihn bei den häuslichen Arbeiten entlasten kann und die selbst im Nähen den Kindern Unterricht erteilen kann.

– – – – – – –

Königlich Bairische General Landes Direction!

Schon seit mehreren jahren muß ich mir als ein ungeheuratheter Schullehrer fast alle häuslichen Arbeiten selbst verriechten, welches mich nicht blos hart ankömmt sondern mir obendrein viel Zeit raubt, die ich nützlicher anwenden könnte; daher bin ich nun in einem Alter von 32sig Jahren entschlossen mich zu verheurathen; habe auch bereis eine brave Persohn von 29zig Jahren gefunden, die den besten moralischen Karakter besitzt, die wirtschaftlich ist, sich selbst ein paar hundert Gulden erspart hat, und überdies mit weiblichen Arbeiten gut umzugehen weiß.

Eine Königliche Landes Direction bitte ich demnach Aller unterthänigst Gerhorsamst mir die Heuraths Lizenz gnädigst um so mehr zu ertheilen, als ich

1. hierdurch für die Schule eine Persohn erhalte, die den Kindern im Nähen den höchst nothwendigen Unterricht geben kann, und dann ich
2. für micht selbst eine brave Gattinn und Haushalterin bekomme. Rücksichtlich meiner schon seit 9 Jahren geleisteten Schuldienste hoffe ich mit Zuversicht auf Gewehrung meiner Aller Unterthänigst Gehorsamsten Bitte, der ich erstrebe

Einer Königlich Baierischen Landes Direction

Tuntenhausen den 26. July 1807

Aller unterthänigst Gehorsamster Anton Eder Schullehrer zu Tuntenhausen.

– – – – – – –

Beschwerdebrief der Gemeinde Tuntenhausen über die Heiratsgenehmigung für Lehrer Eder (1807)

(Staatsarchiv München, RA 13257)

Der Gemeinde Tuntenhausen ersucht die Landesdirection um Verweigerung der Heiratserlaubnis für den Lehrer Eder, da sie den Unterhalt für eine Lehrersfamilie nicht aufbringen könne. Sollte die Heiratserlaubnis dennoch gewährt werden, dann will die Gemeinde zumindest von der Unterhaltspflicht für die Lehrersfamilie entbunden werden.

– – – – – – –

Königliche Landes Direction von Bajern!

Von der Secularistaion der bairisch ständischen Klöster hielt das ehemalige Kloster Beyharting, sowohl in loco Beyharting als in der vom Kloster aus versehenen Pfarre Tuntenhausen einen eigenen Schullehrer, und beide genossen vom Kloster einen Alimentations-Beytrag, weil die Gemeinden nicht im Stande waren, einen Schullehrer auf ihre Kosten allein anständig zu unterhalten. – Darum durfte auch keiner der beiden Schullehrer sich je verehlichen, musten sich nebstbey zu Klosterdiensten

brauchen lassen, besonders war der Schullehrer in Beyharting zugleich Kammerdiener des Zit. Prälaten...
Nachdem aber die Klöster Secularisiert wurden, und anfangs der Antrag dahin ging, daß Beyharting die Mutterpfarre, Tuntenhausen aber eine Filiale derselben werden soll, so ließ das ehemahl königliche Landgericht in Aibling den Schullehrer zu Beyharting sich verehlichen. – Da nun aber aus sicher bewegenden Ursachen Tuntenhausen zur Mutterpfarre erhoben, Beyharting zur Filiale derselben gemacht wurde, so will sich auch izt der Schullehrer in Tuntenhausen verehlichen, und soll bereits von einer hohen königlichen Behörde hierzu den allergnädigsten Consens erlangt haben.
Wir sind weit entfernt, einer hohen königlichen Behörde in ihren allergnädigsten Verfügungen oder Gnadenbezeugungen fürgreifen zu wollen; weil aber über kurz oder lang das onus alimentandi einer Schullehrers familie auf uns fallen dürfte, so glauben wir es doch wagen zu können, unsere allerunterthänigste Meinung in dieser Sache ehrfurchtsvollst vorzutragen. Sämmtlich einzählen [einzelnen] Gemeinden des vereinten Kirchengerichts Tuntenhausen sind bei ihren selbst mageren häußlichen Umständen nicht im stande 2 geehlichte Schullehrer-Familien zu erhalten; dies sah selbst das ehemalige Kloster wohl ein, darum ließ selbes nie einen heurathen, und gab ihnen auch nebstbey Unterstützung und anderen Klosterdienste, so war der von Beyharting selbst Kammerdiener im Kloster. –
Weiters ist auch die Wohnung für einen Schullehrer in Tuntenhausen nicht für einen verehlichten, sondern nur für einen ledigen Mann geeignet und eine neue Wohnung zu bauen dürfte der Gemeinde aus schon angeführten Gründen viel zu schwer werden, und dies noch um so mehr, als selbe ohnehin schon ein Schulzimmer ex propriis erbaute. –
Und all diese unterthänigst angeführten Gründe nun, und da es mehr als wahrscheinlich ist, daß uns ohnehin die Unterhaltung der Schullehrers familie in Beyharting über kurz oder lang zu Last fahlen wird, weil sie sich bei den geringen Einkommen nicht zu ernähren in stande sein dürften, wie ohnedem schon mehrere Mann in der Gemeinde zu verpflegen haben, und uns auch sicher in anbetracht der vorgeschriebenen Gründen auf das Geheiß eines königlichen Landgerichts zu Rosenheim berufen können, wagen wir es Eine königliche Landes Direction von Bajern allerunterthänigst zu bitten, entweder den Schullehrer zu Tuntenhausen Anton Eder den Heuraths Consens zu verweigern, oder ihn wenigst zur Ausstellung eines gerichtlichen Revers dahin anzuhalten, daß weder er, noch seine Familie unter was immer für einen Vorwand auf irgend eine Alimentation von unserer Seite Anspruch erheben wollten. – Die Billigkeit unserer allerunterthänigsten Bitte läst uns auch allergnädigst Erhöhr derselben hoffen; wozu wir uns auch allerunterthänigst empfehlen.
Tuntenhausen den 3. September (?) 1807
Einer königlichen Landesdirection
von Baiern allerunterthänigst treu gehorsamste
Sebastian Jaikl und Joseph Wieland
Nomine der
Pfarrgemeinde zu Tuntenhausen.

Quellen
Bayerisches Hauptstaatsarchiv (BayHStA)
– Ministerium für Kultus (MK) 13237*
– Ministerium des Inneren (MInn) 22727
Staatsarchiv München (StAM)
– Amtsrechnungen (AR) 115, 746, 776, 784, 3478, 3483, 55696
– Rentämter (RA) 314, 13257, 55696
– Landratsämter (LRA) 16065, 47092, 108306, 108309, 108330, 108358, 108407
In Privatbesitz
– Schulchronik von Tuntenhausen (beginnt erst nach 1900)
Interviews
– Gespräch mit Simon Decker im März 1989.
– Gespräch mit Konrektor Werner Hirschmann am 1.8.1989

[1] Von 1794-1806. Die Feiertagsschule muß er vor 1803 gegründet haben, da er bereits in diesem Jahr um Geld bittet: StAM, LRA 16065; Brief vom 27. 7. 1803.
[2] Brief Pfarrer Anton Gregor Gsellhofer an die Königliche Landesdirection von Baiern vom 24. July 1807, StAM, RA 13257.
[3] StAM AR 55695.
[4] BayHStA MK 13237*.
[5] StAM Kataster 455, AG Nr. 6199.
[6] Diese Zusammenstellung der Schülerzahlen ist mit Vorsicht zu gebrauchen. Zahlen sind meist erwähnt, wenn es um Baumaßnahmen geht, oder bei der Stellenausschreibung.

Jahr		*Werktagsschüler*	*Sonntagsschüler*
1803		–	fast 40
1807		46	36
1816		60	45
1822		90 (mit Ostermünchen)	–
1823	mehr als	80	
1825	sicher	70	–
(1851 erhält Ostermünchen eine eigene Schule) 1862/63			
1862/63		46	26
1867		65	22
1870		65	22
1882		39	23
1883/84		43	–
1884/85		46	–
1885/86		46	–
1886/87		49	–
1887/88		53	–
1888/89		55	–
1889/90		54	–
1890/91		63	29
1891/92		59	30
1911/12		68	–
1912/13		78	–
1913/14		83	–
1914/15		82	–
1915/16		84	–
1916/17		79	–
1936		66	–
1937		92	92
1939		71	–
1946/47	ca.	100 (mit Flüchtlingskindern)	
1950-1966		durchschnittlich etwa 80	

[7] StAM, LRA 108407.
[8] StAM, AR 55695.
[9] In der Stellenausschreibung von 1870, StAM, LRA 108358 z.B. setzt sich das Lehrersgehalt zusammen aus:

Schuldienst	152 Gulden	49 Kreuzer
Cantorendienst	36 Gulden	
Organistendienst	57 Gulden	
Gemeindeschreiberei	50 Gulden	
Kreisfondzuschuß	146 Gulden	
	441 Gulden	49 Kreuzer
Lasten	11 Gulden	58 Kreuzer
	429 Gulden	51 Kreuzer

Zur Bewirtschaftung: 30 Tagwerk Grundstücke (überwiegend feuchte Wiesen und ein kleiner Garten).
[10] Ausschnitt aus einem Gespräch mit Simon Decker vom März 1989.
[11] StAM, RA 13257, Brief vom 3. September 1807.
[12] StAM, RA 13357, Brief vom 20. 10. 1807.
[13] StAM, RA 13257, Brief vom 20. 10. 1807.
[14] StAM, RA 13257, Brief vom 28. ?. 1807.
[15] StAM, RA 55696, Brief vom 12. 4. 1840.
[16] KBl 1859, S. 1664.
[17] KBl 1860, S. 192.
[18] KBl 1870, S. 777f.
[19] KBl 1870, S. 1670.
[20] StAM, LRA 108358.
[21] StAM, AR 55695.
[22] StAM, AR 779.
[23] Nach der Statistik der deutschen Schule in dem Schulsprengel Tuntenhausen von 1867, StAM, LRA 47531.
[24] Nacherzählung der Aussagen Simon Deckers.
[25] Nach einer Aufstellung von Lehrer Eder, StAM, LRA 16065.
[26] Dieses Verzeichnis beruht auf dem Aktenmaterial des StAM. Eventuelle Unvollständigkeiten liegen am Quellenmaterial. Gelegentlich ist nur die Berufung oder Abberufung in den Akten faßbar, in diesem Fall wurde das jeweilige fehlende Datum erschlossen.

Dörfliche Vereine und andere Organisationen

Maria Hildebrandt

Institutionen, die helfen können
- Gemeindeverwaltung
- Pfarramt
- Vereinsvorstandschaften

Hilfsmittel
- Festschriften der Vereine
- Vereinschroniken

Der Veteranen- und Kriegerverein

Im Jahre 1845 wurde der Veteranen- und Kriegerverein Tuntenhausen gegründet. Die Stiftungsurkunde beginnt mit den Worten: »Die im Verzeichnis angeführten Krieger haben nach ausgestandenen Kriegsgefahren und Leiden Gott zu Lob und Dank sich verbunden, auf das Fest der heiligen Jungfrau und heldenmütigen Blutzeugin Katharina einen Jahrtag zu stiften mit Amt, Predigt, Libera und sovielen Beimessen als Kameraden ihres Bündnisses im Laufe des Jahres durch den Tod das Zeitliche verlassen haben...« (zitiert nach der von Simon Decker verfaßten Chronik). Dieser Verein löste sich bis zum Ende der 1860er Jahre allmählich auf, da nur noch wenige Mitglieder am Leben waren. Nach dem Siebziger Krieg bildeten die Krieger aus Tuntenhausen und Ostermünchen gemeinsam einen neuen Verein.

Die neuen Statuten wurden beim 25jährigen Jubiläum festgelegt und bei der Generalversammlung am 20. November 1871 angenommen. Darin heißt es: »Die ehrenwerten Krieger beabsichtigen mit der Gründung des Vereins, Gott zu loben und zu danken für ihre Rettung aus den Gefahren des Krieges, mit einem jährlichen Gedächtnisgottesdienst Gott zu bitten für ihre Kampfgefallenen, sowie den Mühsalen und Leiden des Krieges erlegenen Kameraden, denn die Liebe erstreckt sich übers Grab... Als Feldzug wird angerechnet, wer mit einer Armee gegen einen wirklichen Feind marschiert... Mitglied kann nur jeder ehrenhaft entlassene Soldat oder der noch in der Armee dient, werden, wenn er der unfehlbaren katholischen Kirche angehört...«

Am 29. Juni 1872 beschlossen die Vereinsmitglieder die Anschaffung einer Fahne, die am Himmelfahrtstag 1873 feierlich geweiht wurde.

1872 zählte der Verein 123 Mitglieder, darunter 82 »Feldzügler«, von denen

die ältesten noch die napoleonischen Kriege 1812-1814 mitgemacht hatten. 1883 kam es zwischen den Tuntenhausener und Ostermünchner Mitgliedern zum Streit um die gemeinsame Fahne. Daraufhin beschlossen die Ostermünchner, einen eigenen Verein zu gründen. Ein »Verzeichnis der im Gemeindebezirk Tuntenhausen bestehenden nichtpolitischen Vereine«, das mit dem 25. Mai 1893 datiert ist, nennt neben der Freiwilligen Feuerwehr den »Veteranen- und Militärverein Tuntenhausen« mit 184 Mitgliedern und dem Vorstand August Grabichler. Als Zweck des Vereins wird angegeben: »Pflege der Begeisterung und Liebe zu Fürst und Vaterland, sowie des kameradschaftlichen Geistes«.
Die Jahre bis zum Ersten Weltkrieg verlaufen ohne nennenswerte Ereignisse. Am 2. Februar 1919 wurde für 150 Heimkehrer eine Feier veranstaltet. Zum Dank für die glückliche Heimkehr wurde eine große Votivtafel in Auftrag gegeben und am 22. Mai 1921 geweiht. Wenige Tage später fand die Feier zur Enthüllung des Kriegerdenkmals statt.
Über den Jahrtag 1933 schweigt der Chronist; er war zu dieser Zeit in Schutzhaft. 1935 wurde das Vereinsvermögen von 400 Mark für einen steten Gedächtnisgottesdienst gestiftet. Das Vereinsleben kam bis nach dem Ende des Zweiten Weltkriegs zum Erliegen.
Die Chronik des Vereins setzt erst mit dem Jahr 1956 wieder ein. Im Juni 1957 konnte der Verein eine neue Fahne weihen und ein neues Denkmal enthüllen.
Das 120jährige Gründungsfest wurde mit einer Kriegerwallfahrt verbunden, an der zahlreiche Vereine der Landkreise Aibling und Rosenheim teilnahmen. 1978 ließ der Verein das Kriegerdenkmal restaurieren und Tafeln mit den Namen der in den beiden Weltkriegen Gefallenen neu befestigen. Josef Reiter, der 1. Vorstand des Veteranen- und Kriegervereins Tuntenhausen, beschließt seine Kurzchronik mit den Worten: »Unser aller Gedanke muß immer sein: Arbeit für den Frieden, Dank für die Opfer der Gefallenen, Kameradschaft unter den Lebenden – das gibt unserem Verein ein Lebensrecht.«

QUELLENANHANG

Die Wiederbegründung des Krieger- und Veteranenvereines. Um das Jahr 1845 war in Tuntenhausen ein Veteranenverein gegründet worden, der bis 1871 seine Tätigkeit eingestellt hatte. Nach dem deutsch-französischen Krieg,1870/71, wurde der Verein dann zusammen mit Ostermünchen wiederbegründet. Zwistigkeiten führten in den 80er Jahren zur Trennung und zur Gründung eines eigenen Vereines in Ostermünchen.
(Aus der Vereinschronik)

In den Jahren 1845 wurde von den Kriegern und Veteranen der frühern Jahre ein Veteranen-Verein in Tuntenhausen gegründet, der sich bis in den Jahren 1870/71 allmählich auflöste, da nur mehr einige Mitglieder waren. Nach den Feldzügen

39 *Kriegerdenkmal Tuntenhausen. Einweihung im Jahre 1921. Foto privat*

40 Folgende Seite
Wallfahrts- und Pfarrkirche Tuntenhausen. Chorseite mit Sakristei. 1963. Foto E. Groth-Schmachtenberger

1870/71 wurde der Verein wieder frisch ins Leben gerufen, und zwar durch die Pfarrgemeinden Tuntenhausen und Ostermünchen, wobei auch eine Vereinsfahne gegründet wurde. Bei der Errichtung dieser Fahne machten die Mitglieder der Pfarrei Ostermünchen den Vorschlag, daß sie die Fahne jedes Jahr am St. Benotag, und alle 3 Jahre am Fronleichnamstag benützen dürfen, was auch (zwar nur mündlich) genehmigt wurde.
Im Jahre 1883 wurde die Fahne wieder in Anspruch genommen und hatten auch von Vereins-Vorstand (Herrn Kuchlmeier) die Erlaubniß erhalten. Da aber die Fahne am Vorabend vor Fronleichnam geholt wurde, verweigerten 2 Ausschußmitglieder der oberen Abtheilung die Herausgabe der Fahne, weßhalb eine Zwistigkeit statfand und die Mitglieder von der Pfarrei Ostermünchen sich erklärten einen selbständigen Verein gründen zu wollen.
Die Gründung dieses Veteranen-Vereins in Ostermünchen wurde durch die Wählung des Vereins-Vorstandes und deren Vorstandsschaft-Angehörigen den 27. Dezember 1883 im Gasthause zu Ostermünchen vorgenommen und am 4. Januar 1884 vom kl. Bezirksamt Rosenheim bestätigt.
Zur Beglaubigung dieser Urkunde unterzeichnet.

Vorstand	Georg Endgruber
	Gg. Maier
Kaßier	Joachim Roleus [?]
Ausschußmitglieder	Georg Pesch
Schriftführer	Michael Penzkofer

Die Rosenkranzbruderschaft

Die Erzbruderschaft des heiligen Rosenkranzes in der Wallfahrtskirche zu Tuntenhausen wurde am 20. Oktober 1624 auf Betreiben von Johann Gering, dem damaligen Propst des Klosters Beyharting, errichtet. Der Freisinger Bischof Veit Adam erteilte die oberhirtliche Bestätigung und ließ sich selbst als Mitglied einschreiben. Unter Pfarrer Felix Schneider wurde 1841 die Rosenkranzbruderschaft in Tuntenhausen neu belebt, nachdem sie während der Säkularisation aufgehoben worden war.[1] Nach der Restaurierung der noch vorhandenen Gerätschaften fand am Pfingstsonntag 1841 die erste Bruderschaftsprozession statt. »Die Ordnung der Prozession war ungefähr die gleiche wie früher, nur hatte der Pfarrer festlich gekleidete Schuljugend und bekränzte Jungfrauen zugezogen. Statt der Chorherren gingen im Zuge viele Priester, von denen manche aus beträchtlicher Entfernung gekommen waren.«[2]
Die Rosenkranzbruderschaft gibt es heute noch. An jedem ersten Sonntag im Monat findet die sogenannte Rosariprozession statt. Das Hauptfest der Bruderschaft wird am ersten Sonntag im Oktober mit Hochamt, Predigt und Rosari-Prozession gefeiert. Den Zug bilden der Tuntenhausener Pfarrer, seine Ministranten und die Kinder.[3]
Ein Kupferstich, der einen Mitgliedsbrief der Bruderschaft ziert, zeigt die

Gottesmutter mit dem segnenden Kind über der Wallfahrtskirche. Aus ihren Händen empfangen die Heiligen Augustinus und Dominikus Rosenkränze. Mitglied der Bruderschaft kann jeder katholische Christ werden. Die Aufnahme geschieht durch den Präses der Bruderschaft, den jeweiligen Pfarrer von Tuntenhausen, der das neue Mitglied in das Register einträgt und seinen Rosenkranz segnet. Jedes Mitglied sollte wöchentlich einmal den Marianischen Psalter, also den freudenreichen, schmerzhaften und glorreichen Rosenkranz beten.
Fünf Bruderschaftsbücher im Pfarrarchiv verzeichnen über 40.000 eingeschriebene Mitglieder. Heute fehlt der Wallfahrtsbruderschaft die nachwachsende Generation.

Die Marianische Jungfrauen-Kongregation

Am 5. März wurde die »Urkunde über die Errichtung und Statuten-Approbation der Marianischen Jungfrauen-Congregation in Tuntenhausen« ausgestellt, die Approbation durch die römische Hauptkongregation erfolgte am 19. März. Die Kongregation hatte »den Zweck, die weibliche Jugend durch den besonderen Schutz der allerseligsten Jungfrau und Gottesmutter Maria vor den Gefahren der Seele zu retten und namentlich dazu anzuhalten, daß sie im ehelosen Stand die Unschuld bewahren und falls sie Gott zum Ehestand beruft, diesen rein und ehrbar antrete« (Punkt II der Statuten).

Die Gesangs-Sektion

Als Unterabteilung der Jungfrauen-Kongregation wurde am 8. Dezember 1925 eine Gesangs-Sektion eingerichtet, die u.a. auch bei den Veranstaltungen des Burschenvereins mitwirkte.
Beide Vereinigungen bestehen heute nicht mehr.

Der katholische Frauenbund

1950 zählte der Frauenbund Tuntenhausen noch 87 Mitglieder; heute gibt es zwar offiziell noch eine Vorsitzende, aber keine aktiven Mitglieder mehr.

Der Burschenverein

Am 26. Oktober 1903 wurde in München der »Verband der katholischen Burschenvereine Bayerns« gegründet und im Vereinsregister des Amtsgerichts Regensburg eingetragen. Bald entstanden in verschiedenen Gemeinden Lokalvereine.
Auch Kooperator Karl Aertinger, der von den Berichten im »Burschenblatt«, der Zeitschrift für die katholische Burschenschaft Bayerns, tief beeindruckt

war, beschloß, in Tuntenhausen einen Burschenverein zu gründen; »allein groß waren Muth und Begeisterung zur Durchführung dieser herrlichen Idee noch nicht.« So schreibt Aertinger zur Vorgeschichte des Vereins. Ein »Stiefbrudervereín«, ein seit 1903 bestehender Burschenverein, der sich »bei der Bevölkerung zwar keiner Sympathien erfreute, gleichwohl aber umso schneidiger zusammenhielt«, stellte sich den Plänen des Kooperators in den Weg.
Zweck des »Burschenvereins Gesellige Unterhaltung«, dessen Statuten am 6. Mai 1903 dem Bezirksamt Aibling übersandt worden waren (StAM LRA 47114), war die »Pflege des Gemeinsinnes und kameradschaftlicher Beziehungen unter den Mitgliedern«. Diese waren nicht begeistert von der Idee, daß sie ein »katholischer« Verein werden sollten. Der Kooperator wollte trotzdem Verbindung mit den Burschen aufnehmen und ließ sich im Dezember 1905 zu einer Versammlung einladen. »Viel erwartete er sich nicht, nachdem der Verein erst im Herbst – in Tuntenhausen unerhört – eine ›fidele‹ Tanzmusik abgehalten hatte.« Immerhin ließen sich die Mitglieder die Ziele der katholischen Burschenvereine erklären und beschlossen, den Zentralpräses zu einer Gründungsversammlung kommen zu lassen. »Das war der Anfang eines langen Schauspiels.«
Aertinger zögerte mit der Gründung des Vereins, da er »in die fixe Idee von Anfang an verrannt war, nur Sp. [Zentralpräses Spannbrucker] könne einen derartigen Verein mit Ausblick auf Erfolg gründen«.
Freundlicher Zuspruch und ermutigende Worte von anderen Vereinspräsides brachten ihn schließlich doch zu der Überzeugung: »Du kannst es so gut wie die anderen ... Darum trotzig allen Schwierigkeiten die Stirn geboten!« So setzte er für den 14. April 1907 die Gründungsversammlung an. Auch ein anonymer Brief, in dem »mehrere Vereinsmitglieder« gegen die Gründung eines katholischen Vereins zu Felde zogen (u.a. mit der Empfehlung: »Also seid nur ihr recht katholisch und laßt uns in Ruhe, dann werden wir am ersten fertig, denn zu Bettbrüdern [!] wern ham uns d'Madln viel z'gern.«), konnte ihn nicht mehr zurückhalten.
34 »wackere Burschen« ließen sich bei der Gründungsversammlung in die Liste eintragen. Bei der ersten Vereinsversammlung kamen weitere dazu, die Vorstandschaft wurde gewählt.

Der Verein übernahm die Statuten des Verbandes der katholischen Burschenvereine Bayerns, die sich zum Ziel gesetzt hatten, »Glaube und Sitte, Berufstüchtigkeit und Heimatliebe, Freundschaft und Frohsinn unter der männlichen Jugend auf dem Lande« zu erhalten und zu fördern. »Dieser Zweck wird angestrebt durch: 1. religiöse Veranstaltungen, 2. belehrende und unterhaltende Veranstaltungen, 3. berufliche und staatsbürgerliche Schulung und soziale Einrichtungen, 4. Beratung in Rechtsangelegenheiten, 5. Vereinsblätter und Vereinsbücherei, 6. Turnen und Sport (Deutsche Jugendkraft).«
Im Oktober 1907 vernahm der Kooperator zu seiner großen Erleichterung

»die frohe Botschaft, daß der hiesige Stiefbruderverein sich heute endlich aufgelöst hat«.
Zur Fahnenweihe am 24. Mai 1908 kam der Zentralpräses Simon Spannbrucker, der den Festgottesdienst hielt. Der Chronist konnte abschließend vermerken: »Das Fest verlief ohne Mißton«. Die weiteren Eintragungen in der Chronik berichten über die Aktivitäten des Burschenvereins: Versammlungen, Teilnahme an Fahnenweihen bei Vereinen der Nachbarorte, Rekrutenabschiede, Singproben. Besondere Erfolge konnten die Burschen mit ihren Theateraufführungen erzielen, mit denen sie bei Stiftungsfesten, Christbaumfeiern und im Fasching viel Publikum anzogen. Darüber freuten sich aber nicht alle Leute: Im Dezember 1908 beschwerte sich der Wirt von Schmidhausen »bitterlich über den Schaden, den seine Wirtschaft durch unsern Verein leide, indem durch die vielen Theater das Publikum nach Tuntenhausen gezogen werde«. Die Auseinandersetzung mit dem Wirt gibt Kooperator Aertinger in seiner Chronik wörtlich wieder:
»Wirt: ›Dös konst du net verantworten, wenst amol nüberkommst in d'Ewigkeit, was du mir für an Schaden machst.‹ Präses: ›Was ich verantworten kann und was nicht, das lasse ich mir als Priester von Ihnen nicht sagen.‹ Wirt: ›I vaklog Eahna schon z'Münka beim Ordinariat.‹ Präses: ›Freut mich sehr. Wünschn' viel Glück dazu!‹ Zitternd vor Zorn fuhr er ab.«
1909 wurde Karl Aertinger als Kanonikatsprovisor nach Leobendorf versetzt, neuer Präses wurde Josef Weiß, der den Verein bis 1918 leitete.
Unter dem 14. August 1914 trug er in die Chronik ein: »Es ist Krieg! Die Mitgliederliste wird kontrolliert. 26 Burschen sind bereits eingerufen, andere werden noch folgen. Die Übrigen sind größtenteils anwesend. An der Karte von Europa wird vom Präses die Kriegslage erklärt. Vormittags war ein Amt für die Mitglieder im Kriege. Ob sie wieder heimkommen?«
22 kamen nicht mehr heim.
Während der Kriegsjahre beschränkten sich die Aktivitäten des Burschenvereins fast ausschließlich auf die Teilnahme an Seelengottesdiensten für gefallene Mitglieder.
Nach dem Krieg kam das Vereinsleben nur sehr langsam wieder in Schwung. Präses Freiberger konnte in der Generalversammlung am 11. April 1926 im Rückblick auf das vergangene Jahr eine »Aufwärtsentwicklung des Vereins von 47 größtenteils ›toten‹ Mitgliedern auf 95 lebendige Mitglieder« verzeichnen.

Die ausführlich berichtende und regulär geführte Vereinschronik endet mit dem Vereinsjahr 1936; ein beigelegter Zettel führt die vom Verein 1936-1938 noch wahrgenommenen Termine (Stiftungsfest, Fronleichnamsprozession, Veteranentag, Beerdigungen von Mitgliedern) auf.
In einer parallel geführten zweiten Chronik gab Präses Kaplan Franz Back, schon als Pfarrer von Partenkirchen, 1933 einen Überblick über seine Tätigkeit als Präses von 1928-31: »... Das Vereinsleben gestaltete sich im allgemeinen schön und abwechslungsreich durch Versammlungen ... Ausflüge,

Theateraufführungen und Kleinkaliberschießen an 2 Schießstätten. Das religiöse Leben hätte ich gern mehr zur Entfaltung gebracht...«

Das Jahr 1933 bedeutete noch nicht das Ende, aber doch einen Einschnitt für den Burschenverein. Eine Versammlung, die für den 9. Juli angesetzt war, mußte abgesagt werden »auf Grund eines Verbotes, nach dem alle öffentlichen und geschlossenen Versammlungen jeglicher Art bis auf weiteres verboten sind.« Die Burschen nahmen aber weiterhin mit ihrer Fahne an Prozessionen und Fahnenweihen teil. Am 19. November wurde das Versammlungsverbot teilweise aufgehoben.

Die Aufzeichnungen des Schriftführers reichen bis ins Jahr 1936, wo sie unvermittelt abbrechen. Von einer regelrechten Auflösung des Vereins ist in den vorhandenen Unterlagen nichts zu finden.

1975 schlossen sich 17 junge Tuntenhausener zu einem »Gaudiburschenverein« zusammen, der aber bald wieder einzuschlafen drohte. Im Mai 1982 beschlossen die »Gaudiburschen«, sich mit anderen jungen Leuten in einem Burschenverein zu organisieren und luden zur Gründungsversammlung beim Wirt in Tuntenhausen ein. 37 Burschen folgten dieser Einladung. Da die alte Vereinsfahne von 1908 für eine weitere Verwendung zu stark beschädigt war, wurde eine neue angeschafft. 1983 wurde sie im feierlichen Rahmen geweiht. Bei dieser Gelegenheit gab der Burschenverein eine »Festschrift zur Fahnenweihe mit 75jähriger Wiedergründungsfeier« heraus.

Der Burschenverein sieht seine Aufgabe heute darin, die Kameradschaft zu pflegen, die Tradition im Ort zu erhalten, die Lebensqualität im Dorf zu heben und das Gemeinschaftsleben zu fördern. So pflegt er alte Bräuche wie das Baumaufstellen bei Hochzeiten und das Waisertweckenfahren bei der Geburt eines Stammhalters. Die Liebe zum Theaterspielen hat auch der neu gegründete Verein entdeckt. Darüber hinaus lädt er zu Fußballspielen mit anderen Vereinen, organisiert Ausflüge und Grillfeste – und Tanzfeste.

Quellen

Vereinsarchive Tuntenhausen
- Protokollbücher

Staatsarchiv München (StAM)
- Akten des Bezirksamts Aibling: Nichtpolitische Vereine der Gemeinde Tuntenhausen LRA 47 114.

[1] StAM, Finanzämter Nr. 143.
[2] J. B. Mehler, U.L. Frau von Tuntenhausen, S. 141.
[3] StAM, LRA 119197 und RA 34698.

Saaleröffnung in Tuntenhausen

Tuntenhausen, 24. April.

Nun hat auch Tuntenhausen einen Saal, der den örtlichen Verhältnissen entspricht. Freilich war früher auch ein Saal da, aber dieser konnte nicht mehr genügen, und nun hat Herr Gastwirt Voggenauer im Benehmen mit dem Kath. Burschenverein Tuntenhausen und mit einem in verständnisvoller Weise von der Löwenbrauerei gestifteten Zuschuß den alten Saal zweckentsprechend umgebaut. Licht und luftig, in einfachem, freundlichem Gewand, so präsentiert sich der Umbau. Somit ist nun Gewähr gegeben, daß man auch größere Veranstaltungen abhalten und bei eintreffenden größeren Kreuzzügen die Wallfahrer unterbringen kann. Im letzteren Falle wird sich die Sache ganz gut auch für Vorträge, welche für die Wallfahrer außer dem kirchlichen Rahmen gehalten werden, auswirken.

Gestern nun, am Georgitage, war die Eröffnungsfeier. Der 110 Mann starke Katholische Burschenverein hatte ein Theater für diesen Tag angesetzt, und auch die Ostermünchener Musik war am Platze erschienen und erfreute jung und alt mit guten Darbietungen.

Mit dem gesungenen Vereinsgruß eröffnete H. H. Kooperator Freiberger die Veranstaltung, und so wechselten Musik und Gesang in bunter Reihenfolge. Dann aber nahm der Vorstand des Burschenvereins das Wort und gratulierte dem H. H. Präses Freiberger zum Namenstag, denn er gehört ja zu den Namensträgern, den „Schorschln". Als Dank und Anerkennung überreichte er für die vielen Mühen, die der H. H. Präses für den Verein geopfert, ein prächtiges Kruzifix. Für das Geschenk dankte das Namenstagskind, und erfreut gab H. H. Präses dem Danke Ausdruck, weil man ein Kreuz gewählt habe, denn das Kreuz war ihm seinerzeit, als man ihn schon vor die Grube gelegt hatte, um ihn einzuscharren, sein Lebensretter geworden.

H. H. Pfarrer Kreuzer, der Ehrenpräses des Vereins, hielt eine Ansprache, welche mit recht viel Humor gewürzt war. Er erzählte von dem Freiheitshelden Andreas Hofer und gab so gewissermaßen eine Einführung in das nachfolgende Theaterstück: „Andreas Hofer, der Tiroler Freiheitskämpfer".

Nun öffnet sich der Vorhang der netten und geschmackvoll gemalten Bühne. Man hat schon am Anfang gleich den Eindruck, daß hier eine Hand waltet, welche geschickt die Sache zu arrangieren weiß. Man fühlt ganz merkwürdigerweise, daß es hier keineswegs an Regie fehlt. Die Bühnengestalten sind lebenswahr, echt, auch ist, was möglich war, auf Kostümierung gelegt worden. Im Vordergrund steht natürlich der Freiheitsheld Andreas Hofer, der in Gestalt und Maske gut getroffen war. Ein kräftiges Organ, das sich bei einiger weiterer Schulung wohl noch verbessern lassen wird, zeichnet den Darsteller aus. So denken wir uns eigentlich den Andreas Hofer, wie er in Tuntenhausen dargestellt wurde, eine charakter- und glaubensstarke Gestalt. Und auch die anderen vielen Mitwirkenden haben sich gut in die Handlung gefügt, alle Anerkennung! Wesentlich zur abgerundeten Aufführung hat beigetragen, daß auch der Text ordentlich gelernt wurde.

Wer der Verfasser des Stückes ist, steht nicht auf dem Theaterzettel. Das ist eigentlich nebensächlich. Hauptsache ist, daß der Autor keinen Kitsch zusammengeschrieben hat, daß er es verstand, die nicht unschwierige Handlung trefflich in fünf Akten unterzubringen, und eine ganz besondere Stärke hat er auf die Aktschlüsse gelegt, von welchen keiner abfällt, sondern immer mit einer markanten Szene endet.

Nun soll jeder selber hingehen und sich die Leistungen der Tuntenhausener Theaterspieler anschauen. Befriedigt und anerkennend wird er den kleinen Musentempel verlassen. Vielleicht wäre es gut, wenn öfters solch patriotische Stücke zur Aufführung gelangen würden, sie haben viel mehr Gehalt und sind viel mehr wert, als all das moderne Zeug, das uns als Neuheit vorgesetzt wird. Für alle Fälle aber muß anerkannt werden, daß H. H. Kooperator Freiberger in mühevoller Arbeit so Gediegenes geschaffen und dafür sei ihm der Dank aller, welche der Aufführung anwohnen durften.

41 *Pressebericht über die Saaleröffnung beim Tuntenhausener Wirt im Jahre 1921 und über den Katholischen Burschenverein, der den Saal durch Umbau für das ›Burschentheater‹ bespielbar gemacht hat*

Musik, Tanz und Feste

Maria Hildebrandt

Institutionen, die helfen können
- Institut für Volkskunde der Kommission für Bayerische Landesgeschichte bei der Bayerischen Akademie der Wissenschaften, Ludwigstr. 23, 8 München 22
- Bayerischer Landesverein für Heimatpflege, Ludwigstr. 23, 8 München 22
- Volksmusikpfleger des Bezirks Oberbayern, Wolfi Scheck, Heubergstr. 6, 8115 Ohlstadt
- Volksmusikarchiv des Bezirks Oberbayern, Ernst Schusser, Friedrich-Jahn-Str. 3, 8206 Bruckmühl

Hilfsmittel und Nachschlagewerke
- Volksmusik in Bayern. Aufsätze zur Volksmusikforschung und -pflege 1912-1977, hg. v. Bayerischen Landesverein für Heimatpflege, München 1978
- Volksmusik in Bayern. Ausgewählte Quellen und Dokumente aus 6 Jahrhunderten, Ausstellungskatalog hg. v. Bayerische Staatsbibliothek, München 1985
- Mayer, Wolfgang: Volksmusikforschung (Lied, Instrumentalmusik, Tanz), in: Harvolk, E. (Hg.): Wege der Volkskunde in Bayern. Ein Handbuch, München 1987, S. 365-402

Die Suche nach schriftlichen Quellen zu Musik und musikalischem Brauchtum in Tuntenhausen verhieß zunächst wenig Aussicht auf Erfolg. Doch oft wird man dort fündig, wo man etwas ganz anderes sucht: Bei der Untersuchung des Burschenvereins fanden sich in den Chroniken, die das Leben des Vereins und seine Vorgeschichte seit 1905 dokumentieren, nicht nur trockene Sitzungsprotokolle, sondern auch Angaben zu geselligen Unterhaltungen und musikalischen Aktivitäten. Dabei wurde schnell deutlich, wie stark die Wallfahrt neben dem geistlichen auch das weltliche Leben der Gemeinde bestimmte. Daß in Tuntenhausen Tanzmusik abgehalten wurde, galt als »unerhört« und führte immer wieder zu Auseinandersetzungen mit dem Veranstalter, dem sog. Burschenverein, der vor der Gründung des katholischen Vereins für Unterhaltung sorgte. Der Präses des katholischen Burschenvereins vermerkte 1906 in seiner Chronik: »Auf Sonntag, den 18. Nov. ist in Tuntenhausen von dortigen sog. ›Burschenverein‹ Tanzmusik angesagt. Also abermahl, wohl mit Fleiß! Man tut sehr geheim, damit der gestrenge Pfarrherr und sein Kooperator nichts erfahren sollten, bis die Gaudi beginne. Und doch drang es zu deren Ohren. Daher vorm. schon scharfe Predigt des Herrn Pf. Brunner in Tunt., noch schärfere des Koop. in Jakobsberg. Bei letzterer traf eben das Kapitel vom Ärgernis. Ärgernis ist es auch, so donnerte der Prediger im Tone höchster Erregung, Tanzmusik zu halten ..., um so größer an einem Wallfahrtsorte neben der

Kirche ..., am größten aber, wenn das von jungen Leuten geschieht, die es sich sonst zur Ehre rechnen, das Bild der Muttergottes in dreifacher Gestalt bei Prozessionen herumzutragen. Ist das nicht der reinste Hohn auf die Marienverehrung?«

Musik ohne Tanz war allerdings ein beliebter Bestandteil von größeren Festlichkeiten. Um die Förderung und Pflege des Gesangs nahm sich der Präses persönlich an, nachdem er (1909) feststellen mußte, daß »das Liederbuch noch ein Buch mit 7 Siegeln sei, daher schloß er vor ihren (der Burschen) Augen das Buch auf, wies auf einige gute Lieder hin und die Lieder zogen. Der Präses bot auch an (...), die besseren Gesangskräfte mit den Liedern bekannt zu machen.« Der Verband der katholischen Burschenvereine Bayerns hatte ein eigenes Liederbuch herausgegeben, das am Anfang wohl auf wenig Gegenliebe stieß. Zur Feier eines Rekrutenabschieds im September 1909 brachte der Präses eine Schilderung der Schlacht am Teutoburger Wald »mit patriotischen Nachklängen. Soldatenlieder waren eingelernt worden, die viel Freude machten.« Seit Oktober 1910 bestand sogar eine eigene 12 Mann starke Vereinskapelle. Leider gibt es keine Hinweise auf Besetzung und Repertoire der Kapelle.

Christbaumfeiern, Stiftungsfeste, Versammlungen, Rekrutenabschiede, Gaufeste sowie Feiern und Feste der Pfarrgemeinde boten den Sängern und Musikanten Gelegenheit, ihr Können zu zeigen bzw. zu Gehör zu bringen. Besonders die Stiftungsfeste des Burschenvereins gaben Anlaß zu musikalischen Darbietungen. Oft spielten hier auch die Musikkapellen von Ostermünchen und Frauenneuharting. Von der früheren Abneigung der Burschen gegen Gesang war 1928 nichts mehr zu spüren. Die Chronik berichtet vom 23. September: »Zusammentreffen des Vereins mit dem Nachbarverein Großkarolinenfeld im Gasthaus zu Jarezöd. Dort verschaffte man sich einen sehr gemütlichen Nachmittag bei wechselreicher Unterhaltung, wie mehrstimmigen Gesang, Quartetten, Sololiedern und lustigen Gstanzln ...«.

Der Fund und die Aussagekraft schriftlicher Zeugnisse sind natürlich stark vom Zufall abhängig. Viele Dokumente sind nicht mehr erhalten, die Aufzeichnungen unterliegen der Willkür des Chronisten, der in erster Linie an anderen Dingen interessiert ist. Ein besserer Weg, der musikalischen Vergangenheit nachzuspüren und gleichzeitig die Gegenwart miteinzubeziehen, ist die direkte Befragung von Leuten, die mit Musik in irgendeiner Weise zu tun hatten oder haben. Das können Musikanten, Sänger und Hochzeitslader ebenso sein wie »normale« Leute, die gern zum Tanzen gegangen sind. Nicht vergessen werden darf der Lehrer, der oft die Kirchenmusik bestritt und den Nachwuchs auch musikalisch ausbildete. Mit der Befragung kann man zwar – je nach Alter und Erinnerungsvermögen der Gewährspersonen – meist nur die letzten 40 bis 50 Jahre erfassen, dafür erhält man aber genauere Angaben zu Sing- oder Spielweise, Besetzung und Spielgelegenheiten in der jeweiligen Gegend. Das Vorhandensein von Noten- und Liederbüchern allein sagt noch nichts darüber aus, ob, in welchem Maße und bei welcher Gelegenheit sie benutzt wurden.

Für diesen Beitrag stellten sich Simon Decker (ehem. Lehrer), Xaver Eisner und Hans Weigel (ehem. Hochzeitslader) sowie Leonhard Grabichler (Musikant) freundlicherweise als Gewährspersonen zur Verfügung.
Simon Decker, der 1940 als Lehrer nach Tuntenhausen kam, wirkte vor allem bei der Kirchenmusik mit. Ihn beeindruckte schon damals das hohe Niveau, das Musiker und Kirchenchor mit der Aufführung von Orchestermessen bewiesen. Er sang im Chor Tenor, wenn er nicht gerade Geige spielte. In den Werktagsgottesdiensten spielte er Orgel und sang mit seinen Schulkindern mit Vorliebe Gregorianischen Choral. Daneben pflegte er mit seinem familieneigenen Streichquartett und einigen Mitgliedern des Kirchenchors Hausmusik. Sein Repertoire umfaßte Volksmusik ebenso wie klassische Kompositionen. Zu Weihnachten führte er bis etwa 1950 vor der Christmette mit seinen Schulkindern ein Krippenspiel auf, das aus selbstverfaßten Texten und überlieferten Liedern bestand. Ende der 40er Jahre zogen zu Dreikönig kleine Gruppen durch das Dorf und sangen. Der Brauch des Sternsingens war in Tuntenhausen vorher nicht heimisch, sondern wurde erst durch Lehrer Decker eingeführt. Lang gehalten hat er sich allerdings nicht.
Da im Wallfahrtsort Tuntenhausen kaum Tanzmusik zur Aufführung kam, boten Hochzeiten fast die einzige Gelegenheit zum Tanz. Wie es seit den 50er Jahren in Tuntenhausen bei den Hochzeiten zuging, davon können Xaver Eisner und Hans Weigel berichten, von denen jeder bis Anfang der 80er Jahre Hunderte von Hochzeiten ausgerichtet hat. Aufgabe des Hochzeitsladers war es zunächst, die Gäste mit einem bestimmten Spruch zu laden. Jeder Hochzeitslader hatte seinen Spruch. Die Hochzeitsfeierlichkeiten begannen am Samstag mit dem Kuchlwagenfahren, d.h. mit dem Transport der Aussteuer aus dem Haus der Braut in das Haus des Bräutigams, und dem Setzen des Hochzeitsbaums. Die Mädchen banden Kränze und schmückten damit den Baum, den die Burschen dann aufstellten. Bei dieser Gelegenheit wurden Bier und Wein ausgeschenkt, und oft spielte jemand mit einer Ziehharmonika auf. Es konnte schon vorkommen, daß diese sog. »Nachthochzeit« länger dauerte und lustiger war als die eigentliche Hochzeitsfeier. Sonntag war Ruhetag, die Hochzeit fand am Montag statt. Gegen 10 Uhr vormittags stellte sich die Hochzeitsgesellschaft beim Wirt zum Kirchenzug auf und zog unter den Klängen der Blasmusik zur Kirche. Den Gottesdienst gestaltete in der Regel der Kirchenchor.
Nach der Messe wurden die Familiengräber besucht, wieder spielte die Blasmusik. Danach formierte sich der Hochzeitszug und ging mit Marschmusik ins Wirtshaus. Bis das Essen aufgetragen wurde, war Zeit für den Hungertanz. Übers Mahl, sozusagen als Tafelmusik, erklangen Potpourris, Ouvertüren und ähnliche Konzertstücke. Beim Spielen »übers Kraut« (wenn vom Essen das Kraut noch auf dem Tisch stand) sammelten die Musikanten bei den Gästen ab. Nicht selten mußten sie sich ihr Geld aus den Krautresten fischen. Nach dem Essen wurde wieder getanzt. Es war Aufgabe des Kranzljungherrn, mit der Kapelle auszumachen, welche Tänze gespielt werden

sollten: Walzer, Polka, Rheinländer, Hiatamadl, Massianer usw. Vor dem Kaffee, während das Brautpaar beim Fotografieren war, tanzte man meistens Française. Nach dem Kaffee wurde die Braut gestohlen, und die ganze Hochzeitsgesellschaft zog »zum Wein«, in der Regel in ein Nebenzimmer des Gasthauses. Als letzter kam mit Musikbegleitung der Hochzeiter. Beim Wein ging es dann recht lustig zu. Die Musik spielte Lieder zum Mitsingen. Hier war auch Gelegenheit für Schnaderhüpfl; wenn gute Sänger da waren, sangen sie sich gegenseitig aus. Die Kapelle mußte dann die Gäste wieder in den Saal »hinaufspielen«. Das ging nicht auf einmal, denn immer wieder wollte sich eine Gruppe extra von der Musik begleiten lassen. Wenn der Aufschnitt, der inzwischen im Saal hergerichtet worden war, verzehrt oder als »Bschoad« eingepackt war, wurde bis zum warmen Abendessen getanzt. Danach begann mit dem Abdanken die Hauptarbeit des Hochzeitsladers. Im Namen des Brautpaars bedankte er sich bei jedem einzelnen Gast für sein Erscheinen und sagte einige persönliche Worte über ihn, meist eine lustige Begebenheit, die er schon beim Laden in Erfahrung gebracht hatte.
Nach dem Dank gaben die Gäste in Kuverts das Mahlgeld ab, dann begann das Ehren. Die ersten drei Ehrentänze waren für das Brautpaar und wurden vom Hochzeitslader jeweils mit einem Spruch eingeleitet. Die weiteren Ehrentänze gehörten den Eltern, den Trauzeugen, der Ehrenmutter, den Verwandten, den Hochzeitsbaumsetzern und den »Aufweckern«. Die anderen Gäste mußten für ihre Tänze extra zahlen. Gegen 23 Uhr brach das Brautpaar auf und wurde von der Musik hinausbegleitet. Manchmal gab es vor der Haustür noch eine tränenreiche Abschiedszeremonie mit »Schön ist die Jugend« und ähnlichen stimmungsvollen Stücken.
Zu der Zeit, als Xaver Eisner und Hans Weigel als Hochzeitslader aktiv waren, spielten bei den Hochzeiten der Gegend hauptsächlich drei Kapellen: die Dreder, die Dorfener und die Karolinenfelder. Ein Musikant, der schon seit 40 Jahren bei der Dreder Musi mitspielt, ist Leonhard Grabichler. Er hat mit 10 Jahren beim Lehrer Decker Geige gelernt und spielte dann in der Schülerkapelle Viola. Für seinen Vater mußte er später auch bei der alten Ostermünchner Kapelle mit der Baßgeige einspringen. Außerdem lernte er in jungen Jahren Gitarre und Zither. Sein Hauptinstrument ist aber die Tuba. Zuerst spielte er in einer neugegründeten Blechmusik in Ostermünchen mit, die sich aber nach der Währungsreform auflöste. Danach ging er zur Dreder Musik, einer Blaskapelle, die in Tuntenhausen seit 1946 besteht und damals von Markus Babl geleitet wurde. Nach Babls Tod 1955 übernahm der Musikmeister Müller die Leitung.
Bis vor etwa 10 Jahren spielten die Dreder häufig bei Hochzeiten. Dabei traten sie nicht mit der ganzen Mannschaft an, sondern musizierten in kleineren Besetzungen mit 10 bis 11 Leuten, z.B. mit 2 Klarinetten, 2 Flügelhörnern, 1 oder 2 Trompeten, Tenorhorn, Posaune und 2 Begleitinstrumenten.
Da in Tuntenhausen selbst schon vorher die Ostermünchner Kapelle gespielt hatte, waren die Dreder häufiger in anderen Orten zu hören als

daheim. Das Auftreten in einem bestimmten Ort wurde oft als Gewohnheitsrecht angesehen.
Heute spielen die Dreder hauptsächlich auf Volksfesten und in Bierzelten wie z.B. in Bruckmühl, Aibling und Rosenheim, aber auch beim Maibaumaufstellen, bei Feuerwehr- und Veteranenbällen. Mit der Musik kam Leonhard Grabichler in seiner aktivsten Zeit in ganz Bayern herum und war von März bis September kaum ein Wochenende daheim. Oft blieb nur ein Sonntag, um schnell das Heu hereinzubringen. Die Arbeit am Hof mußten in der Zwischenzeit seine Frau und seine zwei Buben bewältigen.
Im Rahmen dieses Beitrags konnten nur einige wenige Punkte angeschnitten werden. Eine eigene Arbeit soll weitere Aspekte des vielfältigen musikalischen Lebens in Tuntenhausen und seiner Umgebung beleuchten.[1]

Quellen
Pfarrarchiv
– Verschiedenes
Vereinsarchive
– Vereinschroniken und -protokollbücher
Interviews

[1] Dieser Beitrag soll auch als Anregung für die Tuntenhausener dienen, selbst einmal der Musik ihres Dorfes nachzuspüren. Vielleicht kennt noch jemand die Tänze, die in der Gegend früher getanzt wurden, und weiß, wie sie gehen. Vielleicht hat jemand Fotografien von Musikkapellen, von Einzelmusikanten, von Sängern oder von Tanzenden. Vielleicht liegen auf irgendeinem Speicher Noten, die darauf warten, daß man sie wieder zum Klingen bringt. Wie oft wurden in der Vergangenheit solche Dinge achtlos weggeworfen, weil man nicht wußte, was man damit anfangen sollte. Vielleicht lassen sich die neuen Kapellen dazu anregen, einmal auf die Spielweise und das Repertoire der alten Musiken zurückzugreifen, wenn man ihnen entsprechendes Notenmaterial zur Verfügung stellt. Das Volksmusikarchiv des Bezirks Oberbayern ist gern bereit, mit Rat und Tat zu helfen, ist aber auch auf die Mithilfe von Leuten angewiesen, die noch etwas wissen und erzählen können.

Folgende Seite
42 *Aufruf zum Eintritt in den neugegründeten »Katholischen Männerverein Tuntenhausen« vom 31. März 1946, der die Nachfolge des »Bayerisch-Patriotischen Bauernvereins« (aufgelöst 1933) antrat*

Katholischer Männerverein Tuntenhausen

Geschäftsstelle:
Pfarramt Tuntenhausen.
31. März 1946

Sehr geehrter Hochwürdiger Herr Pfarrer!
Sehr geehrter Herr Obmann!

Der Bayerische Patriotische Bauernverein zu Tuntenhausen hat nach einer großen und denkwürdigen Vergangenheit am 27. Juli 1933 gegen den Willen seiner Mitglieder ein Ende gefunden. Ihn wieder ins Leben zu rufen erscheint unter den heutigen Verhältnissen nicht angebracht. Um die weltanschauliche Tradition im Bayerischen Bauernstand und Bürgertum aber unter Einschluß der übrigen Volkskreise fortzuführen und im verstärkten Maße zu pflegen, wurde

die Gründung eines Katholischen Männervereins zu Tuntenhausen

beschlossen. Über sein Programm und die Art seines Aufbaues geben die beiliegenden Satzungen Aufschluß.

Tuntenhausen hatte für das katholische Leben unserer Heimat in den vergangenen Jahrhunderten große Bedeutung. In religiös gefährdeten Zeiten war es eine Hochburg treuen standhaften Glaubenslebens. Von seinem Gnadenbilde strömte reicher Segen hinaus ins Bayerische Land. Im Jahre 1942 hat der Heilige Vater Papst Pius XII. die Tuntenhausener Wallfahrtskirche zur Basilika erhoben. Mit der feierlichen Bekanntgabe dieser Erhebung im Frühsommer soll das erste öffentliche Auftreten unseres Vereins verbunden sein. Er will ja zu einer tragenden Stütze der Wallfahrt, zum Boten ihres Segens werden.

Darum ergeht der Aufruf an die katholischen Männer, sich um das Banner der Gnadenmutter zu sammeln und dafür zu werben, daß Tuntenhausen wieder das sei, was es in der Vergangenheit war. So wird auch der Wunsch des Hochwürdigsten Herrn Kardinals sich erfüllen, daß von unserem Marienheiligtum lebendiges Christentum auf die ganze Diözese sich ergieße.

Anmeldungen und Anfragen sind zu richten an das Pfarramt Tuntenhausen. Außer den Satzungen liegen Formulare für die Mitgliederlisten bei.

Dr. A. Hundhammer
1. Vorstand

J. Lampl
Geistl. Rat, Schriftführer

M. GRESKA München, Oberanger 12 3. 46. 300.

Historische Besonderheiten

Institutionen, die helfen können
- Gemeindeverwaltung
- Kreisheimatpfleger
- Staatsarchiv München, Schönfeldstr. 3, 8 München 22
- Bayerisches Hauptstaatsarchiv, Schönfeldstr. 5, 8 München 22
- Bayerische Staatsbibliothek, Ludwigstr. 16, 8 München 22

Hilfsmittel und Nachschlagewerke
- Allgemeine Deutsche Biographie, hg. v. Historische Commission bei der Königlichen Akademie der Wissenschaften, Leipzig 1875-1910
- Neue Deutsche Biographie, hg. v. Historische Kommission bei der Bayerischen Akademie der Wissenschaften, Berlin 1953ff.
- Bosl, Karl (Hg.): Handbuch der Historischen Stätten Deutschlands, Bd. 7: Bayern, 3. Aufl. Stuttgart 1981
- Bosl, Karl (Hg.): Bosl's Bayerische Biographie, Regensburg 1983, Ergänzungsband Regensburg 1988

Der Bayerisch-Patriotische Bauernverein und der Katholische Männerverein Tuntenhausen

Wolfgang Stäbler

Landwirtschaftliche Vereinigungen gab es in Bayern bereits im 18. Jahrhundert. Die »Churbaierische Landesökonomiegesellschaft« und ab 1809 der »Landwirtschaftliche Verein« stellten aber in erster Linie staatlich geförderte Adels- und Gelehrtenzirkel dar, die zu dem Zweck gegründet worden waren, für die Hebung der landwirtschaftlichen Produktion zu sorgen. Mit der Auflösung der leib- und grundherrschaftlichen Bindung im frühen 19. Jahrhundert zeigten sich erste Ansätze einer berufsständischen Sammelbewegung und Vertretung der bayerischen Landwirte. Lokale Bauernvereine entstanden, so etwa 1831 in Vilsbiburg[1]. Die Reorganisation des Landwirtschaftlichen Vereins im Jahr 1850 erweiterte seine Basis und führte in steigendem Maße auch Bauern in seine Reihen[2].
Bauernvereine mit politischem Anspruch formierten sich jedoch erst in den Jahren des beginnenden Kulturkampfs. Nach der Etablierung eines niederbayerischen Bauernvereins in Deggendorf (5.1.1869) überzog eine Welle von

Gründungen lokaler »Bayerisch-Patriotischer Bauernvereine« die alt- wie neubayerischen Lande. Neben Vereinsgründungen in Oberaudorf, Miesbach, Valley, Erding, Steinhöring, Oberbergkirchen bei Mühldorf oder Obing, um nur einige zu nennen, wurde am 19. September 1869 auch in Tuntenhausen ein »Bayerisch-Patriotischer Bauernverein« ins Leben gerufen, der im Gegensatz zu seinen Parallelorganisationen überörtliche Bedeutung erlangen und über Jahrzehnte einen gewichtigen Faktor im politischen Leben Oberbayerns darstellen sollte[3].

Wie in Deggendorf und einigen anderen Orten war auch in Tuntenhausen der lokale Adel maßgeblich an der Vereinsgründung beteiligt. Graf Ludwig von Arco-Zinneberg, Besitzer des Schloßguts Maxlrain[4], war zusammen mit dem Professor für Kirchenrecht und -geschichte, Balthasar Daller, dem Landtagsabgeordneten und ab 1891 Fraktionsführer der Bayerischen Patrioten- bzw. Zentrumspartei[5], die treibende Kraft. Um die Mobilisierung des katholischen Lagers zu erreichen, hatte Arco-Zinneberg 1866 in München ein »Katholisches Casino« gegründet, nach dessen Vorbild auch in den Landstädten und Märkten ähnliche Institutionen entstanden waren (1869 in Rosenheim, 1871 in Aibling)[6]. Der Bauernverein mit Sitz an dem bekannten Wallfahrtsort sollte nicht nur die wirtschaftlichen Interessen der bäuerlichen Bevölkerung vertreten, sondern als ländliches Pendant der »Casinos« vor allem die Patriotenpartei und damit den katholischen Flügel gegen Liberalismus, Sozialismus und »Preußentum« unterstützen.

Die Gründungsversammlung war ein voller Erfolg. Nach einer Rede Dallers ließen sich von rund 300 Zuhörern 222 in den Verein aufnehmen. Zum 1. Vorsitzenden wurde Graf Arco-Zinneberg bestimmt, zum 2. Vorstand Johann Baptist Schäfler, Schmidbauer von Schmidhausen. Als Kassier fungierte der Tuntenhausener Huberbauer Sebastian Ehberger, als Schriftführer der Beyhartinger Expositus Caspar Taubenberger. Unter den 20 Beisitzern und Ausschußmitgliedern befanden sich neben Landwirten sechs Pfarrer, ein Mesner, je ein Sattler- und Kistlermeister sowie ein Müller[7]. Noch im selben Jahr wurde die erste Generalversammlung anberaumt, Vereinsstatuten am 10. Januar 1870 in Aibling beraten. Als Zweck des Zusammenschlusses sahen sie die fachliche Weiterbildung der Landwirte und die »Besprechung socialer und politischer Tagesfragen ... zur Belebung des Standes- und Rechtsbewußtseins des Bürgers und Landmanns« vor. Dementsprechend war in erster Linie daran gedacht, nur Bauern und der Landwirtschaft nahestehende Personen in den Verein aufzunehmen; Standesfremde bedurften vor ihrem Beitritt der Genehmigung durch einen Ausschuß. Eine jährliche Zusammenkunft im September mit feierlichem Gottesdienst und anschließender Tagung sollte die Gemeinschaft stärken und zur Artikulierung und Förderung der landwirtschaftlichen Interessen dienen[8].

Welche konkreten politischen Zielsetzungen verfolgte nun der Tuntenhausener Bauernverein? Aufschlüsse darüber gibt ein Reformprogramm, das der von Arco-Zinneberg besoldete Theologe und Politiker Georg Ratzinger[9] unter der Ägide des Grafen ausarbeitete und 1883, ein Jahr nach dessen Tod, veröffentlichte. Die in 14 Punkte gegliederten »Grundzüge eines Agrarrechts«, die Arco dem Bauernverein als Grundsatzpapier hatte vorlegen wollen, forderten die Einschränkung der landwirtschaftlichen Verschuldung, die als die Hauptursache der wirtschaftlichen Schwierigkeiten des Bauernstandes angesehen wurde. Das bäuerliche Erbrecht müsse dahingehend modifiziert werden, daß dem Erben mindestens der halbe Schätzwert des Anwesens schuldenfrei verbleibe. Die unteren Behörden sollten die Möglichkeit erhalten, Güterzertrümmerungen zu verhindern. Weitere Vorteile sollten den Landwirten die Einführung einer Hagelversicherung, die Erhöhung der Schutzzölle und die Minderung der Militärlasten bringen. Eine »Couponsteuer« auf die Erträge von Anleihen und Aktien sei einzuführen. Die Handschrift des schon von Zeitgenossen als »ultrareaktionär« eingestuften Ratzinger[10], einer der widersprüchlichsten und schillerndsten Persönlichkeiten auf der bayerischen politischen Bühne des ausgehenden 19. Jahrhunderts, zeigte sich vor allem in den sozialpolitischen Vorstellungen. Die staatliche Unterstützung Bedürftiger sei vollständig einzustellen und durch freiwillige Almosen zu ersetzen. Müßiggänger solle man in Arbeitshäuser einweisen, »unterstützungsunwürdige Elemente ... ihrem Schicksal überlassen.« Für die Landgebiete forderte das Programm die Abschaffung der Freiheit zu Eheschließungen, so daß Dienstboten und anderen Vermögenslosen die Ehe untersagt werden könne. Das ländliche Schulwesen sei schließlich einzuschränken, da für den Bauernstand und vor allem die Frauen eine geringere theoretische Ausbildung vollauf genüge: »Das beste, was die Landschulen bieten und die Erziehung gewähren kann, ist die Liebe zur Arbeit und Thätigkeit, zu Entbehrung und Sparsamkeit. Demgegenüber ist es höchst gleichgültig, ob die Bäuerin etwas besser lesen oder schreiben kann... Es fehlt nur noch, daß die Bäuerinnen sich zur Kaffeetasse setzen und mit feineren Handarbeiten den Tag todtschlagen, um unseren Bauernstand von Grund auf zu ruinieren.« Kennzeichnend für die angestrebte enge Verknüpfung von Politik und Religion war der letzte Programmpunkt: »Alle wirthschaftlichen Reformen, welche segensreich wirken sollen, müssen eine religiöse Grundlage haben. Alle Gesetze und Organisationen sind machtlos, wenn die Bevölkerung jener sittlichen Kraft entbehrt, welche nur aus religiöser Überzeugung und kirchlicher Uebung entspringt.«[11]

Für viele der neueintretenden Mitglieder waren aber wohl die wirtschaftlichen Aktivitäten des Vereins mit von ausschlaggebender Bedeutung. Er organisierte verbilligte Sammelbestellungen von Kunstdünger bei den Chemischen Werken Heufeld und betrieb den Aufbau eines Netzes von Darlehenskassenvereinen. Unentgeltliche Rechtsauskünfte sowie Hilfen bei Brandkatastrophen oder Unwetterschäden gehörten darüberhinaus zu den Dienstleistungen des Bauernvereins, der rasch expandierte und kurz vor dem Ersten Weltkrieg rund 7.000, in den Jahren danach annähernd 5.000 Mitglieder zählte[12].

In die Jahre des Vereinsvorsitzes von Balthasar Daller, der 1882-1911 Graf Arco nachfolgte und in seiner Stellung als Landtagsabgeordneter und ab 1891 als Führer der bayerischen Zentrumsfraktion die Verbindung zur »großen« Politik herstellte, fällt die Ausweitung der jährlichen Vereinsversammlungen zu politischen Großkundgebungen von überregionaler Bedeutung, die einen ähnlichen Stellenwert wie die niederbayerischen Aschermittwochsversammlungen nach dem Zweiten Weltkrieg erreichten. Kleriker und prominente Parteipolitiker traten vehement gegen liberalistisches Gedankengut und die »preußische Gefahr« auf[13]. Es entstand, wie es Ludwig Thoma 1909 bissig charakterisierte, ein »Stimmviehmarkt«[14].

Das nicht zuletzt aus der hohen Popularität seiner Veranstaltungen erwachsende Selbstbewußtsein des Bayerisch-Patriotischen Bauernvereins zu Tuntenhausen äußerte sich darin, daß er sich hartnäckig weigerte, sich wie die übrigen katholischen landwirtschaftlichen Organisationen Bayerns ab 1893 im Christlichen Bauernverein (CBV) zu vereinigen und sich damit der Regensburger Zentrale des »Bauerndoktors« Georg Heim unterzuordnen. Auch Druck durch den CBV, der etwa am 3. September 1911 parallel zur Tuntenhausener »Bauernparade« demonstrativ eine Konkurrenzveranstaltung mit Heim in Rosenheim abhielt, konnte die Einigung nicht erzwingen. Nachdem sich der neue Vereinsvorsitzende, Pfarrer Josef Gasteiger (1911 bis 1919), ein Neffe Dallers, bei Heim über diese Art des Konkurrenzkampfes im katholischen Lager beschwert hatte[15], wurde schließlich am 12. April 1912 ein Abkommen zur Zusammenarbeit mit der Regensburger Bauernzentrale geschlossen. Der Tuntenhausener Bauernverein sollte nun die sieben Amtsgerichtsbezirke Rosenheim, Prien, Aibling, Miesbach, Wasserburg, Haag, Ebersberg und Teile Erdings und Mühldorfs selbständig bearbeiten, der CBV den Rest Oberbayerns[16]. Vorstöße aus der Vereinsbasis, sich aus finanziellen Aspekten dem Christlichen Bauernverein anzuschließen, blieben auch unter der Vorstandschaft des Ökonomierats Josef Wieser aus Frauenneuharting (1919-1933) ohne Erfolg[17].
In den bewegten Jahren der Weimarer Republik erhielten die Tuntenhausener Bauerntage als Foren der Agitation gegen den »Berliner Zentralismus« und für die bayerische Eigenstaatlichkeit neue Bedeutung. Mit Spannung erwartete Stellungnahmen prominenter Politiker der Bayerischen Volkspartei wie des Ministerpräsidenten Heinrich Held, des Innenministers Karl Stützel, des Parteivorsitzenden Fritz Schäffer oder Alois Hundhammers vermittelten ihnen neues Gewicht. Wegen seiner markigen Redeweise als Referent besonders beliebt war aber Georg Heim, der hier die demokratische Verfassung Deutschlands als die »untauglichste der Weltgeschichte« verdammte und die Monarchie sowie den Ständestaat nach Muster des italienischen Faschismus Mussolinis pries, jedoch klar gegen Hitler Stellung bezog[18].
Da sich das »Bollwerk Tuntenhausen« als feste Basis der BVP und damit des politischen Katholizismus erwies, blieben Angriffe durch die NSDAP nicht

aus. Den Presseattacken gegen den Tuntenhausener Verein als Hort der Reaktion und seine Jahresversammlung als »Oktoberfest ... mit Komikervorstellung«[19] folgten nach der nationalsozialistischen Machtergreifung handfeste Repressalien. Ein am 21. /22. 5. 1933 in Rott am Inn mit Tausenden von Teilnehmern pompös abgehaltener NS-Bauerntag, als »neues Tuntenhausen« bezeichnet[20], kündigte die Wachablösung an. Im Zuge der Zerschlagung gegnerischer Organisationen wurde auch der Bayerisch-Patriotische Bauernverein zur Selbstauflösung gezwungen. Die letzte Generalversammlung am 27. 7. 1933 in Rosenheim beschloß die Liquidation[21]. Vom Vereinsvermögen konnte ein Drittel für die Wallfahrtskirche und eine Jahrtagsstiftung gerettet werden, der Rest floß »als Spende für die nationale Arbeit« in die Staatskasse[22].

Bereits wenige Monate nach Ende des Zweiten Weltkriegs trat der Tuntenhausener Pfarrer Innozenz Lampl mit Weihbischof Scharnagl in Verbindung, um eine Nachfolgeorganisation des Bauernvereins zu beraten. Auf Scharnagls Vorschlag, einen katholischen Männerbund zu gründen, versammelte sich am 15. November 1945 in Rosenheim eine Kommission unter Leitung des ehemaligen 2. Bauernvereinsvorsitzenden Ökonomierat Entfellner und beschloß die Gründung des Katholischen Männervereins Tuntenhausen. Als Vereinszweck sahen die Satzungen vor, »in der gesamten Öffentlichkeit für die Vertiefung des katholischen Glaubenslebens zu wirken und die katholischen Grundsätze überall zur Geltung zu bringen«[23]. Anfängliche Schwierigkeiten mit der Genehmigung durch die amerikanischen Besatzer wurden durch die Berufung des 1. Vorsitzenden, Alois Hundhammer, zum bayerischen Kultusminister ausgeräumt. Die erste der nunmehr zweimal jährlich stattfindenden Männerwallfahrten am 22. September 1946 wies bereits 300 Teilnehmer auf. Obwohl mit Alois Hundhammer (1945-1974), Max Streibl (1974-1989) und Hans Zehetmair (seit 1989) prominente Politiker der CSU den Vereinsvorsitz übernahmen und mit Ministerpräsident Hanns Seidel, Minister Fritz Schäffer oder Franz Josef Strauß hochkarätige Repräsentanten der bayerischen Landes- und deutschen Bundesregierung bei den Vereinstagungen Stellung zur politischen Lage bezogen und auch heute die konservativ-katholische Tradition ungebrochen gepflegt wird, konnte der Männerverein nach der Öffnung von der Standes- zur rein religiös-politischen Vereinigung nicht mehr an den Einfluß und die Mitgliederzahl der Vorkriegszeit anknüpfen. Mit gut 800 Mitgliedern wurde Mitte der siebziger Jahre der Höchststand erreicht[24].

Vereinsvorsitzende
Bayer.-Patriot. Bauernverein:

1869-1882	Ludwig Graf Arco-Zinneberg
1882-1911	Balthasar Daller
1911-1919	Josef Gasteiger
1919-1933	Josef Wieser

katholischer Männerverein:

1945-1974	Alois Hundhammer
1974-1989	Max Streibl
seit 1989	Hans Zehetmair

Ältester erhaltener behördlicher Bericht über eine Generalversammlung des Bayer.-Patriot. Bauernvereins Tuntenhausen, 25. 9.1876.
(Bayerisches Hauptstaatsarchiv, MInn 73483)

Nach Hochamt mit Predigt des Landtagsabg. Balth. Daller sowie anschließender Prozession kommen im Hofraum des Gastwirts Ignaz Kreitmayr 300 bis 400 Personen zusammen, »fast ausschließlich Landleute und katholische Geistliche«. Vom Kirchturm weht die weiß-blaue Fahne, die aufgestellte Rednertribüne ist ebenso geschmückt.
Nach einführenden Worten des Vereinsvorsitzenden Ludwig Graf Arco-Zinneberg referieren der Landtagsabgeordnete Georg Ratzinger und der Aiblinger Männervereinsvorstand, Kürschner Schild. Sie wenden sich heftig gegen Militärlasten, Sozialdemokratie und Liberalismus, der den Kulturkampf betreibe. Landtagsabg. Daller gibt einen Rechenschaftsbericht über das Verhalten der Patriotischen Partei in der bayerischen Abgeordnetenkammer. Abschließend legt Pfarrer Taubenberger/Rohrdorf den Kassenbericht zum Rechnungsjahr 1875 vor. Nach 3 1/4 stündiger Versammlungsdauer setzt heftiger Regen ein; Graf Arco schließt die Generalversammlung.

– – – – – – –

Die Generalversammlung des bayerisch patriotischen Bauernvereins Tuntenhausen wurde, nachdem Vormittags in der Kirche Hochamt mit Predigt, welche Abgeordneter Dr. Daller aus Freising hielt, sowie eine Procession stattgefunden hatte, gestern Nachmittag nach 2 Uhr im Hofraum des Wirthes Ignaz Kreitmayr zu Tuntenhausen abgehalten.
Es mögen ungefähr 300 bis 400 Zuhörer, fast ausschließlich Landleute und katholische Geistliche, anwesend gewesen sein.
Vom Kirchthurm wehte die blau-weiße Fahne, am Wirtshause war im Freien eine kleine blau-weiß gezierte Rednerbühne aufgeschlagen, ein weiterer festlicher Schmuck war nicht angebracht.
Der Vorstand des Bauernvereins Graf Ludwig Arco-Zinneberg auf Maxlrain eröffnete die Versammlung mit dem Gruße »Gelobt sei Jesus Christus«, ermahnte den Bauernverein trotz der Ungunst der Zeiten in seinen Bestrebungen auszuharren und hiedurch der katholischen Kirche und dem Vaterlande zu dienen.
Solange der Papst nicht Friede schließe, dürfte auch das katholische Volk nicht Friede machen. Der Papst sei das leuchtende Vorbild des katholischen Volks in Allem.
Der Sieg sei ihm und mit ihm dem katholischen Volke gewiß.
Hierauf bestieg Abgeordneter Dr. Ratzinger aus München die Bühne, um auseinanderzusetzen, wie die Hoffnungen des bayrischen Volkes nach dem siegreichen Kriege vom Jahre 1870/1 alle fehlgeschlagen seien.
Eine furchtbare Militärlast bedrücke das Volk, Gewerbe und Handel liegen darnieder, das Volk verarme in Folge der liberalen Gesetzgebung nur mehr, das Proletariat dagegen wachse riesengroß heran und Deutschland sei in Folge des Kulturkampfes noch niemals so uneinig im Innern gewesen, wie jetzt.
Diese Zustände seien unhaltbar, wenn sie voraussichtlich auch noch eine Zeitlang währen werden.

Nur eine grosse Katastrophe von Aussen, welche aber Gott verhüten möge, oder eine Bedrohung durch die Sozialdemokratie scheine die Gesellschaft wieder zu den Grundsätzen des Christenthums zurückführen zu können, denn der kirchenfeindliche Liberalismus habe noch immer in Deutschland die Oberhand.
Die Schrecken des Kulturkampfes wären Bayern nicht erspart worden, wenn nicht das katholische Volk so mannhaft aufgetreten wäre. Seitdem spiele man in Bayern unter der Decke Culturkampf, welche Kampfweise mitunter gefährlicher sei als der offene Kampf. Desto entschiedener müsse das katholische Volk zu seinem Clerus stehen.
Der Vorstand des katholischen Männervereines von Aibling Kürschner Schild v. dort spricht die Hoffnung aus, daß der katholische Clerus fest zusammenhalten werde, trotz der Lockungen der Regierung, welche s. g. Versöhnungsgeistliche bei Besetzung höherer Stellen offenbar bevorzugen.
Eine Versöhnung zwischen Liberalismus und Katholizismus sei nicht denkbar.
Gerade die Lauheit in katholischen Fragen habe der Papst erst neulich in seinem Schreiben an die katholische Generalversammlung in München so scharf verurtheilt.
Redner malt hierauf die Schrecken des Kulturkampfes in Preussen, welcher der katholischen Sache genützt habe.
Er kritisiert den Militarismus und die überhandnehmende Prostitution in den Städten und ermahnt schließlich angesichts der zu Tage tretenden Spaltung der katholischen Presse, das Gute von beiden Theilen herauszusuchen, wozu das katholische Gewissen der beste Rathgeber sein werde.
Abgeordneter Dr. Daller aus Freising gibt Rechenschaft über das Verhalten der patriotischen Fraktion in der Kammer.
Nachdem die Krone von ihrem souveränen, verfassungsmässigen Rechte, die Minister entgegen dem Willen der Volksvertretung zu behalten, Gebrauch gemacht, habe die konservative Partei entweder trotzdem auf ihrem Platze bleiben oder ihr Mandat niederlegen müssen.
Sie habe ersteres vorgezogen, da die Gefahr bestand, daß die Regierung auf dem Wege der Wahlkreiseintheilung eine liberale Majorität zu Stande bringe.
Die patriotische Majorität habe Positiv nichts geschaffen, aber viel Uebles verhindert.
Sie sei in allen prinzipiellen Fragen einig gewesen. Das Budget habe man nicht rundweg verweigern können ohne Schädigung der Landesinteressen und ohne Folgen der Kammerauflösung, welche, wie oben erwähnt bedenklich hätte werden können.
Die Summen für ausserordentliche Militärbedürfnisse hatten ebenfalls bewilligt werden müssen, da man die Söhne Bayerns nicht schlechter als die Preussens ausgerüstet ins Feld ziehen lassen könne. Es ruhe eben der Fluch des Militarismus auf dem größten Theile der Welt, welche jetzt wieder vor dem Ausbruche des Krieges stehe, in welchem Rußland, der Knechter des edeln katholischen Polens, den Schützer des Christenthums zum Hohne des zivilisirten Europas spiele.
Der Gesetzentwurf wegen direkter Wahlen sei durch die Abtrünnigkeit der liberalen Partei vereitelt worden. Die Beschlüsse in Bezug auf die Gehaltsaufbesserung bezielen den Beamtenstand durch Pragmatisirung ihrer Bezüge den Ministern gegenüber unabhängiger zu stellen, die Forderung der Regierung und ersten Kammer aber hätte eine Mehrbewilligung von 700000 fl. erfordert, was die Finanzlage Bayerns, welches seit Jahren ein verstecktes Defizit hat, nicht gestatte. Die Mittel zum Baue eines

Justizpalastes in München habe man verweigert, weil man nicht einem Minister, welcher ein Mißtrauensvotum erhalten habe, solche grosse Summen zu einem Prachtbau habe bewilligen wollen.
Die Genehmigung des Postetats für das Regierungs-Gebäude in Speier sei kein Clubsbeschluß gewesen.
Die Kammer habe gespart, aber das Nothwendige bewilligen müssen. Hinterher sei leicht, in Blättern andere Rathschläge zu ertheilen.
Ueberhaupt wünscht Redner, daß solche Schreier selbst einmal in der Kammer sässen, um die schwierige Lage eines Volksvertreters zu erfahren.
Man möge sich durch solche Zeitungsartikel nicht abwendig machen lassen.
Der gegenwärtige Streit in der katholischen Presse sei ein Läuterungsproceß der schließlich zur vollen Einheit, zu einem gemeinsamen, bestimmten Programm in allen katholischen Fragen führen müsse und den jetzigen schwankenden Zustand in der Partei beseitigen werde.
Das gebe Gott! Beifall.
Hierauf legt der Schriftführer des Vereins Pfarrer Taubenberger von Rohrdorf den Rechnungsbericht pro 1875 vor.
Der Verein welcher circa 1300 Männer umfaßt, hatte ungefähr 600 fl. Einnahmen und nach Abzug der Ausgaben 200 fl. Aktivrest. Der Hl. Vater erhielt 50 fl. der Bonifaziusverein dieselbe Summe, für Wohlthätigkeitszwecke wurden 100 fl. verausgabt.
Für jedes verstorbene Mitglied wird eine Hl. Messe bezahlt. Jedes Mitglied zahlt jährlich 70 Pfg. und erhält dafür den Marienkalender, welcher im Ankaufe schon 50 Pfennige kostet.
Auch pro 1876 wurden 50 fl. für den Papst, 50 fl. für den Bonifaziusverein bewilligt.
Redner dankt den fremden Gästen und Rednern, welche ohne jede Entschädigung den Versammlungen anzuwohnen pflegen.
Da ein heftiger Regen die Weiterführung der Versammlung im Freien unmöglich macht, schließt der Vorstand Graf Arco Abends 5 1/4 Uhr die Versammlung.
Ein Hoch auf König oder Papst wurde nicht ausgebracht.
Die Versamlung bot überhaupt ein sehr ruhiges Bild und lohnte nur sehr spärlicher Beifall die Redner.
Eine Ordnungs- oder Gesetzwidrigkeit fiel nicht vor. Gendarmerie war zur Stelle.
Gehorsamst Frhr. v. Straichs, B.A. Commissär.

Ungedruckte Quellen
Bayerisches Hauptstaatsarchiv (BayHStA)
– Ministerium des Inneren (MInn) 73 483
Staatsarchiv München (StAM)
– Rentämter (RA) 3790, Nr. 57 826
Gemeinde Tuntenhausen
– Akt Bayerisch-Patriotischer Bauernverein

Gedruckte Quellen
(Zeitungen mit ausführlicher Berichterstattung über die Tuntenhausener Vereinstagungen)
– Aiblinger Wochen- bzw. Tageblatt
– Aiblinger Zeitung
– Die Front, Jg. 1932
– Mangfallbote
– Oberbayerisches Volksblatt
– Rosenheimer Anzeiger
– Der Wendelstein/Rosenheimer Tagblatt Wendelstein

[1] Vgl. 150 Jahre Bauernverein Vilsbiburg.
[2] Zur Entwicklung der landwirtschaftlichen Organisationen: A. Hundhammer, Berufsvertretung, S.1 ff.; A. Sandberger, Landwirtschaft, S. 741 f.; A. Schlögl, Agrargeschichte, S. 566ff; H. Haushofer, Landwirtschaft, S. 74 ff.
[3] Vgl. die Statistik bei F. Hartmannsgruber, Patriotenpartei, S. 59ff; zu Gründung und Entwicklung des Tuntenhausener Bauernvereins s. auch im folgenden: 60 Jahre Bayer.-Patriot. Bauernverein, S. 4 ff.
[4] Biographie in: B. Lang, Kath. Männer, S. 106 ff.
[5] Biographie: K. Petermeier, Daller, S. 19 ff.
[6] F. Hartmannsgruber, Patriotenpartei, S. 59 ff.
[7] Meldung an Bezirksamt Rosenheim 29. 10.1869, StAM RA Fasc. 3790, Nr. 57826
[8] Statuten, Akt Bayerisch-Patriotischer Bauernverein, Gemeindeverwaltung Tuntenhausen.
[9] Biographie in: Allgemeine Deutsche Biographie, Bd. 53, S. 215ff.
[10] L. Fränkel, ebd., S. 217.
[11] G. Ratzinger, Erhaltung, Programmpunkte und Erörterungen, jeweils S. 1ff.
[12]

1876:	1.300 Mitglieder
1883:	800 Mitglieder
1894:	2.000 Mitglieder
1902:	4.800 Mitglieder
ca. 1913:	7.000 Mitglieder
ca. 1925:	5.000 Mitglieder

Bericht an Bezirksamt Rosenheim über Generalversammlung Tuntenhausen 25. 9.1876; BayHStA MInn 73 483; Bericht an Bezirksamt Wasserburg über Versammlung in Amerang 21. 5.1894, ebd.; Bayer. Kurier u. Fremdenblatt 23. 9.1902, ebd.; K. Petermeier, Daller, S.43; 60 Jahre Bayer.-Patriot. Bauernverein, S. 11; A. Hundhammer, Berufsvertretung, S. 40.
[13] Vgl. Die Zusammenstellung von Gendarmerie- und Zeitungsberichten in BayHStA, MInn 73483.
[14] L. Thoma, Tuntenhausen, S. 12.
[15] Zentralgenossenschaft, S. 5.
[16] 60 Jahre Bayer.-Patriot. Bauernverein, S. 17.
[17] Rosenheimer Tagblatt Wendelstein 6./7.2.1930, 7./8.2.1930.
[18] Vgl. W. Stäbler, Weltwirtschaftskrise, S. 458 ff.
[19] Die Front 24. 9.1932.
[20] Vgl. W. Stäbler, Weltwirtschaftskrise, S. 466.
[21] Aiblinger Tagblatt 1.8.1933.
[22] Geschäftsstelle Rosenheim des Bayer.-Patriot. Bauernvereins an Pfarramt Tuntenhausen 1.8.1933, Akt Bayer.-Patriot. Bauernverein, Gemeindeverwaltung Tuntenhausen.
[23] Satzungen, Akt Bayer.-Patriot. Bauernverein Tuntenhausen, Gemeindeverwaltung Tuntenhausen.
[24] Geschichte d. Kath. Männervereins, 2 masch. Fassungen, Akt Bayer.-Patriot. Bauernverein, Gemeindeverwaltung Tuntenhausen.

43 Männertagung in Tuntenhausen am 7. Mai 1950.
Pfarrer Lampl mit dem Festprediger Weihbischof Johannes Neuhäusler aus München. Foto Helber, Dorfen

Tuntenhausen in den Augen von Ludwig Thoma und Carl Amery

Ferdinand Kramer

Ludwig Thoma und Carl Amery beschäftigten sich in ihrem literarischen Werk beide mit Tuntenhausen. Beide waren bzw. sind scharfe Kritiker einer unreflektierten Vermengung von Brauchtum, Kirche und Glaube und Politik. Ludwig Thoma lebte von 1867 bis 1921. Carl Amery ist ein zeitgenössischer Schriftsteller. Er wurde 1922 geboren.

In der von ihm mitbegründeten Zeitschrift »Der März« veröffentlichte Thoma 1909 eine bissige Beschreibung der Herbsttreffen des Bauernvereines.[1] Thoma nennt die Tuntenhausener Veranstaltung einen »großen und beliebten Stimmviehmarkt«, auf dem die katholische Geistlichkeit heftig gegen liberale Minister schimpft und mit »boarischer« Kraft »wuchtige Schläge auf Autoritäten« austeilt. Die Stimmung beim Herbsttreffen war nach Thoma von Bier, Schneid, Rauflust und Saftigkeit geprägt: »Was hat es in Tuntenhausen schon für fidele Tage gegeben!« Nicht alle politischen Themen, die die »studierten Herren« als Redner behandeln, würden von den Zuhörern auch verstanden. Das liest sich auch bei Carl Amery: »Die Männer hinter den halbleeren oder leeren Maßkrügen, den Tellern voll Wursthäuten und braunem wäßrigen Senf, begreifen nicht alles.« Die Männer, die zuhören, werden bei Thoma und Amery als diejenigen charakterisiert, die die Politik derer, die da reden, erdulden müssen. »Sie wenden ihm breite und hagere, dumpfe und pfiffige Gesichter zu.« Eines verbinde sie; sie alle verstehen »ziemlich viel von Wachsen«, also von materiellem Zugewinn.
Thoma und Amery beschreiben das Tuntenhausener Bauernvereinstreffen wie eine Bühne, die für eine Aufführung bayerischer, katholischer und kräftig sich artikulierender Politik wie geschaffen scheint. In dem Roman »Die Wallfahrer«[2] aus dem Jahr 1986 ist Tuntenhausen für Amery aber noch mehr; die Tuntenhausener Wallfahrt wird in der Person des Gropp, des Stifters einer Votivtafel, gleichsam zum Leitfaden für Amerys Roman: »Tuntenhausen, eine seit Jahrhunderten gerühmte Gnadenstätte Unserer Lieben Frau im Oberbayerischen. So ist die alt-bairische katholische Welt Schauplatz und Szenenplan, dem der Weg von vier Jahrhunderten in die Endzeit (wie provisorisch immer) eingezeichnet wird.«

Zu den Grundaussagen in Amerys Roman gehört, daß die alt(!)-baierische Welt Stück für Stück aufgelassen wird, die vermeintliche »Bühne« – symbolträchtig und beispielhaft wählt Amery Tuntenhausen – aber scheinbar erhalten bleibt. Doch der Schein trügt. Auch in Tuntenhausen selbst registriert er Veränderungen: »Der Minister bleibt am Ortsrand stehen, wo die Halle einer Landmaschinenfabrik hochgezogen wird«, und weiter: »Es wird dies eine Halle für große Maschinen, die große Wirtschaftsflächen voraussetzen, Flächen, die kein altmodischer Familienhof mehr bewältigen kann.« Und dann fragt er: »Wohin weist der Finger der Zukunft?« Eine Antwort darauf gibt er nicht. Er hinterläßt Zweifel, ob die angestrebte Symbiose von Modernisierung und Tradition wirklich gewollt wurde, ob sie gelungen ist, und ob sie überhaupt gelingen kann. Was bei Thoma kaum anklingt, beschreibt Amery fast 80 Jahre später als Realität: »...die große Zeit der Politik aus dem Glauben ist vorbei...«
Carl Amery hat sich offensichtlich intensiv mit der Tuntenhausener Wallfahrt und mit dem Ort selbst beschäftigt. Er übernimmt aus den Mirakelbüchern, er beschreibt Veränderungen im Ort, die Ausstattung des Wirtshauses und vieles andere mehr. Tuntenhausen wird in dem Roman Spiegelbild und Reflex der Veränderungen aller Lebensbereiche, die Amery für die Nachkriegsjahrzehnte feststellt.

[1] L. Thoma, Tuntenhausen, in: Der März 3 (1909) S. 12-14.
[2] C. Amery, Die Wallfahrer. Roman, München 1986.

Ton- und Filmdokumente zur Geschichte von Tuntenhausen

Birgit Gruber-Groh

Institutionen, die helfen können
- Archiv des Bayerischen Fernsehens, München-Freimann. Direktion des Bayerischen Fernsehens, Rundfunkplatz 1, 8000 München 2. (Benutzung des Archivs ist nur mit einer schriftlichen Erlaubnis der Fernsehdirektion möglich!)
- Wortdokumentation des Bayerischen Rundfunks, Rundfunkplatz 1, 8000 München 2

Die Archive des Bayerischen Rundfunks und des Bayerischen Fernsehens sind nach Personen, Orten und Schlagworten gegliedert. Um eine möglichst vollständige Sammlung von Ton- und Bilddokumenten zu erhalten, genügt es nicht, nur unter dem jeweiligen Ort nachzuschauen, sondern es ist sehr hilfreich, auch unter namhaften Personen, die mit dem Dorf in Verbindung standen, oder unter prägnanten Schlagworten zu suchen. Für Tuntenhausen wurde man außer unter dem Ort selbst wie folgt fündig:
- Kardinal Faulhaber
- Georg Heim
- Alois Hundhammer
- Fritz Schäffer
- Wallfahrten

Will man die jeweiligen Dokumente selbst anhören bzw. ansehen, müssen eigene Termine für die Benützung der Vorführräume vereinbart werden. Bestellt werden die Bänder bzw. Filme unter den angegebenen Nummern.

Tondokumente (Archiv des Bayerischen Rundfunks)
- Politisches Zeitbild
  Ansprache von Dr. Georg Heim in Tuntenhausen 1932 (Stellungnahme zu den bevorstehenden Reichstagswahlen und eindringliche Warnung vor der Diktatur)
  Privatplatte; Dauer 31 Min.
  Nr.: Dok. 5690
- Kardinal Faulhaber bei der Elternwallfahrt nach Tuntenhausen 1938 (Gegen die Gemeinschaftsschule!)
  Dauer 28 Min.
  Nr.: Dok. 5682-5683
- Schlußwort von Kardinal Faulhaber zur 500-Jahrfeier von Tuntenhausen am 19. Juli 1942
  Aufgenommen am 19. 7. 1942
  Dauer 17 Min.
  Nr.: Dok. 5681

– Der Bauerndoktor Georg Heim
  Gesendet: Unbekanntes Bayern
  Aufgenommen am 2.9.1955
  Autor: Hermann Renner
  (Enthält Tuntenhausen-Rede von Georg Heim von 1932)
  Dauer 52 Min. Nr.: 55/12763-64
– Der Bauerndoktor Georg Heim
  Gesendet: Unbekanntes Bayern
  Aufgenommen am 12. 9.1963
  Autor: Deutsche Journalistenschule
  Redaktion: Walther von LaRoche
  Dauer 49 Min. Nr.: 63/10003-04

Filmdokumente (Archiv des Bayerischen Fernsehens)
– Frühjahrstagung des Katholischen Männervereins in Tuntenhausen
  Gesendet: Aktuelle Viertelstunde vom 17. 5.1965
  (Landwirtschaftsminister Dr. Alois Hundhammer während einer Ansprache am Rednerpult stehend)
  Dauer 1 Min. Nr.: A 8469
– Staatsbegräbnis für Fritz Schäffer
  Gesendet und aufgenommen 1967
  (Trauerfeierlichkeiten in der Kirche Tuntenhausen anläßlich des Staatsbegräbnisses des ehemaligen Bundesfinanzministers Fritz Schäffer)
  Dauer 14 Min. Nr. 151020/12394
– Die Schlacht von Lepanto
  Gesendet: 6. 10. 1971
  Aufgenommen am 24. 9. 1971
  Redaktion: Lohmeier
  (Spuren der Seeschlacht von Lepanto in Bayern: u. a. Wallfahrtskirche Tuntenhausen außen und innen)
  Dauer ca. 12 Min. Nr.: 312101/D 5076
– Ein Land und seine Fürsten
  Gesendet: 6. 2. 1981
  Aufgenommen am 19. 11. 1979
  Redaktion: Dr. Gertrud Diepolder
  (Wallfahrtskirche Tuntenhausen außen und innen)
  Dauer ca. 60 Min.
  Nr.: 0031462
– Wenn'st pfeifst, kemma! Ein Porträt des Politikers und Genossenschafters Dr. Georg Heim.
  Gesendet: 16. 8.1988
  Redaktion: Hermann Renner
  (Originalton von Dr. Heim, aufgenommen 1932 bei den Bauerntagen in Tuntenhausen – Warnung vor der braunen Diktatur)
  Dauer ca. 43 Min. Nr.: 0074621

Zeittafel zu Tuntenhausen

um 500 v. Chr.	Kelten
um 50 n. Chr.	Einrichtung der Provinzen Raetia und Noricum durch Römer
um 500 n. Chr.	Frühes Mittelalter – Völkerwanderung-Merowingerzeit
um 1000	Kirche bei »Tontinhusa«
1480	Gotischer Kirchenneubau
1513-1533	Doppelturmfassade
1548	Kirchenbrand
1554	Erste Erwähnung eines Bäckers zu Tuntenhausen
1558	Im Visitationsprotokoll des Klosters Beyharting: »Hat (= Pfarrei Tuntenhausen) ein Schuelmeister beim Closter, ist erst bei 2 Jarn aufgericht worden. Prelat gibt dem schuelmeister für die Jungen 16 fl. und den Tisch.«
1572	Aussterben der Familie der Prettschlaipfer
1596-1611	Bemühungen des Klosters Beyharting um den Erwerb der Hofmarksgerechtigkeit
1626	Beschreibung Tuntenhausens im Beyhartinger »Gründtpüech«
1627-1630	Neubau des Langhauses der Kirche
1628-1630	Barocker Umbau der Kirche
1646/1648	Besetzung durch die Schweden und Franzosen
1660	Neubau der Taferne
1673/74	Weihnachtskrippe in der kurfürstlichen Residenz in München
1696	Erwerb der Hofmarksgerechtigkeit durch das Kloster Beyharting
1773	Renovierung der Kirche
um 1775	Konskription und Herdanlagebuch: 13 Anwesen, davon 7 mit Gewerbe
1794-1806	Matthäus Heiser ist Prediger in Tuntenhausen: In dieser Zeit errichtet er dort eine Feiertagsschule
1802	Tuntenhausen wird dem Landgericht Aibling zugeteilt
1803	Die Hofmark Beyharting wird säkularisiert. In Tuntenhausen findet die Aufteilung der Allmende statt

1803	Durch die Säkularisation des Klosters Beyharting wird der Staat Obereigentümer aller Höfe zu Tuntenhausen
1803-1809	Schulhausprojektierung
1804	Die Gemeinde Tuntenhausen baut das »Bruderschafts-Gräthe-Behältnis im Pfarrhause« zu einem Schulraum aus
1807-1826	Anton Gregor Gsellhofer, Pfarrer in Tuntenhausen
1807	Landgericht Aibling wird aufgelöst, Tuntenhausen wird dem Landgericht Rosenheim zugeteilt
1808	Steuerdistrikt Tuntenhausen gebildet
1808	Tuntenhausen liegt im Salzachkreis
1809/10	Montgelas-Statistik: 10 Berufe vertreten
1810	Tuntenhausen liegt im Isarkreis
1819	Gemeinde Tuntenhausen zählt 14 Dörfer, 2 Weiler und 5 Einöden mit insgesamt 126 Familien
1825	Tuntenhausen zählt 17 Häuser mit 127 Einwohnern
1832	Tuntenhausen zählt 18 Häuser mit 130 Einwohnern
1838	Tuntenhausen wird dem Landgericht Aibling zugeteilt
1840	Tuntenhausen zählt 18 Häuser mit 134 Einwohnern
1840	Anweisung zur Aufstellung der Krippe im Kirchenraum
1843	Mayer-Haus (Hausnummer 12) samt Stadel, Hofraum und Garten wird den Wirtleuten als Schulgebäude abgekauft und eingerichtet (Grundbucheintrag 25. 2.1845)
1844	Dorfbrand
1845	Der Wirt Alois Kreitmaier verkauft seinen Mayr-Zubau an den Schulfond zu Tuntenhausen
1847	Wiederaufbau des Schulhauses
1851/52	Plan eines Kapuziner-Hospitiums für die Wallfahrer
1852	Anfang der sog. Bauernbefreiung zu Tuntenhausen
1852/53	Renovierung der Kirche
1857/59	Grundsteuer-Kataster: 16 Anwesen, davon 8 mit Gewerbe
1859	Ausschreibung der Lehrerstelle: Vergütung 350 fl.
1867	Tuntenhausen zählt 25 Häuser mit 132 Einwohnern
1868	Neues Benefiziatenhaus
1869	Gründung des Bayerisch-Patriotischen Bauernvereins Tuntenhausen durch Ludwig Graf Arco-Zinneberg und Balthasar Daller
1869-1882	Ludwig Graf Arco-Zinneberg, Vereinsvorsitzender des Bayer.-Patriot. Bauernvereins
1870	Die Schule zu Tuntenhausen zählt 65 Werks- und 22 Feiertagsschüler, der Lehrer verdient 439 fl. 51 kr. und erhält 30 Tagw. Grund zur Nutznießung
1870	Lehrer Schauer aus der Oberpfalz tritt an
1876	Anbau der Gruftkapelle der Grafen Arco-Zinneberg

1877/78	Renovierung der Kirche
1880	Tuntenhausen zählt 157 Einwohner
1882-1911	Balthasar Daller, Vereinsvorsitzender des Bayer.-Patriot. Bauernvereins
1888	Tuntenhausen zählt 157 Einwohner
1890	Kirchtürme mit neugotischen Turmspitzen versehen
um 1900	Krippe beiseite gestellt
1899-1906	August Riedl, Bürgermeister
1907	Renovierung des Benefiziatenhauses
1907	Gründung des Burschenvereins durch Kooperator Karl Aertinger
1908	Weihe der Fahne des Burschenvereins
1911-1919	Josef Gasteiger, Vereinsvorsitzender des Bayer.-Patriot. Bauernvereins
1912	Abkommen mit den Bayerischen Christlichen Bauernvereinen zur Gebietsabgrenzung und Zusammenarbeit
1906-1914	Sebastian Rott, Bürgermeister
1915-1930	Josef Hauser, Bürgermeister
1919-1933	Josef Wieser, Vereinsvorsitzender des Bayer.-Patriot. Bauernvereins
1920-1925	Franz Xaver Hamberger, Pfarrer
1925-1931	Josef Kreuzer, Pfarrer
1928	Errichtung zweier Schießstätten
1930-1933	Johann Baptist Ehberger, Bürgermeister
1931	Errichtung einer Kleinkaliberschießstätte im Gasthaus von Tuntenhausen
1931-1950	Innozenz Lampl, Pfarrer
1933	»Neues Tuntenhausen« der NS-Bauernschaft in Rott am Inn
1933	Erzwungene Selbstauflösung des Bauernvereins
1933-1936	Johann Kellerer, Bürgermeister
1934	Renovierung des Benefiziatenhauses
nach 1936	Auflösung des Burschenvereins
1937-1945	Hubert Weiderer, Bürgermeister
1942	Wallfahrtskirche wird zur Basilica minor erhoben
Nov. 1945	Neugründung des Bauernvereines als Katholischer Männerverein Tuntenhausen
1945-1948	Josef Mayer, Bürgermeister
1945-1974	Alois Hundhammer, Vorsitzender des Katholischen Männervereins
nach 1945	Erweiterung des Ortes – neue Baugebiete im Westen und Norden, Bau der Staatsstraße 2358
1947	Neubau des Schulhauses (unter Verwendung alter Mauerteile) mit 2 Unterrichtsräumen. Nun ist die Schule Tuntenhausen zweiklassig

1948-1972	Markus Babl, Bürgermeister
1950-1984	Kaspar Roßnagl, Pfarrer
1960	Innenrenovierung der Basilika
1966	Rechtliche Auflösung der selbständigen Schule Tuntenhausen
seit 1972	Josef Haas, Bürgermeister
1974-1977	vollständige Renovierung der Kirche Innen/Außen
1974-1989	Max Streibl, Vorsitzender des Katholischen Männervereins
1975	Gründung der »Gaudiburschen«
1982	Neugründung des Burschenvereins
1983	Fahnenweihe des Burschenvereins mit 75jähriger Wiedergründungsfeier
seit 1985	Josef Vogt, Pfarrer
1989	14 Betriebe mit 335 Beschäftigten
1989	Restaurierung der Krippe
seit 1989	Dorferneuerung in Tuntenhausen

Literatur zur Geschichte eines Dorfes

Institutionen, die helfen können
- Gemeindebibliothek
- Kreisheimatpfleger
- Bibliothek der Kreisstadt
- Bayerische Staatsbibliothek, Ludwigstr. 16, 8000 München 22

Hilfsmittel und Nachschlagewerke
- Bayerische Bibliographie, jetzt hg. v. Bayerische Staatsbibliothek, München 1959ff, wird laufend fortgesetzt
- Wichmann, Hans, Bibliographie der Kunst in Bayern, 4 Bde., Wiesbaden 1961-1973
- Roth, Hans / Schlaich, Heinz W., Bayerische Heimatkunde, München 1974 (Neuauflage ist in Bearbeitung)

Bei der Suche nach Veröffentlichungen zur Geschichte eines Dorfes sollte der erste Ansprechpartner die örtliche Gemeindebibliothek sein. Sie bemüht sich in der Regel um eine möglichst vollständige Sammlung von Publikationen zur Ortsgeschichte. Wichtige Hinweise zu Aufsätzen und eigenständigen Publikationen kann auch der zuständige Kreisheimatpfleger geben. Aufsätze zur Geschichte eines Dorfes finden sich häufig in den Zeitschriften der nächstgelegenen Historischen Vereine.

Für die Geschichte vieler Dörfer sind ältere Publikationen wichtig. Sie können im sogenannten Alten Realkatalog der Bayerischen Staatsbibliothek in München eruiert werden. Der Alte Realkatalog verzeichnet bis einschließlich 1952 Aufsätze und andere Veröffentlichungen zur Geschichte aller bayerischen Orte. Für die neuere Literatur der Jahre 1953 bis 1981 gibt es in der Staatsbibliothek München einen Geographisch-Systematischen Katalog, der mit Hilfe eines Ortsalphabetes die selbständigen Publikationen zur Geschichte eines Dorfes aufführt.

Als gedruckte Literaturverzeichnisse liegen die unter den Hilfsmitteln genannten Publikationen vor. Sie sind in größeren Bibliotheken zugänglich.

Literatur zu Tuntenhausen

Amery, Carl: Die Wallfahrer, 2. Aufl. München 1987.

Bauer, Anton: Das alte München und die Wallfahrt Tuntenhausen, in: Monachium, hg v. A. W. Ziegler, München 1958, S. 119-159.

Bauer, Anton: Die altehrwürdige Marienwallfahrt Tuntenhausen und der Isarwinkel, in: Heimatbote vom Isarwinkel 5 (1931) Nr. 5 u. 6.

Bauer, Anton: Die Kerze der fürstbischöflichen Residenzstadt Freising in der Wallfahrtskirche Tuntenhausen, in: Frigisinga 7 (1930) S. 272-274.

Bauer, Anton: Die Marienwallfahrt Tuntenhausen, in: Das Bayerland 43 (1932) S. 309-311.

Bauer, Anton: Die Marienwallfahrt Tuntenhausen. Ein geschichtlicher Rückblick zum dreihundertjährigen Weihejubiläum der Wallfahrts-Kirche (Die Kirchen der Gegend um Rosenheim 12) Rosenheim 1930.

Bauer, Anton: Tuntenhausens Kirchweihe-Jubiläum. Auf zum 300jährigen Kirchweihe-Jubiläum der altehrwürdigen Marienwallfahrt Tuntenhausen, in: Sonntagszeitung (Rosenheim) Nr. 17 (1931) S. 5.

Bauer, Anton: Tilly und Tuntenhausen, in: Sonntagszeitung (Rosenheim) Nr. 22 (1932) S. 11.

Bauer, Anton: Tuntenhausen, Pfarr- und Wallfahrtskirche, (Kleine Süddeutsche Kirchenführer 32) München 1934.

Bauer, Anton: Tuntenhausen, in: Lexikon für Theologie und Kirche, Bd. 10, Freiburg 1938, Sp. 331.

Bauer, Anton: Pfarr- und Wallfahrtskirche Tuntenhausen, 2. Auflage Neuburg 1964.

Bauer, Anton: Tiroler Wallfahrer in Tuntenhausen, in: Veröffentlichungen des Museums Ferdinandeum Innsbruck 56 (1976) S. 5-38.

Bauer, Anton: Pfarr- und Wallfahrtskirche Tuntenhausen, Ottobeuren 1979.

Beham, Jakob: Balde von Tuntenhausen, in: Der Mangfallgau, Zeitschrift des historischen Vereins Bad Aibling 15 (1970) S. 220ff.

Festschrift zur 350-Jahrfeier von Mariä Himmelfahrt in Tuntenhausen, hg v. Pfarramt Mariä Himmelfahrt, Tuntenhausen 1980.

Germann-Bauer, Peter: Wallfahrtsbasilika Tuntenhausen (Schnell Kunstführer 32), 3. völlig neu bearbeitete Auflage, München 1989.

Gierl, Irmgard: Bauernleben und Bauernwallfahrt in Altbayern. Eine kulturkundliche Studie auf Grund der Tuntenhausener Mirakelbücher. Phil. Diss., masch., München 1945.

Gierl, Irmgard: Bauernleben und Bauernwallfahrt in Altbayern. Eine kulturgeschichtliche Studie auf Grund der Tuntenhausener Mirakelbücher (Beiträge zur altbayerischen Kirchengeschichte 21,2), München 1960.

Hagen, Heinrich: Tuntenhausen und Beyharting, in: Jahrbuch des Vereins für christliche Kunst in München 6 (1925/26) S. 301-303.

Jubiläum der Weihe der Wallfahrtskirche 1630-1980 mit folgenden kirchlichen Feierlichkeiten in Tuntenhausen [Festschrift Tuntenhausen 1980].

[Kloeckel, Josef von:] Die Wallfahrts=Kirche zu Duntenhausen. Ein Schrift'chen geschichtlichen Inhalts im Jahre 1815, München 1815.

Kriss, Rudolf: Die Gnadenstätte Tuntenhausen, in: Das Bayerland 57 (1955), S. 176-179.

Kurzchronik des Veteranen- und Kriegervereins Tuntenhausen, aus den Quellen zusammengestellt von Simon Decker, Tuntenhausen o.J.

Maier, Marinus: In Treue fest. Chronik der Veteranen- und Kriegervereine im Landkreis Bad Aibling, in: Der Mangfallgau 14 (1969), S. 5-112.

Mehler, Johann Bapt.: Unsere Liebe Frau von Tuntenhausen. Illustriertes Wallfahrtsbüchlein, Tuntenhausen 1901.

Roth, Adolf: Rosenheim und der Inn in den Tuntenhausener Mirakelbüchern, in: Das bayerische Inn-Oberland 18 (1933), S. 70-79.

Sailer, Ludwig: Bilder aus dem Bayerischen Hochgebirge nebst Beschreibung der hervorragenden Orte nach ihrer ältesten und neueren Geschichte, ihrer culturhistorischen Bedeutung in Vergangenheit und Gegenwart, Heft 2: Tuntenhausen, München 1883.

Schneider Johann F.: Das Gnadenbild zu Tuntenhausen, in: Beilage zur Augsburger Postzeitung 100 (1853).

Sechzig Jahre Bayerisch-patriotischer Bauernverein Tuntenhausen. Ein Gedenkblatt, seinen Mitgliedern und Freunden gewidmet 1869-1929, Rosenheim 1929.

Sieghardt, August: Unsere Liebe Frau in Tuntenhausen, in: Altbayerische Heimatpost 5 (1953) Nr. 23.
Sieghardt, August: Bauernwallfahrt Tuntenhausen, in: Ders., Altbaierische Wanderschaft, Donauwörth 1950, S. 25-33.
Thoma, Ludwig: Tuntenhausen, in: Der März 3 (1909), Bd. 4, S. 12-14.
Tremmel, Marianne: Das Wallfahrtswesen in Tuntenhausen, Zulassungsarbeit, München, o.J.
Tuntenhausen (Oberbayern), in: Augsburger Postzeitung, Beilage Unterhaltungsblatt 1897, S. 686-687.
Ulrich, Georg: Die historische Kirchenkrippe in Tuntenhausen (Obb.), in: Der bayerische Krippenfreund 128,6 (1954) S. 21-22.
Wäsler, Corbinian: Tuntenhausen, in: Treu-Bayern, hg v. Freunden Bayerns und dessen Königshaus, 2. Heft, Nürnberg 1953.
Veteranen- und Kriegerverein Tuntenhausen 1845-1985. Einhundertvierzig Jahre Vereinsgeschichte. Kurzchronik des Veteranen- und Kriegervereins, zusammengestellt von 1. Vorstand Josef Reiter (masch.), Tuntenhausen o. J.
Wiedemann, Theodor: Geschichte des Klosters Beyharting, in: Beyträge zur Geschichte, Topographie und Statistik des Erzbisthums München und Freysing, Bd. 4, hg. v. Martin von Deutinger, München 1852, S. 1-314.

Mirakelbücher zur Wallfahrt Tuntenhausen

(Siehe dazu auch: I. Gierl, Bauernleben und Bauernwallfahrt in Altbayern, S. 27-36.)

Hierin vermerckt ettliche Zaichen in unnser lieben Frauwen Gotzhaus Tuntenhau(sen) angesagt auff ains jeglichen Begern verkündt, Augsburg 1509.
Thunttenhausen unser lieben frawen Gotzhaus, München 1527.
Thunttenhausen unser lieben frawen Gotzhaus, München 1530.
Thunttenhausen unser lieben frawen Gotzhaus, München 1531.
Thunttenhausen unser lieben frawen Gotzhaus, München 1532.
Thunttenhausen unser lieben frawen Gotzhaus, München 1533.
Thunttenhausen unser lieben frawen Gotzhaus, München 1534.
Thunttenhausen unser lieben frawen Gotzhaus, München 1535.
Thunttenhausen unser lieben frawen Gotzhaus, München 1536.
Thunttenhausen unser lieben frawen Gotzhaus, o.O., 1537.
Thunttenhausen unser lieben frawen Gotzhaus, München 1538.
Thunttenhausen unser lieben frawen Gotzhaus, München 1547.
Thunttenhausen unser lieben frawen Gotzhaus, München 1551.
Thunttenhausen unser lieben frawen Gotzhaus, o.O. 1555.
Thunttenhausen unser lieben frawen Gotzhaus, o.O. 1564.
Thunttenhausen unser lieben frawen Gotzhaus, o.O. 1574.
Tuntenhausen unser lieben frawen Gotzhaus, o.O. 1579.
Tuntenhausen unser lieben frawen Gottshauß, o.O. 1581.
Tuntenhausen unser lieben frawen Gottshauß, o.O. 1583.
Tuntenhausen unser lieben frawen Gottshauß, o.O. 1584.
Tuntenhausen unser lieben frawen Gottshauß, München 1589.
Conrad, Probst zu Beyharting: Klerliche (...) anzaig (...) etlich mercklicher begnadingen (...) bey dem (...) Gottshauß Thunttenhausen, München 1597.
Christian, Propst zu Beyharting: Denckwürdige Miracula und Wunderzeichen (der h. Mariä zu Tundenhausen) München 1646. Continuation München 1681.
Marianum d. i. hundert aus viel tausenden in den Marianischen Rosengarten zu Tundtenhausen (...) von denen andächtigen Wallfahrtern abgebrachte (?) Gutthaten, München 1724.
Marianischer Gnaden-Psalter von hundert fünffzig aus vil tausend Gutthaten, welche die (...) mächtige Jungfrau Maria (...) zu Tuntenhausen, (...) erwiesen hat, München 1738.

Sonstige Literatur

Acht, Peter: Die Tegernsee-Ebersberger Vogteifälschungen, in: AZ (1951) S. 135-188.
Amann, Josef: Das baierische Kataster, Stuttgart 1920.
Andree, Richard: Votive und Weihegaben des katholischen Volkes in Süddeutschland, Braunschweig 1904.
Andrelang, Franz: Landgericht Aibling und Reichsgrafschaft Hohenwaldeck (Historischer Atlas von Bayern, Teil Altbayern 17) München 1967.
Baader, Ph. Berndt: Der bayerische Renaissancehof Herzog Wilhelms V., Leipzig 1943.
Bach, Hermann: Mirakelbücher bayerischer Wallfahrtsorte. Untersuchung ihrer literarischen Form und ihrer Stellung innerhalb der Literatur der Zeit, Diss. München 1963.
Bader, Karl S.: Dorf und Dorfgemeinde im Zeitalter von Naturrecht und Aufklärung, in: ders., Ausgewählte Schriften zur Rechts- und Landesgeschichte, Bd. 2, Sigmaringen 1984, S. 69 bis 104.
Bader, Karl S.: Dorfgenossenschaft und Dorfgemeinde, Köln 1962.
Backmund, Norbert: Die Chorherrenorden und ihre Stifte in Bayern, Passau 1966.
Bauer, Reinhard: Die ältesten Grenzbeschreibungen in Bayern und ihre Aussagen für Namenkunde und Geschichte (Die Flurnamen Bayerns 8) München 1988.
Bauer, Reinhard: Leitfaden zur Flurnamensammlung in Bayern, München 1980.
Bauerreiss, Romuald: Kirchengeschichte Bayerns, 7 Bde., St. Ottilien 1950-1974.
Bavaria. Landes- und Volkskunde des Königreichs Bayern, bearbeitet von einem Kreise bayerischer Gelehrter, München 1859ff.
Bayern – Kunst und Kultur, Ausstellungskatalog, München 1972.
Beck, Rainer: Naturale Ökonomie. Unterfinning: Bäuerliche Wirtschaft in einem oberbayerischen Dorf des frühen 18. Jahrhunderts (Forschungshefte des Bayerischen Nationalmuseums 11) München 1986.
Beissel, Stephan: Die Verehrung Unserer Lieben Frau in Deutschland während des Mittelalters, Freiburg i. Br. 1896.
Beissel, Stephan: Geschichte der Verehrung Marias im 16. und 17. Jahrhundert. Ein Beitrag zur Religionswissenschaft und Kunstgeschichte, Freiburg im Br. 1910.
Beissel, Stephan: Wallfahrten zu Unserer Lieben Frau in Legende und Geschichte, Freiburg i.Br. 1913.
Beiträge zur Statistik des Königreiches bzw. Freistaates Bayern. Zeitschrift des Landesamtes für Statistik, München 1833ff.
Bendel, Karl / Gentner (?): Von der Rinder- und Pferdezucht im Bezirk Aibling, in: Das Bayerland 43, Heft 10, Beilage vom Mai 1932.
Benker, Gertrud: Der Gasthof: Von der Karawanserei zum Motel. Vom Gastfreund zum Hotelgast, München 1974.
Berliner, Rudolf: Die Weihnachtskrippe, München 1955.
Bezold, Gustav von: Die Kunstdenkmale des Regierungsbezirkes Oberbayern, bearb. von Gustav von Bezold, Berthold Riehl, Georg Hager. Unter Mitwirkung anderer Gelehrter u. Künstler (Die Kunstdenkmale des Königreiches Bayern 1), Nachdruck der Ausgabe München 1902, München, Wien 1982.
Bibliographie von Pfarrer Anton Bauer, in: Beiträge zur altbayerischen Kirchengeschichte 28 (1974) S. 291-295 und 37 (1988) S. 180-183.
Birkmaier, Willi (Hg.): Rott am Inn. Beiträge zur Kunst und Geschichte der ehemaligen Benediktinerabtei, Weißenhorn 1983.
Bogner, Gerhard: Das große Krippen-Lexikon. Geschichte, Symbolik, Glaube, München 1981.
Bosl, Karl: Bayerische Geschichte, München 1971.
Braunsberger, Otto S.J.: Petrus Canisius, Freiburg i.Br. 1921.
Brems, Franz Josef: Marien-Wallfahrtsstätten in Oberbayern, München, Zürich 1988.
Broszat, Martin / Fröhlich, Elke / Wiesemann, Falk (Hgg.): Bayern in der NS-Zeit. Soziale Lage und politisches Verhalten der Bevölkerung im Spiegel vertraulicher Berichte, München-Wien 1977.
Brunner, Karl: Wovon lebte der Mensch? Zur Wirtschaftsgeschichte der Baiern im Frühmittelalter, in: Die Bajuwaren, Ausstellungskatalog, hg. v. H. Dannheimer und H. Dopsch, 1988.
Buchberger, Michael: Aus- und Nachwirkungen der Säkularisation im Erzbistum München und Freising, in: Schlecht, Josef: Wissenschaftliche Festgabe zum zwölfhundertjährigen Jubiläum des hl. Korbinian, München 1942, S. 479ff.

Dannheimer, Hermann / Dopsch, Heinz (Hgg.): Die Bajuwaren. Von Severin bis Tassilo 488 bis 788. Ausstellungskatalog, Korneuburg 1988.
De Crignis-Mentelberg, Anna: Herzogin Renata, die Mutter Maximilians des Großen von Bayern, Freiburg 1912.
Dehio, Georg / Gall, Ernst: Handbuch der deutschen Kunstdenkmäler, Bayern, Bd. 4: München und Oberbayern, Berlin 1990.
Delius, Walter: Geschichte der Marienverehrung, München, Basel 1963.
Demmel, Karl: Die Hofmark Maxlrain. Ihre rechtliche und wirtschaftliche Entwicklung (Südostbayerische Heimatstudien 18) Kallmünz 1941.
Deutinger, Martin von: Die älteren Matrikeln des Bistums Freising, 3 Bde, München 1849.
Diepolder, Gertrud / Dülmen, Richard van / Sandberger, Adolf: Rosenheim. Die Landgerichte Rosenheim und Auerburg und die Herrschaften Hohenaschau und Wildenwart (Historischer Atlas von Bayern, Teil Altbayern 38) München 1978.
Diepolder, Gertrud: Aschheim im frühen Mittelalter, Teil 2: Ortsgeschichtliche, siedlungs- und flurgenetische Beobachtungen im Raum Aschheim (Münchner Beiträge zur Vor- und Frühgeschichte 32) München 1988.
Diepolder, Gertrud: Das Volk in Kurbayern zur Zeit des Kurfürsten Max Emanuel. Beobachtungen zur Demographie, in: H. Glaser (Hg.), Kurfürst Max Emanuel und Europa um 1700, Bd. 2, Ausstellungskatalog, München 1976, S. 387-405.
Dirr, Pius: Buchwesen und Schrifttum im alten München 1450-1800, München 1929.
Dollinger, Philippe: Der bayerische Bauernstand vom 9. bis zum 13. Jahrhundert, hg. v. Franz Irsigler, München 1982.
Döderlein, Wilhelm: Alte Krippen, München 1960.
Dülmen, Richard van (Hg.): Kultur der einfachen Leute, München 1983.
Eckert, Gerhard: Oberbayern. Kultur, Geschichte, Landschaft zwischen Donau und Alpen, Lech und Salzach (DuMont Kunstführer), 8. überarbeitete Auflage, Köln 1988.
Eid, Ludwig: Aus Alt-Rosenheim, Rosenheim 1906.
Einhundertfünfzig Jahre Bauernverein Vilsbiburg, Vilsbiburg 1981.
Eisenmann, Anton / Hohn, Friedrich: Topographisch-Statistisches Lexikon vom Königreiche Bayern, Bd. 2, Erlangen 1832.
Engelsing, Rolf: Sozial- und Wirtschaftsgeschichte Deutschlands (Kleine Vandenhoeck-Reihe 1381), 3. Aufl. Göttingen 1983.
Erker, Paul: Revolution des Dorfes? Ländliche Bevölkerung zwischen Flüchtlingszustrom und landwirtschaftlichem Strukturwandel, in: M. Broszat, K. D. Henke, H. Woller (Hgg.), Von Stalingrad zur Währungsreform. Zur Sozialgeschichte des Umbruches in Deutschland, München 1989, S. 367-425.
Ferchl, Georg: Bayerische Behörden und Beamte (1550-1804), München 1908.
Flohrschütz, Günther: Die Dienstmannen des Klosters Tegernsee, in: OA 111 (1986) S. 119 bis 185, OA 112 (1988) S. 197-255.
Flohrschütz, Günther: Die Freisinger Dienstmannen im 12.Jahrhundert, in: OA 97 (1973) S. 32 bis 339.
Förstemann, Ernst: Altdeutsches Namenbuch, Bd. 1: Personennamen, Bonn 1901, Nachdruck München 1966.
Franz, Günter, Dorfgeschichten, in: Zeitschrift für Agrargeschichte und Agrarsoziologie 21 (1973) S. 107-109.
Fried, Pankraz / Haushofer, Heinz: Die Ökonomie des Klosters Diessen. Das Compendium Oeconomicum von 1642. (Quellen und Forschungen zur Agrargeschichte 27), Stuttgart 1974.
Fried, Pankraz: Die Bauernbefreiung in Bayern. Ergebnisse und Probleme, in: E. Weis (Hg.), Reformen im rheinbündischen Deutschland, München 1984, S. 123-129.
Fried, Pankraz: Herrschaftsgeschichte der altbayerischen Landgerichte Dachau und Kranzberg. (Studien zur bayerischen Verfassungs- und Sozialgeschichte 1), München 1962.
Fried, Pankraz: Historisch-statistische Beiträge zur Geschichte des Kleinbauerntums (Söldnertums) im westlichen Oberbayern, in: Mitteilungen der geografischen Gesellschaft München 51 (1966) S. 5-39.
Fried, Pankraz: Die ländliche Gemeinde in Südbayern (Altbayern), in: Die ländliche Gemeinde, hg. v. Arbeitsgemeinschaft der Alpenländer, Bozen 1988, S. 15-30.
Gebhard, Torsten: Die marianischen Gnadenbilder in Bayern, Beobachtungen zur Chronologie und Typologie, in: Kultur und Volk, Beiträge zur Volkskunde aus Österreich, Bayern und der Schweiz, Festschrift für Gustav Gugitz zum achtzigsten Geburtstag, hg v. Leopold Schmidt, Wien 1954, S. 93-116.

Gebhard, Torsten: Landleben in Bayern in der guten alten Zeit. Altbayern, Franken, Schwaben, München 1986.
Germann-Bauer, Peter: Kunsttopographie des Erzbistums München und Freising, Dekanat Bad Aibling, Typoskript 1986-1988.
Gerndt, Siegmar: Unsere bayerische Landschaft. Ein Naturführer. München 1976.
Gockerell, Nina: Krippen im Bayerischen Nationalmuseum, München 1980.
Göttler, Norbert: Die Sozialgeschichte des Bezirkes Dachau 1870 bis 1920. Ein Beispiel struktureller Wandlungsprozesse des ländlichen Raumes (MBM 149), München 1988.
Götz, Wilhelm: Geographisch-statistisches Handbuch von Bayern, 2 Bde., München 1895.
Grassinger, Joseph: Geschichte der Pfarrei und des Marktes Aibling, in: OA 18 (1857) S. 16-112.
Grünwald, Michael D.: Christoph Angermair, München 1975.
Hager, Georg: Die Weihnachtskrippe, München 1902.
Hager, Georg: Heimatkunst, Klosterstudien, Denkmalpflege, München 1909.
Hammer, Erwin: Die Geschichte des Grundbuches in Bayern (Bay. Heimatforschung 13), München 1960.
Handbuch für Krippenfreunde, Anläßlich des 50jährigen Bestehens hg. vom Verband Bayerischer Krippenfreunde e.V. mit Hinweisen auf die übrigen Länder, München 1967.
Hanke, Gerhard: Zur Sozialstruktur der ländlichen Siedlungen Altbayerns im 17. und 18. Jahrhundert, in: Gesellschaft und Herrschaft. Forschungen zu sozial- und landesgeschichtlichen Problemen vornehmlich in Bayern, Festgabe für K. Bosl, München 1969, S. 219-269.
Hartig, Michael: Stätten der Gnade, München 1947.
Hartmannsgruber, Friedrich: Die Bayerische Patriotenpartei 1868-1887 (Schriftenreihe zur Bayerischen Landesgeschichte 82), München 1986.
Harvolk, Edgar (Hg.): Wege der Volkskunde in Bayern. Ein Handbuch (Beiträge zur Volkstumsforschung 23), München, Würzburg 1987.
Haushofer, Heinz: Bäuerliche Führungsschichten in Bayern im 19. bis 20. Jahrhundert, in: P. Fried, W. Zorn (Hgg.), Aus der Bayerischen Agrargeschichte 1525-1978. Gesammelte Beiträge zur Bayerischen Agrargeschichte von Heinz Haushofer, München 1986, S. 39-48.
Haushofer, Heinz: Die deutsche Landwirtschaft im technischen Zeitalter (Deutsche Agrargeschichte 5), Stuttgart 1963.
Hauttmann, Max: Geschichte der kirchlichen Baukunst, München 1923.
Hazzi, Joseph von: Statistische Aufschlüsse über das Herzogtum Bayern, 4 Bde., Nürnberg 1801-1808.
Heider, Josef: Das bayerische Kataster (Bayerische Heimatforschung 8), München 1954.
Hemmerle, Josef: Die Benediktinerklöster in Bayern (Germania Benedictina 2), Augsburg 1970.
Henning, Friedrich H., Landwirtschaft und ländliche Gesellschaft in Deutschland 2, 1750 bis 1976, Paderborn 1978.
Henning, Friedrich H.: Das vorindustrielle Deutschland 800-1800, 4. Aufl. Paderborn 1985.
Hiereth, Sebastian: Die bayerische Gerichts- und Verwaltungsorganisation vom 13. bis 19. Jahrhundert, Einführung zum Verständnis der Karten und Texte (Historischer Atlas von Bayern, Teil Altbayern), München 1950.
Hiereth, Sebastian: Die Bildung der Gemeinden im Isarkreis nach den Gemeindeedikten von 1808 und 1818, in: OA 77 (1952), S. 1-34.
Hindringer, Rudolf: Weiheroß und Roßweihe, München 1932.
Hipp, Hermann: Studien zur »Nachgotik«, Diss. Tübingen 1979.
Hoffmann, Richard: Der Altarbau im Erzbistum München und Freising, München 1905.
Höfler, Max: Volksmedizin und Aberglauben in Oberbayerns Gegenwart und Vergangenheit, München 1893.
Höllhuber, Dietrich / Kaul, Wolfgang: Wallfahrt und Volksfrömmigkeit in Bayern. Formen religiösen Brauchtums im heutigen Bayern: Wallfahrtsorte, Wallfahrtskirchen, Lourdesgrotten und Fatimaaltäre zwischen Altötting und Vierzehnheiligen, Wigratzbad und Konnersreuth, Nürnberg 1987.
Hörger, Herrmann: Kirche, Dorfreligion und bäuerliche Gesellschaft. Strukturanalysen zur gesellschaftsgebundenen Religiosität ländlicher Unterschichten des 17. bis 19. Jahrhunderts, aufgezeigt an bayerischen Beispielen, 2 Bde., München 1978-1983.
Holzfurtner, Ludwig: Gründung und Gründungsüberlieferung. Quellenkritische Studien zur Gründungsgeschichte der bayerischen Klöster der Agilolfingerzeit und ihrer hochmittelalterlichen Überlieferung (Münchener Historische Studien, Abt. Bayr. Geschichte 11), Kallmünz 1984.

Holzfurtner, Ludwig: Das Klostergericht Tegernsee (Historischer Atlas von Bayern, Teil Altbayern 54), München 1985.
Hubensteiner, Benno: Bayerische Geschichte, München 1960.
Hubensteiner, Benno: Maximilian I., München 1956.
Huber, Ludwig: Die Landwirtschaft in der Gegend um Rosenheim, Rosenheim 1909.
Hundhammer, Alois: Die landwirtschaftliche Berufsvertretung in Bayern, München 1926.
Hundt, Wiguleus: Bayerischen Stammenbuchs Dritter Theil, mit den Zusätzen des Archivar Libius hg v. Max Freiherr von Freyberg, (Sammlung historischer Schriften und Urkunden 3) Stuttgart, Tübingen 1830, S. 159-797.
Hüttl, Ludwig: Marianische Wallfahrten im süddeutsch-österreichischen Raum: Analysen von der Reformations- bis zur Aufklärungsepoche (Kölner Veröffentlichungen zur Religionsgeschichte 6), Köln, Wien 1985.
Janker, Stephan: Auf der Suche nach dem »historischen Ort«. Ein Beitrag zur Besitzgeschichte von Walleshausen, in: W. Brandmüller (Hg.), Walleshausen. Das kleine Polling, Weißenhorn 1985, S. 11-40.
Karlinger, Hans: Bayerische Kunstgeschichte. Altbayern und Bayerisch-Schwaben, München 1961.
Kastner, Otfried: Die Krippe, ihre Verflechtung mit der Antike, ihre Darstellung in der Kunst der letzten 16 Jahrhunderte, ihre Entfaltung in Oberösterreich, Linz 1964.
Kellner, Hans-Jörg: Die Römer in Bayern, 4. Aufl. München 1978.
Kellner, Stefan: Die Hofmarken Jettenbach und Aschau in der frühen Neuzeit. Studien zur Beziehung zwischen Herrschaft und Untertanen in Altbayern am Beispiel eines adeligen Herrschaftsbereiches (Studien zur Bayerischen Verfassungs- und Sozialgeschichte 10), München 1986.
Kirschbaum, Engelbert: Deutsche Nachgotik. Ein Beitrag zur Geschichte der kirchlichen Architektur von 1550-1800, Augsburg 1930.
Knappe, Wilhelm: Wolf Dieter von Maxlrain und die Reformation in der Herrschaft Hohenwaldeck (Quellen und Forschungen zur bayerischen Kirchengeschichte 4) Erlangen, Leipzig 1920.
Knöpfler, Alois: Die Kelchbewegung in Bayern unter Herzog Albrecht V., München 1891.
Kötting, Bernhard: Peregrinatio religiosa, Münster 1950.
Kraus, Andreas: Geschichte Bayerns. Von den Anfängen bis zur Gegenwart, München 1983.
Kraus, Ernst / Ebers, Edith: Die Landschaft um Rosenheim, (Quellen und Darstellungen zur Geschichte der Stadt und des Landkreises Rosenheim 4), Rosenheim 1965.
Kriss-Rettenbeck, Lenz: Anmerkungen zur neueren Krippenliteratur, in: Bayerisches Jahrbuch für Volkskunde 1966/67, S. 7-36.
Kriss-Rettenbeck, Lenz: Das Votivbild. München 1961.
Kriss, Rudolf: Die religiöse Volkskunde Altbayerns, Baden b. Wien 1933.
Kriss, Rudolf: Die Volkskunde der Altbayerischen Gnadenstätten, Bd. 1: Oberbayern, München 1953.
Kriss, Rudolf: Die Volkskunde der Altbayerischen Gnadenstätten, Bd. 3: Theorie des Wallfahrtswesens, München 1956.
Kriss, Rudolf: Volkskundliches aus Altbayerischen Gnadenstätten. Augsburg 1930.
Die Kunstdenkmale des Königreichs Bayern, Bd. 1,2, München 1902, Nachdruck 1982.
Lang, Berthold: Katholische Männer. Eine Apologie in Lebensbildern, München 1934.
Lauchs, Joachim: Baierbrunn. Eine Chronik, Baierbrunn 1988.
Lidel, Erich: Die Weihnachtskrippe in Bayern, in: Schönere Heimat, 72. Jg. Heft 4 (1983), S. 191-195.
Lieb, Norbert: Münchner Barockbaumeister, München 1941.
Lipowsky, Felix J.: Baierisches Künstler-Lexikon, München 1810.
Lossen, Max: Geschichte des Kölnischen Kriegs, München, Leipzig 1897.
Lütge, Friedrich: Die Bayerische Grundherrschaft. Untersuchungen über die Agrarverfassung Altbayerns im 16. und 18. Jahrhundert, Stuttgart 1949.
Marzell, Heinrich / Wissmann, Wilhelm: Wörterbuch der deutschen Pflanzennamen, 4 Bde., Leipzig 1937f., Nachdruck Stuttgart, Wiesbaden 1977ff.
Mayer, Anton / Westermayer, Georg: Statistische Beschreibung des Erzbistums München-Freising, Bd. 2, Regensburg 1880.
Mayr, Gottfried: Ebersberg – Gericht Schwaben (Historischer Atlas von Bayern, Teil Altbayern 48), München 1989.
Meingast, Fritz: Marienwallfahrten in Bayern und Österreich, München 1979.

Memminger, Anton: Zur Geschichte der Bauernlasten mit besonderer Beziehung auf Franken und Bayern, Würzburg 1908.
Mitterwieser, Alois: Frühere Weihnachtskrippen in Altbayern, München 1927.
Mitterwieser, Alois: Neues von früheren Weihnachtskrippen in Altbayern, München 1925.
Monachium. Beiträge zur Kirchen- und Kulturgeschichte Münchens und Südbayerns (...), hg. v. A.W. Ziegler, München 1958.
Moser, Hans (Hg.): Bayerische Frömmigkeit. Ausstellungskatalog, München 1960.
Mundigl, Josef: Bayerische Volkskunde, Sitte und Brauchtum, München 1955.
Noichl, Elisabeth: Gründung und Frühgeschichte des Klosters Rott bis zur Mitte des 13. Jahrhunderts, in: W. Birkmaier (Hg.), Rott am Inn. Beiträge zur Kunst und Geschichte der ehemaligen Benediktinerabtei, Weißenhorn 1983, S. 7-17.
Peßler, Wilhelm (Hg.): Handbuch der deutschen Volkskunde, Potsdam 1934.
Petermeier, Karl: Balthasar Daller, Politiker und Parteiführer, 1835-1911. Studien zur Geschichte der bayerischen Zentrumspartei, Diss. München 1956.
Petzet, Michael (Hg.): Denkmäler in Bayern, Band 1,2: Oberbayern, bearb. v. W. Neu u. V. Liedke, München 1986.
Pfister, Peter / Ramisch, Hans (Hg.): Marienwallfahrten im Erzbistum München und Freising, Regensburg 1989.
Pfistermeister, Ursula: Barockkrippen in Bayern, Stuttgart 1984.
Plank, Ulrich: Dorfforschung im deutschen Reich und in der Bundesrepublik Deutschland, in: Zeitschrift für Agrargeschichte und Agrarsoziologie 22 (1974) S. 146-178.
Pledl, Wolfgang: Land und Leute an der oberen Rott. Studien zum verfassungsmäßigen, wirtschaftlichen und sozialen Wandel des oberen Rottales im Königreich Bayern, München 1987.
Preger, Konrad: Pankraz von Freyberg auf Hohenaschau, ein bairischer Edelmann aus der Reformationszeit, (Schriften des Vereins für Reformationsgeschichte, 10. Jg., 3. Stück), Halle 1893.
Raab Gabriele / Raab Hubert: Schmiechen und Unterbergen. Geschichte zweier Orte im Landkreis Aichach-Friedberg, 2 Bde., Augsburg 1988.
Raim, Edith: »Unternehmen Ringeltaube«. Dachaus Außenlagerkomplex Kaufering, in: Dachauer Hefte 5 (1989) S. 193-213.
Ratzinger, Georg: Die Erhaltung des Bauernstandes. Ein Reformprogramm des Hochseligen Grafen Ludwig zu Arco-Zinneberg, Freiburg i. Br. 1883.
Die Regensburger Zentralgenossenschaft des »christlichen« Bauernvereins. Ihr Geschäftsbetrieb, ihre Gewinne und ihre Frachtdeklarationen, München 1913.
Reichold, Anselm O.S.B.: Haus- und Familiengeschichte des Dorfes Großenhag/Scheyern, Scheyern 1987.
Reitzenstein, Alexander von / Brunner, Herbert: Bayern Süd, Oberbayern, Niederbayern, Schwaben, Kunstdenkmäler und Museen (Reclams Kunstführer, Deutschland Band 1,1) 9. Aufl. Stuttgart 1983.
Reitzenstein, Wolf-Armin von: Lexikon bayerischer Ortsnamen, Herkunft und Bedeutung, München 1986.
Riehl, Wilhelm-Heinrich: Naturgeschichte des deutschen Volkes als Grundlage einer deutschen Sozialpolitik, 4 Bde., o. O. 1851-1869.
Riehl, Wilhelm-Heinrich: Geschichten aus alter Zeit, 2 Bde., o. O. 1863-1864.
Riezler, Sigmund: Geschichte Baierns, Bde. 4 u. 5, Gotha 1899 u. 1903.
Ringler, Josef: Deutsche Weihnachtskrippen, Innsbruck 1929.
Ritter, Rudolf (=Wilhelm Hoegner): Lehren der Weimarer Republik, in: Schweizer Monatshefte (April 1945), S. 33.
Roh, Juliane: Ich hab wunderbare Hilfe erlangt, München 1968.
Rosenegger, Josef / Bartl, Edith: Wallfahrten im Bayerischen Oberland (Kleine Pannonia-Reihe, 57), 2. Aufl. Freilassing 1981.
Roth, Hans / Schlaich, Heinz W.: Bayerische Heimatkunde. Ein Wegweiser, München 1974.
Römisch-Germanisches Zentralmuseum Mainz (Hg.): Führer zu vor- und frühgeschichtlichen Denkmälern, Bd. 18, 2. Aufl., Mainz 1974.
Rubner, Heinrich: Wald und Siedlung im Frühmittelalter (Berichte zur deutschen Landeskunde 26), 1956.
Sandberger, Adolf: Die Landwirtschaft im westlichen Chiemgau, in: Ders., Altbayerische Studien zur Geschichte von Siedlung, Recht und Landwirtschaft (Schriftenreihe zur bayerischen Landesgeschichte 74), München 1985, S. 341-366.

Sandberger, Adolf: Hausnamen in Altbayern, in: Ders., Altbayerische Studien zur Geschichte von Siedlung, Recht und Landwirtschaft (Schriftenreihe zur bayerischen Landesgeschichte 74), München 1985, S. 80-83.
Sauermost, Jürgen: Zur Rolle St. Michaels im Rahmen der wilhelminisch-maximilianischen Kunst, in: H. Glaser (Hg.), Wittelsbach und Bayern, Bd. 2,1, Ausstellungskatalog, München 1980, S. 167-174.
Schalkhauser, Erwin: Die Münchner Schule in der Stuckdekoration des 17. Jh., in: OA 28/29 (1957) S. 66-69.
Scharfe, Martin / Schmolzer, Martin / Schubert, Gertrud (Hgg.): Wallfahrt – Tradition und Mode. Empirische Untersuchung zur Aktualität von Volksfrömmigkeit (Untersuchungen des Ludwig-Uhland-Instituts der Universität Tübingen im Auftrag der Tübinger Vereinigung für Volkskunde 65) Tübingen 1985.
Scheglmann, Alfons M.: Geschichte der Säkularisation im rechtsrheinischen Bayern, 3 Bde., Regensburg 1903-1908.
Schindler, Herbert: Große Bayerische Kunstgeschichte, Bd. 2: Neuzeit, verbesserte Studienausgabe München 1976.
Schlögl, Alois (Hg.): Bayerische Agrargeschichte. Die Entwicklung der Land- und Forstwirtschaft seit Beginn des 19. Jahrhunderts, München 1954.
Schlögl, Rudolf: Bauern, Krieg und Staat. Oberbayerische Bauernwirtschaft und frühmoderner Staat im 17. Jahrhundert (Veröffentlichungen des Max-Planck-Instituts für Geschichte 89), Göttingen 1988.
Schmeller, J. Andreas: Bayerisches Wörterbuch, 2. Aufl. München 1872-77, Neudruck München 1985.
Schmid, Alois: Die Klosterpfarrei. Das Augustiner-Chorherrenstift Polling und seine Inkorporationspfarrei Walleshausen, in: W. Brandmüller, Walleshausen. Das kleine Polling, Weißenhorn 1985, S. 41-64.
Schmitt, L.: Landwirtschaftsgeographische Untersuchungen im Inn- und Chiemseevorland, in: Mitteilungen der Geographischen Gesellschaft in München 42 (1957) S. 79-157.
Schnell, Hugo / Schedler, Uta: Lexikon der Wessobrunner Künstler und Handwerker, München, Zürich 1988.
Schnetz, Joseph: Flurnamenkunde, 2. Aufl. München 1963.
Schottenloher, Karl: Der Münchner Buchdrucker Hans Schobser 1500-1530, München 1925.
Schraudner, Ludwig: Der Glockentribut der ständischen Klöster Altbayerns i.J. 1803, Landshut 1926.
Schreiber, Christian: Wallfahrten durchs deutsche Land, Berlin 1928.
Schreiber, Georg: Deutsche Bauernfrömmigkeit in volkskundlicher Sicht (Forschungen zur Volkskunde 29), Düsseldorf 1937.
Schreiber, Georg: Deutsche Mirakelbücher (Forschungen zur Volkskunde 31/32), Düsseldorf 1938.
Schreiber, Georg: Wallfahrt und Volkstum in Geschichte und Leben (Forschungen zur Volkskunde 16/17), Düsseldorf 1934.
Schremmer, Eckart: Die Wirtschaft Bayerns. Vom hohen Mittelalter bis zum Beginn der Industrialisierung. Bergbau, Gewerbe, Handel, München 1970.
Seeaner, Matthias: Die Glocken der Erzdiözese München u. Freising, München (Beiträge zur altbayerischen Kirchengeschichte 11), München 1913.
Seiler, Franz: Die Deutschordenshofmark Weil in der Kommende Blumenthal. Studien zur Geschichte des Deutschen Ordens im Altreich (Materialien zur Geschichte des Bayerischen Schwaben 13), Augsburg 1989.
Söltl, Johann Michael von: Die Frommen und Milden Stiftungen der Wittelsbacher auf einem großen Theil von Deutschland aus archivalischen und anderen Schriften geschöpft, Landshut 1858.
Sperber, Helmut: Unsere Liebe Frau. 800 Jahre Madonnenbild und Marienverehrung zwischen Lech und Salzach, Regensburg 1980.
Staber, Joseph: Volksfrömmigkeit und Wallfahrtswesen des Spätmittelalters im Bistum Freising (Beiträge zur Altbayerischen Kirchengeschichte 2,1), München 1955.
Stahleder, Helmuth: Bischöfliche und adelige Eigenkirchen des Bistums Freising im frühen Mittelalter und die Kirchenorganisation im Jahre 1315, in: OA 104 (1979) S. 117-188, OA 105 (1980) S. 7-69.
Statistische Beschreibung des Erzbistums München-Freising, bearb. v. Anton Mayer und Georg Westermayer, 3 Bde., Regensburg 1874-1884.

Stäbler, Wolfgang: Weltwirtschaftskrise und Provinz. Studien zum wirtschaftlichen, sozialen und politischen Wandel im Osten Altbayerns 1928 bis 1933, Diss. München 1989.
Steiner, Peter: Der gottselige Fürst und die Konfessionalisierung Altbayerns, in: H. Glaser (Hg.), Wittelsbach und Bayern, Bd. 2,1, Ausstellungskatalog, München 1980, S. 252-263.
Störmer, Wilhelm: Der Adel als Träger von Rodung, Siedlung und Herrschaft im frühmittelalterlichen Oberbayern, in: OA 106 (1981) S. 290-307.
Störmer, Wilhelm: Früher Adel. Studien zur politischen Führungsschicht im fränkisch-deutschen Reich vom 8. bis 11. Jahrhundert (Monographien zur Geschichte des Mittelalters 6,1 u. 2) Stuttgart 1973.
Stutzer, Dietmar: Geschichte des Bauernstandes in Bayern, München 1988.
Tyroller, Franz: Die Anfänge Münchens, Freising 1958.
Tyroller, Franz: Die Mangfallgrafschaft, in: Das bayerische Inn-Oberland 29 (1958) S. 83-140.
Unbekanntes Bayern, Wallfahrtsorte und Gnadenstätten, Bd. 4, München 1959.
Volkert, Wilhelm: Die älteren bayerischen Landtafeln, in: AZ 75 (1979) S. 250-262.
Volkert, Wilhelm: Die älteren bayerischen Herzogsurbare, in: BONF 7 (1966) S. 1-32.
Volkert, Wilhelm: Die Bauernbefreiung in Bayern im 19. Jahrhundert, in: VHN 109 (1983) S. 135-142.
Volkert, Wilhelm: Handbuch der bayerischen Ämter, Gemeinden und Gerichte (1799-1980), München 1983.
Volkert, Wilhelm: Topographische Nachschlagewerke für Bayern (Mitteilungen für Archivpflege in Bayern, Sonderheft 7) Kallmünz 1971.
Wagner, Christoph: Auf den Fährten der Wallfahrer: eine Erkundung der Pilgerstätten im Alpenraum, Salzburg 1986.
Wallfahrt kennt keine Grenzen, Themen zu einer Ausstellung des Bayerischen Nationalmuseums und des Adalbert Stifter Vereins, München, hg. v. L. Kriss-Rettenbeck und G. Möhler, München, Zürich 1984.
Wanderwitz, Heinrich: Studien zum mittelalterlichen Salzwesen in Bayern (Schriftenreihe zur Bayerischen Landesgeschichte 73), München 1984.
Weber-Kellermann, Ingeborg: Landleben im 19. Jahrhundert, 2. Aufl. München 1988.
Weindl, Hans: Die Entwicklung der persönlichen und realen Gewerberechte unter besonderer Berücksichtigung der Verhältnisse in Altbayern, in: Mitteilungen für die Archivpflege in Bayern 1/2 (1959) S. 2-11.
Weismantel, Leo: Buch der Krippen, Bonn 1930.
Weiß, Josef: Die Integration der Gemeinden in den modernen bayerischen Staat (Studien zur bayerischen Verfassungs- und Sozialgeschichte 11), München 1986.
Westenrieder, Lorenz von: Baierisch historischer Calender von 1788, München.
Wuttke, Adolf: Der deutsche Volksaberglaube der Gegenwart, Leipzig 1925.
Zierler, Peter B.: Jakob Balde als Mariensänger, München 1897.
Zoepfl, Friedrich: Nacktwallfahrten, in: Wallfahrt und Volkstum in Geschichte und Leben, hg. v. Georg Schreiber (Forschungen zur Volkskunde 16/17), Düsseldorf 1934, S. 266-272.
Zofka, Zdenek: Dorfeliten und NSDAP. Fallbeispiele der Gleichschaltung, in: M. Broszat, E. Fröhlich, A. Grossmann (Hgg.), Bayern in der NS-Zeit, Bd. 4, München 1981, S. 382-433.
Zorn, Wolfgang: Kleine Wirtschafts- und Sozialgeschichte Bayerns 1806-1933 (Bayerische Heimatforschung 14), München 1962.

Register

Aufgenommen wurden alle Orts- und Personennamen, außerdem Familiennamen des Häuserbuches sowie in Auswahl Sachbetreffe.

Abkürzungen

Die Abkürzungen Nr., Hs.Nr. und Haus Nr. im Text beziehen sich auf die Hausnummern ab 1812; vgl. Karte S. 116

AEM	Archiv des Erzbistums München–Freising
AG	Amtsgericht
AZ	Archivalische Zeitschrift
BayHStA	Bayerisches Hauptstaatsarchiv München
BONF	Blätter für oberdeutsche Namensforschung
BSB	Bayerische Staatsbibliothek
Fasz.	Faszikel
HAB	Historischer Atlas von Bayern
IBl	Intelligenz-Blätter
KHH	Kurbayern Hofkammer, Hofanlagsbuchhaltung
KL	Klosterliteralien
KU	Klosterurkunden
LexMA	Lexikon des Mittelalters
LRA	Landratsamt
MBM	Miscellanea Bavarica Monacensia
OA	Oberbayerisches Archiv
PfG.	Pfleggericht
RA	Rentamt
QEAF	Quellen und Erörterungen zur Bayerischen Geschichte, Alte Folge
QENF	Quellen und Erörterungen zur Bayerischen Geschichte, Neue Folge
StAM	Staatsarchiv München
Steuerb.	Steuerbücher
VHN	Verhandlungen des Historischen Vereines von Niederbayern

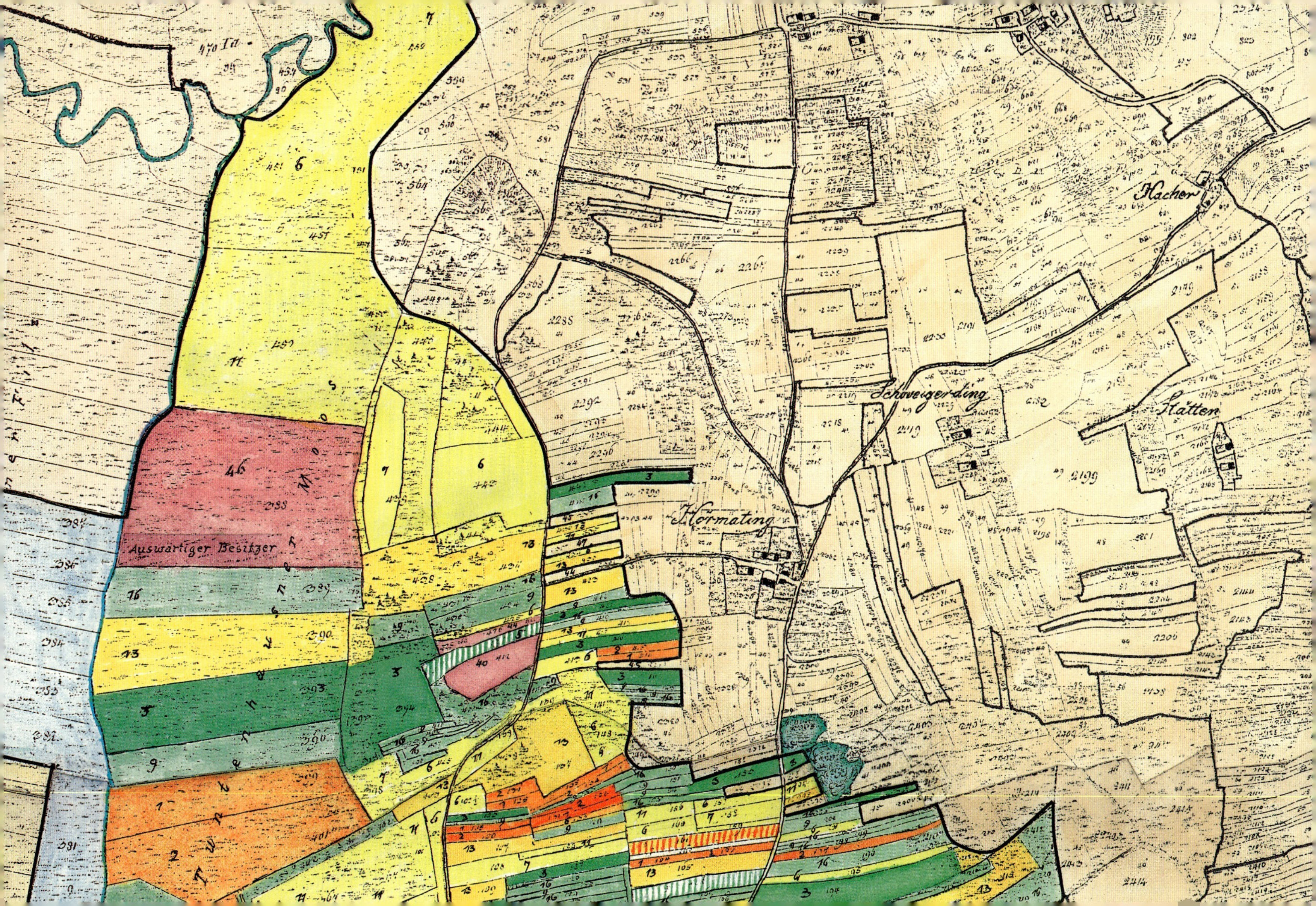
Hacker
Schweigerding
Hatten
Hörmating
Auswärtiger Besitzer